U0926013

金善宝农业现代化发展研究院丛书

丛书主编　陈利根

有效市场与有为政府

——农民农村共同富裕的新昌密码

孙雪峰 等　著

中国农业出版社

北　京

前言

进入“十四五”时期，中国开始了全面建设社会主义现代化国家的新征途，中国经济将步入全新的发展阶段。党的十九届五中全会明确提出“全体人民共同富裕取得更为明显的实质性进展”的目标，突出强调了“扎实推动共同富裕”。县域经济作为国民经济发展的重要组成部分，其高质量发展是实现城乡融合和区域协调发展的着力点，发挥县城连接城市、服务乡村的作用，是扎实推进共同富裕的关键环节。绍兴市新昌县地处浙东山区，“八山半水分半田”是其真实的地形地貌写照。作为浙江省内一个经济总量、人口数量和城市规模都相对较小的典型山区县，新昌县曾经是省次贫县、省污染监管重点区，如今则是全国百强县、国家级生态县、全国生态文明建设示范县。其城乡居民人均可支配收入比从1990年的3.02∶1缩小至2022年的1.83∶1，低于浙江省平均水平，2022年底，全面消除全县村集体经营性收入50万元以下行政村。2012年以来，新昌县始终围绕“1＋6＋X”产业发展思路，以“农业两区”建设和“万元亩产”行动为载体，促进农业生产规模化、标准化、功能化、品质化、品牌化，大力发展高效农业、品质农业、休闲农业和生态农业，确保农业安全，促进农民增收，着力推进新昌现代农业提质增效。2021年，新昌小京生和大佛龙井入选第一批全国名特优新农产品，大佛龙井品牌价值连续13年跻身中国茶叶区域公用品牌“十强”，新昌炒年糕等产业快速发展，茶叶和炒年糕两大富民产业全产业链产值分别达到92亿元和5亿元；新昌县也成功入选浙江省乡村振兴产业发展示范县。为更好地整合新昌农业和文旅的产品资源，增强当地产品的竞争优势，新昌县打造了“新昌优选”平台、“天姥乡味”等品牌，提升农产品销量，带动农民增收致富。

自2003年时任浙江省省委书记习近平同志作出“发挥八个方面的优势”“推进八个方面的举措”的决策部署以来，新昌县紧跟浙江省部署，全面推进“千村示范、万村整治”等工程建设，开启环境整治行动。不断推进“五水共治”“三拆一改”和“三治一提升”等专项行动，改善新昌村容村貌，推进全域旅游，实施“百村成景、百业增效、百姓致富”的“三百工程”，推进唐诗之路精华地建设，充分挖掘乡村发展潜力，打响“诗意新昌”文旅品牌，推动新昌城乡协同发展。“十三五”期间，新昌县在经济发展新常态情况下，围绕“美丽新昌”的建设总目标，坚持“工业立县、生态兴县、创新强县”的发展路径，大力扶持重大产业项目，做深科技创新，做强工业经济，做大美丽经济。2021年，新昌规模以上企业总产值达588.77亿元，迈入工业大县行列，高端制造、生命健康等主导产业巩固提升，数字经济、通用航空等新兴产业不断壮大，规模以上战略性新兴产业增加值占比达54.5%。“企业数字化制造、行业平台化服务”的“新昌模式”成效显著并在浙江全省推广，被工业和信息化部授予全国中小企业数字经济创新发展示范区称号。不仅如此，新昌AAAAA级景区城还被评为浙江省首批16颗大花园“耀眼明珠”之一，成功创建国家全域旅游标准化服务示范县，入选全省“微改造、精提升”试点县，县三次产业结构也由2016年的5.7∶53.0∶41.3优化到2022年的4.4∶51.5∶44.1，全县生产总值（GDP）达到564.75亿元。

新昌县能实现如此大的跨越，离不开有为政府和有效市场。新昌县聚焦“小县大变革”的路径，以实体经济为支撑，以科技创新为动力，开辟了一条“小县域大创新”道路。在发展过程中，新昌县政府巧做“加减法”、有所为而有所不为，通过政策激励、平台搭建、政务服务、氛围营造等综合措施，增强企业科技创新内在动力，坚持发展实体经济，塑造了经济发展的“新昌样本”。新昌县政府十分重视发挥企业创新主体作用，坚持实施上市企业、高新技术企业、科技型中小企业的“三倍增”计划，不断优化企业梯队培育体系，深度开展产学研合作，形成“企业出题、高校解题、政府助题”的协同创新格局。截至 2022 年 12 月，新昌县拥有年销售额超百亿元的企业 4 家、上市企业 14 家、国家高新技术企业 257 家、科技型中小企业 683 家。新昌县通过科技创新补齐资源短板，促进资源要素向创新集聚汇流，激发全社会的创新动力，实现新昌特色优势产业持续发展，有效提升科技创新与产业层次，推动了经济持续健康发展。未来，新昌县还将先后实施科技驱动创富行动、双强农业拓富行动、资产激活共富行动、有序搬迁聚富行动、上市企业助富行动、全域旅游润富行动、产业提升致富行动、数字赋能融富行动等一系列行动，以政府有为带动市场有效，为共同富裕奠定扎实的基础。

本书通过《综合篇》《市场篇》《政府篇》《经验总结与展望篇》，全面阐述新昌农业农村农民的发展情况，同时聚焦成长于新昌本土的国家级农业产业化重点龙头企业——丰岛控股集团有限公司（以下简称丰岛集团），回顾其 30 年的发展奋斗历程，总结其发展经验，为新昌农业企业促进共同富裕提供一定的参考。丰岛集团 30 年的发展史，也是中国改革开放 40 多年的一个缩影。丰岛集团紧跟中国经济发展的步伐，抓住了每一次机遇，发展成为拥有花卉和果蔬罐藏食品两大支柱产业，以出口与内销齐驾并驱，国内外市场份额不断扩大的国家级农业产业化重点龙头企业。

《综合篇》从新昌县的经济社会发展、农村居民生活水平、农业现代化发展、农村现代化建设、县域城乡融合与共同富裕五方面展开，呈现出当前新昌县的农业农村农民发展水平。《市场篇》从新昌农业企业发展带动农民共同富裕、新型农业经营主体推动共同富裕、农村集体经济支撑共同富裕和涉农产业组织促进共同富裕四个方面来阐述各类市场组织发展情况，其中主要以丰岛集团为具体案例展开分析。《政府篇》从新昌农业支持政策与服务、农村基础设施建设、农村公共服务建设、财政支持四个方面梳理分析政府对新昌县农业农村发展的作用，回顾历年来新昌县在公共服务、基础设施等方面的投入情况，以及当前新昌县政府在政策支持和服务供给等方面的建设情况，全面呈现出一个有为有绩的新昌县政府，为其他地区发展提供“新昌样本”。《经验总结与展望篇》分析介绍发达国家乡村振兴、农业产业发展和农民富裕的经验，以及国内农业产业链发展成功的典型案例，为促进新昌共同富裕提供一定的经验借鉴，最后总结新昌农民农村共同富裕经验并展望未来，为新昌“三农”中国式现代化发展和共同富裕目标的实现提供一些建议。

著　者

2023 年 9 月

目录

经验总结与展望篇

综合篇

- 第一章　新昌经济社会发展概况
- 第二章　新昌农村居民生活条件与共同富裕
- 第三章　新昌农业现代化发展
- 第四章　新昌农村现代化建设
- 第五章　新昌县域城乡融合与共同富裕

第一章

新昌经济社会发展概况

一、自然地理条件

（一）地理位置

新昌县位于浙江省绍兴市东南部，东经 120°41′18″—121°13′38″，北纬 29°13′37″—29°33′45″，东西相距 52.3 千米，南北相距 36.9 千米，土地面积1 213平方千米。县境东邻奉化、宁海，西至磐安、东阳，北与嵊州接壤，南部毗邻天台，素有“八山半水分半田”的说法，是典型的山区县。

（二）地形地貌

新昌县地势由东向西北倾斜，山地丘陵较多。东南部高山峻岭，多数山峰海拔 700 米以上，著名的天姥山、菩提峰均坐落于县域内，最高峰为菩提峰，海拔 996 米。中部为丘陵台地，多数海拔在 400 米以下，面积为 765 平方千米，占总面积的 63%，土层深厚，低阜起伏。西北部是河谷盆地，面积 73.56 平方千米，地势平缓，大部分在海拔 150 米以下，最低点是城关镇五都村，海拔 28 米。

（三）气候

新昌县地处中、北亚热带过渡区，属于亚热带季风气候，全年热量充足，降水充沛，年平均气温 16.3℃，常年日照 1 900 小时左右，年均降水量 1 400 毫米，无霜期 240 天。雨热同步，盛夏多晴热，秋冬光温互补，有利于春花作物和夏收作物的生长及收获，加之丰富的山地资源，非常适合林业发展，尤其适合种植桂花、杨桐和柃木等。

（四）水文水系

新昌县位于曹娥江上游，受地质构造制约，河流纵横交错，地表切割强烈。中上游河谷窄、水流湍急，下游弯曲多、水流缓慢。县境流域面积1 209平方千米，有大小支流73条，总长455.6千米，河网密度为0.38千米/平方千米。澄潭江、新昌江和黄泽江向西北流贯县境，形成树枝状水系。

二、经济发展水平

新昌县是典型的山区县。近年来，新昌县坚决贯彻执行上级决策部署，坚持“工业立县、生态兴县、创新强县”不动摇，走出了一条产业优、生态好的高质量发展之路，用11年时间，实现了从浙江省次贫县到全国百强县的跨越，用10年时间实现了从省环境污染重点监管区到国家级生态县的跨越，不仅做到了县域经济良性发展，也实现了人与自然、人与社会的和谐发展。

新昌县2022年地区生产总值实现564.76亿元，三次产业增加值结构为4.5∶51.5∶44.0。其中第一产业增加值25.23亿元，第二产业增加值290.63亿元，第三产业增加值248.90亿元。人均地区生产总值为131 473元（按户籍人口计算），按平均汇率计算折合19 547美元。2022年新昌县财政总收入实现67.97亿元。其中一般公共预算收入41.65亿元，占财政总收入的61.28%；税收收入30.49亿元，占一般公共预算收入的73.21%。全县一般公共预算支出71.07亿元，其中民生支出50.26亿元，占预算支出的70.72%。

新昌县地区生产总值呈逐年增加趋势，1978—1992 年增加幅度不大，1992 年以后增幅逐年增加，2012 年增幅略有下降，而后又呈增加趋势。第一产业增加值由 2006 年的 9.87 亿元增加至 2022 年的 25.23 亿元，占比一直保持在 5%左右（图 1-1）。2011 年以前，第二产业和第三产业增加值以相同的速度增长，2011 年后第三产业增加值增幅明显大于第二产业。

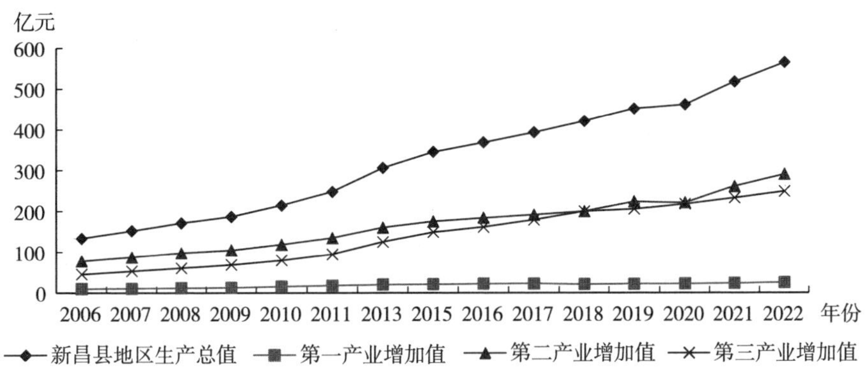

图 1-1　2006—2022 年新昌县地区生产总值及三次产业增加值

数据来源：新昌县国民经济和社会发展统计公报。

2022 年新昌县农林牧渔业总产值 33.45 亿元。全年粮食播种面积 10.91 万亩①，粮食总产量 3.89 万吨。年末生猪存栏 4.81 万头，出栏 6.84 万头；年末家禽存栏 17.04 万只，出栏 19.12 万只；全年肉类产量 0.034 万吨。

新昌县工业发达，技术创新产业发展迅猛。2022 年新昌县工业增加值实现 258.98 亿元。其中，规模以上工业增加值实现 180.09 亿元，规模以上工业装备制造产业、高新技术产业、战略性新兴产业和数字经济核心产业增加值占规模以上工业增加值的比重分别为 69.18%、90.17%、55.14%和 18.09%（图 1-2）。规模以上工业企业新产品产值实现 346.37 亿元，新产品产值率达 50.93%。其中省内建筑业产值实现 61.05 亿元，建筑业总产值实现 65.77 亿元。2022 年新昌县增加施工总承包三级企业 9 家，共有建筑业资质企业 78 家。

2022 年末，新昌县社会消费品零售总额实现 195.98 亿元，各类商品交易市场共 23 个，其中消费品市场 17 个、生产资料市场 6 个，全年市场成交额实现 89.22 亿元。自 2006 年起，新昌县各类商品交易市场数量呈先上升再下降

① 亩为非法定计量单位，1 亩=1/15 公顷，下同。——编者注

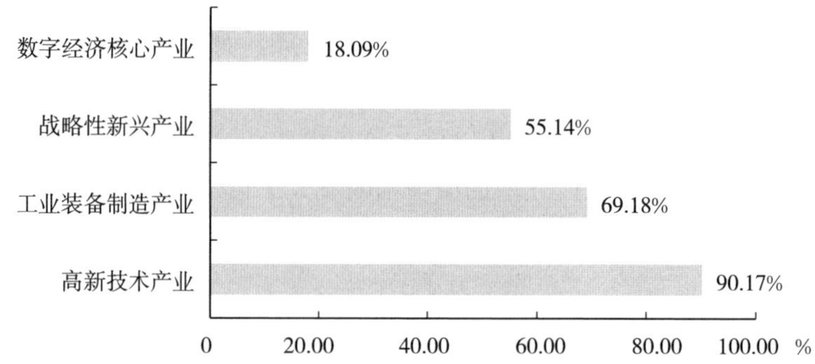

图 1-2　2022 年新昌县核心技术创新产业增加值占规模以上工业增加值的比重

数据来源：2022 年新昌县国民经济和社会发展统计公报。

的趋势，在 2019 年达到峰值 43 个（图 1-3）。生产资料市场数量呈先上升再下降的趋势，从 2018 年开始一直保持在 5 个左右。

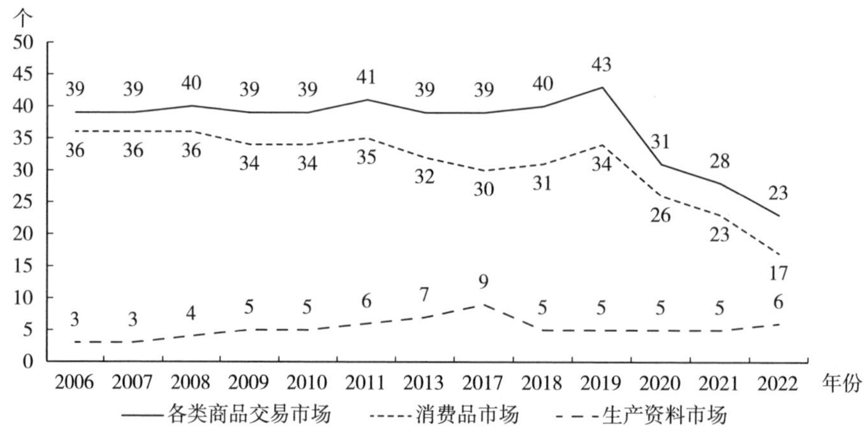

图 1-3　2006—2022 年新昌县各类商品市场数量变化

数据来源：2022 年新昌县国民经济和社会发展统计公报。

2022 年新昌县进出口总额实现 230.51 亿元，其中出口 224.97 亿元、进口 5.54 亿元。从主要出口产品看，机电产品出口 123.75 亿元，占出口总额的 55.0%；医药化工产品出口 36.63 亿元，占 16.3%；高新技术产品出口 8.29 亿元，占 3.7%（图 1-4）。从出口市场看，出口国家（地区）178 个，其中出口超亿元的国家（地区）36 个。出口前三位的国家是美国、印度、日本，分别出口 37.78 亿元、15.67 亿元和 12.93 亿元；在 15 个主要出口国家和地区中，增幅居前三位的分别是菲律宾、俄罗斯和马来西亚，分别增长886.7%、266.7%和90.9%。

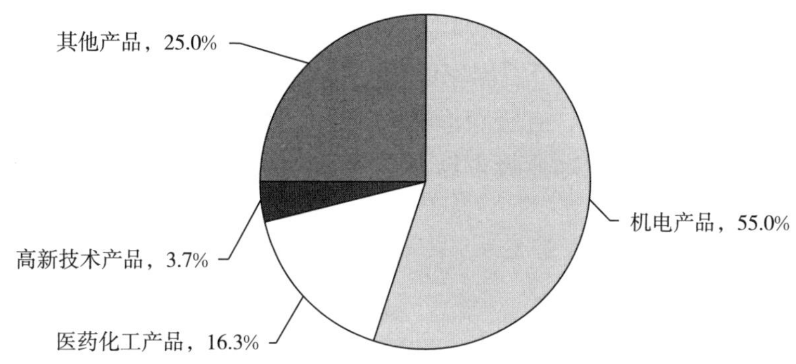

图 1-4 2022 年新昌县主要出口产品占出口总额比重

数据来源：2022 年新昌县国民经济和社会发展统计公报。

在新昌县政府的支持和带领下，新昌实体经济稳健发展，成为全国医药强县、轴承之乡、纺机基地、冷配大县、汽车零部件生产基地，位列中国工业百强县第 57 位。获得全国工业百强县、全国投资竞争力百强县、全国旅游百强县、全国创新百强县、全国“绿水青山就是金山银山”发展百强县、全国高质量发展百强县等一批国家级荣誉，对外知名度、美誉度不断提升。

随着“工业立县”战略的纵深推进，新昌县迈入工业大县行列，巩固提升高端制造、生命健康等主导产业，不断壮大数字经济、通用航空等新兴产业。2022 年规模以上工业总产值达 588.77 亿元，规模以上工业战略性新兴产业增加值占比达 54.5%。其中，高端装备、生命健康两大主导产业已成为支柱产业，产业增加值占比达到战略性新兴产业的 85%以上，拥有一批在全国乃至全球具有话语权的“单打冠军”和一大批在细分行业具有较强竞争力的“拳头产品”，有 11 个产品全球占有率第一、13 个产品国内行业市场占有率第一。高端装备方面，家用空调的核心部件四通换向阀全球市场占有率 65%，电磁阀、电子膨胀阀、微通道等市场占有率均为全球第一，三花的空调换向阀是特斯拉定向供应商，万丰的轮毂占全球市场的 30%，占有率亚洲第一、全球领先。生命健康产业方面，新昌的维生素 E 产量占全球的 60%，维生素 A 产量占全球的 45%，盐酸万古霉素、左氧氟沙星等产品的市场占有率均居全球第一。战略性新兴产业产值占比稳步提高，始终保持在 50%以上。数字经济产业发展势头良好，数字经济综合评价指数列全省第 13 位，成功入选全省数字经济创新发展试验区名单。新昌县曾作为国内唯一县域代表，在工业和信息化部举行的第 11 次中欧政策对话会上做交流发言。民营企业实力稳步增强，截至 2023 年 6 月，新昌县拥有规模以上企业 369 家，其中国家单项冠军企业 1 家（有单项冠军产品 3 个）、国家级专精特新“小巨人”企业 11 家、省级专精特新中小企业 55 家、省级隐形冠军企业 9 家，销售超百亿元企业 4 家、A 股上市公司 15 家，全球业界市场占有率第一的产品 16 个、国内行业市场占有率第一的产品 25 个。

三、社会文化面貌

（一）人口与就业

改革开放以来，新昌县人口快速增长，1991 年后总人口增速逐渐放缓（图 1-5），计划生育的效果逐渐显现，年末总人口在 2010—2019 年处于平稳波动状态。新昌县近十年年末户数保持稳定，最大变动幅度出现在 2013 年，时年末总户数同比增长 1.51%，截至 2022 年末，新昌县总户数为 172 325 户；年末户籍人口数变化呈现出更平稳的态势，十年内同比变化率均低于 0.4%，从 2018 年开始，连续三年出现小幅度下降。

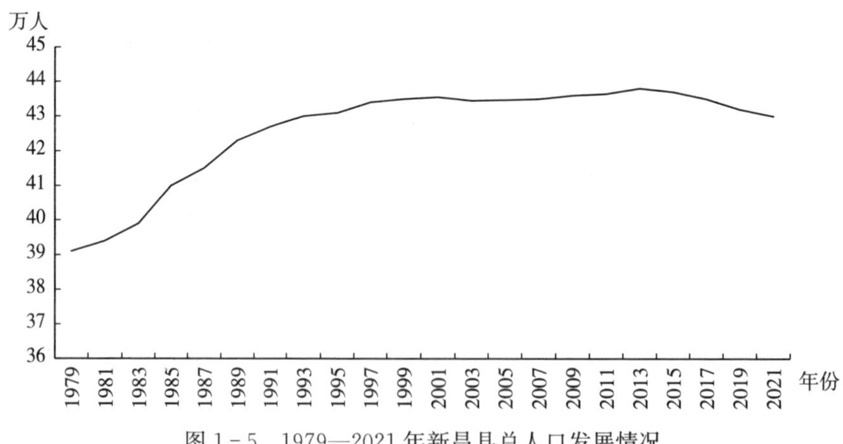

图 1-5　1979—2021 年新昌县总人口发展情况

数据来源：新昌县国民经济和社会发展统计公报。

自改革开放以来，新昌县非农业人口在总人口中占比持续上升，从 1979

年的5.96%上升至2013年的24.58%（图1-6）。2020年第七次全国人口普查数据显示，新昌县常住人口有419 036人，较2010年第六次全国人口普查的县常住人口数量增长10.14%。据新昌县公安局人口年报统计，2021年全县总人口为430 238人，比上年减少1 929人。其中，全年出生人口2 376人，出生率为5.51‰；死亡人口3 492人，死亡率为8.10‰；自然增长率为−2.59‰（图1-7），新昌县首次出现人口自然增长率为负的现象。

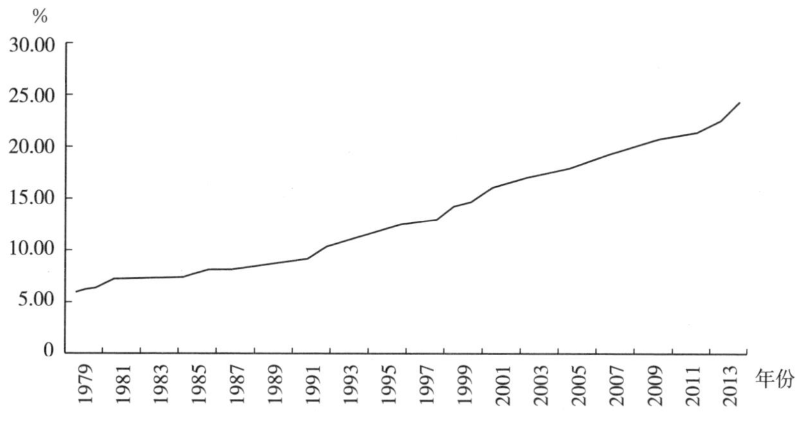

图1-6　1979—2013年新昌县非农业人口占比变化

数据来源：新昌县国民经济和社会发展统计公报。

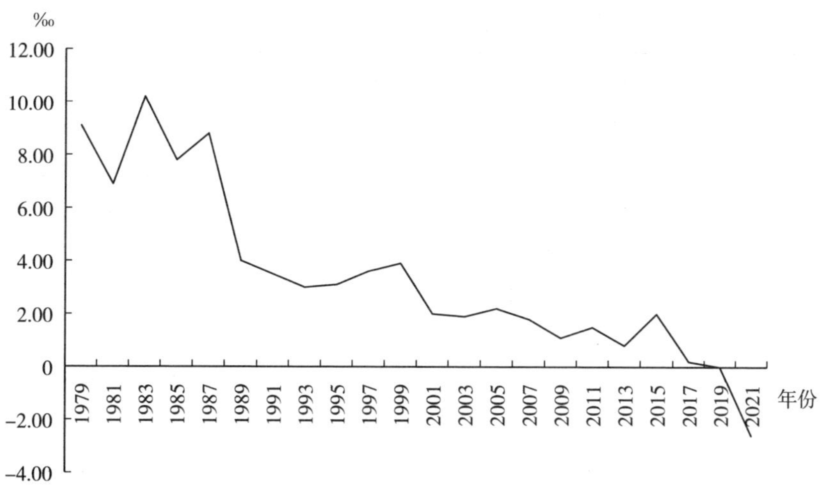

图1-7　1979—2021年新昌县人口自然增长率

数据来源：新昌县国民经济和社会发展统计公报。

(二)文化事业

新昌县是浙江省区域推进语言文字规范化县、浙江省教育基本现代县。“十三五”时期累计完成教育投入 14 亿元,是“十二五”时期的 15 倍,新改扩建中小学和公办幼儿园 20 所,顺利完成新昌技师学院创建。2021 年新昌县教育工作总体满意度为 8.426 分,连续三年位列全省前 20 名。

截至 2022 年,全县有小学 19 所,在校学生 22 023 人,小学学龄人口达到 100%入学;普通初中 13 所,在校人数 10 933 人,初中学龄人口也达到 100%入学,在校学生有高达 99.4%升入高中;普通高中 5 所,招收新生 2 117 人,在校学生 6 764 人,毕业学生 2 453 人。“1+5+X”模式锻造县域教育共同体获评省城乡义务教育共同体区域典型案例,家长满意率达 99%。县高级知识分子和优秀教育人士中各有 1 人入选国家“万人计划”、享受国务院特殊津贴,有 3 人被评为全国优秀教师,6 人被选为省特级教师,41 人被选为省级名师名校长,104 人被选为市级名师名校长。

截至 2022 年,全县共有艺术演出团体 19 个(表 1-1),艺术学校 1 个,文化馆1 个,乡镇综合文化站 12 个,公共图书馆总藏量 64.7 万册,创设报刊 13 家。2003 年 5 月,丰岛集团《绿色丰岛》报试刊发行,外宣工作与企业文化建设得到进一步加强。

表 1-1 新昌县艺术演出团体名录

序号	团体名称	序号	团体名称
1	新昌县群英越剧团	11	新昌县南明街道小百花越剧团
2	新昌县调腔剧团	12	新昌县青年越剧团
3	新昌县城南乡实验越剧团	13	新昌县天姥艺术团
4	新昌县城南乡百花越剧团	14	新昌县七星街道红蕾越剧团
5	新昌县双彩乡雄美越剧团	15	新昌县小将镇姐妹越剧团
6	新昌县羽林街道新顺青年越剧团	16	新昌县南明街道鑫昇绍剧团
7	新昌县南明街道群艺越剧团	17	新昌县南明街道元源艺术团
8	新昌县双彩乡烟彩越剧团	18	新昌县石氏艺术团
9	新昌县城南职业越剧一团	19	新昌县芳草艺术团
10	新昌县姐妹艺术越剧团		

数据来源:新昌县国民经济和社会发展统计公报。

注:以上排名不分先后。

新昌县文化活动持续开展，2022 年全年共开展各类演出 109 场、文化走亲 6 场、讲座 117 场、培训 12 场、展览 74 场、送书下乡 35 000 册、送电影下乡 3 011 场，其他阅读推广活动 123 场。文化产业深入发展，指导中国茶市茶文化创意街区、江南民俗文化体验区、白云文化创意街区等集聚区建设，推动白云文化创意街区积极开展演艺活动，培育成长型文化企业 1 家，新增绍兴市特色文化产业园区 1 家，成立新昌首家国有文化公司——新昌县演艺集团。

（三）历史文化

新昌县历史悠久、文化底蕴丰厚。新昌县在西汉至唐为剡县一部分，后梁开平二年（908 年）吴越王钱镠始分置新昌县。新昌县东接奉化、宁波，南界天台，北通绍兴、杭州。1914 年新昌县行政区划上隶属会稽。1958 年撤销县，被划入嵊县辖区。1961 年恢复建制。新昌县是有名的“唐诗之路”节点之一，此名由省委省政府提出，根据已有史籍资料，有 400 多位唐代诗人在新昌县留下了 1 500 多首诗，特别是著名诗人李白所作的《梦游天姥吟留别》中的天姥山就在县境内。新昌县是著名的“佛教之旅”的精华地，属于知名的佛教发祥地，特别是有一座石雕弥勒大佛坐落在大佛寺内，此佛已有超过 1 500 年的历史，被称为江南地区“第一大佛”。除此之外，新昌县也是远近闻名的“茶道之源”的精华地，这里是绿茶的重要起源地之一，知名的禅茶也出自此。市场上非常火爆的“大佛龙井”2022 年品牌价值达 50.04 亿元，已经成为我国茶叶区域公用品牌的前五强，新昌因此入选 2020 中国茶业百强县、2020 中国茶业品牌建设十强县。

新昌县自然资源丰富，注重文化传承，素有“小水电之乡”“长毛兔之乡”“胶丸之乡”“中国名茶之乡”等美称。烟、茶、丝、术四大传统经济特产闻名于世。新昌人文底蕴深厚，以新昌调腔为代表的特色文化艺术极具研究价值和开发潜力。新昌调腔，别名掉腔、绍兴高调或者新昌高腔，此戏曲声腔历史悠久，作为明代南戏余姚腔的唯一正统传承，是浙江省不可多得的民间艺术遗产。

新昌县旅游资源丰富。在全域范围内成功创建了国家级旅游示范区，制定了《2018 年全域旅游发展实施方案》，完成了《新昌县全域旅游发展规划（2018—2022）》。实施“12345”计划，即打造一条天姥山唐诗之路，培育东茗、沙溪 2 个省旅游风情小镇，建设盐帮古道、安山古道、潜溪绿道 3 条主题游线，融合梅澄产城、烟山农旅、梅溪康养和东部拓展 4 个产业区块，创建

50 个省 A 级景区村庄，实现“百村成景、百姓致富”。在全省旅游发展规划大会、全省第二次全域旅游发展工作推进会上，新昌县作万村景区化创建工作典型发言，在全省旅游工作会议上受到先进表彰，成功创建了国家 AAA 级旅游景区，七盘仙谷、天烛仙境、中国茶市景区通过省示范型放心景区评定。

四、科技助力企业发展

（一）领先的科技创新建设

新昌县自 2014 年实施科技体制综合改革试点以来，在省委省政府、科技部的高度重视与领导下，政企合力、上下同心，大力推进以创新为导向的实体经济发展，着力培养“小县大科技”的发展特色，经过不懈努力，实现了实体经济持续稳健发展、科技创新指标逐年攀升。

在科研方面，新昌县科技研发经费支出占地区生产总值比重连续八年保持在 4%以上，次于杭州滨江区、西湖区，比全国平均水平高出 1 倍多；每万人发明专利拥有量达 75 件，居全省各县市第 7 位；新产品产值率 51.9%，是全国平均水平的近 2 倍。

2016 年，新昌县作为全国唯一县域代表参加全国科技创新大会；2020 年，跻身中国城市创新百佳示范县（第 1 位）、中国创新百强县（第 7 位）；2021 年入选全省首批“科技创新鼎”优秀单位、全省创造力十强县（市、区）。2020 年 4 月，省科技领导小组办公室下发通知，要求在全省学习推广“科技创新新昌经验”。2022 年全县专利授权数实现 2 792 件，其中发明专利 399 件、实用新型专利 2 146 件。新昌县“众创共享科创云平台”完成“揭榜挂帅”全流程开发，投资 1.37 亿元，在浙大网新双城国际新建“科创飞地”。创新联合体高质量建设，柔性制造智能精密机床产业获评绍兴市首批产业创新联合体。新增省级研发机构 10 家，开发（备案）省级及以上新产品 162 项。

（二）科技创新促进企业发展成效

20 世纪 90 年代末，新昌县科研创新资源十分匮乏，无法有效实现自主创新，只能依靠主动引进外部的科技创新资源，特别是与国内的各大高校、科研院所共同合作，推行产学研模式。为进一步提高科技资源的利用效率，新昌县加快建立了产学研协同发展创新机制。

新昌县主动寻找如何利用高校资源，进一步完善更新产学研的合作模式。2014 年以前，企业与院校进行创新合作，对企业发展和人才培育起到了良好的效果。从 2014 年开始，重视企业、政府、高校三方面高效协同合作发展的机制，有力地推动了县域经济的发展，促进了产业的转型升级，提升了企业的核心竞争力。比如新昌县的龙头企业丰岛集团一直以来重视企业的科研创新发展，与北京大学、中国农业大学、南京农业大学等所属多家科研院所建立产业科创合作机制，并且出资创立全国优秀博士后奖励基金。新昌县企业通过产学研合作，获得了一些国家级、省部级、市级政府奖项（表 1 - 2）。图 1 - 8 为 2015—2021 年新昌县企业技术成交状况。技术成交额数量逐年上涨，技术成交合同数波动上升，在 2020—2021 年增长速度最快。2023 年5 月，新昌县创新服务局揭牌成立，是素以“小县大科技”闻名的新昌设立的一个全新行政机构。

表 1 - 2　2015—2020 年新昌县高新技术企业科技成果获奖情况

单位：项

指标名称	2015 年	2016 年	2017 年	2018 年	2019 年	2020 年
国家级	0	1	0	0	1	0
省部级	5	1	6	1	2	4
市级	4	7	5	0	0	0
总计	9	9	11	1	3	4

数据来源：新昌县国民经济和社会发展统计公报。

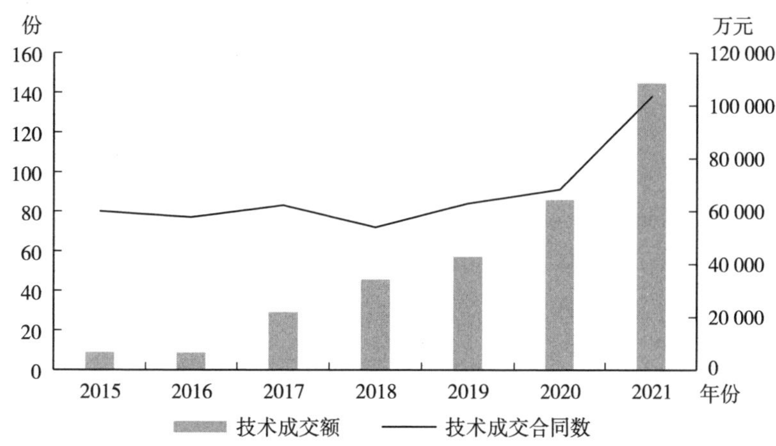

图 1 - 8　2015—2021 年新昌县企业技术成交情况

数据来源：新昌县国民经济和社会发展统计公报。

第二章

新昌农村居民生活条件与共同富裕

2022年新昌县农村居民人均可支配收入39 127元，为2000年的9.27倍。涨幅高于全省平均水平。城乡居民收入差距自2004年起逐年缩小，2020年首次降至2倍以内。总体来看，新昌县城乡居民收入比高于绍兴平均水平而低于全省平均水平。

2000—2008年，新昌县人均GDP省排名呈下降趋势，之后直到2013年开始上升，后又缓慢下降。2020年新昌县人均GDP位列全省第15名，居全省前20%。从区位条件和耕地面积来看，新昌县在全省范围内并不占优势，耕地面积仅占土地总面积的12.6%，低于浙江省18.7%的总体水平。在先天农业资源与区位优势不明显的情况下，2011年前，新昌县在全省的人均GDP排名都在前30%以上（包含区）或前20%以上（去除区）；2011年以后，新昌县的人均GDP全省排名跃升至前25%左右（包含区）或前15%左右（去除区）（图2-1）。这得益于新昌一直坚持以科技创新引领县域经济发展，不断加大

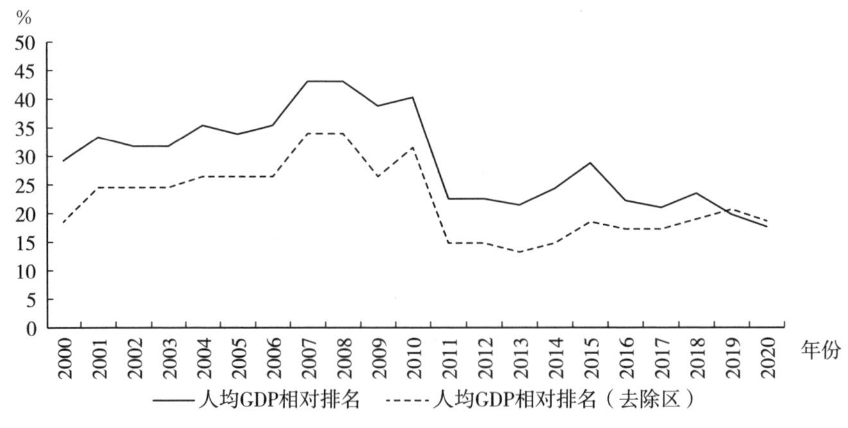

图2-1　2000—2020年新昌县人均GDP省内相对排名

数据来源：《浙江统计年鉴》（2001—2021年）。

研发经费投入，促进产学研深度合作，全方位“引才”“留才”“用才”。在这种科技创新引领经济增长的模式下，新昌的科技创新成果在全省乃至全国均位居前列，助推产业发展，人均收入增长中第二产业贡献的增速保持高位水平。

一、城乡居民可支配收入

（一）总体概述

2000—2020 年，新昌县城乡居民收入处于持续上涨状态。

农村居民人均可支配收入由 2000 年的 4 223 元增长到 2020 年的 32 859 元，增长 6.78 倍，年均增长率 10.72%①。城镇居民人均可支配收入由 2000 年的 9 645 元增加到 2020 年的 62 833 元，增长 5.51 倍，年均增长率 10.13%。新昌县城乡收入比呈现先增后降的趋势。2004 年前，相比绍兴市和浙江全省，新昌县的城乡收入比增长速度更快，峰值来得更早（2004 年）、收入比峰值更高（2.64）。2004 年后，新昌县城乡收入比快速下降，并在 2011 年后低于浙江省平均水平（图 2-2）。

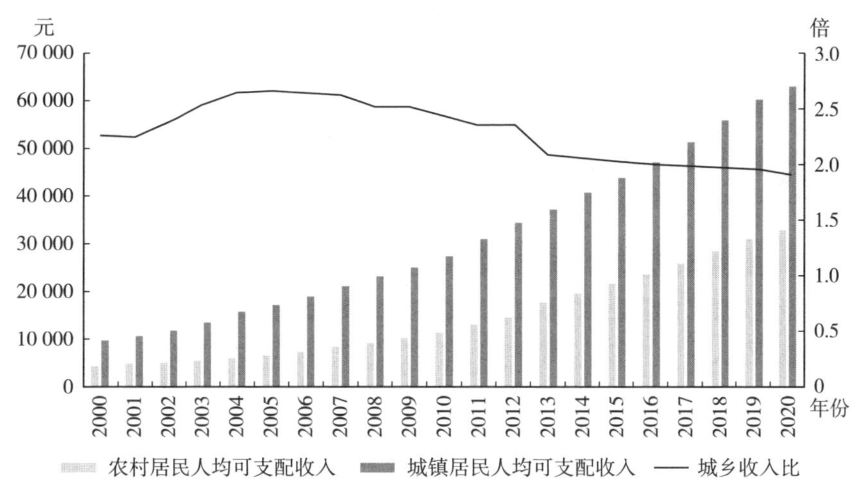

图 2-2　2000—2020 年新昌县城乡居民人均可支配收入

数据来源：《绍兴统计年鉴》（2001—2021 年）。

① 实际增长率是人均可支配收入的历年增长率减去通货膨胀率。其中，通货膨胀率根据消费者价格指数（CPI）数据计算得出。

图 2－3 显示，2022 年，绍兴市农村地区居民人均可支配收入增长为 2000 年的 7.77 倍，年均增长率 10.84%；城镇居民人均可支配收入增长到 2000 年的 6.33 倍，年均增长率 10.31%，城乡居民收入相对差距缩小。绍兴市城乡收入比以 2005 年为转折点，在此之前为上升趋势，此后逐年下降。

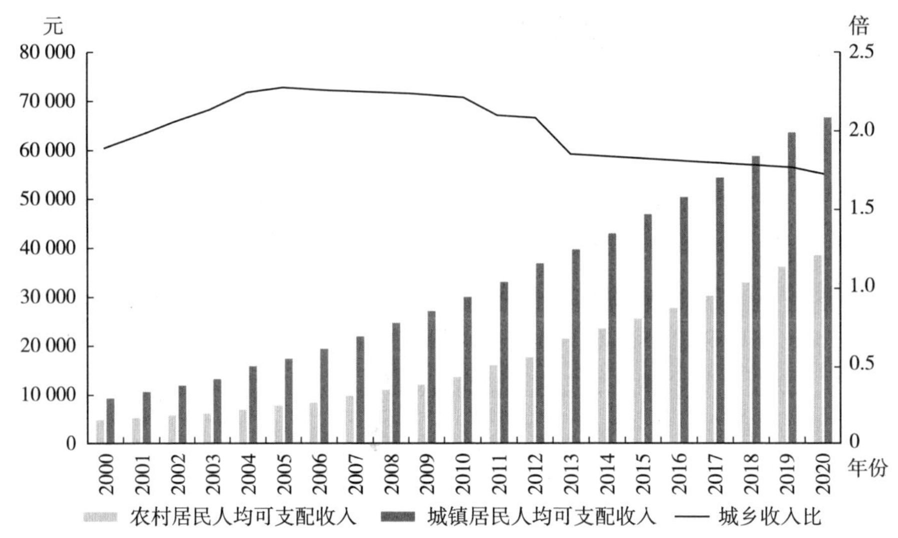

图 2－3　2000—2020 年绍兴市城乡居民人均可支配收入

数据来源：《浙江统计年鉴》(2001—2021 年)。

由图 2－4 可知，从总体趋势来看，浙江省居民城乡收入比于 2000—2007 年呈上涨趋势，城乡居民收入相对差距不断加大，在 2007 年达到峰值后，城乡居民收入比持续下降。1997 年以来，粮食供过于求，粮价不断下降，但是农业生产成本却不断上升，压缩了农民的利益空间。与此同时，国家持续实施扩张性财政政策，大量财政投入用于城镇建设和城镇居民补贴。该时期的浙江省居民城乡收入差距由 2000 年的 2.18∶1 上升至 2007 年的 2.49∶1，呈现逐年加大的趋势。

2007 年以来，浙江省城乡居民收入比持续缩小，2020 年下降到 1.96∶1。这一阶段，政府统筹城乡协调发展，出台了一系列惠农利农政策，加大财政支农力度，不断深化农业农村改革，促进农业农村快速发展，提高农村居民收入水平。该时期农村居民可支配收入平均增长率为 10.64%，高于城镇居民的 10.48%，浙江省城乡居民收入比逐渐缩小。

由图 2－5 可知，无论是浙江省、绍兴市还是新昌县，2000—2020 年城乡

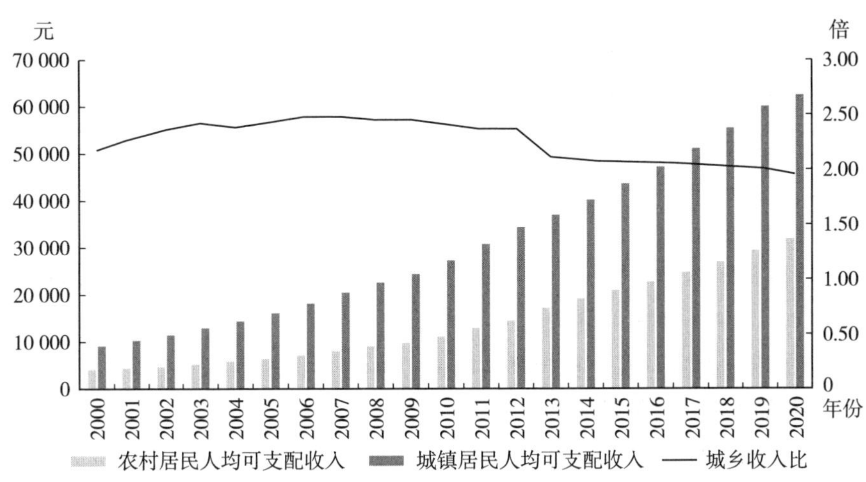

图 2-4　2000—2020 年浙江省城乡居民人均可支配收入

数据来源：《浙江统计年鉴》（2001—2021 年）。

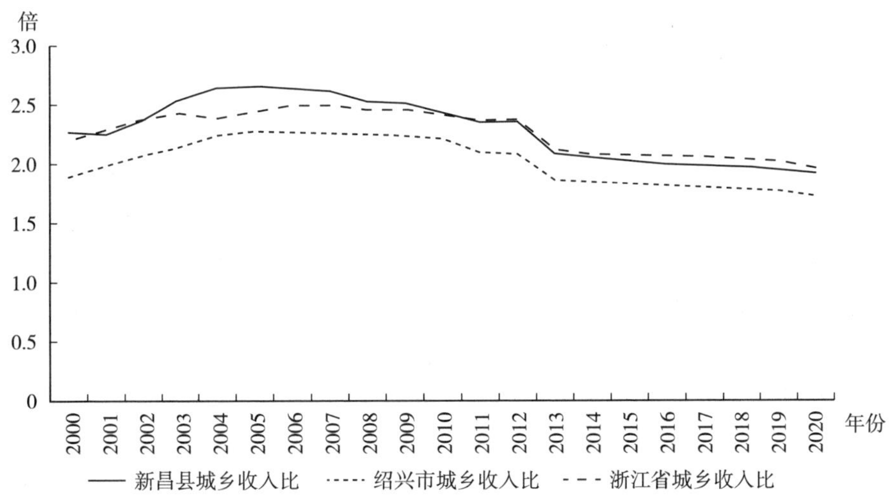

图 2-5　2000—2020 年新昌县与绍兴市、浙江省的城乡居民收入比对比

数据来源：《浙江统计年鉴》（2001—2021 年），《绍兴统计年鉴》（2001—2021 年）。

收入比都呈现先升后降的总体趋势。而三者的区别在于城乡收入比存在较为稳定的绝对差值和城乡收入比由升转降的年份不同。相比而言，新昌县和浙江省总体均值比较接近，与绍兴市之间仍存在比较稳定的差距。新昌县在 2010 年前的城乡居民收入比高于全省平均水平，主要是由于新昌县的人均耕地资源较全省而言更低，区位也不占优，基础条件较差。2010 年后，新昌县的城乡收入比开始低于浙江省平均水平，这归功于新昌县积极的引资引智政策和合理的“扩中”“提低”措施，尤其是针对农村地区的脱贫措施。

1. 扩大中等收入群体

科技是实现共同富裕的前提。据统计，新昌县现有销售超百亿元的企业4家，上市企业15家，国家高新技术企业257家，科技型中小企业683家，位居中国创新百强县（市）前列。在资源不足、相对落后的情况下奋起直追，最强的支撑是实体经济，最大的动力是科技创新。为了扩大中等收入群体，新昌县发出了“一个科技人员造就一个中等收入家庭”的口号，计划到2023年底引进80名行业领军人才和3万名以上的大学毕业生。

2. 提高低收入群体的收入

新昌县的低收入群体主要集中在没有城乡居民养老保险的一批人，约有8万人，这部分人就业技能较弱、学历较低、收入较少，是新昌县“提低”富民措施的重点群体，统称为城乡边保户。对这近五分之一的人口，新昌县政府从岗位安置、技能提升和创业指导等多方面进行了扶持。

“三农”是高质量发展建设共同富裕示范区的短板所在，也是缩小收入差距的主战场。当前，共同富裕最艰巨的任务仍在农村。为了提高低收入群体收入，尤其是农村低收入群体收入，新昌县从改造低效林、发展新农人、村企结对、发展效益农业等方面做出了努力。

（1）变低效林为致富山。在新昌县农村，最多的资源就是毛竹、板栗和荒芜疏林等低效林，其经济效益不高。为了激活林地资源，新昌县通过改造山坡荒地，种植香榧，将其转变为高效林、珍贵林，同时生产碳汇指标创收，促进富民增收。

低效林改造好不好，要由村民说了算。小将镇的村民说：“村里原来有5 000亩毛竹林，但是无论是竹子还是春笋，都卖不出去。香榧林改造成本为每亩8 000～10 000元，挂果后每亩年收益3 000～6 000元。村民将林地流转给合作社后，每年能获得2万多元的分红收入，去香榧基地打工，每天也有100～200元的收入。”

据测算，10万亩香榧林年利润可达5亿元，每年可为经济薄弱村增加10万元收入，农户户均增收5 000～10 000元。香榧也具有较好的社会公益价值，10万亩香榧年均固碳价值约为3 679万元。

新昌县通过利益共享机制联结各相关群体，以入股分红、促进就业等方式，实现了收益反哺村集体的目标，形成绿水青山向金山银山转化再反哺绿水青山的良性闭环体系。随着香榧树的生长、香榧果的产出，香榧林的价值逐年增值，通过逐年向村集体和农户支付流转费用及分红，提前让村集体和农户享受红利，同时对完成流转任务的村集体实行绿色期权分红。

（2）新农人带动增收——以杨军昌为例。党的十八大以来，越来越多的新农人不断涌现，他们在田间地头生产生活，在希望的土地上实现梦想。杨军昌就是其中一员，他在自己的农村生活里加了点“调味料”，用简单的镜头记录着自己的生活。

2017 年，杨军昌开始自学拍视频，尝试运用网络销售水果等农产品，并不断提高拍摄的乡村视频质量，逐渐培养出了自己的年轻用户群体。杨军昌还注册了“帅农鸟哥”视频号，通过直播带货农产品。2022 年 3 月，杨军昌进驻 B 站，一共发布了 59 个视频，收获近 300 万粉丝、超 1 000 万点赞，成为人们口中的“男版李子柒”。

新农人杨军昌通过网络微视频和直播带货农产品的方式带动当地农户增收致富。他以新昌当地特色的农产品作为主要商品，包括新昌年糕、大佛龙井茶等。近年来，杨军昌直播带货的销售额由几年前的一场 2 万元大幅增长到了一场 20 万元。与此同时，直播带货还激发了当地乡村旅游的人气，进而带动了当地乡村的村集体经济发展。

（3）村企结对——以丰岛集团为例。棠村通过“公司＋基地＋农户”的模式，与新昌县农业龙头企业丰岛集团合作打造鲜切菊花基地 300 亩，由丰岛集团先“统租”村里土地，再“返包”给村内农民，最后按市场价回收农民种植的菊花。该基地使村民每年增收约 400 万元，有 60 多人在丰岛基地务工，基地优先安排村里原低收入农户，助力低收入农户就业脱贫。村企合作模式解决了棠村产业链短、资金短缺的难题，开创了优势互补、互利共赢的格局，成为棠村消薄增收、兴村致富的新模式。

（4）村集体带动增收——以棠村为例。棠村坚持党建引领乡村振兴，以“五星达标、3A 争创”为抓手，坚持抓项目、抓产业、抓投入，依托十九峰景区和杭绍台高速，推动全域旅游发展，实现了村集体经济发展从“单纯性输血”到“多元化造血”，成为集体经济消薄增收的生动案例。

借助临近十九峰景区和位于杭绍台高速出口的区位优势，棠村积极打造景区村庄，发展乡村旅游。通过引进青年创客项目“棠潮民宿”“大棠小院”等，盘活闲置农房，促进村集体经济和百姓双增收。“棠潮民宿”在旧有的闲置房基础上改建而成，融入棠村的山水风光、鲜果花卉产业等元素，构建特色民宿区、林间庭院区、草坪活动区等区块，兼休闲、度假和养老功能为一体。棠村将资源优势转化为资本优势，既是推进乡村振兴的鲜活案例，也是“绿水青山”转化为“金山银山”的生动体现。

（二）收入构成多元化

1. 工资性收入占比不断提高

20世纪80年代起，以乡镇企业为代表的非农产业迅速崛起，农业剩余劳动力大量转移到非农产业，除部分自主经营外，更多的劳动力到各类企业、事业单位从业或从事劳务活动，推动了农村居民工资性收入快速增长。2022年新昌县农村居民人均工资性收入达22 601元，占可支配收入比重57.7%；同年，新昌县城镇居民人均工资性收入占可支配收入比重为61.9%，城乡居民的工资性收入占比差距逐渐缩小。

2. 转移性收入大幅提升

新昌县社会保障事业发展从改革开放初期的恢复、建立到不断壮大完善，在全国处于领先地位，城乡居民保障水平不断提高，百姓社保、养老退休收入大幅增加。进入21世纪，随着城乡居民基础养老金逐年上调，新型农村社会养老保险和新型农村合作医疗的基本全覆盖，低保标准的不断提高，以及各种惠农惠民政策的落地实施，加上整体收入水平的提高，助推老人赡养费连年上涨，农村居民转移性收入实现较快增长，成为收入来源的重要组成部分。2014年以来，新昌县农村居民转移性净收入占可支配收入的比重稳定在11%以上，稳中有升。2022年新昌县农村居民人均转移性净收入为4 372元，占可支配收入的比重为11.2%。

3. 财产性收入增值潜能较大

20世纪90年代初，新昌县农业发展水平较低，农民增收来源单一，资本积累少，投资渠道狭窄。1991年农村居民财产性收入占纯收入的比重为0.59%，在4项收入中占比最低。随着农村经济社会的快速发展，农村居民财富积累不断增加、理财意识不断提高、理财方式不断多样化，尤其是进入21世纪后，由于中西部等外省农民工流入现象普遍，当地农民房租收入大幅提高，农民因住房、资产的合理利用实现财富增值。2022年新昌县农村居民人均财产净收入1 424元，是1991年（5.16元）的276倍，年均增长7.8%；占可支配收入的比重为3.64%，比1991年提升了3个百分点，但占比仍明显低于城镇居民，增长空间较大。

4. 经营净收入先升后降

随着工业化的发展，农村地区农民的兼业化现象越发普遍，经营净收入占比出现了先升后降的总体趋势。新中国成立以后30多年间，农村的经营活动以生产队为单位进行，集体统一经营的农业收入是农民收入的主要来源，直至1980年仍占收入来源的40%以上。1983年农村全面推行家庭联产承包责任制后，劳动效率大幅提高，大量富余劳动力转向二三产业，农村经济开始由自给、半自给状态向商品经济转化。地方工业开始崭露头角，全民企业一路领先，乡镇企业异军突起，家庭企业得到极大的扶持和发展。农民收入主要来源由集体统一经营转向家庭经营。2022年，新昌县农村人均家庭经营纯收入增加到10 878元，占全部收入的比重下降到27.8%。

（三）城乡对比

1. 农村居民收入增速快于城镇居民

从收入增速看，新昌县农村居民人均收入从1990年的731元跃升至2022年的39 127元，年均增速14%，高于城镇居民。究其原因，在于政府对农村体制机制的不断创新，使农业经济、新农村建设得到长足发展，农民收入得到较大幅度提高。尤其是进入21世纪后，在"八八战略"[①] 的指引下，统筹推进城乡经济社会发展，农村土地流转、民营经济持续发展、农村电商蓬勃兴起、农业现代化发展等一系列利好因素推动着农村居民收入步入持续较快增长通道，相比城镇居民增收优势更加显现。

2. 城乡居民收入相对均衡发展

2000年以来，新昌县城乡居民收入比呈现先增后降的发展趋势。城乡收入比在2005年达到峰值2.64∶1，随后缓慢下降。2011年后下降幅度增大，也是在这一年，新昌县城乡收入比开始低于全省平均水平，随后不断下降，与省平均水平拉开差距，与绍兴市发展趋势相近。多年来，新昌县始终把解决好"三农"问题作为重中之重，响应浙江省号召，在全国范围内首开城乡一体化战略实施先河，积极构建以工促农、以城带乡、工农互惠的城乡一体化发展新

---

① "八八战略"是"发挥八个方面的优势""推进八个方面的举措"的统称，可概括为：进一步发挥体制机制优势，完善社会主义市场经济体制；进一步发挥区位优势，提高对内对外开放水平；进一步发挥块状特色产业优势，走新型工业化道路；进一步发挥城乡协调发展优势，加快推进城乡一体化；进一步发挥生态优势，打造绿色浙江；进一步发挥山海资源优势，促进区域协调发展；进一步发挥环境优势，全面优化发展条件；进一步发挥人文优势，加快建设文化大省。

格局。

由图 2-6 可见，新昌县城乡居民可支配收入涨幅在 1996 年前维持了很大的名义增速，年均涨幅 30%以上。1996 年后，涨幅下降，维持在 5%～20%的水平。农村人均可支配收入在大多数年份涨幅均高于城镇，仅在 1999—2005 年略低于城镇。这也说明了新昌县城乡居民收入比不断缩小的原因。

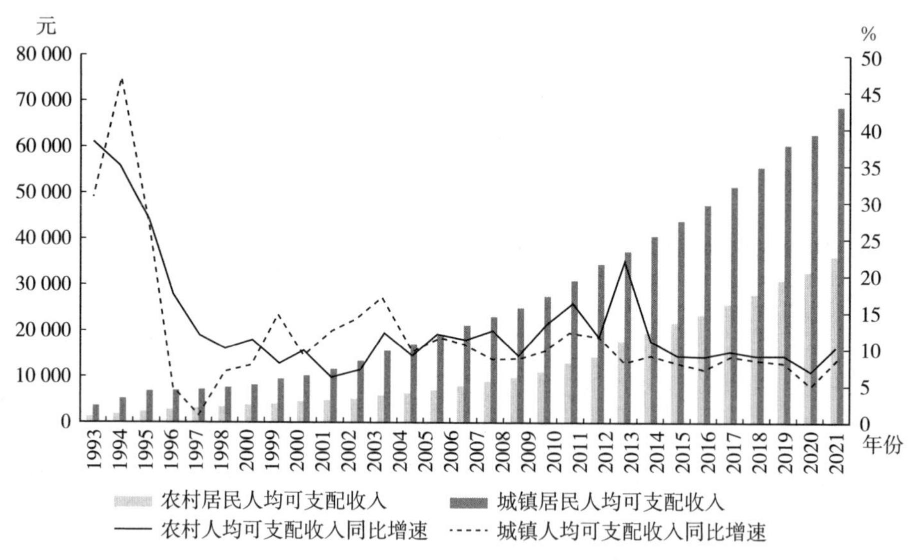

图 2-6　1993—2021 年新昌县城乡居民人均可支配收入及涨幅

数据来源：《绍兴统计年鉴》（1994—2022 年）。

图 2-7 显示，绍兴市农村居民人均可支配收入的涨幅在 2006 年前低于城镇，此后一直高于城镇，可见绍兴市对于提高农村居民收入、缩小城乡收入差距的政策卓有成效。

图 2-8 显示，浙江省城乡居民人均可支配收入涨幅变动趋势与新昌县十分相近，都在 1992—1997 年存在居民收入的大幅上涨，最高曾达到年均增速 40%，此后则保持相对稳定的状态，增速在 5%～15%波动。

图 2-9 显示，新昌县、绍兴市、浙江省的农村居民收入增长率变化相似，均在 2012 年前波动上升，此后持续下降。2000—2012 年，农村居民收入增长率从不到 5%一路攀升至近 20%，然后又回落到 2020 年的 5%左右。

图 2-10 是新昌县与绍兴市、浙江省城镇居民人均可支配收入增长率的对

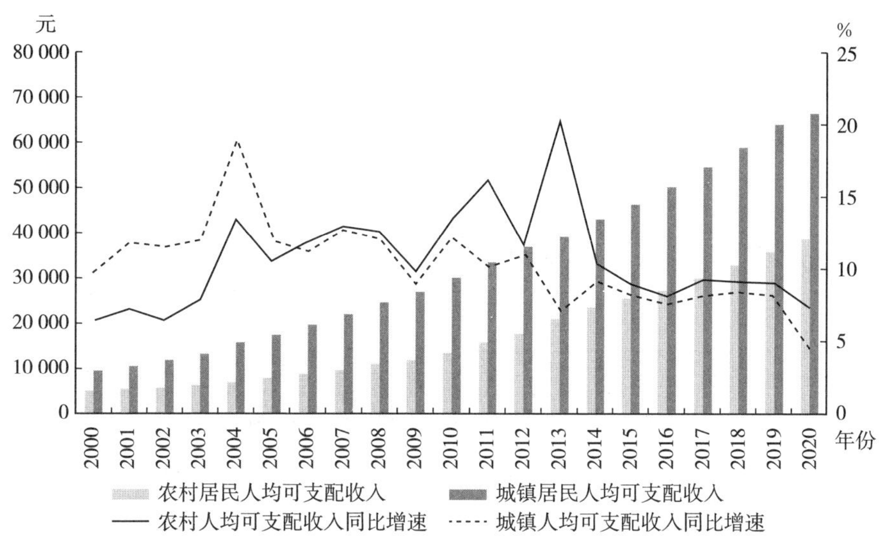

图 2-7　2000—2020 年绍兴市城乡居民人均可支配收入及涨幅

数据来源：《浙江统计年鉴》（2001—2021 年）。

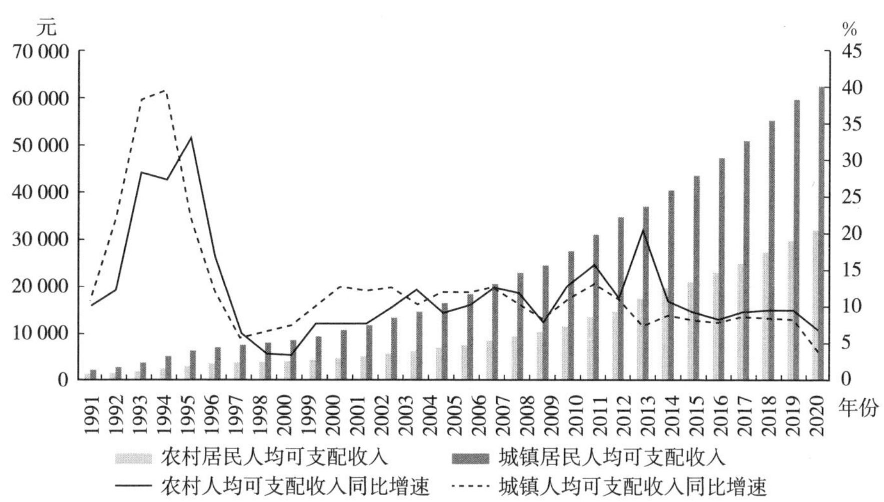

图 2-8　1991—2020 年浙江省城乡居民人均可支配收入及涨幅

数据来源：《浙江统计年鉴》（1992—2021 年）。

比。与农村相反，城镇居民的人均可支配收入实际增长率一直保持波动下降的趋势，从 10%下降到了 2%，且县、市、省的趋势比较接近。总体而言，新昌县人均可支配收入实际增长率，无论是农村还是城市，低于绍兴市人均水平，但与全省相比，尽管一开始新昌县低于全省水平，但农村和城市居民人均可支

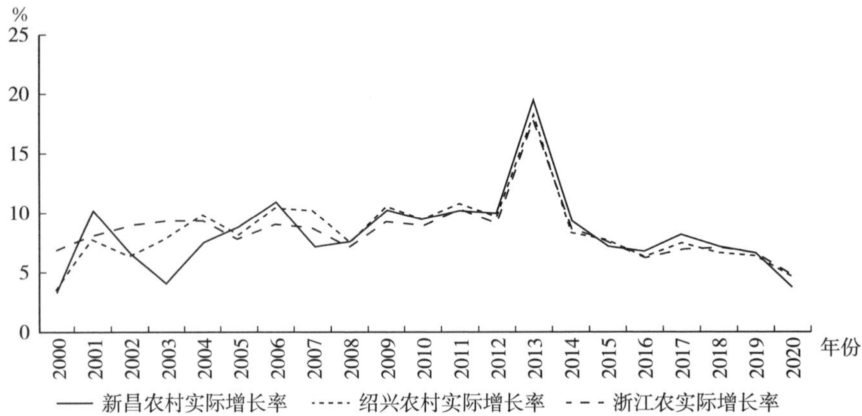

图 2-9 2000—2020 年新昌县与绍兴市、浙江省农村人均可支配收入增长率对比

数据来源：《浙江统计年鉴》（2001—2021 年），《绍兴统计年鉴》（2001—2021 年）。

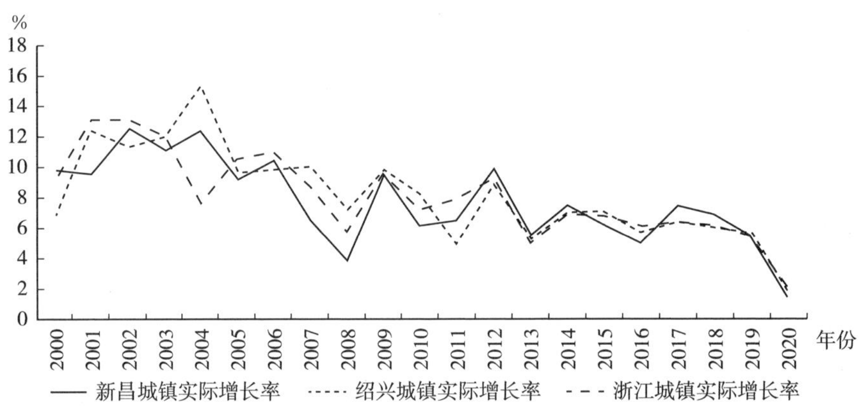

图 2-10 2000—2020 年新昌县与绍兴市、浙江省城镇人均可支配收入增长率对比

数据来源：《浙江统计年鉴》（2001—2021 年），《绍兴统计年鉴》（2001—2021 年）。

配收入分别于 2011 年和 2013 年实现了反超。

新昌县之所以能在基础条件不占优势的情况下实现赶超，是因为政府政策紧跟党中央的要求，并能严格落实到位。2000 年后，新昌县在科学发展观的统领下，在浙江省“八八战略”的领导下，持续加大强农惠农富农政策力度，全面启动农村税费改革，新农村建设轰轰烈烈，土地流转、城乡统筹发展、民营经济持续发展、农业劳动力大规模进城务工等因素推动了农村居民收入较快增长，2010 年农村居民人均可支配收入为 11 263 元，首次跃上万元台阶。2012 年人均可支配收入14 609元，是 2001 年的 3.15 倍，年均名义和实际人均可支配收入分别增长 11%和 8.1%。党的十八大以后，随着经济由高速增长转向中高速、高质量发展，农村居民收入进入调整转换期。新昌县农村居民人均可支配收入在 2021 年达到 36 269 元，是 2013 年的 2 倍，年均名义和实际人均可支配收入分别增长 11.43%和 5.58%。

（四）典型案例："丰岛"共富工坊

"丰岛"共富工坊主阵地之一棠村丰岛菊花基地位于新昌县澄潭街道，由丰岛集团牵头成立。工坊通过完善共建共享的"共富联建"运行机制，带动农户共建基地、共享设施、共谋销路，累计产出近 1 亿枝花、1.5 亿枝花苗，支付农产品采购资金与农村劳动力工资超 9 000 万元，带动农村劳动力实现家门口就业共富。

1. 党建联建，多级联动织密"共富网"

新昌县依托"天姥链"红色党建联建机制，推动县、乡、村三级与"丰岛"共富工坊有效联结，从村级生产、乡级合作、县级统筹串起工坊运营链。目前，经过县级部门的牵线搭桥，"丰岛"共富工坊已与全县各乡镇（街道）签订合作协议，不断扩大共富"朋友圈"。通过"工坊订单、乡镇派单、村庄接单"模式，各村根据各自农业特色有针对性地开展花卉果品种植，带动农户增收（图 2－11，图 2－12）。

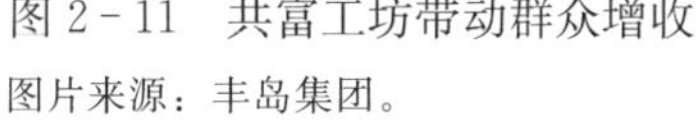

图 2－11　共富工坊带动群众增收

图片来源：丰岛集团。

图 2－12　农户在共富工坊加工杨桐、柃木切叶

图片来源：丰岛集团。

2. 经营联建，创新模式串起"共富链"

在共富工坊驱动下，丰岛集团建立订单农业、统租返包等利益联结机制，由工坊统一提供种苗、技术、保险、贮运等全方位指导，农户按需求按标准种植生产，形成了近千处稳定的商品供应基地。截至 2023 年 6 月，工坊已与各类合作社签订种植和购销合同 810 份，联结带动杨桐、柃木、菊花、柑橘、黄桃等种植面积 13 万亩。同时，依托“租金＋薪金＋产品销售收入”模式，工坊通过各村与农户签订土地流转协议，农户有田租、承包经营、工资等多种收入，实现旱涝保收。

3. 服务联建，增强支撑铺就“共富路”

工坊用心做好过程服务，积极构建支撑体系，通过引进高端人才、农村“土专家”，将科研基地搬到田间地头，定期为花农、果农、合作社开展技术帮扶活动。1996 年开始的林下套种杨桐相比自然生长亩产效益更高，而且可更好地涵养水源，防止水土流失，其林下经济与碳汇经济成就得到高度认可；花卉种植亩产值最高可超 50 万元（图 2－13）。此外，通过丰岛集团担保，为合作社和农户在种植、收购各环节提供贷款资金累计超 4 亿元，解决了合作群体融资难、创业难问题。

图 2－13 “丰岛”共富工坊花卉种苗繁育基地之一

二、城乡居民人均生活消费性支出

新中国成立初期，农民生活长期处于贫困边缘，无时无刻不在为生计发愁。随着农村改革的全面深化、强农惠农富农政策的不断推进，新昌县农村居民的消费水平不断提高，长期位居全国前列，消费结构持续优化升级，生活面貌日新月异。

（一）消费水平大幅上涨，生活品质节节攀升

2013 年以来，新昌县城乡居民消费比（图 2－14）低于浙江省平均水平（图 2－15），稍高于绍兴市整体水平（图 2－16），城乡消费比低于城乡收入比。

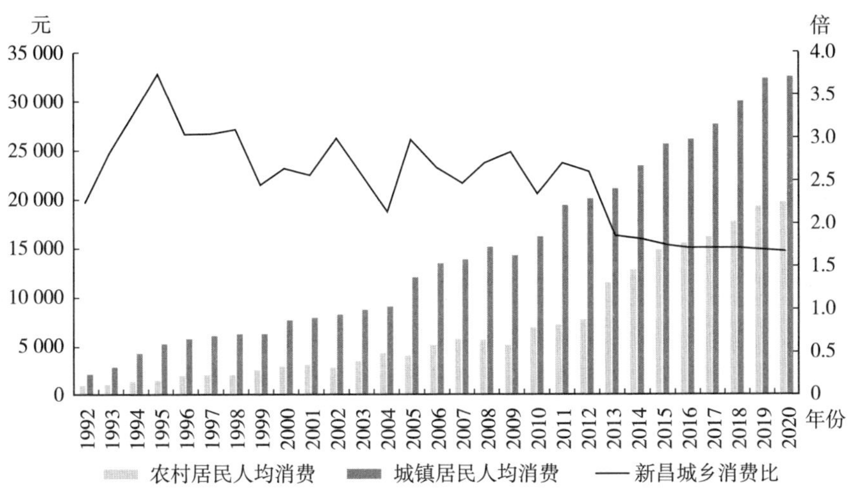

图 2-14　1992—2020 年新昌县城乡居民人均生活消费性支出

数据来源：《绍兴统计年鉴》（1993—2021 年）。

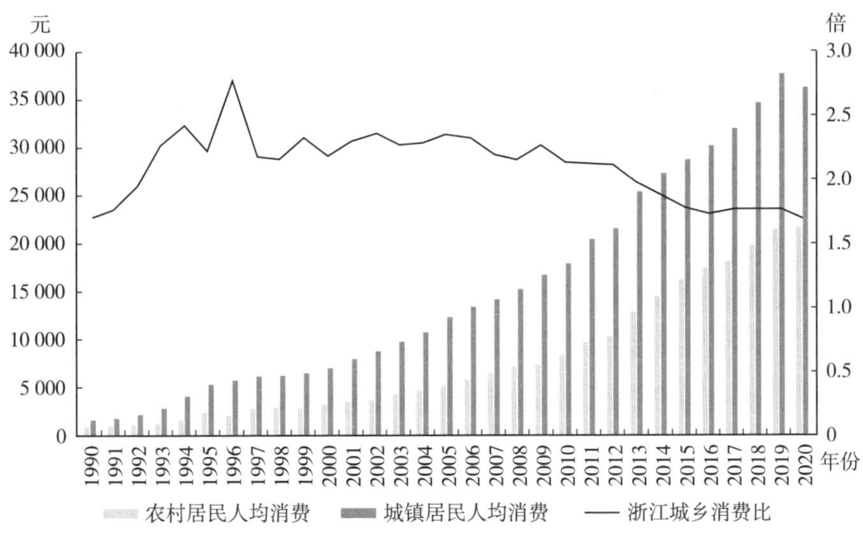

图 2-15　1990—2020 年浙江省城乡居民人均生活消费性支出

数据来源：《浙江统计年鉴》（1991—2021 年）。

以交通通信消费为例。自 20 世纪 80 年代以来，交通通信消费一直是城乡消费的热点，2015 年以来，占比仅次于食品消费。20 世纪 80 年代初，自行车还是主要交通工具，但很快就被摩托车、电动车的普及盖过了势头，城乡居民的消费水平也因此被带上了新台阶。2000 年后，汽车工业的发展和城乡道路

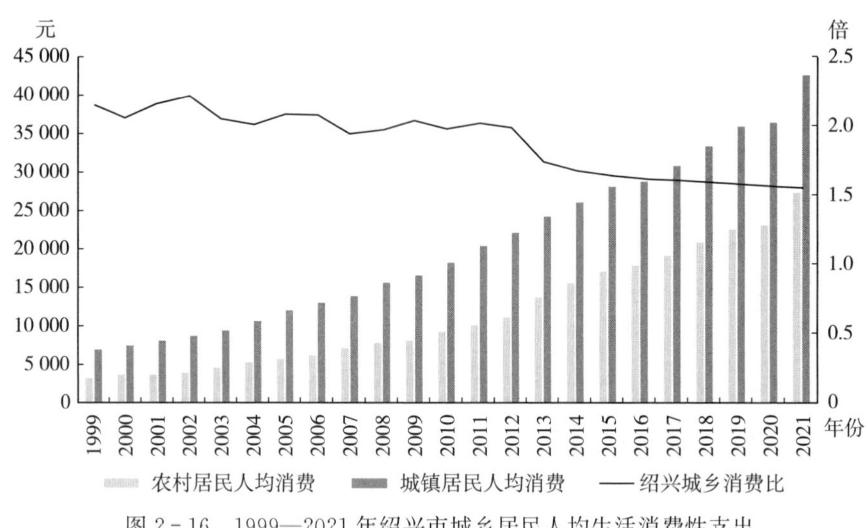

图 2-16　1999—2021 年绍兴市城乡居民人均生活消费性支出

数据来源：《浙江统计年鉴》(2000—2022 年)。

的修建，使汽车进入了寻常百姓家，成为新一轮的消费热点。随着收入增长和科技进步，人们能够消费的电子设备越来越多，通信工具也完成了从固定电话、寻呼机、小灵通到移动电话的更新换代，正是这些通信产品的平民化，逐渐激起了城乡居民的消费热情。交通通信工具的变迁及其在消费中占比的不断上升，反映了人们经济状况的改善，也折射出人们消费理念的变化和生活品质的提升。

长期以来，我国的收入分配制度和商品房体系奠定了城乡居民消费模式差异的基础。城市的福利分房、商品房购买和农村自建房，使城乡居民的居住消费差别较大。

20 世纪 80 年代以来，农村自建住房热经久不衰。80 年代前，农村人均居住面积不到 15 平方米，大多数房子都是砖木结构。随着温饱问题的解决，农村居民自建住房的意愿日渐强烈，1980—1990 年，近八成农户新建了房子，农村人均居住面积大幅提高，室内装潢和配套设施也逐渐向城市靠拢。自建房热一直持续到世纪之交，此时，农村居民的居住支出中，有近五分之一都用于水电燃料支出，与城市居民的居住消费结构不断接近。家电（电风扇、空调、洗衣机等）的普及和自来水通水率的提高、居民能源使用结构的改变使人们的水、电、煤气、燃气支出不断增长，也推动了居民消费支出的增加。

（二）恩格尔系数持续下降，消费结构不断优化

从消费结构来看，新昌县粮食、蔬菜等植物性食品消费占比下降，而肉蛋奶等动物性食品消费不断增加。城市恩格尔系数为27%，略低于农村的32%。此外，居民对水产品的消费需求也不断增长，但城乡之间差距仍较大。

改革开放初期，由于经济条件和生产力的限制，“一衣多季”的现象非常普遍。因此，当收入水平提高后，居民尤其是农村居民对于衣着消费的欲望比较强烈，衣着占消费的比重也逐年上升，近年来又稍有回落。

随着生活水平的提高，文教娱乐消费成为新的消费热点。其中除了人们对教育的重视程度越来越高，子女教育费增长的因素之外，居民对文教娱乐用品消费的增加也是重要推动因素。20世纪80年代初，每百户城乡居民彩电数量均不到1台，2005年城乡居民彩电拥有量户均超过了1台。此外，数码相机、电脑和影碟机的更新换代和价格下降，刺激了人们的消费欲望，促使文教娱乐消费占比在2005年前不断上升。2005年后，随着义务教育的推广和普及，政府对教育的投资使义务教育阶段的学习成本降低，此后文教娱乐消费占比逐渐回落，2020年新昌县农村文教娱乐消费占比为9.53%，城镇为10.86%。

新型农村合作医疗的实施在一定程度上减轻了农村居民的就医压力，增强了居民的保健意识。城镇医保支出占消费支出的比重从1985年的2%提高到2005年的7%，此后趋于稳定。农村居民医疗保障消费占比高于城镇，2015—2021年稳定在9.5%左右。

三、农村基本教育与医疗服务

实现全体人民的共同富裕，要确保广大人民群众的物质生活和精神生活双重富裕。共同富裕的实现，不仅体现为收入水平的提高，也体现为民生福利的持续改善。2021年新昌县全县一般公共预算支出为69.79亿元，其中民生福利方面的支出达55.24亿元，占预算支出的79.15%，其中教育、社会保障和就业、卫生健康等民生领域支出分别增长5.3%、76.8%和1.6%。

教育和健康是人力资本的重要内涵，受教育水平和健康状况是个体进行有效劳动的前提。因而，教育和医疗服务一直以来都是民生领域重点关注的内容，实现教育和医疗服务的均等性利用是保障和改善民生的必要途径。尤其对于农村而言，确保每一个农村居民都受到基本的教育和医疗服务是缓和城乡矛

盾、推进农业农村现代化乃至实现乡村振兴的重要举措。

（一）基本教育

据2021年《新昌年鉴》统计，2020年全县共有小学21所，在校学生21 843人，入学率和巩固率均达100%；普通初中16所，入学率和巩固率达100%，升入高中的比例为99.4%；普通高中5所，2021年招收新生2 195人，在校学生7 080人。

九年义务教育完成率是衡量基本教育供给水平的重要指标。2009—2018年，新昌县全县九年义务教育完成率基本维持在98%以上（图2-17），尽管2016—2017年有所回落，但整体上保持较高水平，说明新昌县在推动教育的社会公平方面有一定成效。新昌县九年义务教育完成率持续保持高位的原因在于，浙江省作为经济和教育大省，始终保障每一位适龄儿童获得充分合理的教育。2009—2017年，新昌县初升高比例呈现持续上升的趋势，长期维持在98%以上，说明新昌县义务教育水准始终维持在较高水准。

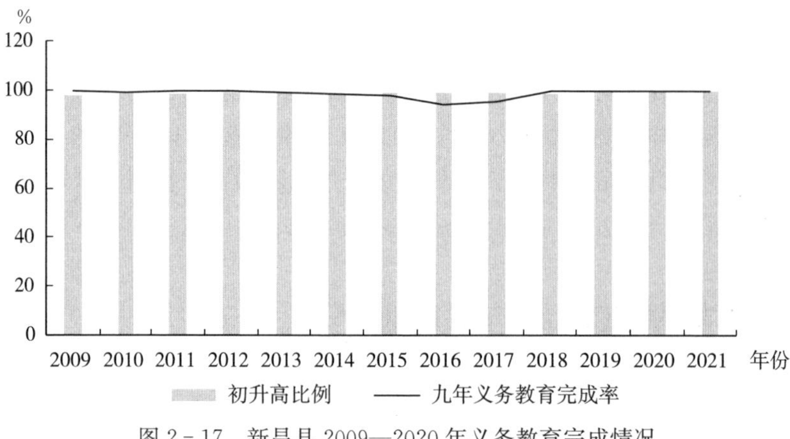

图2-17　新昌县2009—2020年义务教育完成情况

数据来源：《新昌年鉴》（2010—2021年）。

同期省内其他地区的九年义务教育完成率和初升高比例也同样保持高位，结合浙江省人大常委会于2009年发布的《浙江省义务教育条例》，可以看出浙江省积极结合省份实际情况出台相关举措，促进义务教育均衡发展，保障义务教育供给质量，确保了义务教育在浙江省的平稳实施。

2009—2016年，新昌县考生高考分数达到重点线的比率在20%左右波动。2017年浙江省实施新高考方案，这一指标调整为高考普通类一段上线人数比重，2017—2018 年，新昌县高考普通类一段上线人数比重由 15%攀升至 28%，涨幅明显。值得注意的是，浙江省高考历年重点线的考生比例也在 20%左右，说明新昌县普通高中教育成果较为显著，处于全省平均水平。

教师是教育的提供者，教职工数量可以反映出一个地区的整体教育质量。2014 年以来，新昌县公办中小学教职工数大致呈现持续增加的趋势（图 2－18），2019 年教师队伍已扩充至近 3 800 人，说明新昌县中小学师资队伍充裕。

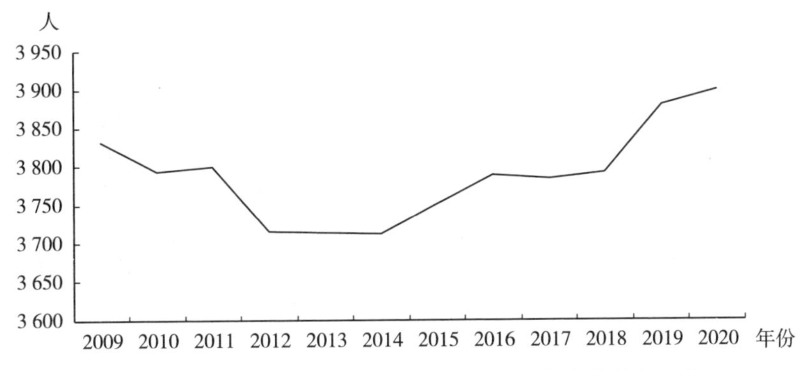

图 2－18　新昌县 2009—2020 年全县公办中小学教职工数

数据来源：《新昌年鉴》（2010—2021 年）。

（二）医疗服务

2021 年新昌县共有各级各类医疗卫生机构 264 家，其中三级医院 3 家（新昌县人民医院、新昌县中医院和新昌张氏骨伤医院），急救中心 1 家，妇幼保健院（所）2 家（妇幼保健计划生育服务中心和妇幼保健院），乡镇卫生院 12 家，社区卫生服务站 50 家，门诊部 10 家，诊所 25 家，卫生所、卫生站、医务室 29 家，村卫生室 126 家，民营医院 6 家。共实有床位 2 695 张，千人床位 6.43 张；执业（助理）医师 1 464 人，千人医师 3.49 人；护士 1 632 人，千人护士 3.89 人。“健康新昌”建设不断推进，累计三年被评为健康浙江省考核优秀县，获健康浙江铜奖。数字化改革持续深化，县人民医院、县中医院医共体之间、医共体成员之间实现影像检查、医学检验共享互认。

户籍人口人均基本公共卫生服务项目经费是民生福利支出中医疗卫生支出的一大体现，2014—2018 年，新昌县户籍人口人均基本公共卫生服务项目经费由人均 35 元提升至人均 55 元，反映出新昌县对民生福利层面卫生健康的重视。与此同时，2016 年开始，新昌县财政开始安排外来流动人口基本公共卫生服务项目经费，按户籍人口标准减半进行补助，到 2018 年，外来人口人均已有 27.5 元，可见新昌县对外来人口医疗卫生的重视（图 2－19）。

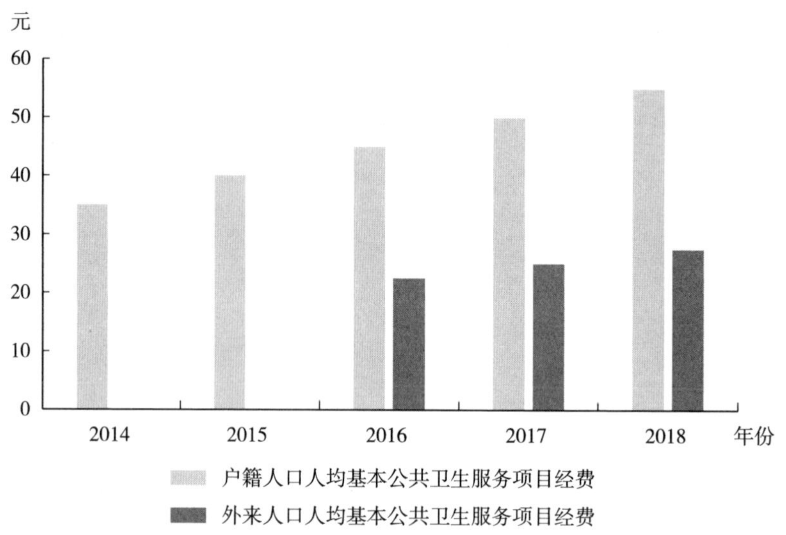

图 2－19 新昌县 2014—2018 年基本公共卫生服务项目经费

数据来源：《新昌年鉴》（2015—2019 年）。

在医疗保险方面，2009—2018 年，新昌县职工基本医疗保险参保单位由 3 447 家提升至 5 633 家（图 2－20），参保人数由 11.45 万人提升至 16.77 万人，覆盖面持续扩大。城乡居民基本医疗保险参保人数由 26.21 万人减少至

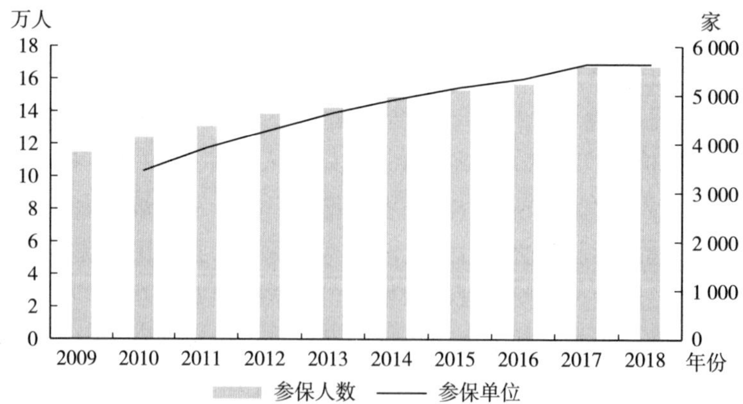

图 2－20 新昌县 2009—2018 年职工基本医疗保险参保情况

数据来源：《新昌年鉴》（2010—2019 年）。

24.22 万人（图 2-21），但参保率由 98.05%进一步提升至 99.27%，基本实现了县域全覆盖。①

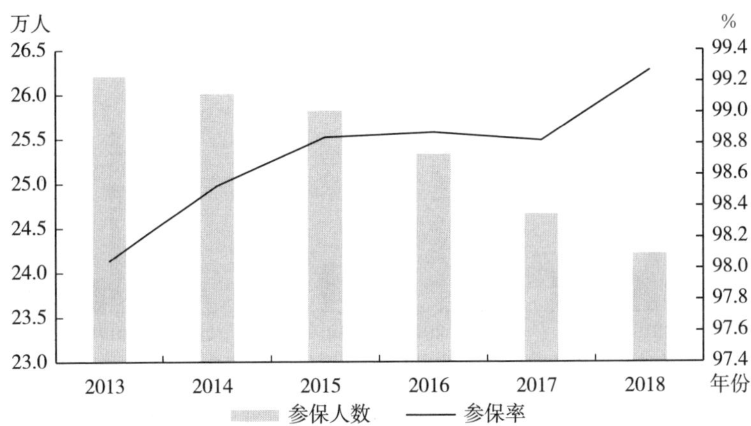

图 2-21　新昌县 2009—2018 年城乡居民基本医疗保险参保情况

数据来源：《新昌年鉴》（2014—2019 年）。

四、农村其他民生福利

（一）养老保障

由图 2-22 可见，2009—2018 年，新昌县职工基本养老保险参保人数由 9.87 万人提升至 18.77 万人，年均增长率超过 7%，城乡居民社会养老保险参保人数由 0.24 万人提升至 10.43 万人，被征地农民养老保险参保人数由 3.71 万人降低至 2.18 万人。总体来看，各类养老保险参保人数由 13.82 万人提升至 31.38 万人，涨幅明显，确保了老年人口养老必要的资金保障。2021 年全县基本养老保险参保率达 99.34%。企业职工人均退休养老待遇标准为 2 641 元/月，低保救助标准为 890 元/月，农村特困人员基本生活标准为 1 358 元/月。

图 2-23 反映了新昌县 2016—2018 年的养老机构情况，3 年间，养老机构数由 22 个减少至 19 个，但养老机构床位数由 4 010 张增加至 4 699 张，每百名老人拥有养老机构床位数提升，保障了老年人口老有所养。养老机构年末在院人数由 2 602 人减少至 1 933 人，床位使用率由 64.9%降低至 41.1%，这

① 从 2013 年 1 月 1 日起，城镇居民医疗保障、新型农村合作医疗统一整合为城乡居民基本医疗保险。

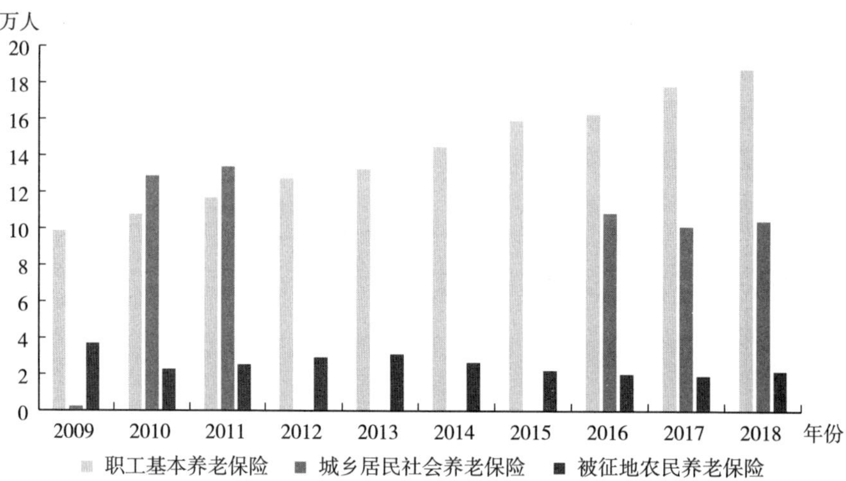

图 2-22 新昌县 2009—2018 年养老保险参保情况

数据来源:《新昌年鉴》(2010—2019 年)。

注:2012—2015 年城乡居民社会养老保险参保人数数据缺失。

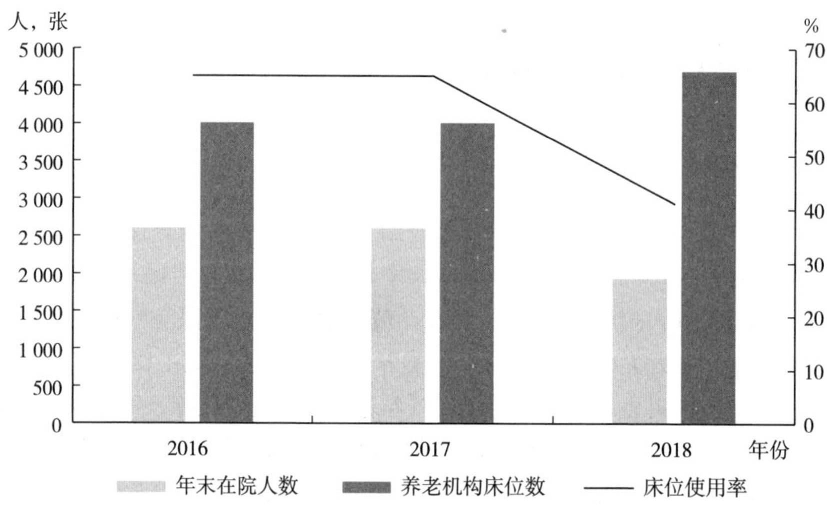

图 2-23 新昌县 2016—2018 年养老机构情况

数据来源:《新昌年鉴》(2017—2019 年)。

在一定程度上表明随着近年来老龄化程度的提升,养老产业开始提供更加多样化和个性化的养老服务,智慧化、适老化设备的推出,确保了老年人足不出户可以享受到社会发展的便利,因此新昌县有越来越多的老年人倾向于选择居家养老,给社会化养老释放了一定的空间。

对于整体养老工作而言，新昌县显示出了更大的诚意与耐心。主要体现在社会整体养老支持力度的集中供养标准方面。2009—2018 年，新昌县集中供养标准由人均 584 元增加至 1 440 元（图 2-24），增长了近 2 倍。在我国正式迈入老龄化社会的当下，新昌县积极应对，致力实现“老有所养”的和谐社会，体现出一方县政的责任与担当。

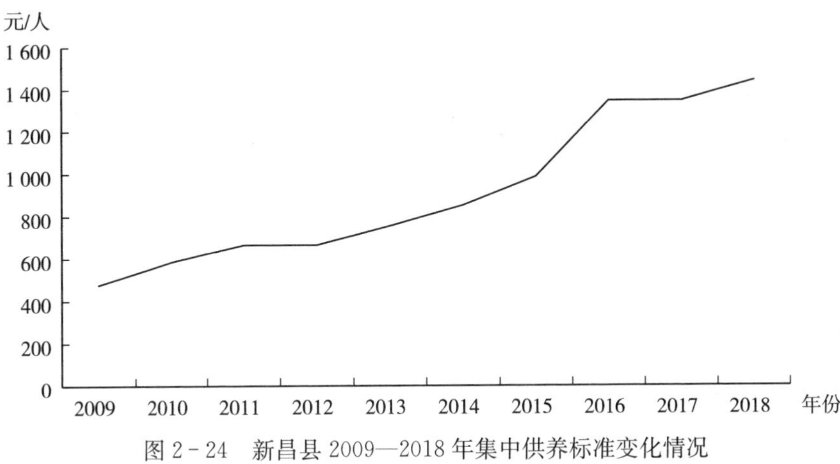

图 2-24　新昌县 2009—2018 年集中供养标准变化情况

数据来源：《新昌年鉴》（2010—2019 年）。

（二）住房

2021 年新昌县房地产开发投资实现 36.02 亿元，同比下降 16.1%；全年商品房销售面积实现 71.80 万平方米，同比下降 3.7%；商品房销售额实现 72.17 亿元，同比增长 13.5%。说明新昌县居民商品房的购买力在提升，销售面积下降而房价上升，在一定程度上反映出新昌县的商品房需求在持续上涨。此外，人均住房面积可以在一定程度上体现出个体的住房条件状况，后者对于健康等人力资本的影响也尤为深远。1992—2020 年，新昌县农村居民人均房屋使用面积由 28.9 平方米提升至71 平方米（图 2-25），年均涨幅 3.3%，可见新昌县农村居民住房条件逐年都有改善，体现出地方政府对于衣食住行中“住”这一环节的重视。

（三）就业

2021 年新昌县新增城镇就业 7 116 人，城镇登记失业率始终控制在 3%以内。企业减负政策落地“接跑”，全年累计稳岗返还 675.67 万元，惠及企业

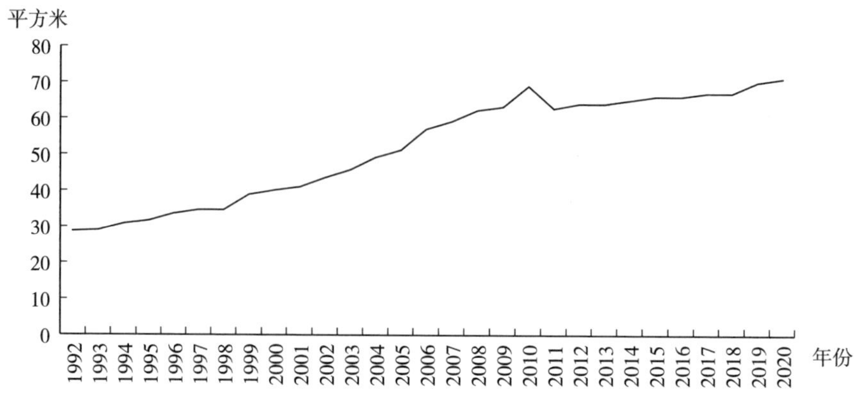

图 2-25 新昌县 1992—2020 年农村居民人均房屋使用面积

数据来源：《新昌年鉴》(1993—2021 年)。

1 481 家，稳定职工 4.18 万人。2013—2018 年，新昌县城镇登记失业人员呈持续下降趋势，由 3 020 人减少至 2 088 人（图 2-26）。2009—2018 年，新昌县城镇登记失业率同样呈持续下降趋势，由 3.54%降低至 2.25%。根据浙江省人力资源和社会保障厅披露的 2021 年度数据，全省年末城镇登记失业率为 2.61%，而早在 2018 年，新昌县的失业率已经控制在 2.3%以下，说明新昌县在保障劳动力就业方面发挥了较为关键的作用。

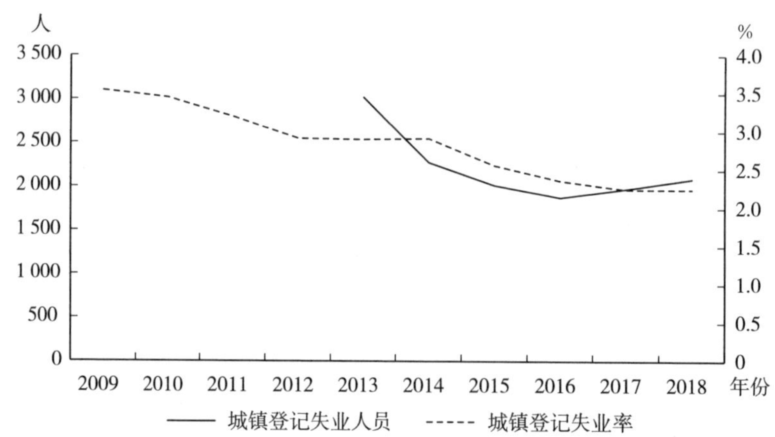

图 2-26 新昌县 2009—2018 年城镇登记失业人员及失业率

数据来源：《新昌年鉴》(2010—2019 年)。

从图 2-27 来看，新昌县 1986—2020 年的全社会年末就业结构在不断优化，第一产业从业人员在不断减少，二三产业从业人员在不断增加。具体细分到每一行业，2019 年、2020 年，新昌县就业人员最多的 4 个行业依次是制造业、农林牧渔业、批发和零售业及建筑业，其从业人员比重占全行业的 80%以上（图 2 - 28），说明当前新昌县的就业结构以第二产业为主导。

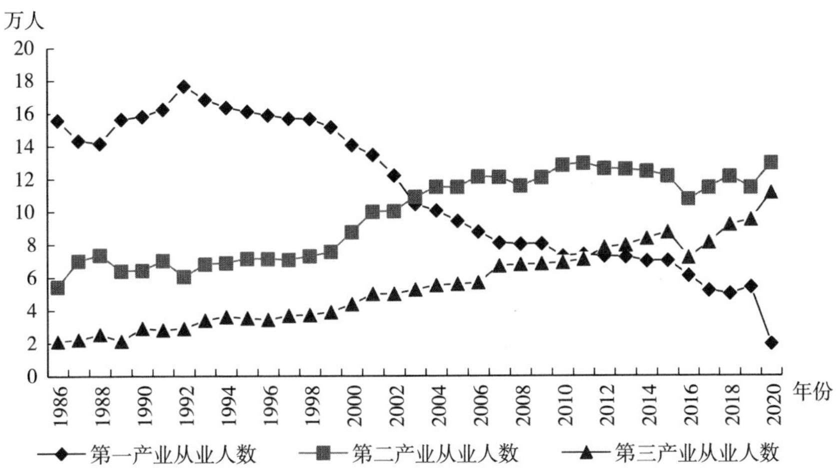

图 2 - 27　新昌县 1986—2020 年全社会年末就业结构

数据来源：《新昌年鉴》（1987—2021 年）。

注：2016 年起，全社会从业人员数按常住人口口径计算，与以前年度不可比。

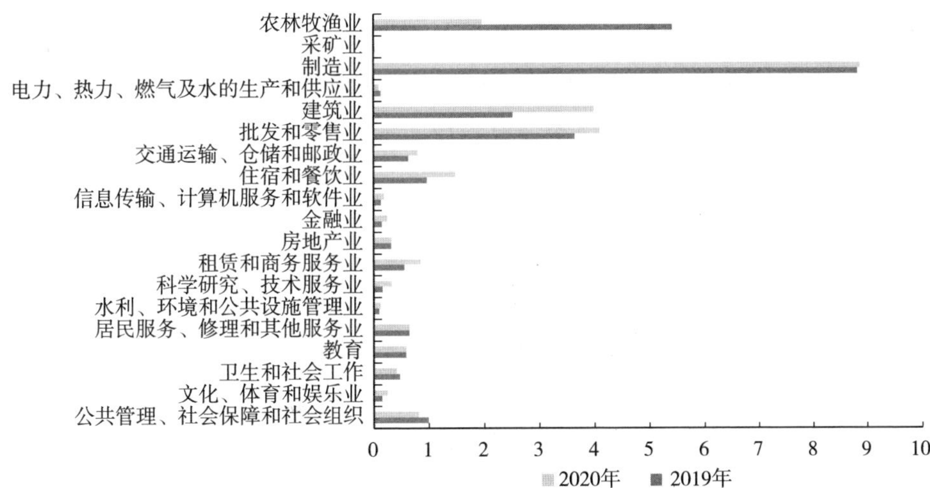

图 2 - 28　新昌县 2019—2020 年各行业就业人员数量

数据来源：《新昌年鉴》（2020—2021 年）。

第三章

新昌农业现代化发展

一、农业资源条件与特色产业

（一）农业资源禀赋

新昌县素来有“八山半水分半田”的说法，是典型的山区县。根据新昌县2012年土地变更调查，全县土地总面积121 354.77公顷，包括耕地28 838.90公顷，其中水田14 541.65公顷、旱地14 297.25公顷；园地13 144.31公顷，其中茶园7 354.30公顷、果园1 572.15公顷，其他4 217.86公顷；林地60 535.03公顷；水域4 093.13公顷（图3－1）。新昌属亚热带气候，地处中、北亚热带过渡区，温和湿润，四季分明。原生植被绝大部分被次生植被取代，形成次生林或人工栽培的植被类型，水平分布差异不大，垂直地带性表现较明显。主要植被有针叶林，针、阔混交林，阔叶林，竹林，灌木、草丛，栽培植被。野生植物有茯苓、银杏、香樟、檫树、木荷等175科1 100余种。野生动物有蕲蛇、水獭、鳗、鳖等73科330余种。

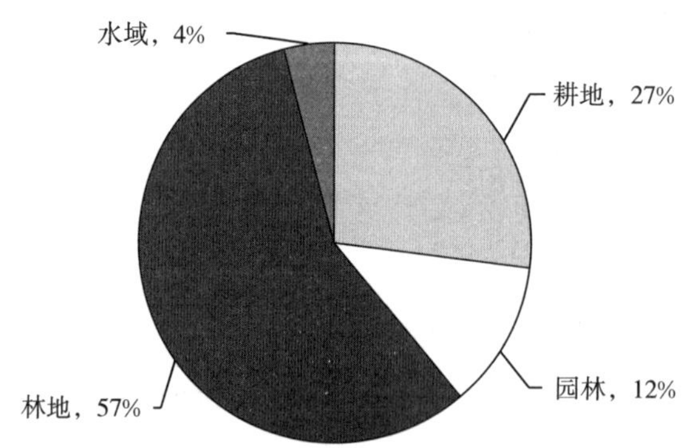

图3－1　新昌县土地面积分布比例

数据来源：《新昌年鉴》（2013年）。

（二）农业生产结构演变

新昌县按照“压粮扩经，发展养殖，突破花卉，主攻加工，优化布局”的总体思路，加大农业结构调整步伐，实现农业增效，农民增收。整体而言，农林牧渔业总产值从1980年的8 855万元增加到2021年的32.19亿元（图3-2），增加了35倍。第一，农业产值的占比最大，超过50%。1990年以后农业产值比重逐渐增加，从64%增加到2021年的85%（图3-3）。第二，畜牧业的比重次于农业和林业。畜牧业产值从1980年的1 767万元增加到2021年的15 448万元。但畜牧业产值占总产值的比重不断降低，从1980年的20%降低到2021年的5%。第三，林业的产值增加迅速，从1980年的360万元增加到2021年的19 177万元，增加了52倍。同时，林业产值在总产值中的比重不断增加，从4%增加到2021年的6%。第四，渔业的比重保持稳定，但产值增加最快。渔业产值占总产值的比重始终维持在1%～2%，但是其产值从1980年的11万元增加到2021年的5 678万元，增加了515倍。

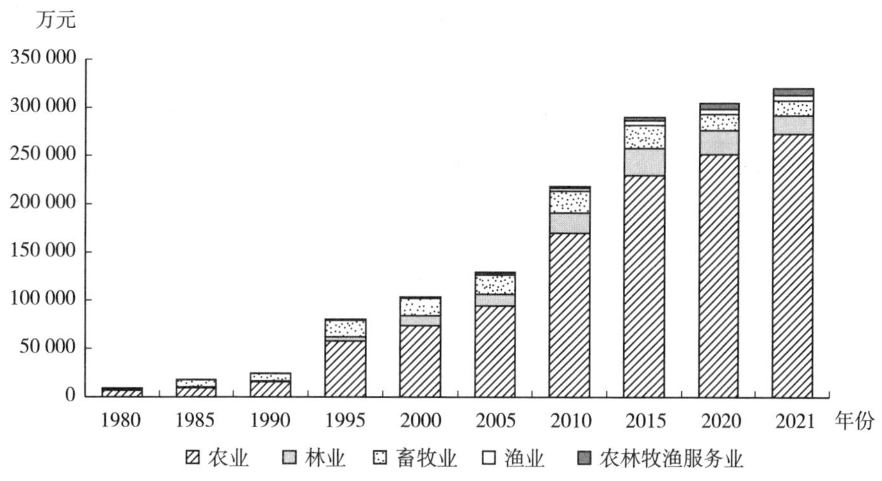

图3-2　1980—2021年新昌县农林牧渔业产值

数据来源：历年新昌县国民经济和社会发展统计公报。

（三）特色产业

1. 粮食作物

新昌县2021年粮食播种面积7 920千公顷，产量4.71万吨。粮食播种面

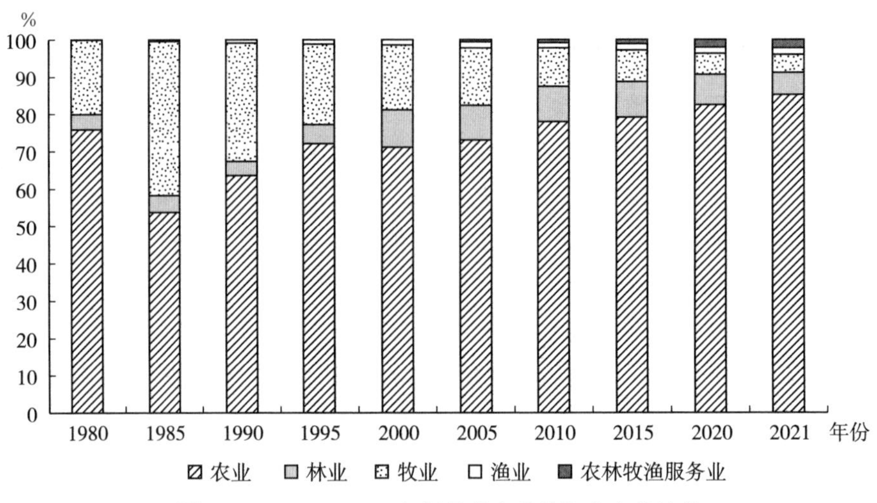

图 3－3　1980—2021 年新昌县农林牧渔业产值结构

数据来源：《新昌年鉴》（1981—2022 年）。

积逐年减少，2015 年粮食播种面积为 10 030 公顷，到 2021 年减少了 21.04%。粮食总产量也逐年减少，2015—2021 年粮食产量从 5.75 万吨减少到 4.71 万吨，减少了 18.09%（表 3－1）。

表 3－1　2015—2021 年新昌县粮食作物播种面积和产量

年份	播种面积（公顷）	产量（万吨）
2015	10 030	5.75
2016	10 000	5.93
2017	10 020	5.94
2018	9 970	4.48
2019	7 670	4.50
2020	7 880	4.40
2021	7 920	4.71

数据来源：《新昌年鉴》（2016—2022 年）。

2. 花卉园艺

2019 年新昌县的花卉苗木种植面积达 2 277 公顷，比 2018 年的 2 281 公顷减少了 0.18%。其中以菊花、月季为主的花卉类减少到 304 公顷，减少了 1.62%；观赏苗木种植面积保持稳定，2018 年和 2019 年均为 1 971 公顷；观赏类盆栽的产量大幅提高，从 2018 年的 2.17 万盆增加到 2019 年的 5.67 万盆，增加了161.29%。2019年全县花卉产业总销售额达3.17亿元，同比增长7.3%。新昌县花卉产业已实现一定程度的规模化经营，丰岛花卉作为产业翘楚，出口日本的杨桐、柃木、佛花产品占据日本市场份额的40%以上，在新昌县建立的鲜切菊花生产基地，2019年出口量已超1 000万枝。

3. 林业

2021年新昌县造林面积为500公顷，育苗面积405公顷，主要的林产品有木材、毛竹、板栗和笋干。木材采伐面积逐年减少，从2015年的19 400平方米减少到2021年的5 591平方米，减少了71.18%。毛竹产量减少，2015—2018年，毛竹的产量从505万枝增加到632万枝，增加了25.15%，而2020年和2021年分别减少至86万枝和86.7万枝。板栗和笋干的产量增加，分别增加了134.15%和2.98%（表3-2）。

表3-2　2015—2021年新昌县主要林产品产量

年份	木林采伐（平方米）	毛竹（万枝）	板栗（吨）	笋干（吨）
2015	19 400	505	2 217	1 359
2016	19 310	518	2 310	1 427
2017	19 043	517	2 440	1 839
2018	14 300	632	1 518	1 108
2019	15 412	627	1 494	1 133
2020	7 380	86	4 531	1 963
2021	5 591	86.7	5 191	1 399.5

数据来源：《新昌年鉴》（2016—2022年）。

4. 养殖业

养殖业包括畜牧业和渔业。2021年新昌县畜牧业产值为15 448万元，比2020年的17 060万元减少了9.4%。畜牧业主要养殖生猪、羊、家禽和兔（表3-3）。生猪养殖业自2019年开始逐渐恢复。2015—2018年，新昌全县生猪存栏量从4.37万头减少至2.92万头，减少了33.18%，能繁母猪存栏量减少52.08%，生猪出栏量减少41.51%；自2019年开始，生猪养殖业复苏，生猪年末存栏量和年内出栏量持续增加，2021年生猪出栏量和存栏量分别增加至4.91万头和4.73万头，能繁母猪存栏量增加至4 200头。羊、家禽和兔养殖业持续萎缩。2015年羊和家禽的存栏量分别为5 500头和25.52万只，2021年分别减少了81.82%和38.79%，两者的出栏量也分别减少了76.92%和

23.60%（表3-3）。

表3-3　2015—2021年新昌县畜禽类年末存栏量和年内出栏量

年份	年末存栏量			
	生猪（万头）	能繁母猪（万头）	羊（万头）	家禽（万只）
2015	4.37	0.49	0.55	25.52
2016	3.61	0.38	0.46	21.18
2017	3.32	0.30	0.38	17.24
2018	2.92	0.24	0.27	14.16
2019	3.01	0.24	0.17	17.92
2020	4.30	0.50	0.15	19.08
2021	4.91	0.42	0.10	15.62

年份	年内出栏量		
	生猪（万头）	羊（万头）	家禽（万只）
2015	6.89	0.52	27.8
2016	6.28	0.49	24.17
2017	5.71	0.54	23.44
2018	4.37	0.37	16.13
2019	4.03	0.19	16
2020	6.04	0.16	19.45
2021	4.73	0.12	21.24

数据来源：《新昌年鉴》（2016—2022年）。

畜牧业的主要产品包括肉类、禽蛋和蜂蜜，三者的产量均在逐年减少。新昌县全年肉类总产量从2015年的6 158吨减少至2021年的4 509吨，减少了26.78%；禽蛋和蜂蜜的产量分别从1 537吨和596吨减少至707吨和151吨，分别减少了54%和74.66%（表3-4）。

表3-4　2015—2021年新昌县主要畜牧产品产量

单位：吨

年份	肉类	禽蛋	蜂蜜
2015	6 158	1 537	596
2016	5 820	1 460	550
2017	5 367	1 350	530

（续）

年份	肉类	禽蛋	蜂蜜
2018	4 185	1 055	268
2019	3 963	827	261
2020	5 006	1 066	235
2021	4 509	707	151

数据来源：《新昌年鉴》（2016—2022 年）。

2020 年，全县渔业养殖水面 2 970 公顷，水产品总产量 3 731 吨，养殖溪流性鱼类和亚冷水性鱼类的山区特色区块渔业初具规模。全年共投入资金 11 万元，在钦寸水库、“三江”流域进行增殖放流，完成放流花䱻、鲢鱼、黄尾密鲴各类夏花 659.55 万尾。全年新增光唇鱼苗种繁育企业 2 家，累计 14 家。全年人工育种 3 500 万尾，苗种产值 2 000 多万元。光唇鱼销售 200 吨，产值 2 500 万元。南方马口鱼繁育鱼苗 2 000 万多尾，销售 80 吨，产值 1 500 多万元。

二、农业种质资源建设

（一）全国（浙江）种质资源建设

1. 全国部分省份种质资源建设

种质资源是指具有实际或潜在利用价值的携带农作物遗传信息的载体（如野生近缘植物、育成品遗传材料等）。作物种质资源的表现形态包括种子、组织、器官、细胞、染色体、DNA 片段和基因等（刘旭等，2018）。

江苏省农业种质资源保护与利用平台以共享机制为核心，以特色资源的系统整合、有效共享为目标，根据发展需求于 2005 年启动农业种质资源保护与利用平台建设，初步建成了“四位一体”“库圃结合”的农业种质资源保护与利用体系。该体系涵盖农作物、林木、水产和家养动物四大类，共计 30 个省级种质库（圃），整合并安全保存各类农业种质资源 6.48 万份，对外共享农业种质资源评价信息 6.36 万份次，服务省内外 300 多家科研、育种和生产单位。较为完善的种质资源保护与利用体系，有力地支撑了江苏省现代农业品种创新与产业发展需求（杨欣等，2021）。

“贵州农业生物资源调查”项目由中国农业科学院牵头，主要涉及粮食作物、蔬菜、果树及药用植物等作物种质资源（陈丽娜等，2017）。

上海市农业生物基因中心是上海市基因资源保存与服务中心，于 2002 年建立，致力基因资源的收集保存、评价创新和分发利用（杨华等，2019）。

2. 浙江省种质资源建设

（1）农作物种质资源。2011 年以来，浙江省大力实施农作物新品种审定和引进推广，鼓励科研机构和企业自主育种，开展区域性的种质资源调查和普查，组织对大田作物种质资源的调查、收集和保存。其中，审定通过的农作物品种基本满足了人们日益增长的美好生活需要，特别是自主育成的“甬优”系列杂交水稻、“秀水”系列常规粳稻和“浙油”系列油菜品种继续在全国保持领先地位。

（2）林业种质资源。2011 年末，全省有高等植物 5 500 余种，包括蕨类植物 499 种、裸子植物 59 种、被子植物 4 271 种。其中国家一级保护植物11 种，国家二级保护植物 42 种，浙江珍稀、濒危保护植物 55 种（孙永朋等，2018）。

（3）食用菌种质资源。2021 年浙江省食用菌种质资源库建成“一区一馆三库”。“一区”是指种质资源保育区，包括野生香菇、黄靛牛肝菌、灰树花的保育区 900 亩，剁花法保育区 1 200 亩；智能化动态检测点 2 个，可实时采集气象因子，监测记录其生境、分布情况、生物量等生态学和生物学指标。“一馆”指菌物标本馆，包括科普馆和科研馆，共收集标本 800 余份，展示浙江省菌物资源多样性。“三库”分别为种质资源库、活体组织库和综合信息库，种质资源库收集种质资源 1 200 余份，活体组织库收集活体组织 500 余份，综合信息库则对种质资源的地理信息、生态信息形成数字化档案。

（二）新昌种质资源建设

1. 新昌县种质资源建设

新昌县一直以来重视收集保护和培育多种种质资源。其中，茶树、小京生、玉米、芦笋等特色种质资源是新昌县现代生物育种研究的重点。由县农业农村局牵头，县自然资源和规划局与县科技局共同建设特色种质资源培育基地、省级种质资源库、国家级地方畜禽保种场，大力支持种业龙头企业发展。

（1）茶树。保障茶叶品质的重要环节之一是良种茶苗的保护和繁育。新昌县从 20 世纪 90 年代开始探索和繁育良种茶苗。目前，新昌县已贮备乌牛早、平阳特早、龙井 43、龙井长叶、迎霜、浙农 113、浙农 117、浙农 139 等 40 多种优良茶树品种。茶苗繁育主要依靠茶农成立的茶树专业合作社与中国农业科学院茶叶研究所之间的合作。中国农业科学院茶叶研究所将茶苗委托给茶农进行培育，繁育出早、中、晚生种茶苗，以及适合制作绿、红、黄、黑等多种茶类的茶苗。2021 年大佛龙井茶研究院成立，致力保护种质资源、培育优良茶苗，对茶树种植进行绿色防控，打造绿色茶叶。

（2）小京生。小京生是新昌县的名特优花生品种，2007 年被列为浙江省重点保护农作物种质资源，2020 年被列为全国名特优农产品。为了防止小京生混杂退化，更好保护和繁育小京生种质资源，2007 年浙江省农业厅种子管理总站在新昌县羽林街道拔茅村建立了小京生种质资源保护圃，以提纯种性。该种质资源圃每年提纯原株 500 株，单株收获保存，次年进行种植。在小京生种质资源的试验过程中，农技人员对每一需保存的品种进行有特性的描述，以确保小京生后续种植的标准化。为了进一步提高小京生的优良种性、确保高产，新昌县在原小京生种质资源圃的基础上，分别建立了株行圃、株系圃和原种生产基地，通过不断供应良种来替代逐年退化的小京生种子。

（3）玉米新品种。新甜糯 88 由新昌县种子有限公司培育，是一种甜加糯型玉米新品种，主要在浙江省种植，春季播种，属于晚熟鲜食糯玉米品种。2006 年新昌县种子有限公司开始研究糯玉米的杂交，并得到了新甜糯 88 的母本新 851。随后，该公司将糯玉米与甜糯进行杂交。经过多代自交和性状测试，2013 年正式将新品种命名为新甜糯 88，2017 年由浙江省主要农作物品种审定委员会审定通过。2023 年 5 月，新昌县种子有限公司培育的“天姥白甜”玉米新品种由浙江省主要农作物品种审定委员会审定通过。

（4）光唇鱼。光唇鱼是新昌县的土著溪流鱼品种，因其肉质细嫩、味道鲜美而受消费者青睐。新昌县从 2006 年开始实施光唇鱼的苗种繁育技术研发，2008 年完成第一批人工繁育苗种，2009 年开始在新昌县水产专业合作社和新昌县中水农业发展有限公司进行开发性养殖，二者现已成为国内最大的光唇鱼苗种繁育和商品鱼供应基地。2020 年中国水务集团在新昌县成立了首家国有水产养殖场。该养殖场依托平台优势，引进技术和优良的光唇鱼品种，大力发展光唇鱼培育和养殖。2022 年新昌县成立了浙江省溪流鱼产业技术服务团队，为溪流鱼的模式技术、饲料营养、育种创新、苗种繁育、病害防治和检测加工提供技术支撑。

2. 丰岛集团种子研发

丰岛集团目前拥有 23 种植物新品种的知识产权，其中芦笋种子和菊花种苗为主要研发对象，其他还有康乃馨、绣球、铁筷子、玫瑰等。

（1）芦笋。芦笋营养价值丰富，在国内市场的需求日益扩大。一直以来，我国的芦笋种子大量依靠进口。但是，进口的芦笋种植成本高，而且由于知识产权保护等原因，我国芦笋种植农户无法获得杂交一代种子，只能购买到杂交二代种子。二代种子大多为混杂和发芽率较差的芦笋种苗，这严重限制了我国芦笋生产的面积、产量及经济效益。另一方面，国外引进的芦笋品种适合在寒冷少雨的地区种植，在我国温暖多雨的南方种植会产生严重的病虫害，进而影响芦笋产量。如果我国能够供应低价优质且适应南方温暖湿润气候的芦笋种子，那么芦笋的种子成本将大大降低，国内需求也会进一步提高，这将为社会和经济发展带来巨大的效益。

2002 年丰岛集团从浙江省农业科学院聘请有 20 年芦笋病虫害研究经验的梁训义教授担任技术顾问（图 3－4），正式投入芦笋种质研发，并于 2005 年在新昌县建立植物组培实验室和芦笋育种基地。2012 年梁训义教授及其研发团队研发出丰岛 1 号。在研究过程中，研发团队不仅广泛征集和测定世界各国的绿笋种资源，选择确定抗（耐）病或高产、优质的单株材料，还利用所选择的优良单株配制杂交组合，进行组合力测定，明确最佳组合，以最佳种植比例建立制种田，生产 F_1 杂交种，即丰岛 1 号。新品种 F_1 杂交种在全国芦笋产区多点试种对比和示范。该品种除实现耐病优质外，在产量上比当前我国广为种植的 $UC157F_2$ 和 $UC800F_2$ 增产 10％以上。

由于丰岛 1 号种子耐湿性、抗病性不够理想，梁训义教授与研发团队继续对丰岛 1 号进行改良，2013 年在综合了全世界几十个芦笋品种的优势，并结合国内气候环境、土壤条件、南北差异等情况后，研发出丰岛 2 号（图 3－5）。与丰岛 1 号相比，丰岛 2 号高产稳产，亩产可达 2 000 千克以上，且耐湿抗病、笋干粗大，在我国南北方均可种植。在 9 个国家 46 个新品种经两年春季采收的产量测定结果中，丰岛 2 号居首位，年采收商品笋产量大幅领先于其他品种。同时，新芦笋品种亩产值平均可达 1.5 万～2.0 万元，能够有效带动农民增收。2018 年丰岛 2 号由浙江省农作物品种认定委员会认定。

丰岛 1 号与丰岛 2 号，都由丰岛集团自主研发，经过三年的浙江省品种区试种表现良好，产量、品质指标优于对照的美国、荷兰引进品种。项目所涉及的设施避雨防病栽培技术、三段采笋两次养茎技术、大棚设施保温增温与通风管理技术、应用烟雾剂与性信息素防控病虫害技术等，或为梁教授团队研究结果的应用，或为常规成熟技术。2007 年初，浙江电视台新农村频道《新山海经》栏目组来到新昌县澄潭镇棠村村丰岛芦笋基地，拍摄“浙江农业吉尼斯”

认定。此次参加“浙江农业吉尼斯”认定的产品是浙江丰岛棠村基地利用大棚保温技术种植出的一株重340克的芦笋（比正常芦笋重5～7倍），长50厘米，直径4.5厘米，在省内属首次发现。5月，浙江省首个农业吉尼斯名单在杭州正式发布。

图3-4　梁训义教授在芦笋基地观察试种情况
图片来源：丰岛集团。

图3-5　丰岛2号芦笋
图片来源：丰岛集团。

（2）菊花。丰岛集团对菊花种苗的研发主要由浙江丰岛股份有限公司、云南丰岛花卉有限公司和昆明美天娇种苗有限公司完成，根据各自公司所在地理区域的不同开展不同品种的研发（图3-6）。通过与全球知名的菊花育种企业德克尔（DEKKER）、阿玛达（ARMADA）等，以及云南省农业科学院花卉研究所、南京农业大学合作，丰岛集团自主选育了39种有自主知识产权的国家级菊花品种（图3-7），如盆栽多头菊、盆栽乒乓菊、盆栽球菊等。在菊花品种上，丰岛集团菊花品种多样且适应能力较强，与日本市场建立了长期稳定的合作关系。丰岛集团还引进了100多个菊花品种进行试种驯化，如“黄秀芳”和“精星之秋”系列名优菊花品种等，与传统的菊花相比，“丰岛”菊花花型多样、颜色丰富、花期持久，颇受消费者青睐。自2018年起，“丰岛”花卉连续5年入选云南省花卉“十大名品”。

丰岛集团在土地的选择与整理、水量管控、激素处理、电照使用、合理性施肥、病虫害防治等菊花种植技术上取得了突破，种出符合出口标准、满足市场需求的高品质花卉。

图 3-6　丰岛花卉云南种苗繁育基地与花卉组培实验

图片来源：丰岛集团。

图 3-7　丰岛花卉云南基地盆植乒乓菊

图片来源：丰岛集团。

三、主要农林业现代化

（一）茶业

1. 茶产业发展历史及现状

新昌县是全国十大重点产茶县之一，种茶产茶历史悠久，改革开放以来，茶产业发展历程大致可以分为四个阶段。

第一个阶段是创新研发阶段。茶产业一直以来都是新昌农业的主导产业。但是自 20 世纪 80 年代开始，由于农产品生产和质量标准等原因，茶叶出口受阻，国内茶叶市场需求不足，新昌县的珠茶贸易量大幅下降，茶叶积压，茶农亏损严重。为重振茶产业，新昌县瞄准市场变化，通过研发改良茶产品，使茶叶“由圆到扁”，成功研制出大佛龙井、望海云雾等名茶，开创了新的发展道路。

第二个阶段是规模发展阶段。随着在全球经济中的参与程度不断加深，我国国际贸易量迅速增加。在此背景下，名优茶逐渐显现出巨大的市场潜力。新昌县政府抓住发展机遇，组织实施开发万担名茶，相继成立名茶质量监督站、名茶协会等，以保证茶叶质量。在茶企研发新茶、扩大生产的同时，新昌县相关政府部门也为茶企提供必要的技术培训与示范，从资金、政策等方面给予扶持。此外，为了实现茶叶的标准化生产，确保茶叶产量和质量，新昌县还制定了茶叶从采摘到销售等一系列过程的地方名茶综合标准。在这一系列措施下，新昌县茶产业产值翻番，实现了规模化生产。

第三个阶段是产业化阶段。这一阶段最重要的标志是浙东名茶市场的建成，意味着新昌县茶叶市场体系逐步完善，交易平台逐步形成。在这一阶段，新昌县主打大佛龙井的全产业链建设，将产业链从原始的生产加工环节延伸到流通消费环节，确立了“以名茶为主，效益优先，规模经营”的产业化道路发展原则。

第四个阶段是品牌化阶段。当前，新昌县茶产业更加注重品牌化发展，着力打造地方茶叶品牌，加大品牌管理力度，利用品牌发展带动茶产业及其周边产品的进一步发展。为打响茶叶品牌，新昌县在全国各地建设茶叶营销网络，不断开展各项茶事活动，促进茶叶产业化经营。

2021 年，作为当地的主导产业和富民产业，新昌县茶叶生产面积达 15.3 万亩，全年茶叶产量 5 860.1 吨，总产值 13.36 亿元，茶产业链总产值92 亿元（表 3－5）。其中主导产品大佛龙井茶年产量超 5 100 吨，年产值 12.6 亿元。

表 3－5　2000—2021 年新昌县茶叶生产情况

茶叶生产	2000 年	2005 年	2010 年	2015 年	2020 年	2021 年
茶园总面积（万亩）	7.01	9.68	12	9.47	12	15.3
茶叶总产量（吨）	4 750	5 150	5 510	5 870	5 398	5860.1
名优茶产量（吨）	2 400	3 300	4 275	—	—	—
名优茶产量占比（%）	50.53%	64.08%	77.59%	—	—	—
茶叶总产值（亿元）	2.10	3.34	5.42	8.01	7.64	13.36
名优茶产值（亿元）	1.94	3.16	5.33	—	—	—
名优茶产值占比（%）	92.38%	94.61%	98.41%	—	—	—

数据来源：新昌县农业农村局历年工作总结。

2. 政府扶持茶产业发展

（1）技术方面。2019 年新昌县政府一方面建设茶叶产业创新服务综合体，建立“政府引导、企业主体、院所协同、协会参与”的运行机制，从技术推广、价格指导、品牌管理、信息服务、质量检测、茶艺培训、活动组织等方面入手，建设新昌县茶产业创新服务综合体，切实增强茶叶生产、加工、销售等环节的服务功能，努力构建生产发展可持续、质量安全可追溯、品牌影响可预期的现代茶叶产业体系。另一方面，继续推进选育茶叶新品种，加快茶叶良种基因圃建设。新茶选育以“高效生态、进口替代、特色优势、功能需求”为目标；新品种茶叶拥有高产、优质、多抗、低耗和广适性、专用性、适合机械化作业等特征优势。

2020 年新昌县政府为顺应“品牌引领、数字赋能、全链提升、价值再造”的发展思路，以“统一标准、做强品牌、扶持龙头”为重点，大力推动数字经济在茶产业发展过程中的应用，进一步激发产业活力，推动茶产业转型升级。具体措施包括：第一，建设茶产业发展示范县，包括建设六大茶山精密智控工程、茶叶加工智慧工厂工程、茶叶营销数字转型工程、中国茶市深度改造工程、大佛龙井品牌提升工程、茶旅融合示范建设工程和茶产业数字化指挥中心。第二，建设茶产业科技创新服务综合体，包括大佛龙井研究院、浙江龙井茶博物馆、茶产业科技服务中心。

（2）其他方面。“十一五”期间，新昌县实施“15151 工程”，即建设1 个现代化江南名茶城，兴办 50 家标准化名茶加工厂，开办 100 家大佛龙井专卖店，新建 5 万亩生态高效良种茶园，实施 1 个茶叶重点技改项目。完善良种育苗—茶园培育—茶叶加工—名茶销售产业链，实施茶园良种化、茶树标准化、茶叶无公害化等科技兴茶工程。

2019 年新昌县为提升大佛龙井的知名度，以“打造百亿茶产业，创建龙井第一县”为总目标，实施“11358”工程，规范品牌管理、打牢品牌基础、扩大品牌覆盖范围、提高品牌影响力，不断巩固新昌茶叶在国际茶产业市场和消费者心中的地位。“11358”工程具体包括开展 1 次品牌管理专项整治，成立 1 个茶叶产销联盟，构建 3 个检测质量管控体系，新增 50 家专卖店和销售专柜，举办 80 场茶香品鉴活动。

3. 茶产业现代化体系

新昌县茶产业是第一批实行数字化改革的农业产业，浙江省和新昌县政府为茶农建立了一系列数字化设施，包括建设“农业产业大脑”，推广“浙农码”，建立“浙茶香”和“浙农经管”系统以及建立“新昌茶卫士”小程序等。

第一，建设“农业产业大脑”平台，确保数字化管理覆盖茶叶全产业链。“农业产业大脑”启动于2017年，是我国首个农业全产业链人工智能工程。新的现代农业形态将通过传感器嵌入农业从研发到生产再到销售的各个环节，为农业全产业链提供数据支撑。因此，农户可以利用“农业产业大脑”的大数据处理和运算对农业生产做出合理有效的决策。消费者可以通过平台的客户端软件获得所购农产品从田野到餐桌各环节的信息。2022年新昌县使用“农业产业大脑”的农户累计达到6 530人。

第二，推广“浙农码”，保证茶农实现“一农一码”。“浙农码”是对农业主体、农产品、资源装备和美丽乡村等资源要素进行赋码的农业领域专用二维码。它通过从各个涉农部门和业务应用领域汇聚主体对象信息，根据业务管理和服务生成数字化标识，从而实现“一站式”信息查询、网上办事、公共服务等功能，实现精准数据管理。在茶叶生产各环节，尤其是收青环节使用“浙农码”进行扫码交易，交易双方能够快速获得茶叶及其品牌的相关信息，大大降低了茶农的交易成本。截至2022年6月底，新昌县已累计赋码3.8万次，其中茶农赋码1.35万次（图3-8）。

图3-8　浙农码（农户端）

第三，建立“浙茶香”“浙农经管”农业农村系统。“浙茶香”是浙江省为解决采茶“用工荒”问题而专门推出的数字化应用程序（图 3－9）。茶工、茶企、劳务中介、经纪人等均可以通过扫描“浙农码”进入“浙茶香”应用系统，填写相关信息，如工作地区、茶工类型和茶工人数等，实现线上找工作、找茶工。“浙农经管”是浙江省针对集体经济治理推出的农村管理系统，是全国首个省市县乡村五级联网一体化运行的农业农村系统。浙江农商联合银行是“浙农经管”的数据服务供应商，负责技术开发、技术培训及应用推广。“浙农经管”能够帮助管理村集体经济、简化财务审批流程、公开数据信息，以便更好地服务村民和农户。

图 3－9 “浙茶香”软件

第四，建立“新昌茶卫士”，守护新昌茶园健康。“新昌茶卫士”是由新昌县农业农村局牵头，中国农业科学院茶叶研究所、杭州睿坤科技有限公司联合研发的微信小程序，现已进入“浙里办”系统。“新昌茶卫士”收集病虫害图片数据近 6 万张，可以识别 85 种茶叶病虫害，识别准确率超过 90%。此外，这一小程序还可以根据识别产生的众多数据进行建模分析，对茶树病虫害进行预警、赋码和转码，并利用红、黄、绿三种颜色对茶树防治进行分级。新昌县茶农可以通过向农资店、服务商出示“茶叶健康码”获取相应的服务。2022 年新昌县已有 2 510 名用户注册“新昌茶卫士”，累计解决茶叶病虫害问题超过 1 万个。

（二）杨桐、柃木

杨桐在我国的分布较为广泛，包括安徽省南部、浙江省南部和西部、江西省、福建省、湖南省等地；主要生长在海拔 100～1 800 米的山坡灌丛、山地阳坡的树林中。柃木在我国集中分布在浙江省，尤其是浙江沿海地区，多分布在光照充足的地方。

杨桐、柃木原本被新昌县山区农民用作薪柴。20 世纪 90 年代，丰岛集团创始人徐孝方发现日本居民用杨桐、柃木供奉祭祀的习俗后，开拓了以杨桐、柃木为主的出口业务，实现“变薪为宝”。丰岛集团采用“公司＋基地＋农户”的模式，以小将、天姥、巧英等林场为主，人工种植 2.8 万余亩杨桐、柃木。在发展初期，仅杨桐、柃木就带动浙江、安徽、福建和江西等地 160 多个收购点近 5.2 万农户脱贫致富，其中带动新昌县当地 2.6 万农户。

以董村杨桐、柃木种植基地为例。沙溪镇董村是新昌县最早开始与丰岛集团合作进行杨桐、柃木加工的村子，其杨桐、柃木产业的现代化体现在生产模式的转变。2009 年以前，董村杨桐、柃木加工产业以采摘野生杨桐、柃木为主，但没有对杨桐、柃木的采摘、砍伐进行科学管理，因而出现了杨桐、柃木产量减少、质量降低等问题。2009 年董村和丰岛集团合作成立董村杨桐专业合作社，并建立杨桐人工生产基地。丰岛集团负责对杨桐、柃木生产提供技术指导，有计划地组织农户采摘、种植、加工杨桐、柃木，从而真正实现了董村杨桐、柃木加工产业的可持续发展。

（三）香榧

香榧，别名中国榧，是中国原产树种，也是一种极为稀有的经济作物。香榧的果实是一种可食用坚果，称为“香榧子”，营养价值极高。香榧的树干又称“榧木”，多被东亚国家用来制作棋盘。

香榧对生长环境的要求较高，多生长在亚热带地区温暖湿润、光照弱且比较凉爽的地区。因此，我国长江中下游以南地区是种植香榧的理想地区。我国香榧主要产于浙江、江苏、安徽、福建、江西等地。

由于香榧具有较高的市场价值，新昌县政府制定了“打造 10 万亩良种香榧基地”的计划，建成了产业规模大、加工配套齐全的香榧产业。新昌县发展香榧种植的优势主要有三个：一是地理优势。香榧是绍兴市的市树，绍兴现在仍有大量的古香榧树群。这反映了新昌的地理、气候条件适合种植香榧，同时能够获得大量优质的香榧树种。相比于其他干果类作物（如山核桃等），新昌县种植香榧的成本更低。二是香榧自身的经济优势。香榧是一种经济作物，盛产期长，不易发生病虫害，储存运输方便，市场价值高。据预测，10 万亩香榧林每年可创造利润 5 亿元，为经济薄弱村增加收入 10 万元、低收入农户增加收入 5 000 元以上，产生固碳释氧价值 3 000 多万元。三是土地优势。新昌县有超过 30 万亩的低效林，其中毛竹林占比超过 40%。按照每亩毛竹林生产 500 千克左右毛竹、每千克毛竹 0.36 元的收购价格计算，每亩毛竹林的产值不到 200 元，即便加上部分竹笋收入，经济效益仍不乐观。低效林还会增加病虫害、森林火灾、地质灾害等风险。将低效林改造为香榧生产基地，不仅能够提高农民的收入，还有利于保护环境，实现可持续发展。

但香榧的生长期长，每三年才结一次果。因此，从清除毛竹林，到种植香榧，再到香榧成熟，至少需要 7～8 年的时间。而在这一段时间里，农民难以从种植香榧中获利。新昌县政府计划实行“期权兑现”，即村集体把山林等资源折算成股份入股县强村公司，村民可以提前兑现香榧林增值的红利。但这需要县经济基础作支撑，这也是新昌县此前没有大规模种植香榧的原因。

（四）白术

白术是一味中药，适宜种植在气候凉爽、有良好排水系统的地区，一般不择土壤，只要不是过酸或过碱的土壤都能够生长，以排水良好的沙质壤土为好，不宜在低洼地、盐碱地种植。野生的白术常见于山坡草地及山坡林下。我国生产的白术主要分为人工种植白术和野生白术两种。主要的白术人工栽培地区包括江苏、浙江、福建、江西、安徽、四川、湖北和湖南等地，野生白术则主要生长在江西、湖南、浙江、四川等地。新昌县西南部玄武岩高台地是白术的主产区，所产白术有形似蛙、色黄亮、质沉重、菊花纹、气味香的特点，自古以来被医界认为品质优良。白术炮制入药始于唐代，宋代已广为种植，明清时期盛行，被列为贡品。清代被称为全国十八省之最，享有道地药材中有名的“浙八味”（指白术、白芍、浙贝母、杭白菊、元胡、玄参、笕麦冬、温郁金 8 味中药材）和“北参南术”之盛誉。2013 年 7 月，“新昌白术”获国家工商行政管理总局地理标志证明商标。

为实现白术生产现代化，新昌县政府对白术规模种植大户、家庭农场、白术等中药加工企业、经销大户、企业、村集体、有关科研单位等进行补贴。具体包括白术规模种植户补助、林药套种发展补助、生产基地建设补助、药材专业村发展补助、中药材深加工补助和科研补助（表 3 - 6）。这些政策能够促进白术的规模化种植和科学化管理，吸引科研人员和工商业主体等进入白术生产加工领域，帮助实现白术产业的现代化发展。

表 3 - 6　2022 年新昌县白术产业现代化建设政策

补贴政策	补助内容及标准
白术规模种植户补助	对当年集中连片种植白术面积在 5 亩以上的主体及种植大户，经验收合格，每亩补助 1 000 元。

（续）

补贴政策	补助内容及标准
林药套种发展补助	实施林药间作套种，对当年新发展集中连片种植面积 20 亩以上的林药套种进行补助，其中白术每亩补助 500 元； 林药套种种植密度要求为田间规定种植密度的 50%以上； 补助范围为当年度新种植面积。
生产基地建设补助	鼓励“企业＋基地＋农户”“企业＋合作社＋基地”等经营模式，推进药材种植标准化、规模化、规范化。对业主投资种植中药材连片面积在 100 亩以上（设施种植基地 50 亩以上）的，给予最高不超过 30 万元的基础建设补助。
药材专业村发展补助	对村经济合作社牵头当年新发展道地药材生产、单品种面积在本村范围（相对集中连片）达 100 亩以上的，经验收合格（需提供农户种植面积清册），给予村经济合作社每亩补助 300 元、种植农户每亩补助 500 元。
中药材深加工补助	对通过研发或技术转让方式开发本地药材深加工的主体，获得保健食品注册批文、备案文号并在新昌投入生产的，分别给予每个品种 20 万元、10 万元的补助。
科研补助	对实施中药材技术攻关、良种繁育等科研推广的相关单位（主体），给予相应的科研攻关资金，最高不超过 10 万元。

数据来源：《新昌县 2022 年高质量农业发展若干政策实施细则》。

（五）小京生花生

小京生花生，简称“小京生”，又名小洋生、小红毛，是新昌县特有的地方农家品种，明末清初引入种植，清乾隆时期被列为贡品，民国初期驰名于全国。小京生花生具有果小壳薄、色泽金黄、均匀结实的外形特征和香中带甜、油而不腻、松脆爽口、后味持久的内在品质。1978 年被列入《中国花生品种资源目录》和《浙江省农林牧渔业名特优品种资源集》，1980 年被列入全国高等农林院校教材《作物栽培学》典型品种，1984 年荣获全国炒食类花生质量评比第一名，1989 年被列入《中华名特产品》名录。2011 年经浙江省非主要农作物品种审定委员会审定，品种名称定为“小京生”。小京生作为新昌县的特色优良花生品种，主要分布在新昌县各个有玄武岩土壤区域的乡镇。2018 年新昌县小京生种子繁育户共有 232 户，建立繁种基地 602 亩，开展优质技术试验 4 户。

为实现小京生生产现代化，新昌县政府对小京生规模种植 10 亩以上的农户、家庭农场、小京生加工企业、销售主体以及有关科研单位进行补贴。具体包括规模化种植补贴、示范基地建设补助、标准化加工厂建设补助、“机器换人”补助、市场拓展补助、科研及品牌提升补助（表 3－7）。这些政策能够提高小京生种植农户的生产积极性，提升小京生从生产到加工各个环节的机械化水平，吸引相关科研人员从事小京生种质研发，拓宽小京生市场，实现小京生产业的现代化发展。

表 3－7　2022 年新昌县小京生（花生）产业现代化建设政策

补贴政策	补助内容及标准
规模化种植补贴	单一主体种植小京生花生 10 亩以上的，给予每亩 350 元的补贴； 对在果园、桑园和幼疏林地间作套种小京生花生 10 亩以上，且比例达到 50％以上的，给予每亩 180 元的补贴。
示范基地建设补助	建设小京生原产地永久性保护基地； 对有种植历史且有连片种植基础，基地连片面积 150 亩以上，且每年种植规模不少于 80 亩的生产基地，按实际投资额的 80％给予建设补助，每年补助总额最高不超过 100 万元； 补助资金的主要用于示范基地综合设计规划、基础设施建设、小京生种植文化展示与宣传、标示牌等建设内容。
标准化加工厂建设补助	对年加工销售规模 10 万千克以上，厂房面积 300 平方米以上，有自主包装，独立通过 SC 认证，生产设施设备先进，环境条件优良的标准化加工厂，经农业部门认定，给予一次性每家 5 万元补助。
“机器换人”补助	购买种植、采收、清洗、烘干、炒制、包装、冷库等设备，给予设备总额 40％的补助。以上补助单家企业最高不超过 30 万元，与农机购置补贴不重复享受。
市场拓展补助	年度销售额在 20 万～50 万元的，给予 1 万元补助； 50 万元（含）以上 100 万元以下的，给予 3 万元补助； 100 万元（含）以上 300 万元以下的，给予 5 万元补助； 300 万元（含）以上 500 万元以下的，给予 8 万元补助； 500 万元（含）以上的，给予 15 万元补助。
科研及品牌提升补助	对实施小京生提纯复壮、针对性技术攻关、良种繁育等科研推广的相关技术单位，给予相应的科研攻关资金，最高不超过 10 万元； 保护和提升“新昌小京生”区域公用品牌价值，安排不超过 20 万元用于品牌规范、提升等工作。

数据来源：《新昌县 2022 年高质量农业发展若干政策实施细则》。

（六）花卉园艺产业现代化

新昌县花卉园艺产业主要产品包括鲜切叶、鲜切花、观赏苗木和盆栽植物。截至2019年，观赏苗木是最主要的花卉产品，占全县花卉总种植面积的86.56%，其中60%以上是小规格苗木。开花类植物种植面积占全县花卉总种植面积的13.35%，盆栽植物仅占0.09%。

新昌县花卉园艺产业主要集中于县域东部和东南部，具有区域聚集的发展特征，即相同村镇生产相同的花卉园艺产品。具体而言，新昌花卉园艺产业共有4个生产聚集区：一是红枫、海棠生产聚集区，以小将镇为主。红枫、海棠等树种是该生产区乡镇的特色树种，占全县花卉种植面积的38.3%。二是桂花生产聚集区，以羽林街道和沃洲镇为主要代表。种植面积占全县花卉种植面积的31.4%。三是杨桐、柃木生产聚集区，主要生产乡镇包括沙溪镇、小将镇。杨桐、柃木种植面积达2.8万亩，有效利用林下经济实现了农民增收、资源保护和生态保护。四是菊花生产聚集区，主要包括澄潭街道和儒岙镇。菊花种植面积636亩，该区域生产的菊花鲜切花主要用于出口，是新昌县重要的花卉出口种植基地。

新昌县澄潭街道棠村村、小将镇五埠村和沙溪镇下蔡岙村的菊花生产基地，都是由丰岛集团与花农通过“公司+合作社+基地+农户”的模式开展合作。在菊花生产前，丰岛集团先将土地从农民手中租过来进行统一管理，建设大棚、地膜、光照等设施，然后加上建设成本的价格将土地重新租给农民，并向农民提供菊花种苗。在菊花生产过程中，丰岛集团向花农提供技术指导，包括施肥、喷洒农药的时间和具体品种，以及通过光照来控制花期等。菊花成熟后，丰岛集团组织花农进行菊花采摘，对菊花进行分级和收购。

四、农业精深加工

由于农业加工设备是“非标品”，设备的核心技术和部件都需要从头开始研发；农业加工技术一直是新昌“三农”工作的短板。作为国家级农业产业化重点龙头企业，丰岛食品公司一直以创新促高质量发展，尤其在罐头食品加工新设备研制领域敢于挺进“无人区”。

丰岛食品公司在成立之初，由于设备、设施落后，生产加工主要以手工操作及简单机械操作为主，生产效率较低。从2005年开始，丰岛食品公司致力生产线机械化、自动化、数字化、智能化建设，开始了对分拣去皮、劈桃挖核、橘子分瓣、自动装杯、包装等的研究。2015 年开始自主研发橘子剥皮机，经过不断试验和改进，于 2017 年成功研发出国内第一台橘子剥皮机，并率先在丰岛食品生产线中投入使用，成为行业的历史性突破。橘子剥皮机具有自动化程度高、剥皮效率高和适用性强等优点，被国内相关橘子罐头生产厂家陆续采用。

五、外向型农业发展

丰岛集团一直坚持高水平“走出去”与高质量“引进来”的外向型农业发展策略，积极融入国内外双循环新发展格局，提升内外贸易综合实力，打造具有丰岛特色的“地瓜经济”。2023 年 1 月，浙江省委省政府召开“全省深入实施‘八八战略’，强力推进创新深入、改革攻坚、开放提升大会”，提出实施“地瓜经济”提能升级“一号开放工程”，打造更具韧性、活力、竞争力的“地瓜经济”。“地瓜经济”是浙江省创新形成的市场和资源“两头在外”的高增长模式，也是新昌县经过不断摸索后实现高速发展的秘诀。

新昌县是浙江省典型的农业县，全县耕地面积占县域总面积的 12.6%，农产品以茶叶、花卉、果蔬、中药材等为主。随着经济全球化和国际化竞争的加剧，新昌县开始探索和发展外向型农业，并且在当地龙头企业丰岛集团的带动下，逐步形成了“市场在外”和“基地在外”两种形式，进一步提升了新昌县当地产业的竞争力和效益。20 世纪 90 年代开始，“两头在外”的开放型农业经营模式较早在丰岛集团实施，按照外建基地、外向创汇、外引资金、外拓市场“四外并举”方式，通过业务考察、商务考察、经贸考察，实施农业基地和市场“两头在外”的效益农业，不断做强“地瓜”核心浙江总部，壮大藤蔓湖北、云南等基地，走出一条国内外市场双循环的“开放农业”发展之路。这种“两头在外”的农业发展模式为提高丰岛农业的外向度、扩大农产品出口和拓展农业对外合作渠道奠定了坚实基础。

（一）市场在外

市场在外，是指农民在境内以当前流行的加工产品换取外汇与境外合作商交易。新昌县茶叶加工产品畅销世界 140 多个国家和地区，茶园面积 15.3 万亩，从业人员 18 万人。2022 年全县茶产业链总产值超 96 亿元，交易总额近

63 亿元。除茶叶外，新昌县还发展了中药材和水果蔬菜的外向型农业，出口至美国、欧盟、加拿大、法国、日本等国家和地区。中药材总生产面积为 1.45 万亩，年产量 1 690 吨，年产值 6 480 万元。中药材主导品种白术种植面积 7 500 亩，铁皮石斛面积保持在 400 亩左右。水果蔬菜方面，发展了大批有机水果种植基地和有机蔬菜种植基地，果蔬出口至东南亚等地区。外向型农业的发展，有效促进了新昌县的金融、物流、农业等相关产业，进一步带动了当地经济的发展。

丰岛集团早期是典型的外向型企业，4 个核心产品中有 3 个主要对外出口，其中最具代表性的是杨桐、柃木，出口量约占中国大陆向日本出口杨桐、柃木总量的 40%以上，为中国大陆最早也是规模最大的杨桐、柃木加工出口企业。2003 年开发了“佛花”这一新产品，并在日本一炮打响。丰岛公司开发生产的“佛花”在国内尚属首家，“佛花”较之于一般杨桐、柃木更有市场，且档次更高。“佛花”既特别又普通，用一束杨桐或柃木枝叶加上若干鲜菊花和康乃馨组合而成，现已成为日本人民的“新宠”。经组合包装的“佛花”价格比成束的杨桐、柃木有了大幅提高。

（二）基地在外

作为山区县，新昌县拥有丰富的果蔬资源，然而由于自然条件限制，其果蔬产量有限且品质参差不齐。为了满足当地对高品质果蔬的需求，县政府采用了基地在外的农业发展模式，具体是指在当地生产不能满足现有需求的情况下，在外地建立生产基地，以满足市场需求。

新昌县通过开展区域合作与对接，吸引外来投资，建设基地在外的生产模式，进一步发挥当地的特色产业优势，使当地的农产品得到更好的推广和发展。新昌县基地在外的生产模式，主要以蔬菜种植为主，通过引进当地的特色蔬菜种系，针对不同地域的客观条件和市场需求，选择适宜的运营模式，使种植面积、产量和品质得到提高。在实践中，新昌发展基地在外的农业生产主要采用两种模式：一种是政企合作模式，即政府与民营企业合作，在外地建立生产基地，共同投入，并进行经营和维护；另一种是农民专业合作社模式，即小农户组成合作社，集中进行土地流转，在基地内共同投入、经营和维护。政企合作模式主要针对大型企业，以企业较强的资金实力和经营管理能力，更好地带动当地农民增收，提高当地的农业生产水平和效益；而农民专业合作社模式主要针对小农户，可以更好地提高农民的生产和经营管理能力，实现规模化经营。在基地在外的农业生产模式中，新昌政府主要负责引导、督导和扶持，在法律法规的框架下，建立健全的运营管理制度，同时打造农产品品牌，在市场上得到更好的认可，获得市场竞争优势。

总的来说，新昌县基地在外的农业生产模式在推广农产品、提供就业和促进农村经济发展等方面，对当地起到了很大的推动作用。随着农业科技、信息技术等的不断发展，新昌县开始深入推进基地在外的农业生产模式，全方位加快农业现代化进程。

六、农业生产经营模式

新昌县是综合性农业地区，历代以种粮为主，兼顾多种经营，生产力水平较低。新中国成立后，新昌县农业发展的道路也是曲折的。改革开放后，新昌实行家庭联产承包责任制，产业结构得到调整，生产得到全面迅速发展，主要农产品如粮食、蚕茧产量超历史纪录，茶叶种植、长毛兔养殖跻身全国先进行列。

21世纪以来，新昌县紧紧围绕农业增效、农民增收、农村发展的总体目标，主动转变发展理念，积极探索发展模式，全面实施“山上抓开发，山下建龙头，山外拓市场”工作思路，以市场为导向、经济效益为核心、科技为支撑，围绕主导产业和产品，实行区域化布局、专业化生产、一体化经营的产业运行机制，现代农业发展取得显著成效，对促进农业增效、农民增收发挥了积极作用。

（一）以“公司＋合作社＋基地＋农户”为主体的丰岛模式

杨桐、柃木是丰岛集团的支柱产品之一。1993年丰岛集团开始规范经营杨桐、柃木出口业务。在丰岛杨桐产业发展的带动下，村民们纷纷干起了杨桐采摘工作。相对有限的杨桐野生资源供不足需，丰岛集团便鼓励村民们自己种植，同时派出专业技术人员进行现场指导；杨桐属林下经济，并不影响原来的经济林发展，能够为农民带来更多的创收来源，而且比林上经济收益更好。

面对杨桐、柃木野生资源的日益枯竭，1996年起，丰岛集团着手建设杨桐、柃木人工栽培基地，以更好地保护野生资源、维持生态平衡，同时保证杨桐、柃木的质量，避免天气因素造成的货源紧张、发货延期及野外采摘危险。对于杨桐和柃木，丰岛集团采取“公司＋农户”的经营模式，具体分为订单基地和合作建基地两种。订单基地是指企业与农户签订收购订单，鼓励农户大胆向土地投资，精心建设农产品基地。合作建基地是指企业与农户合作共建原材料基地，形成风险利益共同体，为产品提供稳定的营销渠道，形成生产、加工、销售一条龙。

丰岛集团还创建了以“公司＋基地＋农户”为主体的农业产业化新型发展模式，以“统租返包”的形式带动更多村民增收致富。丰岛集团流转了董村500亩土地建设杨桐林基地，由企业出资将杨桐种下，村里再以优惠的价格返包给农户。采用“公司＋基地＋农户”的模式，带动了新昌县8个乡镇80多个行政村3 200户农户，并以小将、天姥、巧英等地林场为主，人工种植杨桐、柃木。采摘和种植杨桐没有过高的技术要求和季节限制，还能在闲暇时间“兼职”做，村里年纪较大、没有专业技术傍身的村民也能干，真正让农民们在家门口实现了就业增收。

为实现标准化、规模化的杨桐种植、加工与销售体系，2009年11月，丰岛集团将“公司＋基地＋农户”模式再升级，积极与董村对接，打造了“公司＋合作社＋基地＋农户”的模式，带领村民组建杨桐专业合作社，并建设杨桐专业冷库，实行杨桐加工、保鲜、收购、贮运一条龙服务，就地收购、成品出村，进一步完善了杨桐开发、种植、加工、销售全产业链。据了解，除了丰岛集团每年向村里支付的流转费和承包费，村里还将闲置空房租给村民用于杨桐加工，助力村集体增收。

“公司＋合作社＋基地＋农户”的模式也被运用到鲜切菊花产业中。新昌县澄潭街道的棠村有300多亩菊花种植基地。依托“公司＋合作社＋基地＋农户”模式，丰岛集团向棠村租用土地，并搭建好钢架大棚及补光设备、喷淋设备、滴灌设备、棚膜等农业配套设施，再将设施大棚承包给农户种植菊花。丰岛还统一提供菊花种苗、种植技术指导服务，大大增加了菊农的生产效益。

（二）农产品加工园

新昌县农产品加工园以生产果蔬罐头为主，这是除了以杨桐和菊花为代表的切叶切花产业外，另一生产出口连续多年位居国内前列的特色产业，带动了当地老百姓致富。

2003年6月，丰岛食品公司在新昌梅渚投资建设丰岛农产品加工园，并于次年7月投产。从橘子罐头起步，丰岛食品公司不断开发新产品，已开发了橘子、黄桃、洋梨、混合水果等水果罐头，以及麻笋、荞头、烤红椒等蔬菜罐头，与沃尔玛、都乐（DOLE）、西斯科（SYSCO）、嘉吉、三井等国际大型超市和著名食品巨头均有良好的合作，市场网络遍及美国、日本、加拿大等20多个国家和地区，沃尔玛、山姆、物美、大润发、盒马生鲜等国内各大超市，以及天猫、抖音、小红书等各大线上平台。

丰岛食品公司建立了湖北宜昌、安徽砀山等多个果蔬原料协作基地，通过合作社对基地实行标准化管理，既保证了原料的安全性，又直接带动了柑橘、黄桃、洋梨等种植的发展，助力果农致富增收。

丰岛食品公司作为中国罐头行业十强企业之一，为克服世界经济复苏缓慢、贸易保护主义抬头给罐头出口带来的不利影响及国内资源环境约束、人力与生产成本高等问题，将在未来积极协同各方发展大面积的柑橘、黄桃种植基地，逐步实现与食品加工相匹配的绿色环保的现代农业园区＋食品原料安全可靠供给的新模式，在源头上提高产品在国内外市场的竞争力。

（三）茶产业产学研融合一条龙建设

新昌自古为产茶名区，青山叠翠，云雾缭绕，自然环境得天独厚。1981年11月，浙江省推广电热制茶会议在新昌召开。1984年，新昌县生产的“天坛”牌特级珠茶在西班牙马德里举办的第23届世界优质食品评选会上荣获金奖。新昌县在1986年成为全国三大珠茶出口基地县之一，1988年成为全国年产10万担茶的15个县之一。大佛龙井、安山碧玉等名茶相继试制成功，茶叶制作实现由圆形的珠茶到扁形的龙井名茶的转变，品牌声誉鹊起。1994年全县茶叶面积发展到4 340公顷，产量4 783吨。1995年4月，浙东名茶市场开业，以浙东名茶市场为中心，内联10多个名茶产地市场，外联全国几百个直销窗口、千家单位和万人参与名茶经营的市场流通网络逐步形成；新昌县被农业部命名为“中国名茶之乡”（绿茶）。1996年4月，新昌首届茶文化节暨第五届西湖国际茶会成功举行。1997年，“大佛龙井”在第三届中国农产品交易博览会上被认定为全国农业名产品牌。1998年10月，新昌县被国家质量监督检验检疫局命名为“一优”高标准化茶叶示范县。2005年11月，新昌县被全国“三绿工程”工作办公室评为2005年中国三绿工程茶业示范县。

新昌县茶产业的繁荣发展离不开产学研融合一条龙建设。以新昌县镜岭镇为例，其浙东茶树良种繁育基地是生产名茶的“摇篮”，规模、产量、效益、服务已经达到全省领先水平。1999年镜岭镇镇政府与浙江大学茶叶研究所在浙江大学华家池校区签订了共建浙东茶树良种繁育基地的协议，联合创建了全省最大的茶树良种繁育基地。协议一经签订，极大地鼓舞了茶农无性繁育茶苗的信心。

茶树品种是茶叶生产最重要的生产资料，也是茶叶可持续发展和茶叶产业化的基础。在市场经济条件下，作为商品之一的茶叶竞争，主要是质量的竞争，归根到底是品种的竞争。良种是高科技的商品，是知识密集的商品，是能占领市场制高点的商品。浙农 17、浙农 139 以发芽早、品质优、外形有特色、内质有风格为茶农所钟爱，是同类研究中国内领先水平的品种。而高校的科研成果只有和生产一线有机结合起来才能得到更加有效的推广，才能发挥研究成果的巨大经济效益，实现双赢。

第四章

新昌农村现代化建设

一、农村现代化建设的重要意义

（一）形成新型工农城乡关系的客观要求

中国广袤的土地上分布着众多村落，对其进行现代化建设是实现中国现代化发展必不可少的一部分。现代化建设一头连着农村，一头连着城市，现代化建设不能只在城市，还应该大力推进农村的现代化建设，形成健康和谐的工农城乡关系，最终建立社会主义现代化国家。现阶段，农村依然是我国社会主义现代化建设的一个突出短板，农村的现代化水平在一定程度上对中国现代化发展水平有着重要影响。与当前快速推进的城镇化和工业化不同的是，农村发展始终处于落后状态，城乡之间的要素交换不平等，城乡基础设施、基本公共服务存在差距明显。所以，加快农村现代化建设，有利于进一步缩短城乡在基础设施和基本公共服务方面的差距，构建平等的城乡要素交换体系，促进乡村经济的进一步发展，解决城乡之间发展不平衡带来的“一条腿长，一条腿短”的问题。促进农村现代化建设，有利于加快形成以工补农、以城带乡的新型城乡关系。

（二）建设农业强国的必要条件

农业农村现代化是中国式现代化的“压舱石”，加快农村现代化建设，有利于推动农业全面升级、农村全面升级、农民全面发展。随着中国工业化、信息化和城镇化水平的不断提高，农村社会正面临着深刻而巨大的转型，农村人口结构、收入结构、生产生活方式、村民需求等方面都呈现出新的发展特征，对农村建设提出了现代化的发展需求和挑战，而农村现代化建设包括“物”的现代化、“人”的现代化和农村治理体系、治理能力的现代化。我国的农村社会关系依然存在一些突出的矛盾和问题。通过农村现代化建设，有利于更好地维护农民群众的合法权益，引导农村居民正确地处理各种利益关系和解决社会矛盾，为构建社会主义和谐社会打下坚实基础；同时，也为建成宜居宜业的美丽乡村奠定发展基础，充分调动农民发挥参与农村农业发展的积极性。

（三）保持国民经济平稳较快发展的持久动力

农村集中了我国数量最多、潜力最大的消费群体，是我国经济增长最可靠、最持久的动力源泉。农村现代化建设可以带动农民增收致富，使亿万农民的潜在购买意愿转化为现实消费需求，拉动国民经济持续增长。一是农村现代化建设能够让农村水、电、路、气、物流等农村基础设施和公共服务体系建设上新台阶，跟上时代发展的需要，不仅可以改善农民的生产生活条件和消费环境，而且能够消化当前过剩产能，促进相关产业发展。二是农村现代化建设能够消除城乡“数字鸿沟”，助力农村电商蓬勃发展，打破农村在空间上的局限，带动农民增收致富，促进农村各产业融合发展，焕发农村发展新动力，挖掘农村经济的新增长点，实现城乡共同富裕。三是农村现代化建设有利于推动农村精神文明建设，让农村居民形成文明健康、绿色环保的生活方式，使农村能够吸引人、留住人，共同建设繁荣的美丽中国。

二、新昌农村现代化的发展现状

农业农村现代化是实施乡村振兴战略的总目标。我国农村现代化建设主要是从建设“生态宜居”的农村和解决基础设施薄弱等问题两个方向出发，其中生态宜居主要是解决农村环境污染等问题。新昌县紧紧围绕美丽浙江大花园“璀璨明珠”的发展思路，因地制宜探索“新昌模式”，“三农”工作呈现稳步向前、持续向好态势，在农村现代化建设方面取得了令人瞩目的成就。“十三五”期间，新昌县成功创设了 7 个省级美丽乡村示范乡镇，同时还有 145 个省级新时代美丽乡村达标村、12 个省 A 级景区镇、165 个省 A 级旅游景区，成为远近闻名的国家全域旅游示范区、AAAAA 级浙东唐诗名城、国家生态文明建设示范县、大花园典型示范建设和培育单位等。2021 年新昌县成功入选首批浙江省农业农村领域高质量发展推进共同富裕实践试点名单。2022 年新昌全县城乡居民收入比缩小至 1.82∶1。截至 2022 年底，全面消除全县村集体经营性收入 50 万元以下行政村。

（一）村庄设施现代化建设

新昌县不断完善农村基础设施建设，助力乡村发展。在交通方面，2018年新昌县高水平推进“四好农村路”建设，补齐山区公路短板，助力乡村经济发展，进一步带动村民增收致富。截至2021年，新昌县累计投入10亿元资金建设“四好农村路”，完成农村公路新改建、提升工程239千米，建成15个公路驿站，完成特色之路8条，建设美丽经济交通走廊示范项目2个，计划在“十四五”期间实现全县253个行政村通村双车道，打通出行“最后一公里”。2022年新昌全县公路总里程1 415千米，其中农村公路1 234千米，占总里程的87.2%，成功创建“四好农村路”省级示范县，形成了“内畅外联”的大交通格局，打造了通往幸福的康庄大道。

在通信方面，新昌县实现了从“村村通电话”到“村村通宽带”再到“村村通光纤”，2019年实现行政村光网覆盖率100%，支撑千兆小区覆盖率达95.8%。2020年全县5G网络基本建成，5G网络用户普及率达30%，成为浙江省第一个实现无线WiFi覆盖到所有乡镇（街道）和重点行政村的县，以及5G应用先行县。

在城乡公交和电子商务等公共服务设施覆盖方面，2017年新昌县顺利完成城乡公交一体化改革，所有行政村实现了“村村通客车”，进一步促进了农村经济的发展。不断发展农村电子商务，建立健全农村电商服务体系和农产品营销平台，打造电子商务特色村（镇），积极培育农村电商主体。全面推进农村基础设施建设和提升公共服务，全县所有行政村基本实现村村道路硬化及村村议事有地方、群众活动有场所，截至2021年，新昌县累计建成文化礼堂276家，规模以上的建制村全覆盖。新昌县居家养老服务中心也实现了乡镇（街道）全覆盖，农村幼儿园规范化等级达100%，农村饮用水基本实现城乡同标同质。

（二）村庄环境现代化建设

新昌县不断推进农村污水、垃圾、公厕“三大革命”，优化村庄环境，改善村容村貌。在农村污水治理方面，新昌县以浙江省政府的“五水共治”为基础，以创建美丽河湖和污水零直排区为抓手。一是深化“河（湖）长制”，积极推广生态循环农业促进农业生产清洁化和集约化，不断改善新昌河湖面貌和水质，实现水环境生态持续稳步提升。新昌县荣获2022年度全省“五水共治”

优秀市县“大禹鼎”银鼎，这是第五次夺得“五水共治”最高荣誉“大禹鼎”，也是第二次夺得“大禹鼎”银鼎；入选首批国家生态文明建设示范县、第三批“绿水青山就是金山银山”实践创新基地。二是不断强化对农村地区的引领，整合农村地区资源，加大对农村地区的投入力度，创新发展机制，统筹推进农村生活污水治理。新昌县农村污水处理设施始建于2014年，截至2022年，全县农村生活污水统一收集基本实现行政村全覆盖，农村生活污水处理设施涉及12个乡镇（街道）253个行政村，接户数113 238户，生活污水处理终端总数1 030个。其中12个乡镇（街道）的46个行政村、88个自然村共建成120座农村“零直排”污水处理终端。改造后的终端日处理量每天可达到4 760吨，出水标准达到省标一级的有111处，达到国标一级A的有9处，极大提升了地下水水质，提高了农村地区居民的生活用水质量，打造了“水清、无味、点绿、景美”的特色农村污水治理终端。

在农村垃圾分类和公厕建设方面，新昌县自2015年开展以“治脏、治乱、治臭，提升美丽乡村建设水平”为主要内容的“三治一提升”专项行动。仅2017年就清理农村垃圾3万多吨，积极开展“厕所革命”，消灭露天粪坑1.56万个，拆除空心房、倒塌屋40.03万平方米，使农村面貌发生了翻天覆地的变化。2018年新昌县累计415个行政村通过“三治一提升”合格村考核，占全县行政村总数的99%以上，涌现出镜岭镇安山村、回山镇高湾村、小将镇茅洋村、城南乡任家村等一大批辐射一方、带动一片的“样板村”“明星村”，焕发了乡村生机活力，为大力发展乡村旅游业奠定了坚实的基础。新昌县还积极开展村庄清洁行动、人居环境整治月活动、集中大扫除活动等专项行动，设每月5日为“全民大扫除日”，出台《关于开展农村人居环境“三个更加”行动的实施意见》（2021年）、《农村人居环境整治提升工作长效机制》（2021年），建立“县-乡-村-户”四级联动一体化机制，层层传导、逐级落实。2021年全县共整治乱堆乱放44 587处，完成空倒房整治38 278平方米，完成问题公厕整治改造788座，实现“三线”整治全覆盖。

（三）村庄治理现代化建设

新昌县积极探索社会治理的新实践，打造了一系列基层社会治理的新昌特色，为其他县域社会治理提供了“新昌方案”。2017年新昌县乡镇街道搭建完成基层治理体系的“四个平台”建设框架，陆续构建起规范化矛调体系，推动多元社会治理，打造智慧化共建格局。在4个平台建设与规范化矛调体系方面，新昌县以规范提升“一中心四平台一网络”为主线，迭代升级县乡一体的矛调中心，按照县级“终点站”、镇级“主阵地”、村级“前哨所”的职能定位，推进乡镇基层治理4个平台建设，建立初信初访“2211”工作机制，促进村级三治融合发展，健全村级矛盾化解工作体系。

新昌县加强专业人才队伍建设，通过建立本土“点调”品牌，吸引更多经验丰富的人参与到调解员的队伍中，构建“1+1+N”全科网格工作体系。截至2021年，新昌县已建成12个乡镇（街道）矛调中心、271个村级矛调中心，建立1个县级人民调解专家库，吸纳66名专家学者。

在推动多元共治方面，新昌县2020年成立全省首个旅游警察大队来服务大局，建立“1+1+N”的巡访制度，探索“互联网+群众”工作模式，组建景区“诗路志警”队伍，创建“警景治安联盟”微信群，形成全域治安防控体系和良好的共治共享氛围。旅游警察大队自成立以来，服务游客40余万人次，劝阻景区不文明行为340余人次，排查化解涉旅风险隐患80条，处置各类涉旅问题245起，使景区警情同比下降60%。不仅如此，新昌县还实施反家暴社会联动，在县级设立了“温馨驿站”“我爱我家”工作室等一批反家暴纠纷受理工作站，在乡镇（街道）、村（社区）、企业建立妇女维权站或反家暴协会，实现全县反家暴维权全覆盖。截至2021年，累计发出告诫书42份，化解家庭矛盾381件，处理重大家庭暴力和复杂家庭矛盾纠纷与关爱63起，帮扶涉家暴家庭妇女儿童32名，使家庭暴力警情同比下降58.2%。

新昌县还鼓励各乡镇（街道）因地制宜创新个性化治理形式。涌现了东茗乡探索建立村级“握手言和”工作模式、城南乡“乡理乡亲”服务集市等一批各具特色的基层社会治理体系和模式。在智慧化共建格局方面，一是强化党建引领，积极发挥党员干部在基层治理中的先锋作用，为党建引领乡村治理现代化提供新样本。如在东茗乡“握手言和”工作队伍中，党员及干部比例高达70%。二是深化社会协同。新昌县委统战部建立“新乡贤智库”云数据管理系统，探索新乡贤参与社会治理的新路径。与此同时，县关爱老人协会积极打造关爱偏远山区孤寡困难老人品牌，开展“爱若同·共筑梦”公益项目。三是创建“一网统管”，实现“综合信息指挥平台”在全县纵向贯通、横向联通。新昌县大力推进县域治理的数字化建设，将多个平台接入县矛调中心，推进县综合信息指挥迭代升级。截至2021年，新昌县共培育浙江省善治示范村59个、浙江省善治村13个。

三、新昌农村现代化建设的主要做法

（一）强化乡村顶层设计，大力发展美丽经济

2003年浙江省提出“八八战略”，明确要进一步发挥浙江的生态优势，创建生态省，打造“绿色浙江”，由此浙江各地陆续开始谱写绿水青山的全新篇章。习近平总书记（时任浙江省委书记）曾在“八八战略”实施前后两次莅临新昌指导，对新昌人民提出“在发展中正确处理人与自然、人与人之间和谐”的重要课题。

由此，新昌县积极推动生态文明建设提档升级，把改善农村人居环境作为乡村振兴的重要推动力，统筹推进美丽乡村建设。新昌县立足于浙江省“千村示范、万村整治”工程，较早开始农村人居环境整治提升工作，在2012年开展了“清洁家园”行动。2015年新昌县开展了农村空倒房整治、闲置农房激活、美丽乡村“三线”整治、“三治一提升”的三年行动。2018年出台《新昌县2018年农村空倒房综合整治工作方案》，以改善农村人居环境，充分盘活农村存量土地，消除农村安全隐患。2021年全县共整治乱堆乱放4万多处，完成空倒房整治3万多平方米，完成问题公厕整治改造788座，“三线”整治实现全覆盖；出台了《关于开展农村人居环境“三个更加”行动的实施意见》《农村人居环境整治提升工作长效机制》，建立了“县-乡-村-户”四级联动一体化机制，层层传导、逐级落实。实施乡镇（街道）自查自纠、交叉检查、部门督查、媒体曝光、月度评估、联动推进、领导督导七大机制，被评为2021年度浙江省深化“千万工程”建设新时代美丽乡村（农村人居环境）工作优胜县。

在新昌县人居环境整治发展过程中，镜岭镇在2018年作为浙江省“千万工程”五个代表之一获得了联合国最高环境荣誉“地球卫士奖”。而镜岭镇能取得如此巨大的成就，是因为始终坚持将环境建设作为建设美丽乡村的基础。镜岭镇通过开展“三治一提升”专项行动，打响了“垃圾革命”“厕所革命”、劣V类水剿灭战等环境整治攻坚战，人居环境和村容村貌发生了巨大变化。在环境改善的基础上，镜岭镇还强化顶层设计，坚持以规划引领，开展了“小城镇环境综合整治”“美丽庭院”等工作，深入实施乡村旅游三年行动计划，在镜岭镇内打造了十九峰生态绿道、安山古道、岩泉甄完故里、外婆坑村等多

个独具特色的景点，辖区内有国家 AAAA 级旅游景区 3 家，国家 AAA 级旅游景区 7 家和 A 级景区村 19 个，镜岭镇由此成为省级旅游风情小镇、省 AAAA 级景区镇。同时，镜岭镇积极招商引资大力发展民宿经济，促进旅游业的蓬勃发展。

摄影　魏汉军

2021 年 11 月，新昌县成功入选第二批“国家全域旅游示范区”，美丽乡村建设从“一片美”迈向了“全域美”，美丽经济在全县范围内遍地开花：镜岭镇外婆坑村依托丰富的资源，着力打造“外婆”IP，探索增收新路子；儒岙镇南山村以摄影带动乡村整条产业链，不仅促进了当地旅游业的发展，还带动了农民增收致富；沙溪镇通过与企业合作开展土地生态修复，发展有机农业，实现水源地生态保护和共富增收双赢，推动了乡村振兴。这一切都离不开新昌县的顶层设计，新昌县陆续颁布了《新昌县美丽乡村建设总体规划》（2012 年）、《新昌县乡村旅游发展三年计划（2016—2018 年）》《新昌县高水平推进农村人居环境提升三年行动方案（2018—2020 年）》《新昌县浙东唐诗之路战略规划》（2019 年）、《新昌县天姥山旅游区总体规划》（2019 年）、《关于建设新时代美丽乡村的实施意见》（2020 年）和《新昌县旅游业“微改造、精提升”五年行动计划》（2021 年）等一系列文件，持续深化“千万工程”，积极探索未来乡村建设，提档升级农村人居环境，推动农村现代化发展，构建新昌“共美共富”新格局。

摄影 俞晓委

(二)引入乡村市场化运营,实现乡村景区化发展

新昌县充分发挥大佛寺、达利丝绸、中国茶市等景点的辐射效应,积极构建“诗城”“佛城”“茶城”。根据现有的城市景观建成“5A”景区城,不断加快推进城镇景区化建设,尤其是东茗乡、镜岭镇、沙溪镇、儒岙镇4个省级旅游风情小镇的建设。同时还充分抓住浙江省“万村景区化”建设和“五星3A”创建机遇,通过凝练乡土文化、打造特色亮点设施、提高交通干线景观水平、改进森林布局、推进绿道建设等方式,不仅实现了乡村景区化、道路景区化和森林景观化发展,还实现了新昌县全域全方面景区化发展,提升其市场竞争力和内在价值,促进新昌县整体发展。

在全域景区建设的基础上,新昌县致力品牌建设,通过建设“新昌优选”平台,推动茶叶、花卉等地方特色农产品的销售,同时还将新昌特色农业生产加工与乡村旅游有效结合,以景带村实现融合发展。如新昌十九峰风景区是山水型的国家级风景名胜区,新昌县旅游集团把景区周边村庄建设为景区休闲观光和民宿文化体验承接区,推出“景区+民宿”“景区+采摘游”等多种模式,截至2021年,成功打造了景区周边“诗梦雅庄”“唐风左于”“水韵棠村”“云上东茗”等15个美丽乡村品牌,举办了“云海”“摘星”等十九峰“嗨”峰露营音乐节系列活动,带动村集体和村民增收致富,也促进了农村现代化的发展。

新昌县不断创新培育新业态,实施“百村成景、百业增效、百姓致富”的

“三百工程”，挖掘乡村发展潜力。同时还依托2020年浙江省委、省政府的“微改造、精提升”行动，通过“五精工程”（即聚焦精致体验、精良设施、精美环境、精心服务、精细运营），探索出了一条以专业运营公司为经营主体，以乡村旅游为切入点，以整村运营为抓手的发展之路，激发乡村全新发展活力。乡村运营带来的变化在旅游资源丰富的镜岭镇尤为明显，2021年镜岭镇积极探索乡村市场化运营，引进运营团队、创新发展业态等，上半年镜岭镇全镇接待游客70多万人次，促进村集体经济增收310多万元，带动农民增收3 000多万元，同比分别增长50%、61%、30%。其中镜岭镇雅庄村的“政府+企业+村”模式更是取得了巨大成果，该村通过引进第三方运营团队打造“天姥农味·镜岭味道”主题馆，不仅提高了镜岭旅游服务水平，而且带动了周边百姓实现消薄增收，扩大了经济辐射范围。在此基础上，雅庄村整合全村的民宿和农家乐资源成立民宿联盟，开发雅庄一站式管理服务平台，解决了村内民宿单体规模小、接待能力弱、生命周期短等问题，实现民宿农家乐产业蓬勃发展，也推动雅庄村成为远近闻名的民宿农家乐特色村，带动周边农户增收致富。

在新昌乡村旅游运营过程中，不仅形成了雅庄村这种镇指导、村主导、联盟服务、公司运营的镇村联动模式，促进了民宿经济的大力发展，还形成了像外婆坑村这样的村企合作模式。外婆坑村作为“江南民族第一村”，拥有丰富的文旅资源，通过运营团队与村集体合建的新昌吾乡文旅运营公司，构建“六统一”运营体系，实现了“保底+分红”利益共享。同时也形成了企业自主运营的模式，在安山村、镜岭村等拥有丰富闲置资源的村庄，积极引进运营团队统一租赁、自主运营，可为村集体每年创收15万～30万元。

2022年以来，新昌县依托共富联盟机制，重组乡村资源要素，经乡村牵手，实现组团发展。首先将东茗乡下岩贝村、后岱山村、金山村所有项目整体布局、整体推进，打破行政村之间的壁垒，建设“产业发展共兴、加工平台共搭、特色品牌共创、基层治理共管、为民服务共优”的良性发展模式。形成“下岩贝·金山上”联建模式——“1+1+3+N”工作体系，其中第一个“1”指所在乡党委政府，第二个“1”指县旅游集团，“3”指下岩贝村、后岱山村、金山村3个特色村，“N”指乡贤、人才、共富领头人等各界社会力量。建设项目涉及“下岩贝·金山上”片区党群服务中心、景区综合提升和共富中心等重点民生配套服务项目，建成后将补齐民生短板，增加民生福祉。县委组织部相关负责人表示，未来将在东茗乡试点的基础上，总结经验、逐步推广，推动党建引领乡村共同富裕，从“各自为战”向“组团发展”跃升，探索乡村振兴新路径。

新昌县“梅棠雅集”也是村企合作建立共富单元的典范。“梅棠雅集”位于澄潭江未来乡村示范带，是将新昌县澄潭江沿线梅渚村、梅屏村、棠村、雅庄村与镜岭镇集镇连接，将乡村“串点成线、串珠成链”，构筑“梅棠雅集引领、一江两岸串联、三产融合示范”的未来乡村发展新片区。棠村基地是“丰岛”共富工坊的一个典范，通过完善“共富联建”运行机制，带动农村劳动力实现家门口就业。

（三）坚持乡风文明建设，促进乡村和谐发展

农村之美不仅需要生态宜居的“外在美”，还需要温馨和谐的“内在美”。新昌县把培育好家风好家训、孕育淳朴民风村风作为文明创建的关键工作来抓，各地以开展“传家风、议家训、颂美德”为着力点，动员广大群众积极参与。自 2001 年开始，新昌县成立“星期三下乡”服务领导小组和“星期三下乡”服务团，开展各种面向农村、农民的文化活动，不断提高农民群众在文化活动中的参与率，逐渐形成富有特色的乡村文化。

新昌县积极塑造乡贤精神，将“旧”文化变为“新”文化。在硬件上，截至 2021 年，全县已建成 276 家文化礼堂与部分农民公园，改造祠堂、庙堂、学堂等，改善文化设施。在软件上，整理编撰经典故事和非遗戏目，对村民进行真善美的教育，不仅传承了优秀文化，还创造了具有观赏性和艺术性、内容健康丰富的新文化。

新昌县积极设立“村风评议榜”，着重培育文化品牌，推动乡村文化建设。如新昌县首个全国文明村——董村，始终坚持“以文明促发展、以发展筑和谐、以和谐倡文明”的工作思路，以“党建＋”为引领，创新实施党员中心“五包”责任清单、“3＋X”人民调解模式，不断加强制度建设，提高村委决策的规范化、透明化程度，有效推动了党组织建设与村庄和谐稳定。通过“村里搭台、群众唱戏”等形式，每年组织群众性文艺表演不少于10 场（次），大大丰富了村民的精神文化生活。依托“善行义举榜”，树立典型，促进良好村风的养成。董村相继获得浙江省文明村、省民主法治村、省农家乐示范村、省科普示范村、省党风廉政建设五星级村等 50 多项荣誉。

第五章

新昌县域城乡融合与共同富裕

一、城乡关系演变

（一）我国城乡关系演变进程

1. 1949—1977 年：城乡分治，以乡养城

新中国成立初，国内经济水平落后、国际政治经济关系复杂、战后复苏压力大，在此背景下，我国将发展经济、增强国家经济实力作为国家发展建设中的头等大事，效仿苏联的社会主义工业化模式，将工业化作为新中国经济建设的中心任务，政策措施向城市倾斜，逐渐形成农村支持城市、农业支持工业的经济发展模式。

1949—1952 年，为了快速恢复战时受到限制而发展受阻的国民经济，快速摆脱新中国成立初期的落后地位，中央政府坚持以农业为基础，以工业化为重点，统筹兼顾发展城乡经济。允许多种经济成分并存；实施土地改革，保障农民的土地所有权；开展城乡物资流通，发展集市贸易，各要素可以在城乡之间自由流通；不断提高农副产品价格、降低工业品价格，缩小工农业产品价格剪刀差，保障各经营主体市场地位，推动工农业均衡发展。在一系列措施的推动下，这一时期我国工农业产值、人口、城市化率等指标有了大幅提高，城乡协调发展。

1953—1958 年是“一五”计划实施时期，也是我国城乡二元结构的初步形成阶段。1953 年开始全国工商业社会主义改造，党的工作重心转移到城市，加快并不断扩大工业化建设，对农村生产要素的流动进行限制。这吸引了大量农村劳动力无秩序进城务工，引发农村种粮人口短缺、城市供粮需求增加的矛盾，同时城市不稳定因素滋生。为了限制农村人口向城市的盲目流动，我国制定并颁布了《关于城乡划分标准的规定》（1955 年）、《中华人民共和国户口登记条例》（1958 年）等一系列政策，拉开了我国城乡分治二元户籍制度的帷幕。此外，为了解决粮食供应难题，1953 年上半年，中央政府酝酿和制定了一系列粮食统购统销政策，抬高工业产品价格，降低农产品价格。这在一定程度上缓解了城市粮食供应困境，并为工业化发展提供了资金和原料，但没有考虑到市场与农业生产规律，阻碍了农业的正常发展，导致了我国城乡分治的局面。

1959—1977 年，中央政府发动了“大跃进”和人民公社化运动。导致爆发性工业化和超高速城市化的出现，经济集体化、生产集中化、生活政治化、管理行政化，加之进一步固化的城乡二元户籍制度，进一步限制了农村人口的流动，使农民生产积极性降低。三年自然灾害的冲击，导致粮食产量的增长难以跟上人口增长产生的需求，我国“三农”发展受到限制，国民经济发展面临严重困难。同时也产生了城乡间教育、医疗、基础设施等社会资源分配不公的问题，城乡二元结构固化。

2. 1978—2002 年：城乡二元，城市主导

针对“以农助工、以乡养城”发展模式及一系列制度安排导致的城乡二元发展局面，1978 年十一届三中全会召开以后，我国围绕城乡融合开展了一系列尝试。

1978—1985 年，改革开放政策打破了城乡分割的局面。1979 年《中共中央关于加快农业发展若干问题的决定》出台，精准地触动了人民公社制度的根基。四年后，农村人民公社制度宣告终结，农业生产力得到充分释放，农民重新获得了财产占有权等基本权利。与此同时，家庭联产承包责任制的实行与推广更进一步满足与保障了广大农民的生产经营权利。这一阶段农民的生产积极性被充分调动，农业生产率提高、农民收入增长、农村经济繁荣发展。同时，城市也开始了一系列综合配套改革，有力地促进了城市居民生活水平的提高。这一时期，随着农村人民公社制度的解体和一系列配套改革措施的推行，传统的城乡二元结构在一定程度上有所松动，城乡关系朝着双方互利的方向演变。

1986—2002 年，城乡二元结构固化，城乡经济社会发展差距在这一阶段重新扩大。1986 年起，改革开放的战略中心逐渐向城市转移，城乡居民在教育、就业、医疗卫生、社会保障等方面的差距不断扩大，城乡二元结构进一步固化。1992 年党的十四大召开，我国开始进行市场经济体制改革。在一系列改革措施的作用下，1993—1996 年，我国城乡居民收入消费差距有所减小。但在 1997 年，我国国民经济进入通货紧缩期，这一阶段国家的改革和调整政策再度向城市倾斜，不断提高公务员与企业职工工资，财政支出大量投入到城市基础设施建设中。与此同时，农村出现了农产品供应过剩、农民税赋负担加剧、农村劳动力转移困难等问题，城乡失衡状况加剧。

3. 2003 年至今：城乡融合，城乡互动

进入 21 世纪后，日益固化的城乡二元结构引起中央政府的高度重视，政府政策不断加大对缩小城乡差距的关注力度。

2003—2011 年，我国提出以城带乡的发展理念。2003 年首次提出以“统筹城乡发展”为首的五大统筹发展内容，力争构建基于“以工促农、以城带乡”思路下的城乡一体化新格局。发挥城市对农村的引领辐射和农村对城市的促进补充双向作用，使城市成为农村发展的有力支撑，为农村发展提供资金、人才和技术等要素和资源，多措并举扭转二元城乡局面。这一时期，以往偏向城市的城乡政策有了变化，农业农村政策覆盖了经济和社会层面。政府大幅增加支农支出，支农规模以年均 30.87%的增速增加，出台“四项补贴”政策，为农村社会公共服务水平的提升提供资金支持。同时，建立新型农村合作医疗制度、改革农村义务教育经费保障机制等，为促进城乡公共服务均等化提供政策保障。

2012 年党的十八大明确指出要将“三农”问题作为重中之重。2013 年党的十八届三中全会进一步明确，构建旨在城乡一体化发展的新型工农城乡关系。2017 年党的十九大再次明确提出促进城乡融合发展。同时，国家出台了《新型城镇化和城乡融合发展重点任务》等一系列政策文件，高屋建瓴、层层推进，以期加快推进城乡融合发展。与此同时，以“城乡一体”为最终目标，进一步加大对农业农村的投入力度，依托农业供给侧结构性改革、培育新型农业经营主体等路径助力乡村振兴。2022 年党的二十大报告指出，坚持城乡融合发展，畅通城乡要素流动，推进乡村振兴发展。

（二）浙江省城乡融合发展进程

新中国成立后，受计划经济时期强制性制度变迁的影响，在一般性城乡二元结构的基础上，我国内部的城乡矛盾更加特殊复杂，城乡分离更为明显。20 世纪 90 年代起，浙江省明确提出了城乡协调发展的目标和要求。随着市场化改革的不断深入，在有为政府与有效市场的双重作用下，浙江省不断调整城乡功能定位，在全国率先探索出一条由对立到融合的城乡协调发展路径，打破了城乡二元结构的固化局面，促进了城乡一体化。在城乡融合发展的探索过程中，浙江省主要经历了市场自发驱动、政府与市场合力引导、政府战略全面统筹支撑三个阶段。

1978—1991 年，是浙江省探索城乡融合发展的第一个阶段，即市场自发驱动的城乡关系变革阶段。这一阶段二元分割仍是我国城乡关系的基本特征，在此背景下，浙江省通过发展农村内源型工业，有力地冲击了二元经济社会结构。家庭联产承包责任制实施以来，农民获得了要素配置的自主权，农业发展恢复活力，由此形成的农业剩余又进一步转化为乡镇企业及相关二三产业的原始资本积累，形成了农村一二三产业融合发展的新局面。在这一利好形势下，浙江省形成了浙北地区乡镇政府行政参与的以乡村集体企业为主的和温台地区以个体和联户私营企业为主的特色农村工业化、城镇化两种不同的乡镇企业发展路径，引致了就地城镇化现象，构建了农村内部“以工促农”的协同机制，解决了农村劳动力“过密化”问题，展现出强大的自我发展能力，扩张了农村市场功能的边界，推进了农业农村现代化进程。

1992—2002 年，是浙江省探索城乡融合发展的第二个阶段，即政府与市场合力驱动的城乡联动探索阶段。在这一阶段，随着社会主义市场经济体制改革，乡镇企业发展遇到了难题。为帮助乡镇企业破解发展困境，在市场化导向下，浙江省通过政府退出企业直接管理等方式，力求在微观层面先发形成一批市场微观主体，改变集体企业经营模式，推动乡镇企业的产权制度改革，培育了一大批具有创业精神的民营企业家群体，奠定了浙江省在经济体制方面的突破性优势。同时，开展“撤区扩镇并乡”“强县扩权”等宏观层面的行政体制改革，强化县域在区域经济发展中的中心地位，城乡融合取得新的进展。这一阶段，浙江省以小城镇为重要载体，将“以工促农”的内生调整机制扩张到县域层面，工农业关系不断密切。同时，在市场机制的主导下，政府政策也开始关注城乡融合发展，如建立工业开发区，改善营商投资环境等。但是由于缺乏全局性的规划，城乡间的摩擦仍时有发生，城乡差距进一步扩大。

2003 年至今，是浙江省探索城乡融合发展的第三个阶段，即政府战略统筹支撑的城乡一体化尝试阶段。步入这一阶段之初，浙江省通过以乡镇企业为起点，“以工促农”的内生发展机制，一定程度上缓解了城乡矛盾。进入工业化中后期后，民营经济的快速崛起又为浙江省的经济发展注入了活力。使浙江省进行城乡统筹发展、社会资源向农村倾斜有了充足的财政支持。自党的十六大提出统筹城乡发展战略以来，浙江省在国家的战略框架内进一步进行了统筹城乡发展的制度政策创新尝试。2003—2004 年，以党的十六大精神为指导，浙江省政府在回顾总结各地区城乡发展经验的基础上，加大制度创新力度，在全国范围内率先出台了省域层面的战略框架及配套政策。2005—2011 年，在城乡一体化战略的引导下，浙江省积极破除相关的体制机制障碍，促进城乡一体化战略的梯次推进。先后推出了“千村示范、万村整治”“欠发达乡镇奔小康”等重大工程，从产业布局、社保福利、生态环境、社会管理等各方面全方位培育农村的内生发展动力。2012 年至今，浙江省城乡融合发展不断深化。2017 年，党的十九大提出实施乡村振兴战略后，浙江省又在原有架构的基础上，展开了对乡村振兴的多方面探索尝试。如深化户籍制度和农村产权制度改革，加快发展县域中心镇和特色小镇，优化城市空间布局，整治美化农村人居环境等，不断打造城乡融合新样板，开创乡村产业“强”、农村环境“美”、乡风文明“淳”、乡村治理“安”、农民增收“富”的新局面。

党的二十大之后，浙江省委省政府提出全域建设宜居宜业和美乡村，创新提质乡村数字经济，优化提升乡村营商环境，升级提能乡村“地瓜经济”，实施县城承载能力提升和深化“千村示范、万村整治”工程，加快城乡融合发展，构建有利于农民农村共同富裕的体制机制。

二、新昌城乡融合现状

（一）城乡融合动力

城乡融合发展是一个多主体、多部门、多层级、多维度的复杂系统性演进过程，动力系统中的各种动力因素相互联系、相互制约、相互渗透甚至相互转换，共同推动城乡融合发展。

1. 要素合理配置

推进城乡融合发展的基础是加快促进城乡要素双向流动、平等交换。城乡要素的双向流动意味着要素在城乡间配置的交易成本降低，来自农村的要素资本能够流向城市，分享城市发展的红利，同时来自城市的要素资本也流向农村，分享乡村振兴的成果。实现高效的要素平等交换与双向流动，需要不断深化要素配置制度改革，主要包括：第一，改革土地制度。健全城乡统一建设用地市场，同种用途的土地在不同区域拥有相同的权力约束；探索尝试宅基地所有权、资格权、使用权分置的实现形式等。第二，改革劳动力分配制度。持续深化户籍制度改革，建立“宜城则城，宜乡则乡”的城乡双向户口迁移制度；完善农村集体经济组织的进出机制，明确组织成员的权利。第三，改革资本配置制度。加快城乡投资融资机制改革，健全农村金融市场，创新农村金融服务产品，大力发展农业保险，促进城市工商资本下乡，降低农村资金错配风险。

2. 产业创新发展

“产业兴旺”作为实现乡村振兴的重要抓手，是农民增收的渠道与关键所在。首先，要加快城乡产业融合，让产业链、供应链和价值链更多地延伸和下沉到农村。其次，加快提高农业产业化水平和农业全要素生产率。加大对农业科研、农资生产等产前部门的扶持力度，提高种植、养殖等产中部门的生产效率，保证农产品加工、储存、包装、运输和销售等产后部门产生的高附加值更多地留在农村；加快构建农业社会化服务体系，促进实现农业现代化。最后，推动农村一二三产业融合发展。借助数字信息技术，推动农产品和市场匹配，打破传统农业界限；依托农村资源禀赋，打造特色农业小镇和现代农业产业园，建设城乡产业协同发展平台，将禀赋优势转化为产业竞争力，形成差异化、特色化的产业发展模式。

3. 城乡布局优化

空间是区域内一切经济社会文化活动发生的基础，也是发展的硬性约束条件。优化城乡空间布局，要统筹协调、优化改善城乡产业融合发展所需的生产空间、人口宜居所需的生活空间及可持续发展所需的生态空间。具体来说：首先，适度增加农业设施用地与建设用地供给，加大力度保护农田。其次，增加农业三产融合所催生的新业态的发展用地供给，支持农村产业多元发展。再次，强化生态意识，坚持人口、资源、环境均衡发展的原则，统筹推进农村人居环境整治。最后，统筹城乡基础设施和公共服务布局，适度增加城镇和农村社区服务设施建设用地，完善城乡综合交通体系，构建高效的城乡空间融合网络。

4. 三大动力机制协同互促，共促城乡融合

要素合理配置、产业创新发展、城乡布局优化三大城乡融合的动力机制并不是孤立存在、自行作用的，它们相互联系、相互渗透、相互促进，共同构成有机统一的城乡融合动力系统，推动着城乡融合的进程。

要素合理配置通过促进城乡要素的双向流动，降低了农业产业化和三产融合的要素成本，有助于推动农村产业的创新发展。农村产业创新发展促进了农业生产效率的提高和农村经济部门的多元化发展。一方面，有助于提高农业劳动生产率和投资回报率，吸引更多资本下沉到农村，推动城乡要素配置制度的改革。另一方面，产业的创新发展会产生与之相适应的生产空间需求，进一步带来农民增收与新型城镇化背景下的农民市民化，在碳达峰和碳中和的目标下，进一步倒逼城乡生态空间优化。同样，空间布局优化也会通过影响基础设施与公共服务水平、居民生活环境等因素，促进产业创新发展和要素合理配置。

（二）新昌县城乡融合发展的主要做法

新昌县是浙江省内经济总量、人口数量和城市规模都相对较小的典型山区县。作为浙江省高质量发展建设共同富裕示范区过程中首批缩小收入差距的试点县，新昌县在要素合理配置、产业创新发展、城乡布局优化三大动力机制的协同推动下，主要从五个方面开展了促进城乡融合发展的实践。

1. 统筹城乡空间布局

城市与农村空间所承载的资源具有差异性，在实现共同富裕的过程中发挥着不同的价值功能。城市的空间规划会对农村发展产生影响。新昌县以多规合一为导向，以山水生态为依托，持续扩张城镇规模、逐步完善分级功能，形成以城带镇、以镇带村的城乡一体化发展格局和以县城为中心、以小城镇为支撑、以特色村为支持的新型城镇体系。在这一理念的指导下，新昌县政府不断创新完善城乡空间统筹发展方案，城乡空间布局规划由"十一五"时期提出的"集聚提升主心、筹划开发北台、整合培育南廊、保护东西两翼"，到"十二五"时期的"中心北聚、东西延展、南翼环绕"和"十三五"时期的"一心四区"结构，最终形成"十四五"规划中较为成熟的"一芯四廊四区"① 发展规划（图 5-1），城乡统筹工作得到显著推进。一方面，优化城镇空间布局，绘就未来城市蓝图。新昌县围绕"强镇带乡、强镇带村"思路，推动中心城市、中心镇、特色镇协调发展。做强做精中心城区，大力实施"中强、西建、东延、北拓、南融"城市推进计划，提升"一芯"城市能级，优化"一芯"城市功能，在此基础上打造特色化"四区两组团"② 标志性区块（图 5-2）。加快

---

① "一芯四廊四区"："一芯"是指将中心城区打造成为数字新昌芯片，提升中心城区首位度，增强高端要素、高端产业、高端功能、高端承载和高端辐射带动能力。"四廊"是指以新建 527 国道沃洲至黄泽段及连接线为主轴线，打造智造科创走廊；以 104 国道新昌段为主轴线，打造诗路文创走廊；以新镜（磐）线为主轴线，打造花园旅创走廊；以象西线—王金线为主轴线，打造山地农创走廊。"四区"是指智能制造引领（北部）区、文旅传承创新（中南部）区、绿色产业发展（西南部）区、生态康养体验（东南部）区。

② "四区两组团"："四区"是指以南明老城、七星新城等区块为重点，打造中心城区有机更新片区；以争创省级新民未来社区为引领，打造城东数字生活片区（新民片区）；按照新区建设标准，发展引领未来的新兴产业，打造城北科创高地片区；围绕嵊新高铁枢纽，谋划辐射嵊新地区区域消费中心，打造南岩高铁链接片区。"两组团"分别为城西组团，以高新园区梅澄区块为重点，共同构建空间结构体系、现代产业体系、基础设施体系、生态环境体系和社会服务体系，实现与中心城区的联动发展与共建共享；城东组团，以拔茅、大明市、沃洲为重点，加快资源整合，引进和布局实施一批有利于延伸产业链、提高利用率、提升价值链的重点项目，完善布局一批商业服务、公共医疗和文化、市政配套设施，打造高品质县域产城融合典范。

推进澄潭镇、儒岙镇、大市聚镇三个中心镇建设，完善中心镇功能，提升中心镇集聚辐射能力；按照“差异化、特色化”发展理念，结合各镇的资源禀赋，全力推动镜岭、回山、小将、沙溪等特色镇发展，提升集镇形象和集聚辐射能力。另一方面，编制“多规合一”实用性村庄规划，加快边远薄弱村的生态搬迁，探索全域激活模式，促进村庄集聚，优化乡村发展空间布局。依托山水田园城市风貌，形成“一般建制镇—中心村—自然村”三级农村居住区空间布局；同时加快新农村建设的步伐，创新投入机制，构建新农村建设新模式。

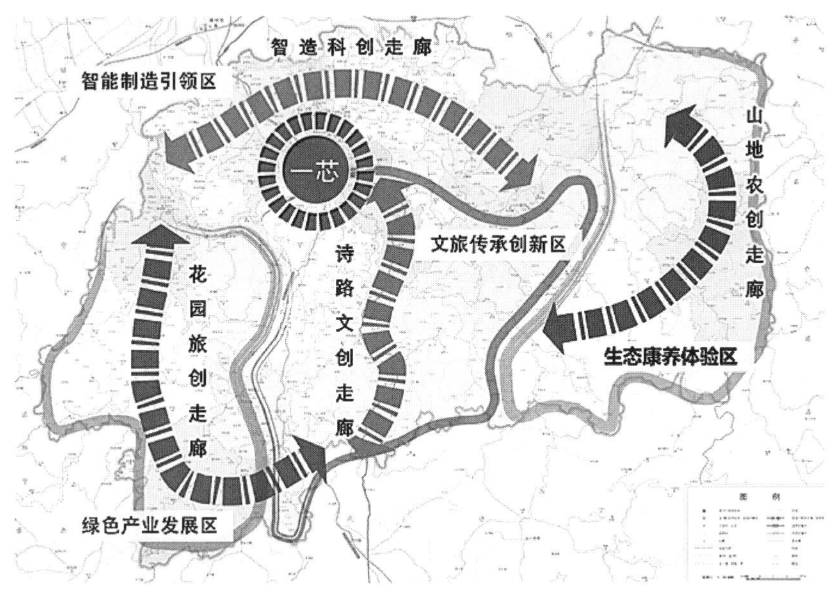

图5-1　新昌县城乡空间布局

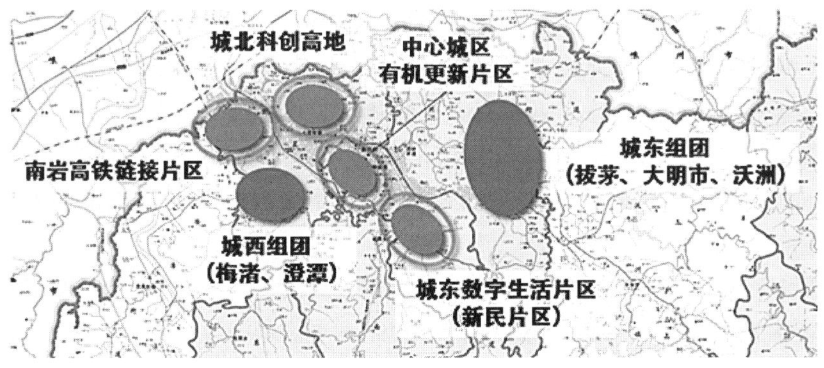

图5-2　新昌县“四区两组团”标志性区块

2. 开展全域土地综合整治

土地是农村发展过程中的最基本要素，土地综合整治是实现乡村振兴的重要抓手。乡村振兴战略下的土地综合整治，需转变原本仅拓宽耕地面积的传统观念，与新农村建设进行有效联动。除了注重物质规模外，还要着重建设乡村文化、全面实施乡村管理等，优化土地整治特性、促进土地转型。2018 年，浙江省出台相关政策文件，全面开展乡村全域土地综合整治与生态修复工作，对农村各类空间进行全域优化布局。新昌县也结合自身实际，不断盘活土地资源、激活农村经济发展的内生动力。同时对全域工程实施奖励，进一步发挥财政资金的引导作用，打破乡镇（街道）边界限制，破解耕地“碎片化”问题，盘活工业和城镇低效用地，化解用地难题。2022 年 7 月，印发《新昌县全域土地综合整治与生态修复工程三年行动实施方案的通知》，进一步提升了村容村貌，提高了资源集约利用水平，推进实现了城乡共同富裕。2018—2022 年，新昌县实施乡村全域土地综合整治和生态修复工程共 7 个，涉及行政村 10 个，整治范围土地 5.65 万亩，累计投资 1.52 亿元。

3. 推动城乡经济融合发展

城乡经济关系是城乡关系中最根本的存在，是推进城乡融合发展的核心。近年来，新昌县顺应三次产业联动发展的趋势，立足“产城融合、城乡一体”定位，积极实施“创业富民、创新强县”战略，对城乡经济融合发展进行统筹规划。具体体现在以下四个方面：

第一，加快城乡产业融合。新昌县利用中心城区工业和旅游业发展的基础，在“以城带乡、以工补农”理念的指导下，不断加大金融扶持力度，创新金融服务方式，探索金融支持的有效途径。同时，充分利用“乡企对接”平台和“百厂扶百村”载体，助力农村二三产业发展；由当地绿色股权基金、民营企业、强村公司等出资成立兴村富民基金，扶持农村家庭工业发展，探索“先富带后富”的新路径。此外，新昌县还提出了“两山公司＋共创公司＋强村公司”发展模式，引导村股份经济合作社和农户以资源资产入股，通过平台开发、规模经营、金融扶持、期权兑现、红利共享流程，实现“两山”转化、绿色赋能，推进农村产业发展。

第二，大力发展农村经济。新昌县利用区域的自然资源优势，将地区资源优势转化为经济发展优势。用工业理念规划发展农业，建立茶叶、蔬菜、水果等特色农业基地，量质并举培育发展各类经营主体。此外，新昌县还大力推进农业科技创新。一方面，示范推广农业“五新”技术，积极培植主导产业；另一方面，持续推进“千万农民素质提升工程”，积极搭建农民教育培训平台，完善农民教育培训长效运行机制。通过农民信箱、微信、电视媒体等多种方式开展 10 万农民技能培训，培养一批高素质农民，提高农民的现代化水平。

第三，创新发展全域旅游业。新昌县山水资源丰富，是浙江省的传统旅游强县，有大佛寺、十九峰、丝绸世界 3 个国家 AAAA 级旅游景区，以及七盘仙谷、天烛仙境、中国茶市、智能装备小镇、天姥阆苑养生谷、万丰航空小镇和江南民族村・外婆坑 7 个 AAA 级旅游景区。同时，佛教文化、茶道文化、道教文化、名士文化、诗路文化等为新昌山水景观增添了深厚的历史文化底蕴。新昌县以“政府引导、社会参与、市场运作”为思路，将农业主业的发展融入旅游业等多种业态之中，有效延长了茶叶等当地特色农产品的产业链，形成了良性发展模式。2007 年，新昌县实施“旅游经济强县”战略，完成了从旅游资源到旅游经济的转变。2013 年，新昌县启动旅游“二次创业”战略，确立了“全域旅游”的理念，旅游产业的空间范围与时间跨度不断扩展延伸，逐渐形成了以“唐诗之路、佛教之旅、茶道之源”为核心的新昌旅游文化。2017 年，新昌县提出并实施“百村成景、百业增效、百姓致富”的“三百工程”，推进区域资源整合、产业融合发展和社会共建共享。2020 年，新昌县成功创建了绍兴市首个国家全域旅游示范区，全域旅游发展成果显著。

第四，全力抓好“促农增收”工作。促进低收入农户增收是全面小康社会建设的重中之重，也是推进城乡融合发展的关键环节。新昌县根据当地实际情况制订了以“扩中、提低、消薄”为主攻方向的行动方案和政策措施。通过县域统筹、村级联建，推进集体经济快速“抱团”发展。为低收入农户提供“无年龄、无学历、无技能”要求的爱心岗位，支持就业困难群众创办小规模经济实体，拓展低收入农户就业渠道。开展部门联村、企业联村、干部联户结对帮扶“三联”工程，落实低收入农户结对帮扶机制，不断缩小城乡收入差距。此外，自 2021 年起，新昌县重点打造“新昌优选”区域公用品牌，通过将小京生、玉米饼、果子烧、特色年糕、大佛龙井等 30 余种当地名优特产品牌化经营，提高本土农产品的知名度和附加值。据中新网浙江新闻报道，2021 年全年销售收入达 1 200 多万元，通过品牌效应创造产业价值超过 2 亿元，品牌成为助力实现共同富裕的新引擎。

4. 一体化城乡基础设施与公共服务

交通、通信、电力等基础设施及社会公共服务的一体化，有助于减少县域发展过程中的重复建设，缓解发展过程中的资源压力。新昌县采取了一系列措施来统筹城乡重大基础设施建设与公共服务，形成城乡互动机制，推进公共服务均等化，从而促进城乡互惠互利、共同发展。

一方面，新昌县完善了城乡交通网络建设。新昌县地处杭州、宁波、金义三大都市区的交汇点，随着杭绍台高铁、杭绍台高速等建成通车，金甬铁路、527 国道建设的加快，以及其他相关交通设施布局的改善，新昌县把握机遇，将地形条件劣势转化为区位优势。结合县域规划，完善路网，加强与周边市、县的公路网络沟通，形成了“半环＋五射”的城乡一体化路网格局，实现了“小县大通道”。同时，新昌县不断完善农村公路建设。作为“八山半水分半田”的山区县，新昌全县公路总里程 1 415 千米，其中农村公路 1 234 千米，占总里程的 87.2%。新昌县以创建“四好农村路”全国示范县为契机，出台了《新昌县农村公路养护与管理办法》（2021 年）、《农村公路重要节点项目资金补助办法》（2021 年）等文件，不断提高农村公路等级，完善农村道路交通建设，打通城乡要素流通渠道，加快基本公共服务等向农村延伸，进一步带动农民增收致富。2021 年，新昌县以农村公路重要节点项目为基础，结合农村联网公路、农村公路改造提升、农村公路大中修等措施，完成新建农村路 19.3 千米，提升改造低等级公路 40.8 千米，完成路面维修等养护工程 67.8 千米，建设农村公路亮化工程 75 千米，进一步提升了农村交通设施等级。

另一方面，新昌县以中心镇、中心村建设为龙头，加快城乡供电、供气、通信、信息等基础设施融合，着力改善农村基础设施条件，提升中心镇、中心村的承载能力。在城乡公共服务设施方面，新昌县以人的全生命周期需求为导向，推进基本公共服务均等化、优质公共产品和服务供给多元化，如开展城乡公交一体化改革、实现“快递进村”全覆盖等。遵循分级配置、合理利用原则，统筹安排区域内县域大型公共服务设施的布局与建设。对标浙江省“七优享”工程，重点支持城乡居民基本医疗补助和城乡困难家庭医疗救助、乡镇（村）养老服务体系星级奖补及乡村、社区助餐服务补助，全面落实和推进“乡镇公共服务平台＋一卡通”管理，改善民生状况。

5. 推进城乡生态环境建设

城乡经济社会的可持续发展，需要生态环境提供保障。新昌县通过建设生态镇、生态村和生态公益林，不断加强生态环境综合治理及水土保持治理。同时，将科技创新与“两山”建设深度融合，纵深推进环境治理现代化。全面划定生态保护红线，全面推行排污权有偿使用，创新实施“区域环评＋环境标准”改革，不断推进产业结构调整和重污染行业退出，打造“科技强、生态好”产业发展新昌模式，将生态优势转化为经济高质量发展新动能。通过推进生态环境建设，创建企业营商环境的“绿水青山”，吸引高端人才和“高精尖”项目资源入驻，激发县域经济发展活力。

三、城乡融合发展推动共同富裕

新昌县在城乡融合发展的过程中，通过不断调整城乡布局、扩大中心城（镇）的辐射范围，规划城乡建设用地协调使用方案，统筹城乡经济发展与公共基础设施建设等措施，使城市与农村一直处于不断融合发展的状态。新昌城乡融合道路不仅促进了自身的现代化与持续发展，也为中国式现代化提供了以县域为基本单元的可复制可推广的城乡融合样板。

（一）新昌经验

1. 增强城镇村统筹力度，优化城乡空间布局

合理有序的城乡空间布局，是推动城乡融合发展各类经济社会活动的载体。随着城乡融合工作不断推进、城市化率不断提高，城市与农村的融合过程，不仅能继续提高城市化水平以促进地方发展，更重要的是在城市化发展到一定阶段后，以城、镇、村的全面融合构建县域的空间形态、制度形态和文化形态，从而达到城市与农村的共荣共生。新昌县以多规合一为导向，形成了以城带镇、以镇带村的城乡一体化发展格局和新型城镇体系，有效实现了城乡双向互动，促进了城乡共同发展。树立城乡空间一体化理念，确保城乡空间既独立又相连、地位平等且有机融合，可以弥合城乡空间资源的不对等，畅通城乡资源的平等交换和优化配置渠道，提高城乡资源配置效率，实现城乡融合发展。

2. 构建城乡产业融合体系，推进城乡经济统筹

产业布局是制约农业农村发展的结构性因素。由于农业产业体系割裂、生产过程粗放、经营方式单一等弱质性特征，农产品附加值普遍较低，生产经营过程中风险较大。同时乡村旅游业因为缺乏科学规划和有效投入，形式雷同现象普遍，往往缺乏自我“造血”能力。新昌县在城乡产业融合发展的过程中，一方面，利用中心城区的工业和旅游业基础，在“以城带乡、以工补农”理念下，发挥城市产业集聚的规模效应、扩散效应，并利用政府惠农项目及大数据信息平台等载体，不断助推农村二三产业的发展。另一方面，在农村土地、林业、空气等自然资源优势的基础上，大力开发山区资源，把资源优势转化为经

济发展优势。同时借助城市工业化的理念规划，结合数字信息技术，发展“电商＋休闲农业”、乡村旅游等农业新业态，拓展城乡产业发展空间。

3. 推进城乡基础设施与公共服务均等化，缩小城乡发展差距

基础设施和公共服务相对欠缺是农业农村共同富裕要解决的重要民生议题。近年来，我国城乡居民在公共服务均等化上取得了一定成效。但受政策保障水平与范围的制约，农村居民在医疗、教育、养老等方面享有的公共服务保障仍与城市居民存在较大差距。同时，在历史积累与乡村自然禀赋等因素的影响下，我国很多农村地区在农田水利、道路交通等基础设施建设方面仍滞后于城市，公共产品与当地经济社会发展需求有较大差距。新昌县通过完善城乡交通网络建设、发挥中心镇带动作用、统筹县域大型公共服务设施布局等措施，加快城市基础设施向农村延伸，推进公共服务均等化，促进城乡互惠互利、共同发展。城乡角色不同，在融合发展中的功能也存在差异，在完善城乡要素配置和乡村公共服务供给的过程中，既要建立城乡衔接的社会保障体系与基础设施网络体系，破除城乡要素流动的机制障碍与农村的封闭性，又要保护农村环境，充分发挥乡村的地缘优势和生态优势，以良好的生态环境、健全的基本公共服务、完善的配套基础设施，实现城乡之间公共资源的均衡配置，促进城乡共同富裕。

4. 发挥农业龙头企业辐射作用，助力农民增收致富

农业龙头企业是指经政府有关部门认定，在农产品加工和流通过程中形成一定规模，经营指标达到规定标准，对一定区域具有相应的辐射带动作用的企业；在整体实力、产业类别、科技创新等方面较一般农业企业具有一定优势，在稳定农民就业、促进农业转型升级等方面具有较强的带动作用。在政府部门惠农政策的支持下，新昌县农业龙头企业发展迅速，主要有丰岛集团、达利丝绸（浙江）有限公司、浙江省新昌澄潭茶厂等，涉及茶叶、丝绸、食品及农产品精深加工等行业，有力地推动了新昌县的农业产业化进程。以丰岛集团为例，它在农业产业化经营的探索过程中，提出了“统租返包”“公司＋合作社＋农户”等新型农业经营方式，有效地拓宽了当地农民的就业渠道，保障了农民收入来源的稳定性，实现了农户、合作社、企业共赢的农业产业化经营模式，促进了城乡的共同富裕。

（二）未来展望

1. 推进土地制度改革

土地问题是阻碍农业提质增效和农村产业转型的重要瓶颈，也是城乡融合发展的突破口。首先，要明确土地功能、优化土地结构。按照充分发挥城、镇、村、业四大版块功能的要求，规划、配置城市用地、工业用地、乡村用地、农业用地的比例，进而推动土地利用结构的进一步优化。其次，推动土地制度改革从以权属为主转向以利益平衡为主。平衡城、镇、村、业四者的用地利益及极差利益分享。最后，要持续推进土地市场化改革。建立健全城乡统一的土地市场体系，推进城乡地权平等交易。探索农村宅基地“三权分置”实现形式和途径，在符合规划和土地利用控制的前提下，赋予农村建设用地和城市建设用地同等权利，允许集体经济组织和农民利用建设用地从事非农生产。

2. 优化县域营商环境

县域是国民经济的基本单元，良好的营商环境是县域经济高质量发展的主要动力，对于推动有效市场和有为政府有机结合、激发农业企业市场活力等具有重要意义。优化县域营商环境，首先，要转变工作视角，从市场主体出发，平衡个体企业与整体社会的利益关系。其次，要立足本地涉农产业发展实际，从监管框架、公共服务、实施效率三方面形成统一的管理框架。最后，要打破政府部门间的政策、数据壁垒，建立“一站多点式”县域政务服务体系和乡镇服务网点，借助大数据、区块链等数字信息技术，整合分散在不同部门窗口的企业审批流程事务，提高审批效率服务水平，为企业创造优良营商环境。

3. 数字化赋能新时代城乡融合

随着新一轮科技革命和产业变革的兴起，数字信息技术正快速融入城乡经济社会发展的各个领域，畅通了城乡要素流动渠道，促进了城乡生产、生活方式的改变，推动了农业农村现代化转型。在推动城乡数字化改革创新时，要坚持有效市场和有为政府相结合，以乡村优先、以城带乡、以工补农为原则，深化数字信息技术在县域经济各领域的融合应用，促进城乡居民共享经济社会发展成果。首先，要在战略层面进行统筹谋划，实施新型智慧城市建设和数字乡村建设，畅通城乡技术、资本等要素的双向流动通道，加快城市数字化智能化设施向乡村的延伸覆盖，逐步实现城乡数字基础设施互联互通与共建共享。其次，聚焦产业发展、公共服务等重点领域，推动数字技术与农业生产、加工、流通、文旅等业态结合，提高农业附加值。打造城乡居民业务在线办理的公共服务云平台，加快公共服务数字化。最后，以县域为重点、以乡镇为节点，促进智慧城市与数字乡村协调并进。推动 5G、物联网、大数据平台等服务在区县重点布局，鼓励区县开展数字化创新试点等探索，推动县域数字化百花齐放。

市场篇

摄影　俞晓委

第六章

新昌农业企业发展带动农民共同富裕

一、整体概况

（一）新昌县农业龙头企业现状

近年来，新昌县农业农村局以区域公用品牌为引领，强化培育农业企业品牌，加速推进农业产业化发展，带动农民增收致富，推动农村经济发展。目前，全县共有农（林）业龙头企业 100 家，各类农业企业品牌 120 多个（表 6-1），其中有大佛龙井、新昌小京生、新昌白术等区域农业公用品牌，丰岛鲜果捞、天姥红等农产品品牌。已申报认证绿色食品、有机食品、农产品地理标志超过 85 个，绿色优质农产品种植面积占全县主要食用农产品种植面积的比例超过 58%。

表 6-1　新昌县各级农（林牧渔）业龙头代表企业（截至 2023 年 5 月）

企业级别	企业名称
国家级重点龙头企业	丰岛控股集团有限公司 浙江丰岛股份有限公司
省级骨干龙头企业	达利丝绸（浙江）有限公司 浙江省新昌县澄潭茶厂 浙江诚茂控股集团有限公司 浙江丰岛食品股份有限公司
市级龙头企业	新昌县白云人家农副产品配送服务有限公司 新昌县福祥兔业发展有限公司 新昌县和宝生物科技有限公司 新昌县高山蔬菜批发市场 新昌县天姥食品有限公司 新昌县群星实业有限公司

（续）

龙头企业级别	企业名称
市级龙头企业	新昌县七盘合一农业发展有限公司 新昌县来益生态农业发展有限公司 新昌县雨露食品厂 新昌县春江食品有限公司 新昌县花艺植物制品有限公司 新昌县康益祺农业发展有限公司 浙江省新昌同兴食品有限公司 新昌县雪溪茶业有限公司 新昌县南瑞茶业有限公司 新昌县宫廷黄鸡繁育有限公司 新昌县三宝食品有限公司 浙江绍兴丸十工艺有限公司 新昌县昌达营养食品有限公司 新昌县万盛源兔业有限公司 新昌县般若谷土特产食品有限公司 浙江省新昌县食品总公司
县级龙头企业	浙江品晟渔业科技有限公司 新昌县门溪山居农业发展有限公司 新昌县乡味美食品有限公司 新昌县科佳禽业有限公司 浙江沃佳食品有限公司 新昌县维希食品有限公司 新昌县祝家坑生态农业有限公司 新昌县良亩田生态农业发展有限公司 新昌县兆丰农业发展有限公司 新昌县惠丰农业发展有限公司 新昌县草民生态农业有限公司 新昌县鼎盛农林开发有限公司 新昌县国昊农业开发有限公司

注：丰岛集团相关省外公司中湖北丰岛食品有限公司为国家级农（林）业龙头企业，湖北丰岛食品有限公司、云南丰岛花卉有限公司、开远丰岛花卉有限公司为省级农（林）业龙头企业。

（二）龙头企业带动农民增收的方式

农业始终是影响国民经济发展的重要产业。在国家经济发展初期，农业的发展能够推动工业发展。当工业发展到一定阶段后，农业的落后则会成为工业发展的制约因素。因此，党和国家一直以来都十分重视农业的发展。现代化产业体系是农业现代化的基础，是产业兴旺的核心，也是实现乡村振兴的关键（张海鹏等，2018）。但是，中国现代化农业产业体系建设面临着供给和消费结构不平衡的问题。因此，发展农业现代化，首要的是提高农业满足消费者需求的生产能力，进而实现生产创造和引领需求（姜长云，2018）。龙头企业是解决问题的关键环节。农业龙头企业以利润为导向创造价值、共享价值，构建农业产业生态系统，进而推动构建现代农业产业体系（姜长云，2017）。刘源等（2019）通过分析圣农和温氏这两个龙头企业的价值创造过程发现，龙头企业通过整合农民资源形成轻资产运营模式，获得成本优势和质量优势。企业对农户进行培训，农民素质得到提升，收入得到增加。

1. “企业＋农户”模式

“企业＋农户”是指农产品加工和流通企业及农户之间建立经济关系，开展一体化经营。该经营模式一方面能够帮助企业降低收购成本，确保农产品来源；另一方面能够有效提高农民的生产技术水平，帮助农民规避市场风险，实现增收。在这种模式中，企业向农民提供生产和技术培训（图6－1）、制定农产品生产计划和时间表、提供生产资金或生产资料、提供专业技术支持、建设田间基础设施，以及农产品收购等服务。农户则提供土地和劳动力，根据合作企业的要求生产出符合标准的农产品，最后将农产品销售给签订合同的企业。企业和农户之间建立“企业＋农户”合作关系的途径有两种，主要区别在于企业和农户之间的联结形式。一种是供销关系。企业与农户之间没有签订明确的合同，企业以合资、入股等方式和农户形成供销关系，进而实现两者间的紧密联结。另一种是经济关系。不同于供销关系，建立经济关系需要企业和农户之间签订明确的经济合同。经济合同中明确规定了合同双方各自的权利、义务和违约惩罚措施。因此，相比于建立在供销关系上的企业农户联结体，经济关系以合同为约束，能够使企业与农户建立更加稳定的利益联结关系。

由于农户与企业之间不平等的市场地位，“企业＋农户”模式下难以规避合同双方的机会主义行为和道德风险（王亚飞等，2013）。具体而言，该模式的缺陷体现在两方面。一方面，农户在和农业企业合作的过程中缺乏话语权和主动权，权利的不平等导致企业才是真正决定利益分配方式的一方，因此难以实现农户和企业“共赢”的局面。另一方面，企业在和农户合作的过程中，高昂的监督成本导致企业难以对农户的生产行为进行监管，且缺少确保农户能够

图 6-1　丰岛集团技术人员在现场对农户进行种植技术培训

将农产品销售给合同企业而非出价更高收购商的约束条件，因此合作关系容易破裂。

2. “企业+基地+农户”模式

“企业+基地+农户”模式是农业龙头企业牵头，通过基地这一中介将小农户集合起来，并分别与基地和农户签订合约。该模式下，企业、基地和农户的责任定位明确。企业在整合合作过程中起主导作用。一方面，企业利用市场信息提前对农产品价格进行预测，在与基地签订的合同中明确下一个生产阶段的生产计划，包括需要生产的农产品品种、数量、质量标准等指标；另一方面，企业也会和农户签订合同。与基地不同的是，企业在和农户签订的合同中更加偏重价格的设定，尤其会设定一个最低收购价，以保护农民的收益不会因为市场价格波动而受损。基地是联结企业和农户的“桥梁”，在和企业的合作中，基地帮助企业将土地和农户集合起来以实现规模化生产，同时，负责集中培训农户，提供技术指导，以及物资采购、生产行为监督、产品检验等。在和农户的合作中，基地帮助农户与农业企业对接，并监督企业履行合同。农户的主要任务是按照企业的要求生产农产品。

与“企业+农户”模式相比，“企业+基地+农户”模式的特点在于基地，优势也在于基地。一方面，基地作为中介将企业和农户联结起来，既减少了企业与农户相互搜寻、谈判的交易费用，也减少了企业和农户直接合作可能出现的道德风险；另一方面，基地有效地将土地、劳动力等资源整合在一起，能够实现规模效益，进而推动农业产业化发展。此外，基地能够在一定程度上平衡农户与企业之间的关系，降低农户谈判成本，增加企业的违约成本，确保合作关系能够长久持续下去。但是，基地作为一个独立的中介组织，无法与企业和农户形成紧密的利益联结体。当市场行情较差时，基地出于自身利益考量，无法继续发挥联结企业和农户的“桥梁”作用，因此合作关系容易破裂。

3. “企业＋合作社＋农户”模式

“企业＋合作社＋农户”模式中，企业与农户的职责与“企业＋基地＋农户”模式一致，合作社也承担了联结企业与农户的“桥梁”作用。不同的是，合作社一般以村干部或农业大户牵头，其他农户参股的形式存在。因此，相比于基地，合作社能够有效地将企业和农户联结起来，形成一个利益联结体。一方面，合作社能够监督企业行为，帮助农户与企业商定农产品的收购价格，保障农户的利益；另一方面，合作社将农户集中起来，进行统一的生产技术培训、生产资料和服务采购、农产品采收等，将农产品集中起来统一销售给合作企业，因此也保障了企业的利益。

相比于前两种模式，“企业＋合作社＋农户”模式中的合作社能够同时监督、约束企业和农户的行为，提高农民的组织化程度，增强农业产业链纵向关系的稳定性。

4. “统租返包”模式

“统租返包”模式是新昌县产业化发展、助农增收的一种有效模式。经调研，新昌县使用的“统租返包”模式就是已有研究成果中定义的“返租倒包”模式。相关学者普遍认为，“返租倒包”是指政府、村级组织将农地从农民手中租过来，集中进行土地管理和规划，然后将农地经营权转租给农业大户或者企业。“返租倒包”模式可以由政府、村集体、农业企业或其他中介机构组织（沈素素，2021）。该模式由两个主要部分，即返租和倒包。首先，农民将土地承包经营权返租给村集体。其次，村集体将土地转租给农业大户或农业企业。最后，农民再从农业大户或农业企业那里承包土地，并按照要求生产符合标准的农产品。农业大户或企业按照事先签订的合同，根据农产品的质量和数量给予农民一定的报酬（魏一男，2014）。

“返租倒包”模式在众多农地流转模式中的占比较低（刘莉君，2010），但具有降低交易成本、提高土地流转效率和生产效率、实现农业规模化经营、调整农业结构、实现社会生产资源的优化配置等诸多优势（黄延延，2010；李俊青，2012；乔瑞庆、任大廷，2012）。

（三）政府帮助农业龙头企业带动农民致富

在农业龙头企业和农户合作的过程中，仍然存在许多问题。农业科技创新是核心问题之一。农业科技创新是实现工业化、城镇化、农业现代化协调发展的关键手段。企业是科技创新的主体。农业龙头企业通过成立研发部门或机构、增加科技创新投资、寻求科研机构或高校进行产学研合作、建立试验田或育苗圃等方式，提高科研资源的利用效率，推动现代农业新技术的研发、普及和转化（苑鹏等，2008）。

但是，由于农业科技创新成果属于准公共产品，因此农业科技创新领域容易出现市场失灵的问题。此时需要政府宏观调控，遵循市场规律和国际趋势，实现各创新主体之间的良性互动（单玉丽，2004）。一般情况下，政府为农业科技创新提供制度保障和资金支持等。首先，在制度保障方面，政府颁布的农业科技创新政策一般从财政、金融、知识产权保护，以及技术市场、人才、土地、风险投资、国际交流与合作等方面鼓励和保护科技创新（莫鸣等，2004）。政府政策对农业龙头企业科技创新的影响主要体现在两个方面：一方面，政府政策能够提升农业龙头企业的经济绩效，尤其是财税政策和金融政策对企业的经济绩效有重要的正向调节作用；另一方面，政府政策（财税政策、金融政策、知识产权政策）能够有效提升农业龙头企业的社会绩效（崔海云等，2013）。其次，在资金方面，资金投供方也是政府在农业龙头企业带动农民致富过程中扮演的最直接、最普遍的角色。一方面，政府通过补助那些带动农户增收的龙头企业为更多农业企业树立标杆，带来一种广告效应（郭晓丹等，2011），在提高带动农户的龙头企业生产积极性的同时，也会吸引其他企业或机构进入到带动农民增收、实现共同富裕的队伍中来；另一方面，财政补助可以用于企业研发投入，进而带来产品或技术创新，降低企业边际成本，提高企业技术水平，最终促进企业全要素生产率的提升。此外，财政补贴可以用于扩大企业规模，形成规模经济，从而降低企业的生产成本，提高企业生产力（马嘉楠等，2018）。在其他政策方面，无论是技术扶持还是资金补助，政府都是希望通过扶持农业龙头企业达到带动其他农户生产、增加农民收入的目的。但无论是在“企业＋农户”还是“企业＋基地＋农户”的生产经营模式下，企业和农户之间签订的合同不一定能够满足合同双方对利润最大化的需求，为了维护自身利益，企业、农户或其他利益主体可能会违背合同导致合作关系破裂。因此，政府除了扶持外，还起到了监管作用。一方面，政府监督农业龙头企业切实履行和农户之间的合同，保障农民的利益，避免出现企业获得了补助却没有带动农民增收的现象出现；另一方面，政府也会防止农户违反合同规定，通过向农户提供贷款、定期监管农户生产行为等，以保障农业龙头企业的利益。

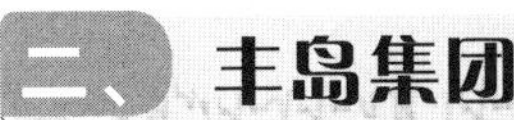

二、丰岛集团

（一）丰岛集团概况及发展历程

1. 丰岛集团简介

丰岛集团成立于1993年11月18日，是首批农业产业化国家重点龙头企业（图6-2）、全国经济林产业化龙头企业、全国罐头行业十强企业、中国农村致富十佳带头企业、全国农产品加工出口示范企业、全国园艺产品出口示范企业、全国服务新农村建设百佳乡镇（民营）企业、国家农产品加工企业技术创新机构、浙商社会责任大奖获奖企业、浙江省农业科技企业。

图6-2　丰岛集团荣誉称号

丰岛集团经营花卉与果蔬罐藏食品两大主导产业，这两大产业分别以浙江丰岛股份有限公司和浙江丰岛食品股份有限公司为龙头，图6-3为丰岛集团新昌农产品加工园区全景。花卉产业旗下有浙江花集网科技股份有限公司、杭州花巨汇信息技术有限公司、云南丰岛花卉有限公司、开远丰岛花卉有限公司、云南美天娇花卉有限公司、昆明美天娇种苗有限公司、易门美天娇花卉有限公司、玉溪美天娇花卉有限公司等企业；食品产业旗下有湖北丰岛食品有限公司、浙江昊旺食品有限公司等企业。

经过30年艰苦奋斗，丰岛集团从一家初创时期名不见经传的手工小作坊，发展为拥有高新技术企业3家、国家级农（林）业龙头企业3家、省级农（林）业龙头企业5家的集团企业。如今丰岛集团站稳脚跟，成为内外贸易、线上线下销售齐头并进，产品已走向全球20多个国家与地区的“大树”，实现了从量变到质变的跨越。

在花卉产业中，浙江花集网科技股份有限公司（以下简称为“花集网”）成立于2007年，作为中国花卉行业的先驱互联网科技公司，一直致力于为花

图 6-3　丰岛集团新昌农产品加工园区全景

店提供创新的解决方案，帮助他们实现数字化转型并提升竞争力。通过业务流、信息流和资金流的整合，花集网为花店提供了全方位的支持，助力其扩大业务规模，提高运营效率，并创造更多的价值。公司现拥有两大自主研发平台，包括花材供应、鲜花交易、拍卖交易等核心交易环节的 B2B 服务的“好香美”，花店行业数字化全链条管理系统、中小型零售客户核心交易技术服务且实现了 PC 端、移动端、小程序端多端服务的“花集通”。截至 2023 年，公司平台总注册用户数达 15 万多，范围覆盖 34 个省（区、市），经过多年深耕发展，公司在花卉全产业服务商领域居于行业第一。云南丰岛花卉有限公司成立于 2004 年（图 6-4），是国内有较大影响力的菊花种植、出口型企业，是高新技术企业、国家级科技型中小企业、云南省省级成长型中小企业，建设有云南省专家基层科研工作站、昆明市企业技术中心、昆明市工程技术研究中心等平台，并通过云南省农业标准化示范园区、云南省“质量走廊”、云南省农业科技示范园等认定，产品荣获云南省十大名花、云南名牌等称号。

图 6-4　云南丰岛花卉智能化玻璃温室

在食品产业中，浙江丰岛食品股份有限公司成立于1999年，先后获中国罐头工业十强企业和浙江省食品工业百强企业等多项荣誉称号；湖北丰岛食品有限公司成立于2003年，已成长为全国经济林产业化龙头企业、湖北省农业产业化重点龙头企业和湖北省林业产业化重点龙头企业，是湖北省农业产业链上的核心企业之一。

丰岛集团秉承“做有社会责任、有品质的企业、人和产品”的价值观，致力于为用户奉献精美、时尚、人性化、优质的产品，担负行业研究与人才培育的引领重任，促进行业进步与社会和谐发展。截至2022年底，丰岛集团自建与联建生产基地超过10万亩，遍及浙江、湖北、安徽、江苏、山东、广西、云南、海南等地，联结带动了10万农户近30万农民增收致富，为社会做出了积极贡献。

2. 丰岛集团发展历程

1993—2003年是丰岛集团的“借船出海期”。1993年，丰岛集团的前身——浙江省粮油进出口公司野生资源分公司成立，正式开始了杨桐、柃木的出口业务，将杨桐、柃木变废为宝。1995年开始，为了实现杨桐、柃木鲜切叶出口业务的组织化发展，丰岛集团先后成立了中外合资浙江新昌丰岛物产有限公司和新昌县兴发野生资源有限公司，建立杨桐、柃木生产基地。1999年，成立浙江新昌百思得食品有限公司（浙江丰岛食品股份有限公司的前身），收购了一家国有罐头厂的有效资产，开始了罐头产业经营。

2003—2013年是丰岛集团的“阪上走丸期”。2003—2007年，先后成立了湖北丰岛食品有限公司和云南丰岛花卉有限公司，将产品生产厂区搬到原料生产地，大大降低了生产成本，减少了原料损耗，同时也带动了浙江省以外的农民增收共富。2005年，丰岛被浙江省工商行政管理局认定为“浙江省知名商号”。2006年，刘志钢（现任丰岛集团运营总裁、浙江丰岛食品股份有限公司监事会主席）提出了企业的现代化精细管理思想，先后建立了完整的预决算管理体系、计划管理体系、成本管理体系等制度体系，实现了花卉产业的全国布局、食品加工产能提升与质量精细化管控、人才队伍建设、企业规范化管理运营。2008年，集团收购了北京花集网科技有限公司，开始了花卉的电商之路。“好香美”应运而生，成为国内首家鲜花拍卖交易平台，极大地提高了花卉交易效率，推动了花卉行业新的发展。2010年，与Dole公司、韩国大东农花卉组织签订协议，建立长期合作关系。2011年，收购成立云南美天娇种苗有限公司，开始专注于花卉种苗科技研发业务。2012年，云南丰岛花卉有限公司温室大棚建设完成并投入运行。丰岛集团重视人类生命健康发展，投入大量资金从国外引进先进的食品检测设备用于食品安全检测。同时丰岛集团持续推进种业科技创新，为我国农业创新与提质增效贡献了力量。

2013—2023 年是丰岛集团的“腾笼换鸟期”。在此期间，丰岛集团继续发展电商业务。2016 年，丰岛鲜果捞入驻京东 1 号店，随后又入驻天猫等电商平台。此外，丰岛集团持续加强品牌品质建设。2016 年，丰岛食品在中国罐头工业协会 2016 年会员大会暨第五届理事会上荣获中国罐头十强企业荣誉称号。2018 年起，丰岛花卉连续 5 年被评为云南省“十大名花”。历经 15 年的努力，丰岛食品公司自主研发的橘子自动分瓣机、橘子自动剥皮机突破国外技术限制，正式投入使用，提高了我国橘子罐头的生产效率和质量，促进罐头行业生产向智能化、科技化转型升级，为行业发展做出了重要贡献。2018 年，丰岛集团成为唯一一家赴美参加中美贸易摩擦听证会的民营企业。2021 年，公司开始食品生物工程、提高橘子加工综合利用率等方面的研究与食品延伸产品的开发。2022 年，浙江丰岛食品股份有限公司被认定为第 19 届亚运会、第 4 届亚残运会官方指定水果制品供应商。

丰岛集团于 2022 年发布了《丰岛控股集团“十四五”发展纲要（2021—2025 年）》和《“十四五”丰岛科技发展规划》，明确了集团未来的战略定位、战略方向、战略目标与战略措施。“十四五”规划中，丰岛集团将围绕“数字丰岛、品牌丰岛、品质丰岛”的战略方针，进一步打造两大板块的全产业链体系、强化品牌建设、实施科技创新，实现企业向现代化、数字化、智能化、国际化转型，发展成国内一流、世界知名的水果资源综合利用、花卉产业发展与数字智慧文化相融合的农业产业集团。

（二）代表性业务

1. 花卉业务

丰岛花卉版块以浙江丰岛股份有限公司为龙头，形成了从种子种苗、基地种植、生产加工、技术研发、内外销售、市政景观、电子商务一条龙的产业运营体系。公司产品系列主要为两大类：一类是切叶切花产品，如杨桐、柃木、菊花、康乃馨、玫瑰和黑松毛等；一类是盆栽产品，如菊花、绣球、铁筷子、康乃馨、玫瑰等。

丰岛花卉中的“佛花”花束（图 6 - 5）主要出口日本，其他花卉主要出口日本、韩国、荷兰等国家，盆栽类花卉则主要在国内市场销售。始于2020年3月的市政花卉景观业务秉承“品质丰岛”的理念，以优质的产品和服务获得了客户和市民的高度认可，为城市绿化添彩。花卉景观业务发展迅速，2021年，丰岛花卉承办了新昌县庆祝中国共产党建党100周年的城市大型立体花坛的设计建设工作，获得了各界群众的广泛好评（图6-6）。

图6-5　丰岛“佛花”花束

2022年，丰岛花卉的出口量占浙江省花卉出口总量的30%，占全国出口日本总量的20%，占全国花卉出口总量的5%。

图6-6　丰岛花卉承办市政项目——建党100周年立体花坛

（1）丰岛花卉发展历程。20世纪90年代，丰岛集团董事长徐孝方发现在新昌人眼中只能用作柴火的杨桐、柃木，在日本有重要的祭祀意义。于是1992年开始在新昌发展杨桐、柃木加工，并于1993年成立了浙江省粮油食品进出口公司野生资源分公司（丰岛集团的前身）。1995年，和日本商人、花卉专家佐藤昌雄合作，合资创办丰岛物产有限公司。1996年，为了完善杨桐、柃木花束加工业务，提高花束质量，丰岛集团从日本引进了黄、白、小菊，从荷兰引进了乒乓、多头菊等200多个菊花品种。起初，由于种植管理、采后保鲜及花期控制等技术不成熟，菊花的质量和产量始终不理想。2001年，丰岛副董事长佐藤昌雄邀请日本专门研究菊花种植的专家来公司指导，丰岛科研人员和日本专家共同摸索出了一套适合在国内种植各类鲜切菊花的技术。先后在浙江、广西、云南、海南等地建立新的菊花种植基地，为菊花成为国内第二大鲜切花做出了重要贡献。2003 年，丰岛集团开始开展佛花业务并出口日本。2008 年，收购花集网，开始了 B2B、B2C 业务。同年，在云南建立菊花种植基地，实现多头菊的规模化种植。

除菊花外，丰岛集团还种植康乃馨等花卉。1999 年，在一次国际花卉展会上，丰岛集团敏锐地觉察到在云南发展花卉的商机，于是 2001 年开始在云南建立基地种植康乃馨。当时的花卉种植和管理由于缺乏足够的经验而未成功，但鲜切康乃馨的市场营销是成功的，变云南传统花卉市场上原按斤卖切花为按枝卖鲜切花。这种销售模式极大程度地保障了花农的收益，也为后来丰岛集团继续在云南建立花卉生产基地，与当地花农深度合作奠定了基础。

（2）生产创新。丰岛集团的生产创新主要包括三个方面，即生产经营模式创新、花卉种质资源研发创新、花卉采收和保鲜技术创新。

第一，生产经营模式创新。丰岛集团率先提出统租返包模式，与农民建立合作关系，从而带动农民增收共富。一方面，杨桐、柃木生产采用统租返包模式带动农民就业增收。杨桐（图 6－7）每年的平均销量为 600 万枝，柃木（图 6－8）为 1 450 万枝，二者共占国内整个出口销量的 40％以上。杨桐产地遍布全国各地，主要为安徽、浙江、江西。浙江省内，丰岛集团利用统租返包模式建立杨桐生产基地，并实行“企业＋合作社＋基地＋农户”的模式以带动农民增收。浙江省以外的地区，丰岛集团或在当地建立生产基地或直接从当地

图 6－7　杨桐（左）和柃木（右）

农户手中收购杨桐鲜切叶。柃木由于特殊的生长习性，我国只有浙江省可以种植。丰岛集团通过统租返包模式建立杨桐柃木生产基地，并雇用当地农民进行杨桐柃木叶片的采摘，从而增加农民收入。

图 6－8　丰岛花卉加工车间

另一方面，鲜切菊花和康乃馨通过统租返包和建立生产基地的生产模式带动浙江省内外农户增收致富。鲜切菊花（图 6－9 和图 6－10）大部分用于和杨桐、柃木组成的花束以出口日本。国内由于历史文化原因，菊花的销量较低。丰岛集团在海南、浙江和云南等多地建立了菊花种植基地，通过“企业＋（合作社）＋基地＋农户”的方式带动花农增收致富。康乃馨的主要产地是云南。与菊花种植不同的是，云南康乃馨生产基地以自动化和智能化生产为

图 6－9　丰岛鲜切菊花

图 6－10　丰岛乒乓菊系列

主，劳动生产率明显提高。2022 年，丰岛线下鲜切康乃馨的销量达到2 000万支以上。

第二，花卉种质资源研发创新。云南丰岛花卉有限公司通过和南京农业大学、云南省农科院等科研院校合作，进行七色菊盆栽、玫瑰、绣球等花卉种苗研发和选育（图 6 - 11、图 6 - 12）。

图 6 - 11　丰岛绣球花基地

图 6 - 12　丰岛盆花繁育基地

第三，花卉采收和保鲜技术创新。丰岛集团针对菊花的采收和保鲜开展多项研究，包括菊花采收期生理学研究、鲜切花衰败生物学研究、切花菊适宜保鲜技术研究、切花菊保鲜剂研发，以及预冷和保鲜剂技术集成处理保鲜效果评价等。

（3）品牌品质建设。丰岛集团花卉业务从种苗研发到鲜花销售，实现了全产业链发展，且花卉品种丰富、品牌众多。针对国内市场的花卉品牌主要有以菊花为主的“丰岛花卉”品牌，以康乃馨为主的“美天娇”品牌，以及“好香美”花卉拍卖品牌。此外，丰岛集团还打造了针对国外地区的花卉品牌，如针对日韩地区的“香美佳”品牌和针对日本地区的“TOYOSHIMA”品牌。其中，“TOYOSHIMA”在2007—2008年获得中国名牌产品、浙江名牌产品、浙江省著名商标、湖北省著名商标、云南省著名商标、浙江首批品质浙货等荣誉称号。

（4）营销策略。丰岛集团的鲜切花卉主要出口日本、韩国、俄罗斯、荷兰等国家。出口花卉采用差异化定价策略，一般进入当地的中端市场与中间商合作或者直接与当地超市合作，两者各有利弊。进入中端市场和中间商合作，虽然花卉的销量有保障，但有中间商赚差价，因此利润低。而直接在当地超市销售鲜切花卉虽然跳过了中间商，销售利润更高，但由于品牌影响力、营销成本、售后服务等方面的限制，可能面临消费者信任的问题。

随着日本“佛花”市场逐渐饱和及民间祭祀方式的改变，“佛花”花束的销量在不断减少。此外，作为丰岛花卉出口国家之一的荷兰本身就是花卉大国，因此丰岛集团的花卉在荷兰缺乏竞争力。与此同时，国内消费者的经济水平不断提高，对鲜花的需求日益增加。因此，丰岛集团开始开拓国内鲜花市场。

丰岛集团在国内的鲜花销售起初主要通过花集网线上交易平台进行，后来逐步延伸至线下业务，包括市政景观业务。出于对成本的考量，国内花卉市场的主要销售对象是专业合作社或农场等大规模花卉种植户、花店和鲜花批发商、市政用花，以及花集网和花店管理系统的线上注册花店。

（5）日本祭祀文化对丰岛“佛花”出口量的影响。日本放送文化研究所在2019年发表了关于“日本18岁以上人群宗教信仰”的报告，此项研究的受访者有52%表示没有宗教信仰。这表明日本年轻人对宗教信仰的态度不再像父辈一样重视，而是更加淡薄。

随着日本人口老龄化程度不断加深，祭祀活动的数量呈上升趋势，但每场祭祀的价格呈下降趋势。原因主要有三个。一是祭祀活动简单化。随着日本民众价值观和消费习惯的变化，越来越多的人选择简化的祭祀活动。二是价格竞争。由于人口老龄化带来的祭祀活动的增加，越来越多的企业加入这个行业中来，行业竞争加剧。三是互联网的发展。相比于传统的祭祀活动，“在线祭祀”的成本更低、参加祭祀活动的人数更多，同时打破了地域限制，能够实现远程祭祀。因此，日本丧葬业对祭祀用品（包括佛花）的需求也在下降。

丰岛集团“佛花”花束是一个主要针对日本祭祀市场的花卉产品，因此其销量受日本祭祀用品需求量的影响较大。但是，由于日本年轻一代宗教观念的改变，人口老龄化带来的祭祀活动简化、价格降低，以及“在线祭祀”的虚拟祭祀用品对传统祭祀用品的替代，丰岛集团“佛花”花束销售面临着售价降低、销量减少等现实问题，其正在寻找新的替代市场。

2. 食品业务

丰岛集团食品业务以丰岛食品股份有限公司为龙头，其产品包括橘子、黄桃、桃子、烤红椒、红西柚、梨、榨菜、麻笋、荞头等果蔬罐头，以及果冻、果泥和饮料（图 6-13 至图 6-17）。

图 6-13　丰岛食品橘子罐头生产线

图 6-14　丰岛食品自动化包装生产流水线

图 6-15　丰岛食品出口产品

图 6-16　丰岛食品用于制作橘子罐头的原料

图 6-17　丰岛食品内销饮品

（1）发展历程。1999 年，新昌百思得食品有限公司成立（丰岛食品股份有限公司的前身），之后收购了一家国有罐头厂的有效资产，并聘请高级技术、管理专家对罐头生产进行技术指导和管理。担任过浙江粮油进出口有限公司罐头科科长的吕子良，在退休后进浙江百思得食品有限公司担任总经办主任。吕子良是公司建厂之初从代理出口转型到自主出口的关键人物，也是企业创立之初企业内部管理、内部核算制度建立的主要奠基人，更是丰岛集团走向水果罐头食品之路的引路人。以时任总经理郑发祥为首的经营团队通过资产重组、技术改造、引进国际质量标准等措施，罐头产量从初期的每年 1 000 吨提升至每年 5 000 吨以上。2002 年，丰岛集团在新昌县梅渚镇新昌农产品加工园区内建立丰岛集团农产品加工园，生产好望角果汁。2009 年，为加强食品安全卫生工作，丰岛集团建立了食品安全检测中心，配备完善的检测设备和专职食品检测人员。同时，为了从源头上解决食品安全问题，针对果蔬生产基地建立了农药和出口农产品溯源体系，确保合作的果蔬生产基地都能符合“无公害”的要求。2003 年，丰岛集团在湖北省宜昌市建立丰岛集团宜昌食品加工园。

丰岛食品股份有限公司自 1999 年成立以来，年销售额不断增加。但其发展过程中仍然遇到了很多挑战。

第一，欧盟国家对中国出口商品征收高反倾销税。2000 年左右，中国罐头产业飞速发展，物美价廉的水果罐头迅速进入欧洲市场，对西班牙本土罐头产业造成冲击。欧盟国家随后对中国的橘子罐头征收反倾销税，导致中国的橘子罐头对欧盟国家的出口量越来越少，反倾销税以前年出口量为 6 万吨左右，之后年出口量仅约 1 万吨。

第二，中美贸易摩擦和金融危机。中美贸易摩擦前，中国对美国年出口罐头 17 万吨左右，2018 年中美贸易战开始后，出口量下降至 13 万吨左右。美国开始转向秘鲁、西班牙等国进口水果罐头。虽然中美贸易摩擦导致罐头的销量下降，但是许多劳动力成本较低的国家无法生产橘子等水果，因此，出口市场仍然能保持相对稳定。

第三，各个国家对水果罐头的不同要求。以日本和美国为例。日本要求罐头内容物的果肉个头均匀，对产品分级和外包装的要求较高，同时其销售价格也高。美国则不同，其对产品质量安全的要求比较高，但是对果肉的大小没有要求，售价比日本的低。针对不同国家的需求，丰岛食品制定了不同的生产标准。比如，针对出口美国的罐头专门设置了大型号的铁皮罐头，易储存；出口日本的罐头以小包装、透明玻璃为主，产品的外包装美观。

（2）生产创新。丰岛食品股份公司持续对现有技术进行优化，加强生产设备技改升级，提高生产线的自动化程度，以提高产品质量和生产效率。公司先后参与国家级科技项目 1 项，牵头承担省级重点研发项目 1 项，拥有省级工业新产品（新技术）3 项，参与了柑橘罐头、桃罐头、糖水洋梨罐头 3 项水果罐头国家标准及罐头食品检验规则、水果冻罐头 2 项水果罐头行业标准的制定。截至 2023 年，公司共取得 30 项专利，其中发明专利 2 项，实用新型专利 24 项，外观设计专利 4 项。公司先后被评为浙江省农业科技企业、浙江省农业企业科技研发中心。2018 年，公司被农业农村部授予国家柑橘加工技术研发专业中心称号。

（3）技术创新。为提高罐头生产效率，丰岛食品研发了一系列独特的生产装置设备和工艺技术，并自主研发了橘子剥皮机、橘子自动分瓣机。

第一，橘子剥皮机。传统橘子罐头加工是劳动密集型产业，许多生产工序全部靠人工完成，需要大量的工人。随着国内企业的增加，招工越来越难，用工成本越来越高，这成为困扰橘子罐头生产的企业难题，而橘子罐头生产加工过程中投入人工最多的就是剥皮和分瓣工序。为了解决这个难题，丰岛食品从2015年开始，探索使用机械来代替人工生产，组织团队和合作单位一起研发橘子剥皮机（图6-18）。2015年制作出国内第一台样机，通过不断试验、试产、改进，于2017年将设备定型，并在2017年11月份为浙江丰岛食品和湖北丰岛食品全部装备剥皮机，率先在国内实现了橘子剥皮工序全面机械化，引领了橘子剥皮工序机械换人的潮流。随后几年，国内主要的橘子罐头生产厂家逐步采用并装备了这类橘子剥皮机，实现剥皮工序的机械化，增加了产能，减少该工序人工80%左右，大大降低了人工成本。

图6-18 丰岛食品合作研发的橘子剥皮机

中国的橘子原料产地多，如湖南、湖北、浙江等地，不同产地、不同季节的橘子原料对剥皮机的使用会有一定影响，但生产工艺流程一样，调整生产工艺参数即可。热烫后的橘子，通过进料输送系统，均匀地进入橘子自动剥皮机的进料斗，橘子从进料斗内进入专用的开口刀具内。这个专用刀具会恰到好处地将橘皮划开2～4个开口，开口处的橘皮会外翻翘起，且不会损伤橘肉。开口后的橘子进入去皮胶辊上，对转的胶辊会将翘起的橘皮卷入、撕拉，将橘子皮去除。丰岛食品研发的橘子剥皮机具有自动化程度较高、剥皮效率高和适用性强的优点。具体地，自动化程度高是指从橘子进料、剥皮、输送橘皮到成品产出等过程完全实现自动化；剥皮效率高是指每台机器安装有6个刀具工位，可同时实现6个橘子的剥皮，极大地提高了效率；适用性强是指通过更换刀具及分橘槽即可实现不同大小橘子的剥皮，更换快捷方便，同时也能兼用不同产地、不同季节生产的橘子。

第二，橘子自动分瓣机。橘子剥皮机研发使用的成功，为橘子分瓣机的研发奠定了基础。当时国内外并没有可以借鉴的经验和学习的资料，一切要靠自主研发。因此，梁神虎及其研发团队首先确定了要模拟人工分瓣的技术路线，以保证产品质量，减少分瓣过程中的原料损耗。人工分瓣时，首先要把橘球拿在手里，确认橘片与橘片之间的位置，然后用专用分瓣锯弓进行上下切割，完成橘球分瓣。模拟过程要实现自动化，机械首先要有一双“眼睛”，识别、分析这个橘球，然后把这些信息传递给“大脑”，“大脑”再指挥执行动作的“身体”进行分瓣动作。根据这个程序，丰岛食品组建了3个团队分别负责3个功能的实现，包括智能视觉识别系统开发团队（眼睛）、工业自动化控制设计团队（大脑）和机械加工制作团队（身体制作）。2018年，研发团队制作出了第一台样机，安装在浙江丰岛食品试产，针对试产过程中发现的问题及时调整改进后，解决了一部分问题，但是有些问题由于设计的缺陷，无法从根源上彻底解决。2019年，在第一套设备的基础上，研发团队重新设计制作了第二套设备，并在2019年橘子产季在浙江丰岛食品试产。第二套设备在设计上做了改进，基本解决了以前发现的问题，但是也出现了新的问题，如部分零部件防水性能差、使用寿命短，设备存在卫生死角不方便清洁，锯弓弓丝容易断裂等。因此，梁神虎及其团队寻求专业的厂商定制符合特定使用环境的部件，研究特殊的材料改进锯弓，重新设计优化设备结构。2020年，在前两套设备的基础上，第三套设备制作成功，并在2020年橘子产季在浙江食品试产。通过整个产季的连续使用，跟踪统计分析，一套设备可以替代15～20个人工，分瓣品质和人工相比基本相同。

2021年，丰岛食品在湖北丰岛的一个车间全部装备了橘子智能分瓣机，成为国内第一家实现橘子分瓣自动化的公司。在当年产季，湖北丰岛食品生产的橘子罐头产量创历史纪录，人工消耗大幅下降。

橘子分瓣机的特点有：机器产能大，一分钟能够完成144个橘球的切割，正常生产时平均产能达0.5～0.6吨/小时；能实现剥皮和分瓣的自动连线，中间不需要装盘和人工搬运环节；所有电机都做了防水处理，机器结构不存在卫生死角，清理卫生简单方便；设备运行稳定，故障率低；维修费用低，机器结构简单，易损件极少；上下双动力带动橘球转动，有效解决了松软橘球变形导致的切割时破损；破损（误判）率和双瓣（漏割）率较低，分别在1%和2%左右。

橘子剥皮机、智能分瓣机两大类柑橘核心生产设备的研发有效解决了柑橘罐头加工劳动密集型、行业设备利用率较低的现状，提高了行业机械化、智能化的水平。公司还研发了应用橘子囊胞自动称量装罐技术、罐头封口机自动定量加汤技术、环保型果杯封口技术、阻隔杯封口技术、节能型果杯喷码技术、自动加盖等技术的设备。

(4) 工艺创新及安全保障。生产工艺上，丰岛食品股份公司不断创新优化生产工艺，向着更安全、稳定、环保的方向发展。公司产品采用巴氏杀菌法、充氮保鲜等技术，不添加任何防腐剂，即刻封存营养成分和新鲜度，深度保障产品安全的同时，更好地保持了鲜果原始的美味。此外，公司引进液相色谱串联质谱仪等国外高端先进仪器，可以快速高效检测农药残留，保障产品安全。

产品口味上，公司“鲜果捞”系列新品用白葡萄汁、梨汁等零添加蔗糖的果汁代替了传统糖水，使“鲜果捞”口感更佳，更营养健康。产品包装上，公司不断采用高阻隔新材料包装代替传统包装（图 6-19）。“鲜果捞”系列产品采用高阻隔果杯，在隔绝微生物、空气和水的同时，更方便消费者携带。产品结构上，公司从橘子罐头出发，不断开发新产品，已开发出黄桃、洋梨、混合水果等水果罐头。公司不断优化创新产品结构，还生产果冻果肉系列、红白西柚囊胞系列产品，不断满足国内果冻行业和茶饮、奶茶行业的原料需求。

图 6-19　丰岛“鲜果捞”系列产品

(5) 品牌品质建设。在品牌建设方面，丰岛食品公司先后荣获中国罐头十强企业、2019 年度中国罐藏食品领先企业、“十三五”罐头产业突出贡献先进单位等荣誉称号。公司主要水果罐头品牌之一——227 克“鲜果捞”系列产品被评为 2013 年全国罐头工业十大创新产品。丰岛“鲜果捞”系列产品更是被评为改革开放 40 年中国罐藏食品品牌和 2019 年度中国罐藏食品领先品牌。丰岛食品公司是我国最大的罐头生产制造企业之一，突破了行业规模效益瓶颈，培养了一支研发能力卓越的团队，形成了一系列具有自主知识产权的罐头生产制造工艺，确保水果罐头产品的健康、安全、便捷、营养和卫生。丰岛食品成为2023年杭州亚运会官方指定水果制品，见图6-20。丰岛集团也开发了丰岛物语等饮品系列，见图6-21。

图6-20　丰岛食品为杭州亚运会官方指定水果制品

图6-21　丰岛食品饮品系列之丰岛物语

在品质建设方面，丰岛食品公司从原料、设备、成本和标准四个方面确保水果罐头的质量。在原料上，水果种植过程中农药的使用会直接影响水果品质进而影响水果罐头的质量。为了使橘子罐头的多菌灵残留符合美国标准，丰岛食品公司一方面和橘子原料主产地的湖北省农业厅对接，在湖北市场上禁止多菌灵售卖，逐步引导农户规范生产；另一方面加强对原料农药残留的检测，从而确保产品质量。传统的水果罐头是劳动密集型产业，为提高水果罐头的生产效率与质量，丰岛罐头实现“四化”生产，即连续化、机械化、自动化、智能化。此外，丰岛罐头生产还使用充氮保鲜、高阻隔易撕拉封口膜等技术，保障罐头的口感和质量，延长罐头的保质期。丰岛食品公司推出水果罐头新品，如

“VC”“纤＋”，采用果汁代替白砂糖，并额外在果汁中分别添加了维生素C和纤维素等，提升了产品健康功能。在生产标准上，丰岛食品还参与了柑橘罐头、黄桃罐头、梨罐头国家行业标准的起草工作（图6－22、图6－23）。

图6－22　丰岛食品执行严格的安全质量管理体系

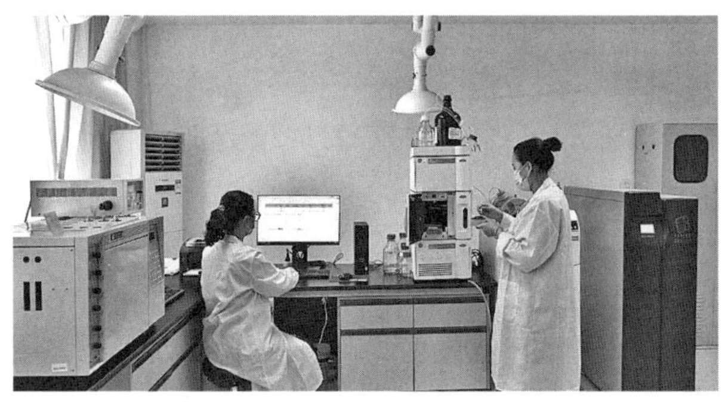

图6－23　丰岛食品采用液相色谱串联质谱仪检测农残

（6）营销策略。丰岛食品公司在发展初期，即1999—2012年，主要和进口商合作，通过中间商将产品卖给国外的超市或其他零售机构。随着市场的发展和透明化程度的提高，丰岛食品公司开始直接和国外的一些大型零售商合作。2016年，丰岛食品公司开始和沃尔玛合作，之后合作发展到各个国家，包括加拿大、墨西哥、智利等。同时公司还推出了一些特供产品，如专供山姆的红西柚罐头。丰岛食品先后进入沃尔玛、西斯科（SYSCO）等销售终端。

除了和大型零售商合作，丰岛食品公司还和一些大型生产、品牌商合作，如2003年开始和Dole合作。美国的两大食品品牌Dole和德尔蒙（Del

Monte）对美国的整个水果罐头市场具有举足轻重的影响，拥有较高的消费者忠诚度，“丰岛”品牌难以在短期内获得美国消费者的信任，通过 Dole 的 OEM 加工进入美国市场，为丰岛食品进入国际市场奠定了基础。

除了出口，丰岛食品公司还大力开拓国内市场。目前，公司有 4 条国内销售途径：一是经销；二是直营，公司直接与国内大型商超和零售系统合作，如山姆、大润发等；三是奶茶与果冻定制行业，公司与果冻企业、奶茶店品牌合作并为其提供原料，如喜茶、蜜雪冰城、茶颜悦色、喜之郎、亲亲果冻、娃哈哈等；四是电商平台，公司在京东、天猫等电商平台都开设了直营店。

（三）农业产业化经营模式

丰岛集团农业产业化经营模式是一个不断摸索和成熟的过程，从简单的“企业+农户”到寻找私人工商业体做中间商，实行“企业+中介（代收户）+农户”模式，再到和村集体形成的合作社合作实行“企业+合作社+农户”模式，丰岛集团摸索出通过“统租返包”模式，建立了“企业+基地+合作社+农户”的农产品生产运营机制，与农户建立稳定的生产关系，在获得优质足量农产品的同时，增加了农户的收入。

1. 统租返包

丰岛集团在浙江、云南、湖北等地通过“统租返包”形式，实行五个“统一”管理，转移培训致富农民，即统一流转、统一组织、统一种植、统一标准、统一收购。

“统租返包”主要运用于菊花生产，其具体做法是：首先，公司向村委会统一流转土地，按照设施农产品发展要求统一进行规划，平整土地，进行大棚设施投入，完善土地原有生产条件。其次，公司将大棚设施返租给农民，并由公司统一安排农时，根据市场需求，提供种苗与技术，统一技术培训、统一制定农产品种植和出口标准，全程指导农民进行企业化种植，实行工厂化管理，组织农民按照统一标准采剪、整理，统一收购产品。以棠村菊花基地为例，截至 2022 年，丰岛集团在棠村及其周边拥有菊花基地超过 1 000 亩，培训农民 10 000 多人次，转移就业 600 多人。

“统租返包”模式主要有 3 个作用。第一，该模式能够转移农民。传统的农业只能解决农民的生存温饱问题。提高农民收入的根本方法是把农民从土地中解放出来。通过土地流转和统租返包，大量农业劳动力向二、三产业转移，在农民增收的同时，农业生产率也有所提高。第二，提高农业产业化水平。丰岛集团是一个有现代化的管理方式和销售网络的农业龙头企业。通过它来连接市场和小农户，农业产业化水平能够得到有效提高。第三，提高农民收入。一方面，“统租返包”能够发挥农业龙头企业在市场销售、技术和资金方面的优势，为农户的农业生产提供资金和技术支持，充分发挥家庭农场经营的优势，调动农民的劳动积极性，同时帮助分散的小农户解决资金获取困难、技术掌握度低和市场参与度低等问题，使得农民的收入有保障。另一方面，农民有公司的技术培训和指导，生产的农产品质量和价格有保障，进而能够带动农民收入稳定提高。

2. 建设生产基地

丰岛集团在适宜发展杨桐、柃木、黄桃、柑橘等农产品的地区，与当地政府共同建设生产基地。一般由当地政府负责基础设施建设并组织当地农民进行规模化种植，丰岛提供前期补助与种苗、技术指导，并签订收购协议，以基地建设为平台，整合各种资源，形成利益共同体，引导低收入农户加入基地建设中，通过种植、加工培训，搭建起使农户增收致富的平台。

截至 2023 年 6 月，丰岛通过联结式发展在湖北、浙江、河南等地建立了 1 万多亩黄桃种植基地、2.8 万亩杨桐和柃木人工种植基地，在云南和海南分别建立了 3 000 亩、560 亩鲜切花设施基地。这些基地已经成为当地农业发展的支柱产业，在带动农民增收致富方面发挥了作用。

3. 构建农业社会化服务体系

丰岛集团重视农业社会化服务体系的建设。在病虫害防治方面，公司安排专人对农户开展技术培训，指导科学用药，组织技术人员深入地头，帮助农户了解病虫害动态，并及时进行科学生态防治，最大程度保障农民利益。在生产技术方面，帮助农户制定生产操作规范、企业农产品标准、标准化生产技术操作规范，积极打破农民传统种植方式、习惯和观念，因地制宜加强杨桐、柃木、花卉、黄桃、柑橘等实用新型技术教育培训，指导农户掌握标准化的种植技术。

（四）政企共同带动农民增收致富的方式

在丰岛集团带动新昌县农民增收的过程中，新昌县政府扮演的主要角色是惠农政策的支持者、创新干事的鼓励者和高效发展的赋能者。如积极支持丰岛集团在澄潭街道棠村打造的以花卉为主题的“三生花汇同富农创项目”。在项目规划初期，新昌县及上级政府结合现代农业建设，提供政策支持。2020 年，绍兴市政府出台了《绍兴市农业农村高质量发展“十四五”规划》，其中提出要大力实施乡村产业“十业千亿”培育工程，旨在打造乡村新产业新业态，发展农村特色优势产业，增加农民收入。2021 年，新昌县政府在《新昌县农业农村现代化发展“十四五”规划》中指出，要打造“两廊五区七带”的农业农村发展布局，为项目实施提供了政策指导。

丰岛集团除了带动新昌本地农民增收，还通过“基地在外”在省外建立生产基地或收购农产品的方式带动农民增加收入。与本地政府政策制定者和投资者的角色不同，省外政府主要通过一系列政策，如先期为丰岛集团代建厂房，后期通过回购方式取得厂房，企业组织与发动当地农民发展农产品基地，等等，带动农民增收致富。

以湖北丰岛食品有限公司为例。2002 年，湖北宜昌市政府为发挥当地水果产业资源优势，打造特色优质农产品生产基地，希望与丰岛集团在宜昌市共建产业园。该园由丰岛集团出资，宜昌市政府负责建造厂房、配套道路等基础设施。园区的建成扩大了丰岛集团的农业产业带动效应辐射范围，通过“政府＋企业＋合作社＋农户”的模式，带动超过 8 000 户橘农增收。

再以云南丰岛花卉有限公司为例。2007 年，丰岛集团和云南省农科院以参股的方式共同成立了云南丰岛花卉有限公司，开始丰岛花卉在云南的发展。云南丰岛花卉建有富民、开远、砚山 3 个基地共 1 000 多亩，全年生产菊花种苗 10 000 万株、鲜切菊花 1 000 万枝、盆栽菊花 300 万盆，年产值近 1 亿元，产品主销日本、韩国、俄罗斯及国内市场，并且依托花集网旗下国内鲜花拍卖平台“好香美”，形成“互联网＋花卉服务”模式。

（五）促进农民增收的效果

1. 橘子罐头

橘子罐头是丰岛食品的主营业务之一，公司以“公司＋合作社＋农户”的模式收购橘子。在《罐藏鲜橘购销合同》中，明确规定了橘子的大小和农残标准。收购的橘子会先被分级，以确保橘子罐头的质量。出于对食品安全的考量，丰岛食品会对每一批次的原料进行抽样检验，严格控制农药残留，确保原料安全，符合相关要求。

2. 黄桃罐头

黄桃罐头是丰岛食品的另一个主打产品。公司以“公司＋合作社＋农户”的模式收购黄桃。在《罐藏黄桃购销合同》中，明确规定了黄桃的验收标准。

根据市场行情实行保护价收购黄桃。

3. 鲜切菊花

鲜切菊花是丰岛花卉业务的主营产品之一。一般采用“统租返包”的模式建立菊花生产基地，根据公司与菊花种植农户签订的合同，按照协议价格收购菊花，具体根据菊花的等级（从低到高依次是S、M、L、LL）而定。具体的菊花种植收益和成本情况在不同生产基地之间存在一些差异，以下对新昌县澄潭街道棠村、小将镇五埠村、沙溪镇下蔡岙村和东阳市菊花生产基地进行比较。

（1）棠村菊花生产基地。棠村是最早和丰岛集团合作建立菊花生产基地的村。2005年以前，棠村菊花基地主要由丰岛集团派技术人员种植菊花。自2005年，丰岛集团组织棠村农户进行菊花种植，集团提供技术员指导具体施肥、农药使用等田间管理。2021年，棠村花农种植菊花的成本平均为每亩1 000元，包括农药、肥料等要素投入和雇工费用。平均而言，种植菊花在非采收季需要2个劳动力，采收季需要额外雇用1～2个劳动力。棠村每年种植两季菊花，因此每户花农每年需要雇用2～4个劳动力，花农户均年总收入为10万元以上。

（2）五埠村菊花生产基地。五埠村共种植菊花50多亩，其中20亩为大棚面积，30亩为露天面积。2022年，该菊花基地生产了约80万枝鲜切菊，其中30万枝鲜切菊花用于国内市场销售，其余50万枝用于外销。五埠村共有10个农户种植菊花，平均每户农户的菊花种植面积为5亩，每年种植一季菊花，农户年均收入为8万元左右。

（3）下蔡岙村菊花生产基地。下蔡岙村从2007年开始和丰岛集团合作，2012年，在村干部的带头下成立了沙溪镇下蔡岙村花卉专业合作社。合作社在农民和丰岛之间建立联系，增加农民销售渠道，从传统内销发展到现在内销和外销一起发展。

下蔡岙村海拔在600米以上，种植的菊花质量优于其他菊花基地，2022年生产菊花约350万枝，总产值为150万元。花农的成本为每亩7 600元，主要包括种苗、农药、肥料等要素投入费用和雇工费用。下蔡岙村花农种植菊花在采收季和菊花抹芽期都需要雇用额外劳动力。种花和采花时一共需要50人左右，其中雇用本村劳动力18人。菊花抹芽期一共需要80人，包括雇用本村的劳动力48人。扣除成本后，下蔡岙村农户种植菊花的净收益为每亩1万元左右。

（4）东阳菊花生产基地。东阳菊花生产基地建于2007年，到2022年，基地面积达到600亩左右，辐射面积达到1 050亩。2008年成立东阳市尚侃菊花专业合作社，为农户和丰岛集团牵线搭桥。与前面 3 个菊花生产基地有所不同，东阳菊花生产基地是由合作社先以每亩 1 000 元的价格从农民手中承包土地，然后再以每亩 1 000 元的价格将土地统一转包给丰岛集团。2022 年，东阳菊花基地有 70 余个花农，平均每人种植菊花 6～7 亩。由于东阳菊花基地采用以销定产的模式，花农的收入比较稳定。2022 年，基地花农人均净收入为 6 万～7 万元。

三、其他农业企业

新昌农业龙头企业作为直接接触农业农村的企业，是推动新昌县共同富裕的重要主体。除丰岛集团以外，其他农业企业也为新昌县共同富裕作出了卓越贡献。

（一）澄潭茶厂

1. 公司概况

澄潭茶厂全称浙江省新昌县澄潭茶厂，是普通合伙企业，公司注册资本为 886 万元。澄潭茶厂是一家从事基地种植、茶叶生产、加工、科研、自营出口及内销的多元化发展的省级重点农业龙头企业。该公司创建于 1998 年 5 月，坐落于新昌县澄潭镇，占地面积为 22 000 平方米，其中厂房占地 15 000 平方米。年均工业生产总值为 1.5 亿元。澄潭茶厂先后被评为省级骨干农业龙头企业、省农业科技型企业、绍兴市“专利示范企业”、市重点农业龙头企业和市十佳外向型农业单位等。

澄潭茶厂是浙江省首批名茶种植、生产、科研企业的典范。2016 年，在新昌县人民政府和东茗乡政府的大力支持下，澄潭茶厂在东茗乡下岩贝村建设了 500 亩茶园中心基地，辐射周边茶叶基地 3 000 余亩，配套建设 3 000 平方米的茶叶生产厂房，引进全自动茶叶生产设备，实现规模化、清洁化、智能化茶叶加工。该中心基地不但加工生产大佛龙井，也开始拓展天姥云雾和天姥红茶的生产加工，年产量达到 4.5 万千克。在专利方面，澄潭茶厂在 2014—2022 年申请了 303 项专利，包括茶叶生产工艺专利、茶叶生产各流程的相关机器设备专利及各种茶叶盒、茶叶罐和茶杯专利等。

2. 主要产品及品牌

澄潭茶厂也是“府燕尔”品牌名茶（大佛龙井、三月熙春、红茶）生产销售的重点厂家，府燕尔的制茶历史最早可以追溯到明代宣德年间。澄潭茶厂共有4类茶叶产品：大佛龙井、天姥云雾、天姥红茶和出口大宗茶（包括珠茶和眉茶）。

（1）大佛龙井。该茶叶品种主要产于海拔400米以上的高山茶区。新昌龙井茶2002年获国家商标局“大佛”证明商标注册，也是浙江省名牌产品和中国国际农博会名牌产品。大佛龙井是新昌县主要名茶品种，为中国名茶三珍，1995年曾荣获中国科技精品博览会唯一金奖。

（2）天姥云雾。该茶因产于南岳的高山云雾之中而得名，自唐代以来就作为贡品，以味醇、色秀、香馨、液清而闻名。

（3）天姥红茶。红茶属全发酵茶，是以适宜的茶树新芽叶为原料，经萎凋、揉捻（切）、发酵、干燥等一系列工艺过程制作而成。红茶因其干茶冲泡后的茶汤和叶底色呈红色而得名。

（4）出口大宗茶。包括珠茶和眉茶。珠茶是“圆炒青”的一种，又称“平炒青”，因起源于浙江省绍兴县（已撤销）平水镇而得名。眉茶也是中国茶业产区生产最广、产量最高，销区销量最稳定、消费最普遍的茶类。

3. 助力共同富裕

茶业是新昌县重要的富民产业。2022年，新昌全县茶叶从业人员达18万人，占全县总人口的42%，茶业收入约占农业总收入的三分之一①。澄潭茶厂是新昌的一家省级重点农业龙头企业，为新昌县共同富裕做出了贡献。

澄潭茶厂下岩贝茶叶基地的建立带来了茶旅融合发展的新机遇。澄潭茶厂积极参与组织开展茶文化推广活动。2019年，澄潭茶厂组织团队在全县30多个机关、企事业单位开展公益茶文化推广活动。澄潭茶厂的下岩贝茶叶基地以“云尖上茶乡”“云雾中的茶山”为名，吸引了大城市的游客，澄潭茶厂也专门为游客开放了茶叶炒制体验空间，有力带动了下岩贝村及周边乡村的茶旅民宿、农家乐餐饮、茶山摄影等茶旅经济的发展。

澄潭茶厂助力教育培训，为乡村振兴提供人才支撑。在澄潭茶厂内部，所有管理人员都通过学习培训被评为高级茶艺师和高级评茶师。2022年，澄潭茶厂还承办了“2022年浙江省茶叶制作技术高级研修班”，并积极推动高素质

---

① 浙江省新昌茶产业创新服务综合体运营服务招标文件：http://www.ggzy.gov.cn/information/html/a/330000/0203/202203/25/0033c0883eff3318455c83e923815bf3ebe0.shtml，访问日期：2023年10月9日。

农民培训工作，切实提升了茶业从业人员专业理论知识和实践技能等综合素质。澄潭茶厂还积极打造社会实践基地，截至2022年末，澄潭茶厂和清河合作社已成为浙江农林大学、新昌南明教育集团、新昌澄潭中学、新昌澄潭镇中心小学等院校和中小学社会实践基地。

（二）达利丝绸

1. 公司概况

达利丝绸（浙江）有限公司成立于2002年3月，位于浙江省新昌县南岩高新技术开发区，占地面积约16万平方米，建筑面积15万平方米，是一家拥有2 000余名员工的现代化、生态型的工业园。注册资本5 000万美元，为香港达利集团全资子公司。公司经营范围包括：面料纺织加工、面料印染加工、服装服饰制造、口罩制造批发和专业设计服务等。达利丝绸的前身是1956年的新昌县城关综合厂，经过60余年的发展，现已成为国内知名的以丝绸面料及制品生产为主业的高新技术企业。

达利丝绸拥有先进的丝绸产品绿色生产线和相关的研发设计团队，可提供纺纱、织造、印染、成品制造一条龙生产服务，并且通过了ISO9001、ISO14001、GB/T 28001等体系认证。达利丝绸有限公司在2004—2022年间申请了38项专利，包括各种纺织、丝巾面料及各种织物生产工艺等，还申请了100多项美术作品著作权，如织锦唐卡、丝路鸟羽等。达利丝绸为国家纺织中心指定的国家丝绸产品开发基地、中国丝绸协会认定使用“高档丝绸”标志的企业和中国丝绸行业竞争力10强企业。

2. 主要产品及品牌

公司品牌包括High Fashion、雅慕（Augustmoon）、丝绸故事、达利发等，此外还有其他家纺、家居、服装、丝巾品牌等。达利旗下的品牌获得过许多荣誉，如“达利发”为浙江省著名商标和“中国名牌”产品、Augustsilk和Augustmoon是美国的两大知名品牌。

达利旗下产品十分丰富，如雅慕品牌包括有各式真丝睡衣裤裙、时装、丝锦衬衫和床上用品等。因其优秀的产品设计，多次荣获各类纺织设计大赛的奖项。达利丝绸成功入选了第29届北京奥运会丝绸类产品特许生产和经营商；2014年北京APEC会议时，达利丝绸也为与会的各国领导人设计制造了服饰。

作为国家丝绸产品开发基地，达利丝绸十分注重丝绸产品的开发设计。公司产品开发部下设6个设计室，包括坯绸设计室、针织面料设计室、提花设计室、家纺设计室、色织设计室和窗帘设计室。公司开发的作品多次入围中国流行面料，企业也多次被评为中国流行面料企业。

3. 助力共同富裕

达利丝绸积极承担社会责任。始终助力将教育作为企业承担社会责任、推动共同富裕的核心事业。达利丝绸在新昌县东茗乡建立了达利发希望小学，为新昌县各小学捐款数十万元。达利丝绸还专门设立了“达利教育基金”，旨在奖励优秀职工子女、资助员工子女上学。在社会公益慈善方面，达利丝绸在2008年汶川地震时组织全体员工共捐助了500万元。①

达利丝绸开发的“丝绸世界”景区是工业与文化旅游融合的标杆，推动了新昌县全域旅游的发展。达利丝绸开发了以丝绸文化工业旅游为特色的国家4A级旅游景区——“丝绸世界”景区，也是丝绸文化产业园。丝绸世界景区在2017年获评我国首批工业遗产旅游基地，该批旅游基地全国只有10家，而浙江省仅有达利丝绸1家。该旅游景区自2007年开始创建，以万年乌沉木雕、亿年木化石林、蚕桑文化石刻和蚕桑科普教育基地等为亮点，形成了“文化园林＋博物馆＋工厂旅游＋生态体验＋休闲购物”于一体的全新旅游模式。

① 浙江省委统战部：http：//www.qxzh.zj.cn/art/2014/5/1/art_1228991152_41716839.html，访问日期：2023年10月9日。

第七章

新昌新型农业经营主体推动共同富裕

当前我国农业新型主体主要包括专业大户、家庭农场、农民专业合作社和农业企业等。其中，专业大户和家庭农场以家庭为主进行生产经营，农民专业合作社和农业企业则是合作经营、集体经营和企业经营。相对于传统农业经营主体，新型农业经营主体的经营规模更大、经营方式更集约化，其专业水平、市场化、社会化和收入水平更高。“新型”体现于在完善家庭联产承包经营制度的基础上，经营主体包括有文化、懂技术、会经营的职业农民，以及大规模经营、有较高的集约化程度和较强的市场竞争力的农业经营组织，包括农业生产环节的生产经营组织，也包括在生产中提供各种服务的经营组织。

一、农民专业合作社

党的十八大以来，以习近平同志为核心的党中央把逐步实现全体人民共同富裕摆在更加重要的位置上，《“十四五”规划和2035年远景目标纲要》已明确提出“全体人民共同富裕取得更为明显的实质性进展”。共同富裕的社会是一个既能做大“蛋糕”又能分好“蛋糕”的社会，也是一个人民群众物质生活和精神生活都富裕的社会。农民专业合作社作为一类具有社会功能的企业形态，较之于其他部门或组织，在促进共同富裕中具有不可替代的作用，既可以做大“蛋糕”，又可以分好“蛋糕”，还可以提升国民幸福感。

一方面，农民专业合作社可以做大农村经济发展“蛋糕”。农民专业合作社的对外合作创造的财富，可以为社会生产出所需的商品和提供相关的服务。而合作社的内部合作，能够为社员创造一个稳定、持续的发展环境，为社员提供优惠服务和就业机会，提高其收入水平，增强其市场竞争力和降低发展风险等。农民就业是财富创造之源，合作社作为一种特殊形式的企业在创造与维持生产性就业方面有着巨大的潜力。所以合作社的发展可以为社会和农民创造财富，做大农村经济发展的“蛋糕”。

另一方面，农民专业合作社可以分好农村经济发展的“蛋糕”。农民专业合作社采用“按惠顾返还盈余”和“资本报酬有限”的基本分配方式，来最大限度的保护农民利益，防止农民专业合作社的发展成果被少数人所掌握。在“按惠顾返还盈余”的分配方式下，社员不仅是合作社的所有者，还是合作社的“惠顾者”。作为生产者的社员，不仅可以从合作社中获得优惠的生产原料，还可以将产品直接交给合作社获得相关收益，也可以为合作提供劳动服务获得劳动报酬。其中社员具有 3 种角色特性：一是合作社商品和服务的消费者，获得比市场更优惠的生产原料和服务；二是合作社产品的直接提供者；三是合作社的劳动资源的供给者。在合作社发展的过程中，资产参与发展只是作为一种合作社的生产要素，采取“资本报酬有限”的分配方式获得有限的报酬。

综上，无论是社员的“按惠顾返还盈余”分配方式，还是资本的“资本报酬有限”分配方式，本质上都是一种以贡献为标准的科学高效分配方式，既实现了公平，又兼顾了效率。其不仅鼓励农村社员多劳多得勤劳致富，还限制资本报酬分配水平，有效缩小收入差距。截至 2021 年，新昌县农民专业合作社总数达 635 家，其中县级示范合作社 70 家，省级示范合作社 8 家。

（一）杨桐专业合作社

董村位于新昌县沙溪镇，以花岗岩品牌“沙溪红”与杨桐产业闻名，近年来致力于产业结构调整，积极发展乡村旅游产业。董村先后被授予全国文明村、国家森林乡村、浙江省美丽乡村精品特色村、浙江省“一村万树”示范村、AAA 级旅游村等荣誉称号。

2009 年，董村与丰岛集团达成合作协议，合作成立董村杨桐专业合作社。丰岛集团为杨桐种植户提供资金、技术和产品销路保障，促进董村杨桐产业逐步走上加工、保鲜、收购、贮运一条龙生产集约化经营的道路。丰岛集团创建了以“公司＋基地＋农户”为主体的农业产业化新型发展模式，以“统租返包”的形式带动更多村民增收致富。丰岛集团通过流转董村 500 亩土地建设杨桐林基地，由企业出资将种植杨桐，董村内部再以优惠的价格返包给农户，实现农户增收。

丰岛集团通过“订单农业”和“公司＋合作社＋基地＋农民”的模式，带动了董村杨桐产业的发展。高峰时，董村全村从事杨桐产业的村民有近 800 人，其中 110 多位村民成了董村杨桐专业合作社的社员，全村杨桐年收入超 1 000 万元。得益于杨桐产业的发展，村集体还将闲置空房租给村民做加工用，助力村集体增收。

（二）菊花专业合作社

1. 棠村菊花专业合作社

澄潭街道棠村位于街道西南部，距离县城约 20 千米，由棠村和棠东 2 个自然村组成，现有 10 个村民小组，574 户村民，人口 1 476 人。该村为党总支建制，下设 2 个支部，有党员 53 名。全村有耕地 1 050 亩、山林 1 879 亩、桑叶 227 亩。2021 年，村集体经济总收入 42.3 万元，经营性收入 26.3 万元。

自 2003 年起，棠村便有农户开始种植菊花。由于农户采用传统耕作方式，缺乏科学的菊花种植技术，收成并不好。随着丰岛集团的参与，集团派出专业的技术员指导农户开展科学的种植管理工作，带动越来越多的农户参与菊花种植。为便于统一管理，成立了由丰岛集团领衔的棠村菊花专业合作社，建立农户与公司之间沟通的桥梁，以“公司＋基地＋合作社＋农户”的模式，建成了 300 亩的鲜切菊花基地。合作模式为丰岛公司先“统租”村里土地，再“返包”给村里农民，基地菊花种植 2 茬。丰岛集团按等级（LL、L、M、S）收购菊花。集团最大限度地节省村民的现金开支，提高村民的经济收益。每年花农按照丰岛的订单进行菊花种植，种出来的菊花由丰岛统一收购，免除了花农的后顾之忧。棠村菊花种植基地每年能够给村庄带来 400 万元以上的收入。公司积极为棠村闲置劳动力提供就业岗位，拓展村民增收路径。

2. 尚侃村菊花专业合作社

东阳市尚侃村菊花专业合作社位于东阳市尚侃村，由村“两委”成员牵头成立，共有社员 160 多人，全村土地面积 1 800 多亩。2007 年起与丰岛股份公司合作建立基地，基地面积从 200 亩发展到 600 亩左右，辐射面积为 1 050 亩。合作社为农户和公司牵线搭桥，通过“公司＋合作社＋基地＋农户”模式，将流转的土地集中转包给丰岛股份，再由丰岛股份返租给花农。村集体从土地承包中获益，承包价格从 800 元/亩增加到 1 000 元/亩。

合作社采取统一服务、统一种苗、统一防治、统一采购，入股自愿、退股自由的原则。社员入股后，享受公司进价，每年享受收益分红并可免费使用有机化肥。合作社和村集体通过分开管理、各司其职的方式，促进菊花产业的发展，例如菊花种植大棚由合作社争取而来，但是大棚属于村集体资产，大棚出租给丰岛股份收取的费用属于村集体收入。村集体通过成立股份制经济合作社并完善相关机构，发展壮大村集体经济。在尚侃村菊花专业合作社发展过程中，丰岛股份在种植管理技术上给予了重要帮助。合作社发展初期派村民去棠村菊花基地学习种植技术，但回来后种植菊花效果不理想，导致愿意种植菊花的户数减少，只剩下3户人家。后来由丰岛股份派技术员给予现场指导后，许多村民看到希望，后又返回从事菊花种植的花农达30多户，有60～70人，按平均每户种植6～7亩，菊花产值达到26 000～28 000元/亩，纯收入10 000元/亩（以销定产），因菊花市场价格平稳，该村村民树立起了种植菊花的信心。尚侃村还以专业合作社为平台，打造赏花、学习、劳动为一体的中小学实践基地，配套教学设施，承办学生的采风、实践等课题活动。

二、家庭农场

家庭农场的发展不仅可以带动农村闲置劳动力，解决农村就业问题，还可以使农村土地得到有效利用，充分盘活农业闲置资源。家庭农场也是发展农业现代化的必然要求，能够有效激发农民参与积极性，增加农民收入，促进农村整体经济的发展。

当前家庭农场带动农民致富的方式有3种，一是劳务雇工，二是土地流转，三是入股。家庭农场的发展能够克服农民自身发展的局限性，充分发挥家庭农场自身的优势，带动农民致富，促进共同富裕。由于农民的科学技术水平不高、农业现代化应用能力不强且缺乏与市场之间的有效衔接，导致农民的致富能力受限，而通过发展家庭农场，能够在一定程度上解决农民发展农业面临的问题。家庭农场在家庭承包经营的基础上融入了现代化的农业生产要素，是重要的现代农业发展主体，具有商品化和市场化的特征，能够有效把握市场发展方向，实现农产品经济效益最大化的目标，进而增加农民收入，实现农民富裕。

当前我国家庭农场的发展速度不断加快，呈现出旺盛的生命力。家庭农场发展主要集中在种植和养殖行业，是未来农业生产发展的中流砥柱，是新型农业经营体系的基础支撑。截至2021年，新昌县家庭农场总数达376家，其中县级示范家庭农场36家，省级示范家庭农场16家。

三、新型农业经营主体

（一）促进农村整体经济发展助力共同富裕

农民专业合作社作为我国农村地区的重要经济组织之一，在促进农业发展、农民增收及农村社会和谐发展上发挥着重要作用。它的作用主要体现在以下几点：第一，通过农民专业合作社经营管理模式，能有效解决小农户分散经营、农业生产活动难以规模化专业化的问题。农民专业合作社一定程度上充当了政府与农民群体之间的沟通桥梁。一方面，政府通过推进各项对农民专业合作社的普惠性政策来惠及农民群体；另一方面，农民群体在从事农业生产中面临的问题及各项诉求也能够通过农民专业合作社进行反馈。例如，棠村菊花专业合作社与尚侃村菊花专业合作社在企业与农户的沟通中就发挥着关键的桥梁作用，提升了农民的组织化程度，增强了其抵御市场风险的能力，也提高了企业与农户间的沟通效率，减少了交易成本。第二，通过合作社合作生产方式，在当前农村青壮年劳动力人口大量流失的背景下，能够将农村剩余劳动力组织起来，并通过农业种植技术的提升来提高农村留守劳动力的生产效率。目前许多合作社都由村集体主办，虽然合作社在运营过程中获利较少，但合作社的发展为农村集体经济带来了发展机遇。村集体通过土地流转与为企业开展配套服务的过程中获得收益，再将集体收入通过合理分配方式分配到每个农户，实现共同富裕、共同发展的目标。第三，通过合作社经营管理模式，实现农业生产规模化经营，形成规模效益并且降低农业生产成本，实现农产品的产出质量与产出数量双提升。除此之外，农民专业合作社还能够积极落实国家涉农优惠政策。作为相关政策的落实点，合作社通过与企业、政府合作，为农户提供生产等技术指导，改变过去农户粗放的生产经营方式，有效提升了农产品的生产质量。农户还可以依靠农民专业合作社共享农用生产资料，采用先进的农业科技转化成果，提高农业生产率与农产品附加值（图 7－1）。

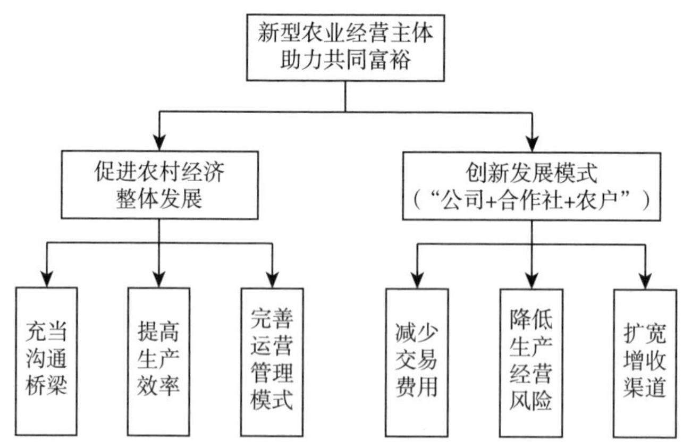

图 7－1　新型农业经营主体助力共同富裕作用机制

（二）不断创新发展模式助力共同富裕

丰岛集团在农业产业化经营中与农户的合作模式从最初的“公司＋农户”模式，发展到如今的“公司＋合作社＋基地＋农户”模式。在传统的“公司＋农户”模式中，公司与农户直接对接，农户能享受到公司带来的一手价格，免去中间成本。但小农户的分散性与脆弱性使公司对接农户成本过高，在单打独斗的过程中小农户抵御市场和自然风险的能力较差。“公司＋中介＋农户”模式能够在一定程度上解决农户与公司直接对接带来的问题。但新的问题也随之而来。中介人作为农户与公司沟通的桥梁，自然会产生额外的中介或代理费用。由于利益的不一致，传统的代理人问题也难以避免。因此“公司＋合作社＋基地＋农户”的合作模式便应运而生。在此模式下，合作社代替中介人成为公司与农户沟通的桥梁。而合作社的主体本身就是由广大农户参与组成，合作社与农户的根本利益是一致的。合作社还能够通过提供农业社会化配套服务，提高农户的劳动生产率与产出品质，帮助农户提供更优质的农产品。这种模式发挥了农村能人和村集体经济组织的中介作用，降低了由企业直接面对广大农户交易的成本，大大节约了公司的运行成本，而且也在一定程度上杜绝了原料生产及收购等环节上可能出现的机会主义行为；对合作社而言，作为公司的代理人不仅整合利用了原有闲置的人财物，而且通过自身努力和在农业产业化经营中的独特作用可以成为龙头企业的得力助手。

以棠村菊花基地为例，在“公司＋合作社＋基地＋农户”模式下，公司采取“统一安排、集中种植”的方式，为农户提供化肥农药等生产资料和种苗，减轻农户负担。在整个菊花种植过程中，公司为农户提供菊花种植技术指导服务，降低了农户的生产经营风险，保障了菊花的生产品质，提升了菊农的生产效益。农户们不仅可以获得土地租金收入，还能通过花卉种植，在家门口实现就业增收。

第八章

新昌农村集体经济组织支撑共同富裕

一、整体概况

（一）新昌集体产权改革进展

新昌县的集体产权改革始于2014年，在羽林街道拔茅村试点的基础上，新昌县政府出台了《关于全面推进村级集体资产股份合作制改革的实施意见》《关于农村集体资产股份合作制改革中股权享受对象界定的指导意见》等政策文件，组织编写股改操作手册，开展面上巡回指导。股份制改革对理顺农村利益分配、促进集体资产增值等产生了积极影响。全县应股改村386个（不含移民村和移民安置村），完成314个，完成率达81.3%，进度居全市前列。2014年，全县村级集体总资产19.19亿元、净资产15.1亿元，分别增长23.1%和21.9%。

在后续的集体资产管理中，新昌县通过设立小康物业公司，在有区位优势的地方建立物业与产业，统筹谋划和部署物业经济项目。各个项目按照一个项目一个分公司的原则进行专业化运作，确保联建项目操作的规范化和收益的高效化，也避免了集体经济发展中面临的无力统筹问题。为切实促进农村经济的稳定发展，新昌县采用契约化、合同制管理，并按照自愿委托原则，实现村级产权和收益归村级所有。在此基础上，各参与村将投入的资金按比例折股，并对运行成本进行核算，最终以纯收益的形式进行分红，以保障村级组织的收益。为避免财务管理问题，新昌县积极促进“三资”数字化、智能化改革，主动加强村级财务监督管理机制。截至2020年，新昌县农村集体经济数字化管理系统已在12个乡镇（街道）、253个行政村、34个股份经济合作社全面上线，数字化管理改革系统覆盖率达到100%。

（二）新昌集体经济发展概况

在集体产权股份制改革基本完成的基础上，新昌县积极探索发展集体经济的有效模式，通过采取“联建物业”的发展方式，提高经济薄弱村的造血能力。从整体上讲，由于新昌县的经济薄弱村区位优势缺乏，地理位置偏僻，人口规模小，分布散乱，发展潜力较弱，难以就地实现集体经济壮大。于是新昌县通过打破地域界限，乡镇引导，村级自愿，跨乡镇（村）组合成团，实施“抱团取暖”“抱团发展”。重点发展联建联购项目，如澄潭联建物业项目、儒岙联购物业项目、大市聚联建物业项目和中国茶市商铺等。2009 年，新昌县按照“造血”为主、“输血”为辅的工作原则，实施联建厂房、联购商铺、联筹基金、联办光伏等“四联工程”，开辟经济薄弱村增收渠道。2014 年，由新昌县小康投资有限公司统筹县域物业项目规划，全县共统筹规划联建联购项目 10 个，包括大市聚联建物业、18 村联购物业、澄潭联建物业、儒岙联购物业和回山多村联建杨桐基地等，投资 2 亿元以上，涉及村 281 个，实现省定经济薄弱村规模型物业项目全覆盖。在集体经济发展模式不断探索创新的基础上，新昌县集体经济发展取得突出成绩，2022 年总规模 10 亿元的兴村富民基金正式成立，2023 年兴村富民基金第一批分红 800 万元已按股分配至 209 个入股村，集体经济消薄增收成效明显。2022 年，所有行政村集体经济年经营性收入超 50 万元，农村集体经济总收入增长 10.8%。

（三）集体经济助力共同富裕

发展新型农村集体经济是实现共同富裕的坚实保障。农村集体经济是我国社会主义公有制的重要组成部分和实现形式。党的十八大以来，我们坚持社会主义发展方向，因地制宜发展新型农村集体经济，在统筹农村资源集约利用、促进农户形成多元化收入、优化农村分配秩序等方面发挥了重要作用，不仅巩固了脱贫攻坚成果，而且为实现与乡村振兴的有效衔接打下了良好基础。下一步要实现共同富裕，需要充分利用本地资源、继续做大农村集体这块“蛋糕”，通过集体经营性资产在初次分配和再分配环节的作用，为集体成员提供更多收益与福利保障，公平分享经济社会发展成果，构筑公平底线，为实现共同富裕发挥基础性保障作用。

农村集体经济促进共同富裕的作用主要体现在 3 个方面。一是农村集体经济能够促进乡村产业的发展，提高农民收入，进而缩小城乡收入差距。农村集体经济相较于之前分散的家庭独立经营模式，具有更大的制度优越性，能够集中村集体的各项资源，发展模式也不仅限于传统的农业经营模式，可以发展多种诸如服务经济、党建经济等新型业态经济，发挥各项资源的致富活力。此外，依靠农村“三变”工作的开展，建立起完善的集体经济经营与收益分配制度。保障组织成员的收益权利。二是农村集体经济发展能够完善居民内部转移支付，提高村集体公益服务水平。单纯依靠上级财政的拨款来支撑村集体的公益事业与社会保障功能，并不能完全解决村集体的困境。最关键的还是要依靠村集体自身的经济实力。而农村集体经济能够增强村集体经济发展能力，提升自身造血功能，使村集体有更多的可用资金去支持村内的社会公益事业，增加居民福祉。三是发展集体经济能够增强村民的集体意识，增强村集体的凝聚力与向心力。共同富裕的道路需要广大农村居民一起建设。而集体经济帮助农村居民认识到村集体的发展与切身利益相关，加深了村民对集体的发展离不开个人，个人的发展依靠集体这一观念的认同，帮助营造互帮互作、互利共赢的良好氛围，为实现“共建共富”奠定了坚实的群众基础。

二、莒根村股份经济合作社

莒根村由后岗岭、榔头山 2 个自然村合并而成，共 121 户，362 人(其中党员 27 名)，3 个村民小组，21 个村民代表。1974 年修建巧英水库时，莒根村整村后移，形成了现在的村落布局。莒根村山清水秀，风景优美，民风淳朴，先后获得了市级森林休闲旅游特色村、市级生态村、县级先进基层党组织、县级文化特色村、县级消防示范村、县“清洁家园”十佳先进村等荣誉称号（图 8－1）。

图 8－1　省级农家乐特色村——莒根村

莒根村主要依托休闲旅游业发展集体经济。近年来，莒根村依托得天独厚的生态资源优势，加快了乡村休闲旅游发展步伐。先后建设了百果园、民宿居、钓鱼台、休闲步道等环巧英水库（亦称“巧英湖”）观光休闲景点，推出了有机鱼头、竹园土鸡、连娘麦糕、青麻糍、糖麦饼等特色传统农家小吃，形成了“品传统美食、住民宿寨屋、游天然氧吧、享竹乡风情”的生态休闲之旅，打造了一个集旅游、休闲、养生、观光为一体的农家特色村。在省内外已有一定的知名度。2010 年的特色农产品展销会、2011“新田园风光之旅——魅力竹乡行”和 2012 年“新田园风光之旅——绿色巧英”等活动都在莒根村举办。

丰岛集团累计投资 1 000 多万元支持莒根村的美丽乡村建设，建成休闲旅游集散中心、文化礼堂、偃王阁（图 8-2）等。

图 8-2　偃王阁

莒根村森林覆盖率高，面朝巧英水库，是环巧英水库的最佳观景点。莒根村 2015 年被评为省级农家乐特色村。通过修建观景平台、野营平台、环湖绿道等一系列民生实事工程的落实，完善旅游服务配套设施，吸引游客游玩在莒根、消费在莒根、住宿在莒根，带领百姓增收，增加了村集体经济收入。每年小将镇举行的马拉松比赛起点与终点都设在莒根村。

三、其他集体经济组织

（一）董村股份经济合作社

董村四面环山，距县城 40 千米，为新昌县东部沙溪、小将 2 个乡镇的交界之地，村域面积 13.03 平方千米，下辖上董村、下董村、里泄下、外泄下、上居坑 5 个自然村，595 户，1 600 人，为沙溪镇人口规模最大的行政村。一直以来，该村秉承“绿水青山就是金山银山”的发展理念，以“党建＋”为引领，坚持“以文明促发展、以发展筑和谐、以和谐倡文明”的工作思路，把推动全村经济社会发展与精神文明建设有机结合起来，走出了一条经济社会发展与精神文明建设互助互促、协调推进的新路子。一路走来，董村成绩斐然，相继获得全国文明村、国家森林乡村、省民主法治村、省农家乐示范村、省科普示范村、省党风廉政建设五星级村等50多项荣誉。

董村的集体经济发展，总结来说就是“一块石头、一条溪流、一片叶子的故事”。10多年前，董村村民通过开采加工花岗岩走上致富路，招商引进社会资本开发花岗岩，“沙溪红”产品远销宁波、上海、北京，甚至出口到了韩国、马来西亚等国。经济发展了，钱包鼓起了，但人与生态环境之间的矛盾日益突出，村民们在以资源消耗为代价的现实发展与以生态保护为前提的未来生活之间面临抉择。为此，村“两委”班子因势而动，积极求变，从以前的单一依靠资源消耗致富逐步转为多条腿走路、多产业致富。在依靠花岗岩发展经济的同时，该村做足乡村旅游文章。首先，在里泄下自然村引进一个全长3.5千米、投资1 200万元的漂流项目，迅速为乡村旅游积攒了人气。如今，旺季仅漂流项目就能吸引约6万人次游客。该村积极谋划集体经济增收新模式，成立乡村旅游发展公司，鼓励社会资本投入，村集体以闲置房产等入股，尝试国学馆项目共同经营，参与收益分红，以旅游多元化增强集体经济造血功能，为旅游扶贫、消除薄弱村提供行动样本。

董村集体经济在发展过程中，主要体现出以下几个特点：

一是依靠能人带动，统筹发展方向。董村党支部书记始终秉持“思路决定出路，偏僻乡村如何在发展过程中扬长避短，独辟蹊径，凝合力、立规矩是关键”的发展思想。每位村干部带头维护班子的威信，做到心往一处想、劲往一处使。不仅解决了行政村撤并后的新问题、新矛盾，还创造性地开展工作，村“两委”班子运行有规矩、决策有依据、执行有力度，全村政治稳定、社会和谐、发展迅速。同时，把村里的优秀青年吸收到党、团、妇等组织中来，不断增强班子的活力与后劲。

二是强化社会治理，凝聚发展力量。董村创新实施党员中心户“五包”责任清单制、“3＋X”人民调解模式等方式，有力推进党组织建设和村庄和谐稳定。董村把加强制度建设作为理顺村“两委”关系、规范干部行为的重要环节来抓，制定了《董村典章》共8章24条，涵盖了村级组织职责、村务决策、村务监督、责任追究等村级事务管理的方方面面，使村“两委”开展工作有章可循，让村民进行监督有据可依，极大地提高了村务决策的规范化、透明化程度。2015年，该村将典章进行提炼浓缩，总结成村民简单易记的村规民约，并以家训形式绘制上墙，让村民熟记于心。村庄在发展过程中始终遵循“党建＋乡村旅游”的党建引领基层治理模式，以“五星达标、3A争创”全域提升工作为契机，创建“红驿之旅 ”项目。在“红驿之旅”的旅游路线图上，可视化党建元素纷呈亮相：坐落于小黄山脚下的室外党徽高达 7.1 米，与长 2.5 千米的“彩虹山水”骑行道在绿水青山中相映成趣，现为新昌县党员干部农村教育培训实践基地、县青少年爱国主义教育基地。通过“红色元素”的展示，游客们在山野骑行中可以真切感受到党的关怀给农村带来的巨大变化。

三是完善基础设施，夯实发展基础。过去的董村破旧危房众多，乱搭建和乱堆放现象不在少数，随手乱丢垃圾、侵占公共用地堆放杂物或种菜更是成为村民们的习惯。为更好地改善村容村貌，多年来，该村相继实施农民公园、农村生活污水治理、千米长廊景观等工程建设。以“三治一提升”环境整治为重点，创新开展“我是党员我带头”——党员中心户包清洁等“五包”活动，并设立党员认领岗，实行保洁责任区划分，率先在全镇成立村嫂巾帼志愿服务队，共有队员近 100 人。在“五水共治”“三治一提升”和垃圾分类等工作中，随处可见的“红马甲”成为农村环境整治中一道靓丽的风景线。在党员干部、村嫂志愿者的带领下，村民们渐渐摒弃陈规陋习，实现了自家门前屋后的长期清洁。

（二）棠村股份经济合作社

澄潭街道棠村位于街道西南部，距离县城约 20 千米，由棠村、棠东 2 个自然村组成，现有 10 个村民小组，574 户村民，人口 1 476 人。2021 年，村集体经济总收入 42.3 万元，经营性收入 26.3 万元。

近年来，棠村坚持党建引领乡村振兴，以“五星达标、3A 争创”为抓手，坚持抓项目、抓产业、抓投入，依托十九峰景区和杭绍台高速，推动全域旅游发展，实现了村集体经济发展从“单纯性输血”到“多元化造血”，成为凭借集体经济消薄增收的一个生动案例。其主要做法有以下几点：

一是积极盘活闲置资源，发展壮大服务经济。借助临近十九峰景区和位于杭绍台高速出口的区位优势，棠村积极打造景区村庄，发展乡村旅游。通过引进青年创客项目“棠潮民宿”“大棠小院”等，盘活闲置农房，促进村集体经济和村民的双重增收。“棠潮民宿”在旧有的闲置房基础上改建而成，融入棠村的山水风光、鲜果花卉产业等元素，构建特色民宿区、林间庭院区、草坪活动区等区块，集休闲、度假和养老功能为一体。2021 年，该项目总投资500 万元，激活农房 800 多平方米，增加村集体收入 12 万。棠村将资源优势转为资本优势，既是推进乡村振兴的鲜活案例，也是“绿水青山”转化为“金山银山”的生动体现。

二是构建村企联结机制，打造特色农业产业。棠村通过“公司＋基地＋合作社＋农户”的模式，解决了棠村产业链短、资金短缺的难题，开创了优势互补、互利共赢的格局，成为棠村消薄增收、兴村致富的新模式。

三是跨村“飞地”联建，开辟增长路径。棠村结合“抱团促发展”“百企结百村、消除薄弱村”等思路，探索出不少务实管用的特色经验做法，取得了明显成效。棠村参加“梅渚联建物业”项目每年能获得5万元的收益，参加“工业地产”项目每年获利5万元，棠村闲置的集体办公用房修整后通过招投标出租给机械厂，每年能获取租金10万元。跨村联建帮助棠村突破了村域限制，实现了村级发展抱团聚力。

未来棠村将以省级美丽示范村建设为契机，继续深挖村庄特色文化和盘活村级资源，充分发挥青山绿水优势，打造有灵魂的特色村落，积极开发精品民宿和农家乐，增加乡村旅游收入，让村民充分享受乡村振兴、全域旅游的红利。

第九章

涉农产业组织促进共同富裕的新昌模式

 依托新昌农业资源发展产业

农业资源是民生的根本，也是农业产业发展的基石。新昌县的农业资源主要包括农业自然资源、农业生物资源、农业科技资源和农业生态旅游资源四种类型，这是新昌县现代农业产业高质量发展的前提和基础。目前新昌县农业资源利用水平较好，农业产业化发展水平高，以龙头企业、农民专业合作社、家庭农场为代表的经营主体将新昌农业资源转化为产业发展动力。

（一）依托农业自然资源发展产业

新昌县是典型的山区县，山地丘陵较多。县域内河流纵横交错，大小支流多，水资源丰富。气候属于亚热带季风气候，全年热量充足，光照适宜，降雨充沛，加之丰富的山地资源，为桂花树、杨桐和柃木等林业资源的发展提供了良好的自然环境。

丰岛集团联结带动农户采摘和加工杨桐、柃木，使当地资源优势变成商品优势。另外，丰岛集团为避免掠夺式和无序采摘对野生杨桐、柃木造成严重破坏，在新昌县相对贫困的山区利用山地资源优势，租赁荒山坡地，建立杨桐、柃木人工栽培基地，用科学的方法栽培人工杨桐、柃木。大面积杨桐、柃木人工种植基地的建立，在我国林业发展史上是第一次，也是林业产业化的一大创举。实施集约化生产，从大规模、粗放型的荒山种植或林间套种转变为精细操作、科学管理，有助于保证并提高杨桐、柃木的种植数量和质量。

丰岛集团利用杨桐、柃木资源发展产业，在自己致富的同时带动了众多农民致富。在发展初期，仅杨桐、柃木产业这一项就成功带动浙江、安徽地区农民脱贫致富，新昌本县农民更是受益良多。杨桐、柃木产业成为新昌农民致富的典型案例，解决了“小农户”与“大市场”之间的矛盾，促进了共同富裕的实现。

（二）依托农业生物资源发展产业

1. 主导产业——茶叶产业

新昌县以茶叶种植和加工为发展重点，并逐步将其培育成主导产业。根据市场变化不断改良茶叶品种，将原有的出口型精制茶转变为名茶开发并规模化生产。其中大佛龙井、望海云雾等名茶充分挖掘了市场潜力，为新昌茶产业发展开拓了新市场。随后，新昌县进一步加强名优茶开发，推进茶产业升级，在抓好大佛龙井生产的同时，坚持多茶类开发，形成了以“大佛龙井”为主导、“天姥红茶”“天姥云雾”为补充的“一体两翼”飞鸟型茶叶产业结构。新昌政府也进行积极的政策引导，为茶产业发展保驾护航。连续出台 9 轮的扶持政策覆盖了茶园建设、企业培育、品牌建设及市场扩展等茶产业链各环节，专项扶持资金从 100 万元提高至 1 000 万元，从宏观上优化配置农业资源，引导农业生产要素向主导产业集聚，实现茶产业的高质量发展。

在茶叶产业化发展阶段，新昌县大力建设生产基地和兴办茶厂，并建立高标准化的茶叶示范基地，完善交易平台并逐步构建起茶产业市场体系。培育龙头企业引领茶产业发展，诚茂集团和澄潭茶厂被评为省级骨干农业龙头企业，农业龙头企业抱团发展的发展模式推动了新昌茶产业的壮大和升级，并产生了积极影响。农民专业合作社加速了新昌茶产业发展，融合了农户、基地和企业，将分散的农业资源集聚起来并有效整合，组织开展集约化经营模式，发挥新昌县农业资源的比较优势和品牌优势来助推产业发展。

新昌县茶产业已形成包括繁育、种植、加工、销售，一直延伸到文化和旅游的完整茶产业链，产业链总产值接近百亿元。新昌县茶产业发展迅速，“中国茶市”在新昌县的建成，使新昌走出了一条由市场带动产业，以公共品牌带动茶农销售的茶产业高效发展之路。

2. 支柱产业——花卉苗木产业

新昌县花卉种植主要集中于东部和东南部，种植类型主要分为 3 种，包括以红枫、海棠、桂花等为主的观赏苗木种植、以杨桐、柃木为主的鲜切叶种植和以菊花为主的鲜切花种植。其中，观赏苗木种植面积最大，占新昌花卉生产的 8 成以上。

新昌县大力发展花卉产业，充分发挥其生态优势和经济效益，以花卉新兴产业助力新昌农业产业发展壮大。政府出台多项扶持政策，积极发展设施花卉，在种植生产过程中运用农业科学技术培育新型花卉品种并进行扩种生产，大力发展花卉市场，推动花卉生产经营大户开展标准化生产并向绿化公司转型。同时，大力发展桂花、红枫、玉兰等花卉苗木产业，打造“中国桂花之乡”品牌。

新昌县花卉产业发展到一定规模后，花卉外向型出口企业逐渐增多，产生了浙江丰岛股份有限公司等一批龙头企业，主要加工杨桐、柃木并大量出口日本。丰岛集团带领村民组建杨桐专业合作社，打造恒温冷库保鲜采摘后的杨桐，逐步组建后续杨桐加工、收购、运输生产线，收购本地杨桐后，加工为成品后销售出村，逐步完善杨桐种植、加工、储藏和销售的系统产业链。相同的产业发展模式也被应用到鲜切菊花产业中，新昌县建立起了全省一流的鲜切菊花生产基地，在日本市场也占有很大份额。新昌县以杨桐和菊花为代表的切叶切花产业生产出口量连续多年居国内前列。

3. 特色产业——干鲜果和果蔬罐头产业

小京生花生、牛心柿等干鲜果是新昌特色干鲜果，具有栽培地域性强的特点。小京生是我国花生优良品种，产于新昌县，主要分布在回山镇、沃洲镇、沙溪镇等乡镇。新昌县成立了小京生花生协会，注册了“新昌小京生”商标，获得了国家原产地保护标志。牛心柿也是新昌县独有的地方名果。在特色产业发展上，新昌县格外注重干鲜果的质量和地方特色，充分发挥小京生商标优势，提高新昌干鲜果的产品影响力。同时巩固牛心柿、板栗，积极发展甜油桃、早熟梨、蓝莓等特色干鲜果，发挥龙头企业的示范和带动功能，并建设特色水果生产基地和保鲜冷库，延长市场销售时间以提高市场占有率和竞争力。

（三）依托农业科技资源发展产业

新昌县坚持以科兴农，提高农业产业的科技含量。丰岛集团先后与北京大学、中国农业大学、南京农业大学、浙江大学等高校和科研机构建立稳固的科技协作关系，开展校企合作。如委托北京大学生命科学院进行杨桐、柃木的转基因培育试验，还从日本、荷兰引进 200 多个菊花新品种进行对比试种，提高了菊花的产量、质量和经济效益；委托中国农业大学食品学院设计了“箱中袋”饮料包装新技术，不断扩大市场份额。

2004 年起，丰岛集团先后被认定为浙江省农业科技企业、浙江省农业科技企业研发中心和浙江省科技型企业。2007 年，云南丰岛花卉有限公司智能化温室大棚完成建设，推进先进的种植技术，优化花卉品种，加快了丰岛花卉集约化、多元化、工业化菊花生产进程。丰岛公司多年来立足农业，通过“协议”“订单农业”“统租返包”等形式发展杨桐、柃木、菊花、黄桃、橘子等农产品基地，发展农产品初深加工，并结合“互联网+”推进农产品销售，积极推进科技创新，深化“统租返包”等新型农企组织关系内涵，不断增强产业创新能力。

（四）依托农业生态资源发展旅游产业

新昌县是全省第二个既是全国生态文明建设示范县又是全国“绿水青山就是金山银山”实践创新基地的县，入围2020年中国县域全生态百优榜，为全省清新空气示范区。好山好水好空气吸引越来越多的人前来旅游休闲、创新创业。新昌县将生态优势转化为发展机遇，随着全省“大花园”建设的推进，新昌县作为浙东唐诗之路的精华地，加之独特的丹霞地貌、良好的生态环境和璀璨的人文历史，成功入选全省首批大花园耀眼明珠，一批国内知名企业纷纷来此考察投资，绿水青山真正转化成金山银山。

新昌县借助优美的山水文化及丰富的旅游资源，成功打造了新昌“六大茶山”金名片，并形成了中国茶市、下岩贝村、外婆坑村、安山村等一批茶旅结合示范点。成功创建国家全域旅游示范区，实施“12345”计划，即打造1条天姥山唐诗之路，培育东茗、沙溪2个省级旅游风情小镇，建设盐帮古道、安山古道、潜溪绿道3条主题游线，融合梅澄产城、烟山农旅、梅溪康养和东部拓展4个产业区块，创建50个省A级景区村庄，实现“百村成景、百业增效、百姓致富”愿景。在众多旅游产业项目中，新昌东门如城项目对照“山水人文地、康养文教城”总体规划定位，打造了集多功能于一体的生态型、复合型、智慧型特色活力城区，融入绍兴高水平网络大城市的建设中，其片区范围内的新民未来社区也已被列入浙江省第三批未来社区创建名单。

二、发挥企业家精神面向全球大市场

习近平总书记强调，企业家要带领企业战胜当前的困难，走向更辉煌的未来，就要在爱国、创新、诚信、社会责任和国际视野等方面不断提升自己。企业家精神对生产要素的配置与优化、技术促进、商业模式创新等具有重要作用。

丰岛集团从土生土长的民营小企业发展成中国农业产业化发展的典范，徐孝方董事长具有的企业家精神在其中发挥了关键作用和责任担当。三十年来，丰岛集团在自身发展的同时，积极履行社会责任，回馈社会，累计捐资3 000

多万元，支援四川地震灾区、扩大就业、支持“美丽乡村”建设和帮困助学、推动慈善公益事业发展。

具有深厚的乡土情怀。丰岛集团和徐孝方始终坚持“以客户、农业与农民为中心”的经营理念。丰岛源于农，厚植于农，依托“两叶（杨桐、柃木）、两花（菊花、康乃馨）、两果（橘子、黄桃）”，直接、间接联结或带动农户近10万户30万人共同致富。

具有敏锐的战略眼光。当徐孝方了解到杨桐、柃木是日本必不可少的供品和饰品时，便充分挖掘新昌丰富的杨桐、柃木资源，变废为宝，把杨桐、柃木变成了“摇钱树”。丰岛集团成为中国菊花和康乃馨出口第二、第三大企业。橘子、黄桃等罐头实现从最初日产10吨到近600吨的跨越，年生产销售75 000吨。丰岛集团成为全球最大的水果罐头生产商之一。

具有强烈的诚信意识。徐孝方始终把诚信作为“做人、办事、立业”之根本，坚守农业30载，诚信经营图共富。在开始创业中秉持诚信，取得供货商的信任，源源不断地提供优质原料；在发展壮大中坚守诚信，注重农民利益，把控产品质量，创优售后服务，打造诚信企业。使公司成为一个有温度、有情怀、有责任心的企业，多次被评为中国罐头食品诚信经销商和浙江省诚信企业。在提能升级中恪遵诚信，丰岛花卉不断突破发展瓶颈，保持切叶切花产业的领先优势；丰岛食品持续创新创优，开好花、结好果，满足人民群众的美好生活和生命健康需要。

具有广阔的国际视野。早在2007年，徐孝方提出的“在做好国外市场的同时要发展好国内市场”与新时代国内国外双循环国家战略高度契合，融入全球产业链、价值链、创新链，让丰岛产品始终走在行业前列。以国际视野统筹市场、原料生产基地定位，实行跨区域、跨国际经营，取得了卓越的成就。

三、科技赋能农业产业发展

（一）信息化建设与管理

新昌县加强常规信息网络运行管理工作。加强正常网络维护、舆情监测，以及视频会议系统的调试和日常管理；完成网络政务公开、信息公开。2019年，新昌县已全面完成信息进村入户工作，全县100%的行政村按照“六有”标准建设村级益农信息社。2022年，新昌县建设有村级益农信息社标准型 135 个、专业型 4 个、简易型 118 个。根据省、市有关要求，新昌县完成益农信息社示范站点上线工作，组织做好“三农”协同数据采集，并完成乡村振兴数字化网页设计工作。梳理并挖掘各种应用场景，配合上级部门做好日常工作推进，包括任务分解落实、上下对接、左右协调、汇总上报等。

（二）数字化改革

按照绿色优质农产品生产服务（“肥药两制”改革）发展需求，积极对接技术单位，就扩大实名购买，结合茶业全产业链数字化服务平台要求，突出茶产业生产记录追溯等方面，优化完善系统。推进茶产业“扫码交易”多场景上线运行。

2022 年 4 月 13 日，在浙江省茶产业大脑建设工作视频会上，新昌县作为全省 3 个发言县市之一做典型发言。目前茶叶全产业链数字化管理平台项目已被列入省厅“农业产业大脑”第一批建设先行单位，新昌县协助做好茶产业大脑相关工作，指导大户在收青环节用好扫码交易，以点带面扩大茶农“浙农码”的应用范围。“浙茶香”“浙农经管”入选省农业农村系统重大改革（重大应用）场景第一批“先行先试”名单。在全省农业农村数字化改革“双月争先”行动中，新昌县有乡村大脑用户数 6 530 个，居浙江省第四位；赋码用码量增速达 182.9%，居绍兴市第一位。

四、注重农民利益促进共同富裕

（一）从解决传统农产品销售难的问题到促进农民致富

丰岛集团靠农业起家，同样靠农业发展，企业在实现自身利润目标的同时带动了周边农民富裕。比如靠发展杨桐、柃木这一项，帮助浙江、江西、安徽等近万农户实现小康奔富，为我国乡村振兴事业贡献了力量，如今杨桐、柃木已经是当地农业产业中最关键的产品之一。新昌县还通过其他方式，如股份合作、土地租赁和委托代理等组织发动农户，推动农产品的生产销售向深加工方向发展，最终实现共同富裕。

（二）从地方性加工销售到“两头”在外

我国的农业产业现代化经营刚开始时，乡镇农企还聚焦在就近加工销售。

如今全球贸易蓬勃发展，地方资源与外部资源相比越来越有限，导致很多乡镇农企生存困难。许多有前瞻眼光的企业开始着力于外部市场，将原来的原材料基地建立在省外地区，真正实现跨区域发展，借助省外区位优势，实现企业利益最大化。实行“两头”在外，不仅会扩大产品市场和稳定原材料供给，还可以大幅度提高产品利润率。

（三）从“单加模式”到“双加模式”

农业产业化经营包含了农产品生产加工销售的一体化，这种一体化必然要求经营的过程实现多样化。在农业产业发展的初始阶段，通常模式就是单一的“公司＋农户”。随着农业产业化的深入发展演变，市场要求农业产业化的经营模式必须改革创新，必须按照市场经济的发展规律，让农业企业在产品的生产、加工、销售各个环节之间实现更加紧密的有机连接。

政府篇

摄影　俞晓委

第十章

新昌农业支持政策与服务

一、农业产业发展规划

制定农业产业发展规划有利于充分发挥比较优势，促进资源优势最大化。新昌县通过编制农业产业发展规划，优化配置独特的农业资源，形成了独具特色的农业优势。通过挖掘资源增产的潜力，将资源变资产，在提高农业经济效益的同时兼顾生态环境，也促进了农民增收，助力共同富裕。

新昌县农业产业发展规划涉及种植业、茶产业、花卉苗木产业、畜禽养殖产业、以炒年糕为代表的特色小吃产业和休闲农业，其中，种植业包括小京生产业、品质药材产业、山地蔬菜产业、优质水果产业。

（一）种植业

1. 小京生产业

小京生是我国花生优良品种，产于新昌。小京生主要分布在沃洲镇、回山镇等玄武岩土壤区域的乡镇。小京生作为新昌县特色农产品之一，与农民增收致富密不可分，一直备受新昌县政府关注。

新昌县“十二五”规划提出要发挥“新昌小京生”商标和原产地的影响力，以做强旅游特色产品为目标，在保留小京生原生风味上做文章，全面采用标准化栽培技术，发展嫩花生双季栽培（花生—水稻轮作）等栽培模式，加大“新昌小京生”品牌宣传和培育，争创中国驰名商标。“十三五”规划在此基础上，提出要建立示范基地，促进小京生生产区域化、种植规模化、产品标准化；在提升品牌效益的同时更加注重挖掘和探索小京生发展的文化内涵，提升小京生花生品牌形象，促进营销品牌化；规划建设小京生加工业园区，对小京生花生农户进行统一组织和管理，形成产销标准化。“十三五”规划将小京生的生产面积缩小至 2 万亩，产值扩大至 2 亿元。

“十三五”期间，新昌县持续实施小京生产业扶持政策，每年拨款 200 万元建设示范基地，奖励规模种植农户，实施“机器换人”项目，助力品牌提升。同时注重新技术推广，2020年实施的农业“五新”推广项目中便有小京生黑地膜覆盖生产技术。“十四五”规划继续实施产业扶持政策，推动小京生产业提质增效，为新昌农户增收致富提供政策与资金支持。截至2022年，新昌县形成了以“小京生一条街”为中心的、50余家企业组成的小京生收购、加工、销售群体，建立了产业化经营体系，最高种植面积达2.7万亩，销售产值从5 000万元提高到近2亿元。新昌小京生花生已成为国内具有一定影响力的品牌农产品。

在未来，小京生将着力产业集中地建设，形成三大优势产区和两个拓展产区，并规划重点产区，明确发展的地理方向。

2. 品质药材产业

中药材产业是新昌县传统的优势产业，对品种药材产业的合理规划有利于扩大道地药材、大宗药材的传统优势，加强新昌县中药产业竞争优势，培育产业发展新动能，加快构建现代中药产业体系，推动中药材产业高质量发展，助力乡村振兴。

新昌县“十二五”规划提出要加强良种繁育体系建设和主导品种培植，建设区域化、规模化、标准化生产基地，提高产业化经营水平。规划提出，到2015年，中药材种植面积达2万亩、产值8 000万元。“十三五”规划与“十二五”规划的发展方向相同，但缩小了总种植规模，提高了种植收益目标，即2020年，中药材种植面积达1.5万亩、产值1亿元左右。实际到2020年，中药材总生产面积14 400亩，总产量2 824吨，产值6 350万元。可见，中药材总产值并没有达到预期效果，这可能与2019年末开始的新冠疫情影响全球经济环境相关。

与小京生产业相似，中药材产业也有相关的扶持政策，补助主要包括白术、玉竹等传统的中药材生产、林药套种发展、名贵珍稀药材引种驯化、生产基地建设、药材专业村及中药材深加工和科研攻关。

3. 山地蔬菜产业

蔬菜与人民生活密不可分，是膳食结构中重要的一部分。在山地中发展蔬菜产业，极大地提高了新昌县土地利用率。目前，新昌县城郊时令蔬菜主要分布在澄潭、镜岭、沃洲等镇（街道），茭白、黄瓜、茄子、四季豆等山地蔬菜主要分布在回山、儒岙、小将、沙溪等镇，澄潭江沿岸以发展芦笋、藠头等特色蔬菜为主。仅2022年，蔬菜播种面积稳定在8万亩以上，产量16.6万吨。

新昌县政府注重以蔬菜示范园区建设为抓手，推进蔬菜生产标准化、设施化、集约化，加快发展蔬菜加工业和现代流通业，延长蔬菜产业链，提高蔬菜产业化水平和市场竞争力。不断引进优质高产蔬菜新品种，推广大棚设施栽培、微滴微喷和病虫综合治理技术，提高蔬菜生产水平。顺应蔬菜消费需求，“围绕餐桌抓产业”，研究开发蔬菜采后保鲜、加工技术，扩大蔬菜加工精品和小包装产品的生产和出口。扶持培育蔬菜流通组织，提高新昌县蔬菜产品在国内外市场的占有率，全面提升蔬菜产业。在扶助政策上，支持“菜篮子”蔬菜基地建设，对不同级别的“菜篮子”给予不同金额的资金支持。截至 2020 年，新昌县蔬菜播种面积 8 万亩，与 2019 年持平，产量 15.7 万吨。

在未来的发展道路上，新昌县山地蔬菜产业将以“保供应、保安全、促增收”为基本目标，坚持以区域化、标准化、品牌化、生态化为发展方向，努力构建集生产、营销、加工、服务于一体的现代蔬菜产业体系。

4. 优质水果产业

随着人民生活水平的提高，水果成为生活必需品。发展水果产业不仅有利于满足人民日益增长的物质需求，同时以休闲观光为导向的现代农业果园也大大满足了人民的精神需求。发展新昌县优质水果产业可以正确把握人们消费升级的有利时机，以营养保健和休闲风光为导向，挖掘现代农业果园的休闲观光功能，探索农旅结合发展新模式。

新昌县“十三五”规划指出，新昌县水果产业由政府统一规划，企业主体和农户按照市场化经营，政府给予适当扶持；坚持基地建设与配套设施建设相结合，完善提升现有水果基地；坚持产业发展与宣传营销相结合，在产业发展的基础上，整合品牌，开展集中营销，提高新昌特色果园的知名度和影响力。到 2020 年，新昌水果面积稳定在 5 万亩左右，总产值达到 2 亿元以上。

实际上根据新昌县统计报告，2020 年，新昌县水果面积 49 679 亩，其中新发展果园 765 亩；产量 40 517 吨；产值 3.06 亿元，增加 1 470 万元；引进新品种 5 个。对比可以看出，“十三五”规划目标超额完成。

在发展布局方面，新昌县水果产业主要分布在沃洲、澄潭、沙溪、小将、羽林、镜岭等乡镇（街道）。桃、油桃以沙溪、小将等乡镇为主，蓝莓以沃洲、儒岙、回山、沙溪、羽林等乡镇（街道）为主，梨以澄潭、沃洲等乡镇（街道）为主。

（二）茶产业

新昌县产茶历史悠久，是全国十大重点产茶县之一。2022 年，茶产业是当地农业的主导产业、富民产业，全县茶园生产面积 15.3 万亩，从业人员达 18 万人，占全县总人口的 42%，是农业农村部首批命名的“中国名茶之乡”、构建了省级首批示范茶产业链，先后获得中国茶业十大转型升级示范县、中国茶业品牌影响力全国十强县（市）、中国茶旅融合十强示范县、全国茶叶百强县和三茶统筹先行县域等一批荣誉。2022 年，全县茶叶产量 4 639 吨，总产值 13.36 亿元，茶叶全产业链总产值近 100 亿元，其中大佛龙井品牌价值达 50.04 亿元，名列全国第七，连续 13 年入选中国茶叶区域公用品牌价值十强。

茶产业一直是新昌政府的重点支持产业，也是新昌县农业龙头产业。在发展规划中，新昌县充分依托中国茶市强大的流通辐射功能，加强名优茶开发，巩固县名茶生产在国内的领先地位。重点扶持和壮大“大佛龙井”“望海云雾”等品牌，提高其知名度和市场占有率。同时，明确提出要着眼于全产业链开发，推进茶产业的资源整合集聚，以“品牌+”“互联网+”引领“大佛龙井”茶产业发展，通过标准化基地建设、专业化茶叶加工、精深化茶叶产品，促进茶产业全产业链建设。

随着经济社会的发展，市场风云变幻，新昌县政府逐渐完善了茶产业发展规划，更加关注茶产业质量、产业与产业之间融合发展程度，并且提出了新昌茶产业的全国定位。茶园面积稳定在 12 万亩以上；一、二、三产融合发展，全产业链产值翻一番；培育 1 个实体市场和网上市场相结合，建成全国最具影响力的龙井茶集散市场；争取 1 家茶叶企业上市；建设 100 个规模化茶叶产业主体；建成 1 000 个以上大佛龙井品牌专卖店（柜）；传承传统茶文化，建成 1 家以上具备生产与休闲功能的茶文化休闲观光基地。

2020 年，新昌县茶叶产值 130 458.65 万元。其中大佛龙井产值 123 651.3 万元，同 2019 年相比增长 6.15%。茶叶产值较“十三五”规划超额完成 3 亿元，发展前景十分优越。

在农业现代化发展过程中，茶产业是浙江省第一批实行数字化改革的农业产业，浙江省和新昌县建成了一系列数字化设施，包括“农业产业大脑”“浙农码”“浙茶香”和“浙农经管”农业农村系统及“新昌茶卫士”。

在发展规划中，新昌茶叶遵循标准化生产与规模化发展的宗旨，强化中北部名优早茶产区、西南部精品大佛龙井茶产区、东部山区多茶类名茶产区建设，其中，茶叶种植区集中在沃洲、羽林、回山、儒岙、东茗等乡镇（街道）。

（三）花卉苗木产业

花卉苗木产业也是新昌县传统产业之一。红枫、海棠等乡土树种和杨桐、柃木等鲜切叶生产以小将、沙溪等镇为主，桂花等观赏苗木以羽林、沃洲等镇（街道）为主，鲜切花种植以澄潭、儒岙等镇（街道）为主。现阶段新昌县的花卉生产以观赏苗木为主，约占总种植面积的82.08%，观赏苗木中60%以上是小规格苗木。2022年，丰岛集团浙江基地的鲜切叶、花产销量7 000万束（枝），其中出口5 800万束（枝）。

新昌县花卉苗木产业主要依托丰岛集团及各花卉苗木专业合作社。以丰岛集团为代表的农业龙头企业，发挥模范带头作用，以“公司＋合作社＋基地＋农户”的模式优势，打入国际市场及国内大中城市消费市场，提高了花卉苗木产业的发展水平和经营效益。丰岛集团在适宜发展杨桐、柃木、黄桃、柑橘等农产品的地区建设基地，组织当地农民进行规模化种植，由公司提供前期补助与种苗、技术，并签订收购协议，以基地建设为平台，整合各种资源，形成利益共同体，引导低收入农户加入基地，通过种植、加工培训，搭建起为农户增收的平台。在发展过程中涌现出来一批以丰岛集团为代表的龙头企业，花卉外向型企业也逐渐增多。

未来发展规划是提高现有花卉苗木园区的基础设施水平，执行绿色生产标准，统一示范区内花卉苗木的生产、管理与经营。引进优质高档品种，应用先进栽培技术，发展优质、健康的花卉苗木新产业。挖掘本地传统特色资源，培育花卉苗木休闲观光功能。建设一批标准化、专业化、现代化的设施花卉苗木基地，培育一批本地企业，建成一批龙头企业，发展一批专业农民，更好地提高花卉苗木产业的发展水平和经营效益。

（四）畜禽养殖产业

新昌县之前的畜禽养殖业发展规划主要是在区域布局、畜禽品种结构、产业链、生产经营组织和产后加工5个层面上下功夫，把着力点放在提高畜产品质量和降低成本上。重点发展长毛兔、獭兔等节粮型草食动物和生态放养土鸡，针对目标市场确立主导产品、建立养殖基地。把牧草种植纳入农作物种植计划，建立牧草种子基地，不断引进和推广新的优质高产牧草品种，满足全县牧草种子的需求。以建设现代畜牧业为目标，优化畜禽结构和养殖布局，稳定生猪生产，积极发展优质家禽、草食畜禽，全面实行节能减排、资源循环利用，健全动物防疫制度和健康养殖技术，确保畜产品质量安全；积极发展畜产品加工业，提高产业化水平。

但随着经济的不断发展，土地资源日益紧张，调整和优化畜禽养殖规模化集约化发展成为新的发展趋势。新昌县“十三五”规划指出要着力提升畜禽业组织化、产业化程度，改变传统生产方式，扶持建设一批高水平、集约化的生态养殖基地，引进龙头企业，培育专业合作社，使用现代设施装备和现代科学技术建设标准化产业体系，完善疫病防治制度，强化养殖污染源综合治理，完善养殖业转型点示范创建，推进养殖业标准化生产、规模化发展、专业化经营，努力实现现代畜禽业生态循环发展。提出到 2020 年，实现规模养殖比重 80%以上，粪便处理及利用率达 98%。

实际到 2020 年，新昌县共有规模生猪养殖场 95 家，其中存栏 500 头以上生猪饲养场 14 家；规模蛋鸡场 3 家，规模肉鸡场 1 家；规模兔场 1 家；动物诊疗机构 3 家，生猪定点屠宰企业 1 家；建设完成 1 家省级美丽生态牧场（累计 8 家）。

（五）以炒年糕为代表的特色小吃产业

2019 年，新昌县提出要重点支持发展以炒年糕为代表的特色小吃产业。每年安排专项资金 1 000 万元用以新昌炒年糕为主打品牌的传统特色小吃产业品牌建设、技能培训、门店创建、宣传推介等。县内外新开设炒年糕门店 103 家，累计开设门店 397 家；开展省内外宣传推介、展示展销活动10 次；制作“三绝七味”新昌特色小吃宣传折页 2 000 份；创建乡村美食街 1 条、特色小吃村 3 个（澄潭街道梅渚村、东茗乡后岱山村、沙溪镇董村）；发展粳米连片示范基地 220 亩左右。“新昌炒年糕”集体商标、“新昌年糕”地理标志证明商标注册成功。2020 年，新昌特色小吃全产业链产值9.2 亿元。

2022 年，新昌县为加强门店管理和验收工作，建设了炒年糕门店数字化管理平台，在 56 家新建炒年糕门店中，有 30 家接入系统，有效推动了“新昌炒年糕”品牌、门店、运营、监管全链条数字化发展。

（六）休闲农业

新昌县充分利用当地休闲旅游资源，积极发挥农业的休闲观光生态涵养等多重功能，促进一二三产业融合。积极发展观光农业、创意农业、乡村旅游及民俗采风等休闲农业，实施美丽经济培育工程，推进田园景观化、园区景区化、产品礼品化。配套发展餐饮、住宿、娱乐等服务产业，深入推进佛茶文化感悟养心区、高山台地农业体验区、绿色山水养生度假区等特色休闲农业功能区建设，加快推进农旅融合，充分挖掘并开发新昌名特产品、生态景观、民俗风情等农业文化资源的休闲观光功能。将零星分散的水稻种植囊括到休闲农业建设过程中，开发水稻人工种植、收割的观赏和体验价值；开发标准化、规模化的花卉苗木、水果蔬菜、茶粮畜禽等农业产业的休闲观光价值，注重提升休闲、创意农业接待能力。

2020 年，全县建成县级农家乐专业村 15 个，具有一定规模和接待能力的休闲农业景点 50 个以上，休闲农业接待游客 300 万人次，实现综合收入 20 亿元。2022 年，下达乡村旅游项目 33 个，投资额 1 500 多万元。已创建 175 个景区村，各等级民宿 18 家，完成镜岭镇雅庄村、七星街道元岙村等 2 个省级休闲乡村的项目建设。

二、农业产业主体培育政策与服务

新型农业经营主体是新时代乡村振兴战略实施的重要推动力量。大力发展新型农业经营主体不仅为“中国粮食，中国饭碗”的安全提供保障，而且对脱贫攻坚和乡村振兴起到积极的推动作用。

新昌县为培育壮大农业产业主体，实施了包括农业龙头企业双倍增计划、大力扶持功能性强的农民专业合作社在内的多项政策，同时提供多项农业科技和农机具多项服务，包括组建产业技术团队、基层农技推广队伍及农机具补贴和维修保障服务等。这些政策和措施为新昌农业产业发展提供了重要的政策支持和技术支撑，也极大地促进了新昌现代农业管理体制机制的转变及现代农业的发展壮大。

（一）农业产业主体培育政策

1. 做强农业龙头企业

做强农业龙头企业对于带动农户发展专业化、提高产业组织化程度、推进农业产业化具有重要作用。支持龙头企业发展是加快构建现代农业产业体系、推进农业经营体制机制创新、转变农业发展方式和促进农民增收的重要手段。2022 年，新昌县茶叶主导产业全程机械化示范县、羽龙农业科技粮食烘干中心两大项目共 6 个基地已完成主体建设，山地茶园多功能履带式掘耕机上市发布。同时，新昌县还积极为农业企业提供产业化资金补助。

一是实施农业龙头企业倍增计划，重点支持培育农业科技龙头企业。丰岛集团作为新昌县农业龙头企业之一，在农业产业化经营过程中进行了有益探索，取得了比较宝贵的经验，提出了符合我国国情的新型农业双层经营体制，如“统租返包”“公司＋合作社＋农户”等，不但有利于我国农业的发展，也有利于拓宽农民增收渠道，实现共同富裕。丰岛集团的农业产业化经营实践可以概括为：以市场为导向，以企业为龙头，以农户为基础，以合作社为平台，以体制机制创新为动力，努力发挥家庭经营、合作社经营与公司经营三大制度的优势，实现农户、合作社、企业共赢的“三位一体”农业产业化经营模式。

二是积极培育种业龙头企业。全面摸清农作物、畜禽、水产养殖种质资源家底。支持种质资源收集保护、鉴定评价、挖掘利用、精准育种等技术研发，推进以新昌茶叶、小京生、新甜糯 88、溪流鱼、芦笋等特色种质资源挖掘创新为重点的现代生物育种研究。2017 年甜糯玉米新品种“新甜糯 88”是新昌县首个自主培育并通过省级审定的农作物品种。2018 年芦笋杂交新品种“丰岛 2 号”为新昌自主培育并顺利通过浙江省农作物品种认定的农作物品种。

丰岛集团在菊花产业方面也为新昌县做出了突出贡献：培育出品质优良、生产周期短和抗病虫害的新品种多个，同时实施节能技术、无土栽培技术和植物生长调控技术等关键技术，其产品通过 GAP 认证；建立了以新昌县棠村为核心辐射周边的示范基地，使菊花产业成为新昌县带动农民增收致富的强梦产业之一。

2. 大力扶持服务功能强的农民专业合作社和家庭农场

首先，大力扶持服务功能强的农民专业合作社。牢固树立扶持农民专业合作社就是扶持农业和农民的观念，大力扶持生产型、加工型、流通型、服务型等农民专业合作社发展，重点做大做强“五化”农民专业合作社示范社，扩大合作社带动农户的覆盖面。同时，新昌县为低收入农户家庭发放贷款，2022 年，共发放贷款 49 户，贷款金额 384 万元，对家庭农场在内的新型农业经营主体、农村综合治理，以及水蜜桃等实施特色农业保险，持续保障农民财产安全（表 10－1）。

表 10－1　新昌家庭农场和农民专业合作社概况

年份	家庭农场（个）				农民专业合作社（个）			
	总数	新增	县级	省级	总数	新增	县级	省级
2016	190	35	14	2	641	24	52	8

（续）

年份	家庭农场（个）				农民专业合作社（个）			
	总数	新增	县级	省级	总数	新增	县级	省级
2017	238	32	18	2	694	54	82	7
2018	270	32	21	6	656	39	83	7
2019	291	—	30	12	664	—	70	8
2020	311	22	35	16	635	15	70	8
2021	376	—	36	16	614	—	70	8

数据来源：中国文史出版社，《新昌年鉴》（2017—2022 年）。

其次，在培育壮大单个合作社规模的同时，更注重发展农民专业合作社联社，提高组织带动能力。发展新昌县联合社可以有效避免合作社之间的恶性竞争，也可以更好地增强集体力量，集中力量办大事，有效解决单个合作社难以解决的问题，满足社员对服务的多样化需求，实现互助功能。

3. 积极引导工商业主成为新型农业经营主体

新昌县工商企业投资农业起步于 20 世纪 90 年代，对推动农业产业化发展起到了积极作用。随着新昌县工商企业实力不断增强，工商企业投资农业的意愿变得更加强烈、起点变得更高、规模变得更大，带动农户和相关产业的效应日益明显。新昌县及时推出一批种养基地、农产品精深加工、物流贮运、休闲观光等农业项目，鼓励工商企业入驻，并提供水、电、路等基础设施便利，营造良好的投资环境，引导他们成为具有示范带动作用的新型农业经营主体，促进现代农业发展。

丰岛控股集团农业产业化经营的实践表明，农业龙头企业投资农业，同时引领、扶持、反哺农民专业合作社的发展，是新时期我国农业产业化的关键。政府要大力鼓励和扶持农民合作组织的发展，农业龙头企业扶持和反哺农民合作组织的发展至关重要，有利于促进农民合作组织的发展壮大，也有助于龙头企业自身转型升级，加快我国农业产业化经营与国际接轨。

4. 乡村人才培养工程

乡村振兴关键在人。新昌县重点支持农业科技创新，实施“两进两回”行动计划和乡村振兴人才培育工程，推动数字乡村建设，着力加快农业科技创新，提升农民素质，引进和培养科技人才，积极畅通智力、技术，管理下乡通道，激发农业农村创业创新活力。

（1）提升农民素质。新昌县自 2011 年开始实施“千万农民素质提升工程”

（表 10－2）。农民职业教育培训有利于转变农民观念、提高农民专业能力，也有利于吸引年轻人务农、培养高素质农民，加快小农户与现代农民之间的对接，为农业农村发展打造一支用得着、留得住的高素质农民队伍。

表 10－2　新昌县“千万农民素质提升工程”相关数据统计

单位：人

年份	培训总人数	认定高素质农民	招收农广校新生	高中级职业农民培训人数	农村实用人才	普及性培训
2016	1 600	1 028	76	740	—	—
2017	1 650	691	75	375	—	—
2018	1 500	184	80	—	—	—
2019	7 000	—	—	470	2 806	1 150
2020	7 000	—	—	81	2 806	1 150
2021	12 722	—	80	396	2 287	7 340
2022	15 500	—	—	—	633	11 500

数据来源：中国文史出版社，《新昌年鉴》（2017—2022 年）。

截至 2022 年，新昌县农民教育培训的工作经验与模式先后 17 次在全国性、全省性会议上被当作典型去交流与推介，新昌县连续 9 年被列为全国新型职业农民培育试点县和示范县。2022 年，累计培育农创客 367 名，乡村工匠 122 名，农业大师 61 名。累计开展乡村人才培训 43 期，培训 2 400 余人，普及性培训 11 500 人，高素质农民培训 7 期 337 人，实用人才培训 10 期 632 人，形成了“农广校＋实训基地（田间学校）＋培训机构”的培育培训体系。持续多年的乡村人才培养，为新昌县现代农业发展提供了有文化、懂技术、善经营、会管理的高素质农民，为未来发展提供了强有力的人才支撑。

（2）乡村人才培育。新昌县深入实施农村归雁青春领航行动、诗画浙江青春创客行动等，大力发展农产品电商，扶持农创客创业创新，招引“乡村振兴”经营大师等，打造农村新业态。

发挥农创客重要作用。自 2015 年浙江省提出农创客概念并积极培育以来，新昌县积极响应，仅 2022 年就为大学生农创客创业创新提供补助资金16.2 万元。短短几年间，农创客如雨后春笋般在新昌涌现，成为带动乡村振兴的主力军，挑起让乡村焕新的大梁。他们将新思路、新技术、新业态带入乡村，让古老的乡村成为有奔头的地方，让农业成为有奔头的产业，也让山野田间成为共同富裕的希望之地。

不断组织开展对基层农技人员的培训，推广新技术，依托科技特派员开展农技服务。2022年，全县共有3个省级、4个市级科技特派员团队，24名县级特派员，分别引进省级、县级农业重大科研项目5项、7项，开展生产技术培训186场次，培训农民4万余人次。

（二）农技推广服务

1. 产业技术团队组建

新昌县政府通过组建产业技术团队，为当地农民提供专业技术指导、技术培训等，充分发挥专业技术人才作用，使各类人才、技术之间相互配合、深度融合，为当地乡村振兴提供强有力的人才和科技支撑。

完善“产业＋团队＋项目＋基地转化”“首席专家＋团队＋产业农合联＋主体”和“专家＋农技人员＋示范基地＋示范主体＋辐射带动户”等推广模式，不断组建专家技术团队下乡调研，推广新品种、新技术，促进科技成果转化。

在农业生产过程中，政府和企业不仅提供产业技术团队，而且为农户提供专业技术支持，邀请相关农科专家进行现场指导。

近年来，丰岛集团非常重视农业社会化服务体系建设，安排专人开展技术培训，科学指导施肥、用药，组织技术人员深入田间地头，为农民宣传现代化农业种植技术和管理知识，打破农民传统的种植方式、习惯和观念，因地制宜加强农民关于杨桐、柃木、花卉、黄桃、柑橘等的实用新型技术教育培训，让农户掌握标准化的种植技术。建立和完善各项制度和种植档案，严格控制农药残留，确保产品质量。

2. 基层农技推广队伍建设

新昌县为进一步提高农业技术推广队伍服务能力，加强基层农技推广队伍建设，鼓励县、乡镇（街道）农技推广机构通过定向培养方式，充实基层农技推广队伍。不断深化基层农技推广体系改革，形成上下贯通的新型农技推广网络；积极培育农业科技社会化服务组织，在先进技术推介、农业成果鉴定、科技金融支持等方面发挥积极作用。加强基层农技人员知识更新培训，采取异地研修、集中办班和现场实训等方式，培训农业技术人员和基层农技推广骨干，提升农技推广人员服务效能。

新昌县连续多年开展农业推介会，包括农林牧渔等多项主导品种和主推技术（表 10－3）。2020 年，新昌县实施基层农技推广体系改革与建设项目，推介发布 2020 年农业主导品种 63 个，主推技术 40 项（包括种植业主导品种 45 个，主推技术 25 项；畜牧业主导品种 16 个，主推技术 11 项；渔业主导品种 2 个，主推技术 1 项；综合类主推技术 3 项）。2022 年，为农业“五新”技术推广项目发放补助资金 31.6 万元，为农业新技术推广提供资金保障。

表 10－3　新昌县农业推介会主导品种和主推技术

年份	主导品种（个）	主推技术（项）
2016	80	38
2017	65	32
2018	51	30
2019	49	33
2020	63	40
2021	61	48
2022	48	44

数据来源：中国文史出版社，《新昌年鉴》（2017—2022 年）。

3.“互联网＋”农产品出村进城工程

为解决农产品销售难题，新昌县以农民增收为目标，实行线上和线下的销售模式，加大对农产品销售的对接服务力度，打通线上、线下销售渠道。

一是构建线上销售网络。以浙江物联网和绍兴供销电子商务有限公司为依托，整合农产品资源，建立供销淘服务站点，对接各乡镇农特产品，把新昌县名优特农产品推向网络。

二是搭建超市销售网络。以浙江供销超市有限公司为依托，在保障质优价廉日用品供应的同时，在沙溪等乡镇设立农产品购销点吸附当地农产品，统一营销对接进入浙江供销超市销售，打通下乡和进城的双向流通渠道，并通过新昌县供销超市把农产品推向县内外。

三是建立农产品超市直供基地。整合新昌县花生、茭白等高山果蔬进驻浙江供销超市上架销售；积极发挥超市和“互联网＋”电子商务引领作用，推广“供销淘”电商服务站，实现产销直接对接，开辟农产品销售新渠道。

四是实施信息进村入户工程。2018 年，全县开始实施信息进村入户工程，所有行政村及部分新型农业经营主体按照一定标准建立益农信息社，其中标准型 16 个、专业型 4 个、简易型 380 个，并结合产业发展和区域布局，高标准建设特色益农信息示范社。2019 年，标准型从 16 个上升至 135 个，有效打通了农产品销售渠道。

企业也积极入驻电商平台。2016 年 5 月，丰岛鲜果捞正式入驻 1 号店，向 B2C 的电商模式迈出了重要的一步。与微信端——微商城和淘宝店——丰岛鲜果捞一同开启了丰岛鲜果捞电商微商的新局面。21 世纪是互联网高速发展的时代，这不仅是企业从传统型走向创新型的机遇，更是将企业产品带向千家万户迅速渗透的重要时机，而电商微商的使用与运营则是开启这条道路的有效途径。

4. 农机具补贴与维修保障体系

新昌县整合农机企业、农机经销商、社会维修点等服务单元，加快构建布局合理、服务规范、便捷高效的农机维修服务网络。加强农机售后服务及维修服务领域的监管和服务，结合农机免费实地检验工作，探索将重点时节、关键环节农机的故障维修、保养入库等纳入服务购买内容。整合各乡镇（街道）农机市场，以县为单位建设农机大市场，鼓励农机手、农机合作社、农机维修点等组织或个人建设区域性农机维修中心。

农机具购置补贴是“三补贴”强农惠农政策的重要内容，有利于改善农业装备结构，提高农机化水平，增强农业综合生产能力。2016—2020 年，新昌县平均每年补贴金额 573.88 万元，购买农机具 4 091 台，其中绝大多数是茶产业机械，受益农户 2 931 人，有效促进了农业机械化，尤其是茶产业机械化（表 10－4）。

表 10－4　新昌县农机具购置补贴情况

年份	补贴总金额（万元）	购买农机具（台）			受益农户（人）
		共计	耕整地机械	茶产业机械	
2016	375.04	4 777	169	4 584	3 592
2017	753.29	4 718	33	4 666	3 412
2018	646.63	3 483	44	3 422	2 410
2019	551.87	3 311	—	3 079	2 211
2020	542.57	4 164	—	2 518	3 027

数据来源：中国文史出版社，《新昌年鉴》（2017—2021 年）。

（三）加快农业科技创新

1. 农业科技创新

党的二十大报告指出，要加快建设农业强国，扎实推进乡村产业、人才、文化、生态、组织振兴，这为我国农业现代化发展指明了方向，也明确了农业强国建设在迈向全面建设社会主义现代化强国新征程中的基础性、关键性地位，而农业强国建设离不开农业科技创新。

新昌县坚持以科技强农为突破口，积极探索农业产业强农富民发展新路。据《新昌年鉴》统计，新昌县 2016 年科技创新奖有 3 个，包括辣木特色蔬菜新品种引进及开发、南方马口鱼人工繁育关键技术研究与推广、番茄侧芽快繁嫁接技术研究与推广；2017 年有 6 个，包括甜糯玉米新品种“新甜糯 88”选育与推广应用、茶叶分段加工保鲜技术研究、卷曲形绿茶连续加工工艺技术研究、自动化投料设备、品种蟠桃种植技术等。这些技术的研发单位不仅有农业企业，还有专业合作社，多样化的农业创新主体为新昌县大力推动高水平农业发展增添了动力。新昌县还给数字农业工厂提供资金支持。

2. 现代农业科技示范基地建设

农业科技示范基地是农业科技创新、成果转化和推广应用的主平台、主阵地。新昌县围绕茶叶、水果、蔬菜、粮油、花卉苗木等主导产业，以乡镇（街道）农业公共服务中心社会化服务基地等为依托，每年确定一定数量的农业科技试验示范基地，并树立标牌。通过设立现代农业科技示范基地，新昌县有效开展新品种、新技术、新模式的试验示范和推广应用，对周边乃至全县农户起到示范带动作用。自 2016 年以来，每年新增现代农业科技示范基地数量较为稳定，且企业、家庭农场和农民专业合作社分布均匀，发展较为均衡（表 10－5）。

表 10－5　新昌县现代农业科技示范基地统计

年份	现代农业科技示范基地（高品质绿色科技示范基地）					
	每年新增数量（个）	名称				
2016	5	新昌县百果园果业有限公司	新昌县城南乡蔡氏家庭农场	新昌县沙溪镇蔡峰家庭农场	新昌县惠丰农业发展有限公司	新昌县金石铁皮石斛专业合作社

（续）

年份	现代农业科技示范基地（高品质绿色科技示范基地）					
	每年新增数量（个）	名称				
2017	5	新昌县西山碧芽茶叶专业合作社	新昌县草民生态农业有限公司	新昌县五龙岙农产品专业合作社	浙江浙新龙农业科技有限公司	浙江省新昌县澄潭茶厂
2018	4	新昌县吕唐生态水果专业合作社	新昌县白鹭湖农产品专业合作社	新昌县羽林街道东乡家庭农场	新昌县小将镇乌牛岗家庭农场	—
2019	4	新昌县雪溪茶业有限公司	新昌县兴福农产品专业合作社	新昌县荣越蓝莓专业合作社	（高品质绿色科技示范基地）	—
2020	5	新昌县世豪农业发展有限公司	新昌县兆丰农业有限公司	新昌县种子有限公司	浙江千屿生态茶业有限公司	浙江品晟渔业科技有限公司

数据来源：中国文史出版社，《新昌年鉴》（2017—2021年）。

一直以来，“以农业和农民为中心”的丰岛集团，在积极推动传统农业向现代农业转型升级的同时，利用国内外先进的农业产业化生产模式，加强自主创新，提高产品质量和科技含量，初步实现了由传统农业企业向现代化农业企业的转型。

3. 推动企业研发机构建设

当年认定的国家高新技术企业，新昌县政府对其中首次认定的企业奖励40万元，连续认定的企业奖励20万元，中断后再次认定的企业奖励10万元。对有效期内的高新技术企业，当年首次进入规模企业的，在现有政策基础上再给予一次性奖励10万元。对有效期内的国家高新技术企业，在年度“亩均效益”综合评价中可提档一级。对当年新认定的省级科技型中小企业（农业科技企业），奖励3万元。对当年新认定的省级创新型领军企业，给予120万元奖励，培育的减半奖励。对当年新认定的省级科技小巨人企业，给予60万元奖励，同时优先支持申报省级重点研发项目。

在推动企业研发机构建设方面，对当年新认定的国家级、省级重点实验室分别给予最高500万元、100万元奖励；对当年绩效评价优秀的省级重点实验室，按获得的上级资助金额给予配套奖励。对当年新认定的国家级和省级工程技术研究中心、工程研究中心、工程实验室、企业技术中心、试验基地，分别给予200万元、40万元奖励。当年新认定的省级企业研究院、省级高新技术企业研发中心（农业科技企业研发中心），分别给予40万元、20万元奖励。上述研发机构如为多家单位共建的，根据共建单位家数按比例给予奖励。对经认定的省级重点企业研究院（农业重点企业研究院），按获得上级专项资金，给予配套奖励。对当年认定的市级农业重点企业研究院、市级企业研发中心（企业技术中心），分别奖励10万元、5万元。对当年新认定的省级海外研发机构、国际联合实验室、海外创新孵化中心、国际合作基地，分别奖励100万元、80万元、60万元、20万元。对在县政府统计规划地设立“飞地型”企业研发机构的，给予50%租金补助：每家企业享受补助期限为5年，每年补助金额最高不超过30万元。

4. 支持新产品开发、新品种培育

对列入省重点技术创新项目和重点高新技术产品开发项目计划的，经验收通过，给予每项一次性3万元补助；对通过鉴定的省级工业新产品（新技术），每项奖励1万元。加大农业新品种培育，对新通过省级认定的，补助5万元，通过省级审定的补助10万元。

三、农业产业发展服务

（一）新昌农业发展的政策支持

以农业强镇为发展目标支持农业发展。新昌县不仅致力于塑造良好的营商环境促进企业发展，还从支持农业科技创新和人才振兴等方面支持农业发展。

1. 营商环境优化

（1）“最多跑一次”。“最多跑一次”是浙江省推行的一项审批服务便民化政策。是指群众和企业等到行政机关办理“一件事情”时，若材料齐全且符合规定条件，从提出申请到获知办理结果仅需一次上门或零上门。其中“一件事情”是指一个办事事项或者可以一次性提交申请材料的相关联的多个办事事项。

新昌县“最多跑一次”改革持续深化。浙江省大力提升“互联网+政务服务”水平，深入推进政务服务全流程网上办理，率先建成“数字政府”和“掌上政府”。“最多跑一次”改革的长效制度得到完善。新昌县积极响应浙江省“最多跑一次”改革，营商环境明显改善，截至 2022 年，新昌连续 2 年入选县域投资潜力百强县、营商环境百强县。

（2）掌上办。浙江省持续推进“互联网＋政务服务”，建成了覆盖全省的数字政府体系。通过搭建完善一体化在线政务服务平台和迭代完善浙江政务服务网等，基本实现了政府核心业务的数字化全覆盖。

浙江省主要通过推广应用掌上办公“浙政钉”和掌上办事“浙里办”来打造数字化在线政府。其中“浙政钉”是浙江省政务协同总平台，自 2018 年开始运行，主要作用是推进政府内部业务流程再造及数据共享。截至 2021 年初，“浙政钉”已经覆盖省以下的六级组织，日均活跃用户超过 100 万人。“浙政钉”上线后，政府和企业相关人员整体上线，任何成员之间都可发起跨部门协同。

“浙里办”是浙江打造“掌上办事之省”的核心载体。“浙里办”自2014 年开始运行，截至 2021 年，注册用户超 6 900 万人，日均活跃用户破178 万人，汇聚了 3 600 余项政务服务事项与 800 余个便民惠企应用，汇聚跨部门、跨层级的便民惠企应用，支持群众企业“一站办”；推出电子证照，助力群众企业充分享受无纸化便利服务。“浙里办”囊括了“掌上办事”“掌上咨询”“掌上投诉”三大核心功能板块。企业用户可以在“掌上办事”模块找到所有已实现在线办理的审批等政务服务，并且通过精准定位，“浙里办”可以提供当地个性化的掌上办事服务。在“掌上咨询”模块，企业用户可以了解政务办事细则、线上线下办事导引。在“掌上投诉”模块，企业用户反馈办事遇到的困难和流程缺陷，问题直达政府相关部门。

2. 乡村产业振兴

（1）支持发展农业企业“地瓜经济”。新昌县鼓励农业企业跳出新昌发展新昌，发展“地瓜经济”新模式。新昌县鼓励本地农业企业以工业化发展思维，实现高质量发展。一是鼓励农业企业扎根本土，做强茎块。新昌县于 2023 年通过设立农业招商分中心和农村产权交易中心，加强农业招商引资，计划 2023 年招引农业项目 10 个以上，项目总投资预计超过 3 亿元。着力推动农业龙头企业培育计划，计划在 2028 年前新增 2 家国家级农业龙头企业，计划以丰岛食品和丰岛股份 2 家公司为核心打造果蔬和花卉 2 条产值均超过 10 亿元的全产业链条。二是强化人才品牌建设，吸收养分。新昌县推动“金绿领”培植计划，以茶叶和炒年糕等特色主导产业为重点，通过“重塑一批、挖掘一批、培植一批”的方式，打造出一批涵盖整个农业农村领域的带头精英人才。截至 2023 年 3 月，新昌县已经累积培养了“高素质农民”“农创客”“乡创人才”“乡村工匠”“农业大师”五类乡村经营人才近 1 000 人，累计开展农村实用人才和高素质农民培训 67 期 1.55 万余人次，并连续 9 年被列为全国新型职业农民培育示范县。三是积极开拓海内外市场，延伸藤蔓。通过组织农业企业参加国际农产品展示展销，尤其是推动大佛龙井、小京生和新昌炒年糕等“新昌优选”农产品走向海外市场。2022 年，新昌代表性农业龙头企业丰岛控股集团产品销售覆盖全球 20 多个国家和地区。

（2）支持现代农业发展。新昌县近年来始终支持现代农业发展，培育特色农业体系。多年来持续推进现代农业园区建设，深化“万元亩产”行动。至“十二五”结束时，新昌县已基本形成“1+6+X”特色农业体系①，培育出多个特色农业产业并支持农业产业链延伸，与二三产业融合发展。2016 年，建成省级农业综合园区1 个、主导产业示范区 4 个、精品园 17 个，“万元亩产”面积 4.10 万亩、休闲观光果园 1.35 万亩、特色农林基地 7.83 万亩。2017—2021 年，新昌县现代农业提质发展，“万元亩产”面积新增 10 万亩，特色农业产业基地新增5.6 万亩，并入选浙江省乡村振兴产业发展示范县。

多年来新昌县坚持以科技推动现代农业发展。早在“十一五”期间就提出科技兴农战略，大力推进农业科技攻关，提高效益农业科技含量。2021 年，从技术推广方面着手加强农业科技创新功能。新昌县示范推广农业“五新”技术（新品种、新技术、新肥料、新农药、新机具），积极培植主导产业。2021 年全年推介发布农业主导品种 61 个，主推技术 48 项，构建“专家+农技人员+示范基地+示范主体+辐射带动户”的链式推广服务模式，推进科技精准进村入户到田。

3. 人才振兴

（1）科技人才引进和培养。新昌县始终将科技人才引进和培养放在产业发展的核心位置。早在 2006 年就提出要培养一批高层次经营管理人才、一批学科技术带头人和一批农村实用技术人才等。2020 年，新昌县人才资源总量已达 9.9 万人，超额完成了“十三五”规划目标。近年来新昌县重点支持高

---

① “1+6+X”特色农业体系：“1”指做大做强茶叶优势产业，加快红茶等多茶类开发；“6”指提升发展优质水果、高山蔬菜、干果、中药材、花卉苗木、特种养殖 6 大特色块状产业；“X”指延伸农业产业链，促进农业向二三产业拓展延伸、融合发展。

端领军人才和海外智力的招引、推进院士（专家）工作站、博士后科研工作站、外国专家工作站和其他创新平台建设等。2021 年，总计安排资金 8 000 万元用以高层次科技人才的引进和培养等，并且在农技人员素质提升工程、农业科技大师级人才培育等方面予以资金支持。尤其在农业领域，持续强化农村新业态的人才支撑，深入实施农村归雁青春领航行动、诗画浙江青春创客行动等，引导大学毕业生从事现代农业和农产品电商工作、扶持农创客创业创新。

（2）构建人才发展环境。新昌县多年来着重健全人才激励机制，构建人才发展环境。早在“十一五”期间，新昌县就在工商登记、税收、信贷和劳动保障等方面为各类人才创业提供优惠便利政策，并且构建了以业绩为核心的多元化分配体系，提高人才收入水平；在住房方面，通过建造人才公寓和提供购房补贴等帮助各类人才解决住房问题。

“十四五”期间，新昌县继续深化完善人才发展环境。首先，着手推进人才创新创业全周期“一件事”平台建设，推广应用“人才码”，积极推动人才服务数字化转型。其次，加强人才创新创业金融服务，建立覆盖创新创业全链条投融资体系。在制度建设方面，新昌县全面落实驻企服务员制度、服务人才专项例会等制度，积极解决人才创新创业过程中的困难和问题。此外，新昌县大力培育创新文化，通过开展创新创业杰出人才和优秀团队表彰奖励活动、举办“5·31 新昌科技日”系列活动和全国性科技论坛等，营造出尊重人才、崇尚创新和宽容失败的社会氛围。

4. 其他农业发展政策服务

（1）提升耕地质量。新昌县连续多年拨发资金补贴保护耕地地力。近年来，每年拨款约 1 000 万元专项用于耕地地力保护，提升耕地质量，为农业可持续发展提供了坚实保障。2021 年，新昌县统筹安排资金 3.3 亿元，重点支持土地开发、高标准基本农田建设、农村土地综合整治、“旱改水”项目，整治耕地非农化、粮食生产功能区非粮化，全面保障粮食生产能力。

（2）推进农业数字化。一是建立村级农业信息社，推动农业发展。2019 年完成信息进村入户工作，全县所有行政村都按照“六有”标准建立了益农信息社，主要开展公益服务、便民服务、电商服务、培训体验等“四类”服务。截至 2022 年 10 月，新昌县共有 257 个益农信息社。益农信息社将农业相关信息资源延伸到乡村，使农业经营主体可以高效便捷地获取农业生产经营信息，推动农业发展。

二是积极推动农业数字化改革，服务农业生产。新昌县农业农村局积极完成网络政务公开工作，并且通过农民信箱发送“每日一助”信息、气象预警信息和农技服务信息等，推动信息流通，服务农业生产。积极推广应用“浙江乡村大脑”和“浙农码”赋码用码，截至2022年6月，新昌县“浙江乡村大脑”用户数达6 530个，居全省第四；赋码用码量增速达到182.9%，居全市第一。

（二）新昌茶产业发展的政策支持

2000—2021年，新昌县出台了9轮茶产业扶持政策，专项扶持资金从每年100万元增加到1 000万元，从单一的良种茶园建设扩充到数字化建设、现代茶园建设、现代企业培育、公用品牌建设、茶叶市场培育、科技与文化建设等茶叶全产业链扶持，以政策激励和引导生产要素的转移，牢牢把握产业正确发展方向。

第一，新昌县政府积极组织各类茶事活动推动茶叶品牌化。新昌县已成功举办了17届中国茶叶大会暨新昌大佛龙井茶文化节，以此作为新昌茶业对外合作交流的一个重要窗口。连续多年举办“天福杯”大佛龙井茶王大赛，传承新昌大佛龙井优良加工工艺，弘扬新昌茶人精益求精的“工匠精神”，将大佛龙井的茶品牌、茶文化和茶科技传播到全国各地。

第二，推广茶产业机械化。开展茶园耕作、肥培管理、无人机植保、修剪采摘和连续化加工等农艺农机融合试验示范与推广，建设了一批茶园管理、茶叶加工机械化示范基地。同时支持茶业龙头企业应用现代加工技术，开展茶饮料、茶食品、茶保健品和茶日用品等精深加工，提高茶资源综合利用率。

第三，积极推动茶产业数字化。2021年以来，新昌县以《浙江省乡村振兴产业发展示范建设县项目》为依托，持续深化数字赋能茶产业发展，投资2.55亿元对茶产业链进行数字化提升改造，着手构建茶产业一体化数字精准管理体系、技术形成智能化生产管理体系和“浙农码”“三色码”质量追溯与诚信评价体系。

第四，推动茶产业标准化。新昌县于1998年制定了浙江省地方标准《大佛龙井茶》，2012年制定新昌县地方标准《天姥红茶生产技术规程》，2021年制定大佛龙井、天姥云雾、天姥红茶三大产品的生产技术规程、产品标准、冲泡标准等9个团体标准，发布了《新昌县茶产业数字化信息采集技术规范》《新昌县茶园生态监测系统数字化建设技术规范》两个数字化管理团体标准。

至此，新昌县初步形成了较为完整的茶产业标准体系，促进了茶产业规范有序发展。

（三）新昌县茶产业发展服务平台

1. 项目概况

该服务平台主要建设目的是全面提高乡村茶产业发展和公共服务等方面的数字化水平。该平台以农业涉农数据库为载体，利用互联网、地理信息和人工智能等新兴技术，构建新昌县茶产业发展服务平台，进而促进数字技术与乡村茶产业、公共服务、行业监管和流通营销等的融合，提升农业农村经济运行的动态跟踪管理能力，增强信息指导与服务的及时性和准确性。该项目于2021年8月开始招投标，2022年5月完成最终验收并投入运行。

2. 项目建设内容

（1）涉农数据专题库建设。该服务平台建有涉农数据专题库，数据库归集了物联网数据、县级相关部门数据和第三方数据等，并且实现了数据的互联互通和资源共享。数据专题库形成了统一的数据库标准规范，对各类信息进行科学的归类整合共享，并且形成了有效的数据更新机制。该数据库提供的服务内容包括以下几个方面。

第一，数据归集服务。数据归集需要归集相关部门的数据（主要包括自然资源和规划局、气象局、市场监管局和名茶协会等）、物联网设备数据（主要包括示范基地、茶企、气象站、病虫害监测点、土壤检测设备和无人售茶机等）和第三方数据（主要包括卫星遥感数据和网络平台交易数据等）等相关数据，并且对外提供定制化接口服务，保证整个项目的数据互联互通。

第二，数据库建设内容。根据数据梳理情况，该平台主要编制了如下数据库：茶业自然资源库（主要包括茶园信息、病虫害信息、气象信息和土壤信息等）、茶叶主体人才库（主要包括高素质农民信息、历届茶王基本信息和大佛龙井研究院专家信息等）、茶叶农资库（主要包括农资商店信息、农药购买实名制和化肥使用定额制信息等）、茶产业库（主要包括茶叶种植专题库、茶叶加工专题库、茶叶流通专题库、茶叶品牌专题库和茶旅融合专题库等）和公共服务库（主要包括教育培训、技术服务、金融服务、产业政策和相关指数发布等信息）。

第三，茶产业算法提供。该数据专题库开发了一系列茶产业相关的算法，为各方决策提供专业服务，基本能够覆盖茶叶生产销售全过程，主要算法有：

茶叶产量产值预测算法（通过对天气状况和茶树长势等数据的挖掘及分析，进而预测茶叶产量产值）、病虫害预测算法（通过接入病虫害测报点数据，对茶树主要病虫害发生时间和影响范围等进行有效预测，为茶农预防病虫害提供数据支撑）、茶叶气象品质指数算法（采用气象等数据建立算法，将茶叶气象品质指数由高到低划分为五个级别：特优、优、良、一般和差）和茶叶价格指数算法（通过采集样本户的交易等信息，建立每日交易平均价格指数及每月平均价格指数）。

（2）茶叶数字驾驶舱。茶叶数字驾驶舱通过可视化的“一张图”的形式，为政府决策和职能部门管理提供一站式支持。该驾驶舱通过数据分析等技术，将茶产业运行的各方面情况的关键信息汇总起来，对关键指标变化进行动态监控，并将其可视化和直观化。该驾驶舱具有操作简便、分析的交互性和可视化特点，能够帮助管理人员掌控全局，提高决策的科学性。茶产业数字驾驶舱通过“一张图”的形式来展现，主要部分介绍如下。

第一，茶叶概况一张图。该图用于集中展示茶叶全产业链数字化概况，主要有3个模块：茶园发展（根据茶园卫星遥感数据，建立可交互的GIS地图，展示各乡镇街道的茶园变迁状况，并对各茶园按地块进行编号管理）、气象资源（实时获取全县52个气象监测站相关数据，同时对接县气象局获取相关数据以及时预报或预警）和产业概况（通过建立GIS地图，展示新昌茶园面积及分布信息、茶农及相关从业人员信息、产业链产值信息，以及销售分布、价格走势、品牌价值、消费者画像和茶旅相关数据等）。

第二，茶叶种植一张图。该图集中展示了新昌茶园的茶叶种植相关情况，主要内容有：茶树生长（包括种植面积、长势监测和土壤监测3个板块内容）、茶园生态（通过建立GIS地图，集成了茶叶基地的地理位置信息和其他基本信息，并且能够实时展示茶园生态监测站的数据）和茶园气象（以各气象站历年的和实时的观测数据为基础，为用户提供精准及时的气象灾害预报服务）。

（3）茶产业特色应用。新昌县围绕“茶企、茶农、茶园”，建立特色数字化应用为茶产业发展赋能，实现新昌县茶产业生产、加工、销售、品牌和茶市全产业链数字化管理和服务。主要有以下应用系统。

第一，茶叶数字化管理系统。新昌县通过“浙农码”平台为茶叶生产经营主体赋码，构建新昌县茶产业“一园一码”“一户一码”“一企一码”和“一物一码”等“浙农码”综合应用场景，打造新昌县内茶园、茶农、茶企和茶叶产品等数字身份管理体系。在精准化数据管理的基础上，该系统能够提供“一站式”服务，包括码上信用、营销和“三农”服务等。

第二，茶企数字化管理系统。该系统帮助新昌茶企实现对生产加工数据、仓储数据、销售数据和产品追溯等的一站式数字化管理。通过对相应数据进行智能化分析，该系统能够帮助茶企提高生产和管理效率，为茶企的数字化管理赋能。茶企相关数据经脱敏后还将上传至涉农数据专题库，为新昌县政府相关部门提高茶产业数字化管理水平提供帮助。消费者也可以通过扫码获得相应茶叶产品的溯源信息并对产品进行多维评价，相关评价也将在脱敏后上传至数据库用以指导生产经营。

第三，茶叶生态环境监测系统。该系统通过接入新昌县物联网设备（包括茶叶示范基地、茶企、气象站和病虫害监测点等），实现新昌全县相关物联网设备的集成和管理。在此基础上，该系统结合大数据分析平台构建茶叶相关指数（如茶叶产量产值预测指数、病虫害预测指数和相关气象指数等），为茶产业生产经营提供科学指导。

第四，投入品网格化监管系统。该系统主要目的是对化肥、农药施用进行监管和指导，实行流程化、制度化、标准化和网格化管理。该系统通过与“一园一码”“一户一码”数据对接，并最终链接到茶产业公共服务平台，对农户施肥用药提供建议和使用预警，从而提升茶叶质量。

第五，茶叶公共服务应用系统。该系统通过“浙农码”汇集茶农和茶企等基础信息及日常交易信息，制定个人画像，以多维度数据制定信用等级，从而为普惠金融、茶叶保险的额度提供判断依据。系统主要功能模块包括专家问答、教学培训、供需发布、普惠金融和茶叶保险等。

（4）茶产业数字化展示中心。该展示中心为新昌县农业发展提供了一个线下的数字化物理空间载体。该中心旨在为新昌县提供集茶叶数字化建设、茶叶文化、茶旅融合成果等于一体的综合性数字化服务平台。

（四）以炒年糕为代表的特色小吃产业发展的政策支持

炒年糕产业已成长为新昌县富民支柱产业之一。2021 年，新昌县以“新昌炒年糕”为代表的特色小吃全产业链产值达 11 亿元，2017—2021 年新昌县累计开设 507 家炒年糕门店，2021 年当年新增 110 家；累计建设 4 家标准化年糕企业、3 个特色小吃村（东茗乡后岱山村、澄潭街道梅渚村、沙溪镇董村）和 3 条小吃一条街。新昌县特色小吃的发展有力推动了共同富裕，截至

2021 年，共有县内外新昌特色小吃门店 1.8 万余家，小吃生产加工企业 50 余家，带动3 万多名劳动力就业。为促进炒年糕产业发展，新昌县主要采取了 3 项措施。

第一，着力优化政策体系。将“新昌炒年糕”传统小吃产业发展列入新昌县“十大民生实事”工程，进一步优化财政政策供给，县财政每年落实 1 000 万元专项资金，用于扶持和奖补“新昌炒年糕”品牌建设、人员培训、门店创建、宣传推介等，推动新昌传统小吃“走出去”。

第二，推动炒年糕品牌建设。新昌县建立“六统一”传统小吃产业建设标准，即统一培训内容、注册商标、制作工艺、经营标准、门店标准、原料标准，从散米生产基地、年糕原材料加工、炒年糕门店到年糕系列产品销售等产业链的前后端进行全面延伸，为“新昌炒年糕”品牌建设奠定了坚实的基础。例如在门店建设方面，新昌县对所有严格按照“新昌炒年糕门店装修十要素”等要求装修的门店开展扶持补助。新昌县还从完善 LOGO 设计、制作形象视频和借助乡贤力量等方面发力，推动品牌建设。“新昌炒年糕”也被评为“浙江省十大农家特色小吃”之首。

第三，培育小吃文化，构建增收新渠道。新昌县深挖文化、做强品牌、开发衍生产品，以“新昌炒年糕”特色小吃文化带动旅游业的发展，传统年糕制作成为乡村旅游特色体验活动，年糕成为大受游客欢迎的伴手礼。此外，新昌县还积极打造“新昌炒年糕”旗舰店、小吃一条街、小吃馆等，实现特色小吃与旅游相融合，营造文化氛围。

四、兴村富民基金

（一）基金简介

兴村富民基金企业全名为新昌县兴村富民股权投资基金合伙企业，经营业务范围包括股权投资和创业投资。该基金成立于 2022 年 5 月 31 日，注册资本为 10 亿元，由浙江省新昌县投资发展集团有限公司（以下简称“新昌投发集团”）和新昌县两山发展实业有限公司（以下简称“两山公司”）共同运作。

该基金引入民间资本和国有资本共同参与。在新昌县委和县政府的鼓励号召下，大量民间资本入股兴村富民基金，盘活开发农村资源要素，以市场化为乡村注入产业的“造血”方式高质量推动共同富裕。该基金共 10 亿元的注册资本中，有 1.4 亿元左右来源于民间资本：主要由三花控股集团有限公司、新和成控股集团有限公司和新昌强村实业有限公司出资，出资额为 600 万～3 000 万元不等；此外，新昌县绿色股权投资基金合伙企业（由新昌国有企业完全控股）出资 8.5 亿元。

（二）以市场化方式为乡村产业“造血”

1. 基金机制安排

（1）利益联结机制。在兴村富民基金及其项目运作中，村集体和农户将低效林等资源折算成股份流转给新昌强村实业有限公司（以下简称“强村公司”），公司获取流转费用，并通过经营实现收益，以“入股搭车”实现村集体增收：设置差异化利润分配机制，确保项目年化收益率的前 5%归强村公司，保障村集体每年保底分红 1 600 万元，同时立足良性循环，建立返投机制，将年化收益率超 5%的部分留在基金投资项目，形成“造血式”良性循环，做大共富基本盘。其利益联结机制通过层层入股实现（图 10-1）。

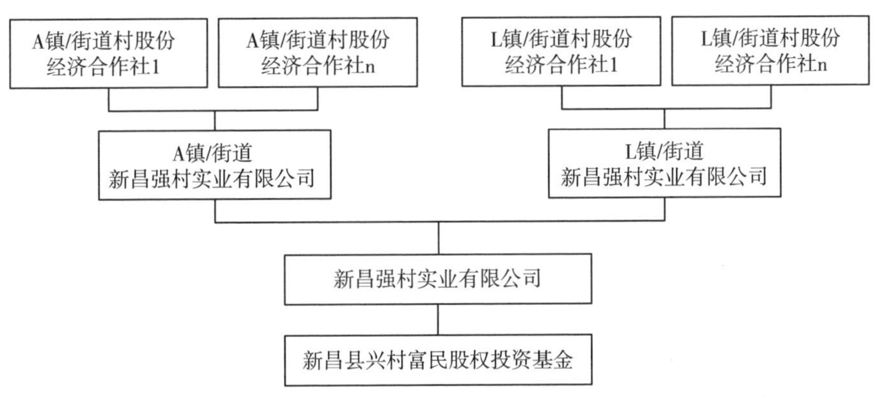

图 10-1　基金-公司-合作社（股份）利益联结机制

（2）其他机制。企业在“造血”过程中会承担一定风险，对此，新昌县建立收益再分配机制、保本退出机制、生态补偿机制，确保民营企业可以按认缴比例获得相应收益。具体而言，新昌县建立收益再分配机制，兴村富民基金年化收益率超 5%的部分，待达到一定金额后，由民营企业等全体合伙人协商决定分配机制，企业可按认缴比例获得相应收益。新昌县建立保本退出机制，在确保民营企业股权转让价不低于实缴金额的情况下，民营企业可通过股权转让形式退出，也可选择以股权换取相应价值的项目资产，确保民营企业放心进入，安全退出。同时，新昌县推动形成合理生态补偿机制，让入股民营企业在参与共同富裕、共享基金收益分配成果的基础上，优先获得碳汇、绿电指标。

2. 基金重点推进项目

兴村富民基金以重点项目为抓手，增强村级“造血”能力。该基金推进的项目聚焦农业农村重点产业、重点领域，整合具有开发潜能的农村闲置低效资源，通过资产整合、增效扩容、统一运维，全面推进农村产业提质，将闲置的绿色资源变为推进农村共富的动力源泉。并且新昌县把基金优先配置到香榧林、中药材、绿电、乡村旅游等产业前景好、安全环保优的项目中。

基金重点推进项目有力推动了共同富裕。由新昌投发集团和两山公司共同运作，新昌县推动实施“低效林改造种植万亩香榧”和“小水电整合增效扩容”2个项目，建成后预期每年可增加1 600余万元的直接收益，专项用于集体经济相对薄弱村增收，力争经营性收入达到40万元以上。新昌县针对低效林、小水电等资源缺少经营管理、经济效益低下等问题，通过设立基金，带动全县低效林改造和绿电产业发展，实现村集体闲置低效资产盘活利用，突破山区农业产业“低小散”的先天劣势，实现集约化和规模化发展。

（1）低效林改造种植万亩香榧。经过摸排调研和专题研究，新昌县梳理出“土地流转、资源入股、平台开发、规模经营、金融扶持、期权兑现、强村富民”的闭环运行机制。对低效毛竹林、板栗林和荒芜的果园茶园等宜林荒山荒地进行流转，2022年新昌县已种植香榧5 000亩，完成签约低效林流转土地5.9万亩，共有81个农村经济合作社参股，向村集体和农户兑现土地流转费、政策处理费累计达3 844万元。新昌县计划在2025年之前建成10万亩良种香榧基地，预计带动1万余人就业。低效林改种万亩香榧项目的实施实现了多方共赢，构建了共富共享新模式。

低效林流转改造不仅有利于农民增收，也有利于推动企业绿色发展。通过流转低效林，农户能直接领取每亩600元的年租金和林木处置费，后期还能按香榧产量再分红。根据2022年价格评估，进入产果期后，每年香榧干果产值超10亿元，利润约5亿元；低效林改造后的年均固碳释氧价值达3 600多万元，对企业实现碳达峰、碳中和目标有着相当大的吸引力。

（2）小水电整合增效扩容。小水电整合增效扩容项目能够推动新昌县形成电站绿色、流域绿色、区域绿色的水电发展新格局。该项目首期计划完成20个村级小水电站改造，新昌县根据《浙江省小水电清理整改“一站一策”指导意见》，将水电站分为整改类水电站和退出类水电站。其中整改类水电站要求进行生态流量核定，建设生态流量泄放设施和监测设施，并且对水环境和水生态进行修复以降低生态影响。而退出类水电站则要进行工程拆除，并且要在拆除后对生态环境进行修复。在小水电整合完成后，新昌县统一实施流域绿色小水电示范区建设，全面修复减脱水河段生态，并通过上下游电站的优化调度运行，实现添绿生金。

（3）县域风貌样板区建设。新昌县以“兴村富民基金”为载体，深入推进“水墨山城”“梦游天姥·唐诗之路”和“沃洲山水”3个县域风貌样板区建设。县域风貌样板区建设旨在探索形成资源集约利用程度高、产业链条完整、功能多样、示范带动作用强、利益联结紧密的产业发展新格局，实现“企业做大做强、村级集体经济增收、农户共同致富”的三赢目标。

县域风貌样板区创建依次开展。位于七星街道、澄潭街道、镜岭镇的“水墨山城”和位于儒岙镇、南明街道的“梦游天姥·唐诗之路”以及位于沃洲镇、沙溪镇的“沃洲山水”，将于2025年前先后完成申报创建。创建三大县域风貌样板区的目标定位中考虑了文化底蕴、产业特色、人口基数等多种因素。

“水墨山城”县域风貌样板区成功入选浙江省首批城乡风貌县域风貌样板区试点。该样板区创建范围约27.08平方千米，横跨七星街道、澄潭街道和镜岭镇。新昌县通过重点打造“水墨山城”县域风貌区，逐步形成一条经济发展示范带、生态文明示范带、共同富裕示范带、未来乡村示范带、唐宋文化示范带。该风貌样板区共有9大项目，总投资约2.8亿元，使村民在家门口就能实现增收。

第十一章

新昌农村基础设施建设

一、农村公共基础设施建设

(一) 农村公共基础设施的定义

1. 农村传统基础设施

参照中国新农村建设的相关法规文件，农村传统基础设施可具体划分为3个大类：农村生活基础设施、生态环境建设和农村社会发展基础设施。

农村生活基础设施：主要指饮水安全、农村沼气、农村道路、农村电力等基础设施。

生态环境建设：主要指天然林资源保护、防护林体系、种苗工程建设，自然保护区生态保护和建设、湿地保护和建设、退耕还林等农民吃饭、烧柴、增收等当前生计和长远发展问题。

农村社会发展基础设施：主要指有益于农村社会事业发展的基础建设，包括农村义务教育、农村卫生、农村文化基础设施等。

2. 农村新型基础设施

农村新型基础设施是指以互联网、物联网、大数据、人工智能等信息技术创新为驱动，服务于“三农”的农村公共基础设施。主要包括农村信息化基础设施、农村融合基础设施、农业创新基础设施等。

农村信息化基础设施是新基建的重要内容，是为农业生产和农村社会提供信息化公共服务的基本硬件、应用终端与基础装备。主要包括农业农村数据获取设施、农业农村数据存储与算力设施、农村网络通信设施、农业农村信息应用终端等。

农村融合基础设施是应用新一代信息技术支撑农村传统基础设施转型升级，进而形成的融合基础设施，如农村智慧水利设施、智慧农田设施、智慧仓储物流设施、智慧生鲜冷链设施等。

农业创新基础设施是支撑农业科技发展的公益性基础设施，如农业科技科教基础设施、农业产业技术创新中心等。

（二）新昌农村基础设施建设概况

实现乡村振兴和农民增收离不开高质量的基础设施建设。2018—2022年，新昌县基础设施建设成果斐然，累计建成农村文化礼堂276家，实现规模以上建制村全覆盖。为了让农民生活得更美好，新昌县全面推进农村基础设施建设和公共服务提升，全县基本实现村村道路硬化、村村议事有地方、群众活动有场所；居家养老服务中心实现乡镇（街道）全覆盖；农村幼儿园规范化等级比例达100%；农村饮用水达标提标行动累计投入资金6.3亿元，惠及18万人，基本实现了城乡同标同质。

美丽乡村建设，离不开真金白银的投入。新昌县坚持“突出重点、集中财力办大事”的原则，整合政策、资金、项目等资源向3A景区村和美丽乡村先行村集聚。仅2021年，新昌县就整合资金10.97亿元，开展县级精品节点村提升项目28个、“五星3A”村创建26个、美丽庭院示范景观带项目村9个。

电力方面，截至2018年，新昌全县220千伏输电线路累计达到8条124.231千米，110千伏22条219.441千米，35千伏38条249.301千米，10千伏线路223条1 836.1千米，电网综合电压合格率从2007年改造前的97.5%提高到99.998%，电网供电可靠率从99.87%提高到99.92%，综合线损率从4.27%降低到2.11%。2018年后，新昌将电力建设重点放在清洁能源上。2022年，新昌山区电网架构持续优化，截至2023年5月底，新昌光伏累计并网容量已经达到22万千瓦时，实现了“光伏倍增”目标，增速位于全省前列。截至2023年6月，新昌县内有水电站103座，装机容量59.26兆瓦，年发电量可达1.5亿千瓦时。首批31座水电站已经完成整合，小水电新增调峰能力0.4万千瓦。

水利方面，新昌县积极践行“节水优先、空间均衡、系统治理、两手发力”治水思路，按照“补短板、强监管、走前列，推进水利高质量发展”总要求，持续发力。截至2022年，新昌县共有783座水库山塘，分布点多、面广。对此，新昌县不断加快推进小型水库除险加固和山塘综合整治项目。2022年，8座水库除险加固和20座山塘综合整治进度超原定计划，民生实事项目中水库除险加固项目进度居全市第一。新昌县还提前两年完成7大类214个水利工程标准化创建，扎实开展全县124座水库系统治理，高质量完成水库核查评估，水库安全鉴定超期存量实现清零，水利工程产权化、物业化、数字化管理工作取得新突破，该“三化”改革工作成绩突出，2021年获浙江省水利厅通报表扬。

交通网络建设方面，“十三五”期间，新昌县交通运输事业实现持续、平稳、较快发展，围绕“铁、公、机”建设任务，以运输服务体系与行业管理体系两大体系为支撑，骨架道路成网，铁路、航空实现了“零”的突破。新昌县成功创建“四好农村路”省级示范县、“万里美丽经济交通走廊”达标县，基本适应了经济社会的快速发展，为全面建设小康社会提供了强有力的交通保障。

（三）农村传统基础设施建设

浙江各级党委、政府按照习近平总书记指明的方向，十五年如一日，坚持不懈推进“千万工程”，使浙江农村人居环境和整体面貌发生了翻天覆地的变化。

新昌的农村居住环境自新中国成立以来不断改善，现在，无论是村间小道还是公共厕所，都被打扫得干干净净，农村发展越来越好，公共设施应有尽有。在各项居住环境的改造中，最显眼的成果当属直接服务于村民的衣食住行的基础设施建设。

1. 村容改造

新昌曾是重点污染县，经过环境整治和梳理式改造，村庄有机更新，村容村貌不断改善（图11-1、图11-2），于2017年获评国家级生态县称号。

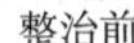
整治前

整治后

图11-1　澄潭街道梅渚村竹园整治前后对比

整治前　　　　　　　　整治后

图 11-2　澄潭街道梅渚村会堂横路整治前后对比

2. 能源管道建设

2017 年，上虞—嵊州天然气省级主管网开工建设。县发展和改革局抓紧这一历史机遇，积极推进天然气供储销体系建设，规划建设上游接气高压管线和城区燃气管网。

2019 年 6 月，由新昌县天然气有限公司建设的从嵊新分输站到新昌县城市管网的天然气连接管道开始通气试运营，顺利实现对接省级主管网，标志着新昌县正式迈入“管输天然气”时代，对新昌县的能源结构变革具有里程碑意义。

对用户而言，使用管输天然气将带来更多实惠。截至 2019 年，新昌县燃气企业拥有 62 万立方米的储气能力，56 家工业企业，10 989 户民生用户已经用上管输天然气。如今更低廉的管输天然气逐步进入千家万户，真正让群众得到了实惠，改变着人们的生活，未来将成为群众日常生活和保障地区发展必不可缺的重要能源。2019 年，新昌还建成了“三门—嵊州”天然气管道新昌段工程，该工程投资 13 亿元，经过 5 个乡镇，总长 41 千米，管径 813 毫米，沿线设置儒岙和羽林 2 座阀室。后续配套分输站建成后，城区管网可实现多点进气格局，儒岙镇居民也可用上管输天然气。

3. 给排水设施

近年来，新昌城乡融合进程加快，工业经济蓬勃发展，生活用水和工业用水量快速增加，对污水处理也提出了更高的要求。为此，自 2022 年起，新昌县实施总投资约 6 亿元、为期 3 年的农村生活污水处理设施提标改造项目，对所有农村生活污水终端运行效果不正常、注水标准不达标的处理设施进行改造，实现处理设施标准化运维全覆盖，力争把农村生活污水对环境的压力降到最低。新昌县多部门建立“农污设施一张图”，明确“挂图作战”机制。截至2023年3月底，新昌县已投资约1.15亿元，改造农村生活污水处理设施120座，完成30个村级站点农村饮用水供水设施及部分管网综合提升改造，受益农户15 860户。同时，进一步完善智慧水务平台建设，全县目前已建成现代化水厂3座、原水在线仪表30余台、管网水质监测点63个、供水流量仪表监测全覆盖326台，确保群众喝上清澈干净的放心水。

4. 生态环境建设

（1）湿地公园建设。新昌县修建了黄泽江省级湿地公园，属于生态型社会公益性项目，有显著的生态效益、良好的经济效益。湿地公园的建设，将有效保护周边复合湿地的生态功能和生态系统，保护和改善湿地生物栖息环境，保护和恢复生物多样性，充分发挥湿地公园在提供优质充足的水源地（特别是饮用水资源）、净化污染物、控制侵蚀和保护土壤、调节森林气候和气体、休闲娱乐和文化科研等方面的功能，从质与量上提升湿地公园的生态系统服务价值，有利于保障曹娥江流域的生态安全及区域的生态安全屏障，有效保护宁波地区的用水安全。湿地公园的建设，将产生显著的社会效益，有利于推动新昌县美丽乡村和生态文明建设，改善社区基础设施和生态环境。

（2）农村景区化建设。新昌县围绕市民游客的需求，进一步完善基础设施、优化业态供给、探索有效运营，呈现出精致、精美的环境服务体系和改造实效。截至2021年，全县有旅游景区11个，景区镇实现全覆盖，省A级旅游景区村庄175个，占行政村总数的69%（其中3A级景区村庄32个）。2021年，共安排精品村、A级旅游景区村等乡村旅游项目240个，下达项目资金23 921万元。

典型案例1：镜岭镇基础设施建设

镜岭是新昌县乡村振兴的一个典型缩影。多年来，该镇坚持“千万工程”为统领，持之以恒地推进人居环境整治、美丽村庄建设、乡村旅游发展，实现了从环境“脏乱臭”到镇域“景区化”的历史跃迁，走出了一条从“治环境”到“卖风景”的美丽之路。位于新昌县农村山区最偏远的外婆坑村，借着全县发展乡村旅游的东风，从“三餐吃着玉米羹，八十炉灶四十光棍”的贫困村，通过“治环境”“卖风景”，发展乡村旅游和民宿，把“穷山恶水”转变为“金山银山”。早在2018年，外婆坑村以玉米饼为代表的旅游产品最多一年实现了

300 万元的收入，村内民宿已卖到了 1 280 元一晚。

镜岭老街在邀请专业运营团队入驻后，通过有效的乡村运营，使老街焕发生机，使乡村更具人气（图 11－3）。通过三期微改造项目，在复原老街旧貌的同时，植入了蜂巢艺术街区、镜岭脚市、城市书房、网红菜场等特色业态，并成功引进“青藤里”“门木工穴”“时光邮舍”等商户 20 家，老街景与新业态、传统文化与现代艺术在这里有机相融、共生共长。

图 11－3 镜岭镇老街

2023 年 3 月 6 日，农业农村部公布第十二批全国“一村一品”示范村镇，新昌县镜岭镇雅庄村凭借休闲旅游入选，系全市唯一。雅庄村地处澄潭江边，背靠穿岩十九峰，自然风景秀美，交通区位优越，借助地理区位优势，以全域旅游为契机，打造蔬艺公园、草坪客厅等景观，推进农家乐民宿产业，发展乡村休闲旅游业态，给游客带来了优质的旅游体验。截至 2022 年底，雅庄村建有集农创文创产品展示、销售、体验于一体的“天姥农味·镜岭味道”主题馆，建成各类农家乐民宿 40 家（其中省级银宿 1 家，星级农家乐 9 家），有餐位 1 400 个、床位 615 张，直接带动从业人员 100 余人，旅游营业年收入 1 000 万元以上。

作为未来民宿集聚村，雅庄民宿联盟和运营公司始终坚持统筹推进民宿协调发展，整合穿岩十九峰景区、狐巴巴研学营地、小火车主题体验、山海经主题夜游等业态，共同拓展游线、拓宽渠道、拓张营销，与各民宿主建立互惠互利合作，为增收致富开辟新渠道。同时，通过深化“镜岭味道”主题馆品牌，实施“主题馆＋村＋农户”模式，形成“主题馆销售、村供应收购、农户按标准生产”的村帮村、村带户格局，实现家门口的消薄增收。

典型案例 2：茶旅融合示范基地建设——东茗乡下岩贝村

下岩贝村位于新昌县东茗乡西南部，村内有耕地、山林等土地总计 2 300 多亩，其中茶园 1 300 余亩，平均每户农户拥有 5 亩茶园，茶树品种主要有乌牛早、龙井 43、白茶等。该村风光秀丽，茶园旖旎，多有云雾缭绕，可鸟瞰茶筛湾峡谷，远眺穿岩十九峰，是“百里丹霞观光道”的重要节点，茗香风情的典范。在省一事一议财政奖补助推美丽乡村建设试点村项目的推动下，下岩贝村打造了云上平台、岩贝客厅、千米茶园绿道等主题景点，完善了游客中心、生态停车场、旅游厕所等基础设施，丰富了彩茶坊、茶香大舞台等休闲业态，于 2017 年 10 月成功创建省 3A 级旅游景区村。全村共发展农家乐、民宿 19 家，有床位 200 余张，餐位 700 余个，是浙江省旅游风情小镇“茗香小镇”的核心区，获省美丽乡村特色精品村、省 50 个 A 级旅游景区样板村、美丽景区村、中国美丽休闲乡村、浙江省卫生村、浙江省首批农村引领型社区、浙江省高标准农村生活垃圾分类示范村、浙江省气象防灾减灾标准化村、全国“一村一品”示范村镇等荣誉称号。

（3）农村水生态保护。在农村水生态保护方面，新昌政府全面推进省级“五水共治”体制机制试点建设，打造治水升级版。深入推进河长制，完善“清三河”长效机制，全面整治城市内河和农村河道，确保澄潭江、新昌江、黄泽江流域水质稳定。加大环保基础设施建设，深化农村生活污水、工业污水、农业面源污染治理，实现城镇截污纳管和农村生活污水处理全覆盖，建立健全农村生活污水处理设施长效运行维护机制。

典型案例：长诏水库绿化改造

长诏水库是新昌人民的“大水缸”。近年来，新昌县通过森林抚育、补植彩色树种、改造林相等生态修复手段，对长诏水库周边山体实行沿线连片整体推进，着力建设集景观建设、林相改造、生态涵养于一体的彩色森林。自 2011 年起，长诏水库林场通过人工造林、抚育间伐、林相改造、补植改造等措施，实施彩色健康森林建设累计 9 683 亩。

借“新增百万亩国土绿化行动”的东风，新昌县绿委会成员单位新昌水利局又营造水库河滩地水土保持林 3 处，种植水杉、池杉等乔木 16 213 株，并开展 139 米淹没线下绿化工程，在库区青坛、息坑、溪东、溪西、百果园五大区块，种植池杉、红叶石楠等乔木 24 196 株，2020—2021 年绿化面积达 450.76 亩。根据最新森林资源一张图，2022 年长诏水库林场森林覆盖率为 68.25%，单位面积蓄积量由 2008 年的 2.88 立方米/亩增加到 5.98 立方米/亩。

阔叶林、针阔混交林面积由2008年的5 535亩增加到7 834亩。

森林涵养水源，水源反哺当地群众。长诏水库年均供水量3 600万吨，承担着新昌150平方千米、28万人口的水源供应。钦寸水库平均每年向宁波供水1.26亿立方米，满足宁波中心城区近五分之一居民的用水需求，发挥了极大的社会和经济效益。

（4）防护林建设与森林城市构建。新昌县统筹安排资金2 650万元（包括省、市补助资金），重点支持全县范围内的国土绿化建设、“一村万树”、国家森林城市建设（包括省级特色产业强镇、康养名镇、森林人家、森林康养基地和森林氧吧创建等）、林业产业发展、城区毁林山林的重新绿化、生态屏障建设、松材线虫病防治、野生动植物保护和森林防火等。

新昌县结合自然山水、人文历史资源和绿地现状，构建以“一核、两屏、五带、多点”为框架的城乡一体绿化体系：“一核”，即以人流集聚的建成区绿地为核心；“二屏”，指建成区东北、西南方向的两条带状山体，为新昌县的环城绿屏；“五带”，指由新昌江、澄潭江、黄泽江等三江六岸水源涵养林构成的森林生态廊道和G15W（上三高速）、104国道等公路两侧的绿色通道景观生态带；“多点”，主要为森林公园、风景名胜区、水源保护区、湿地、村庄绿化等。

新昌县千方百计增加绿化面积和森林总量：推动森林进城，在公园、小区、道路绿化和提质上下功夫；实施森林围城，加强城市周边、大佛寺景区的绿化造林、林相改造力度，增加森林资源总量，提升绿化质量和绿化景观效果，实施总面积11 097亩，投资达2.05亿元。同时，新昌政府致力于促进村镇绿化。与小城镇综合环境整治、五星达标3A创建等相结合，新建沃洲、回山、东茗等8个镇乡公园。截至2022年5月，新增绿地210亩；建设美丽廊道，大力开展高速公路及各省道、县道、乡道沿线绿化，落实补植改造措施；保育森林湿地，加强生态公益林保护与管理，推进“阳光公益林”平台建设，建成绍兴规模最大的生态公益林管护中心；探索实行“树长制”，对3 173株古树名木、74个古树群落实行“网格化”管护。

森林是旅游财富宝藏。新昌县积极推进“旅游富民”战略，加快发展森林旅游、森林康养，整合提升罗坑山、天姥山省级森林公园，完善森林公园配套设施，创建黄泽江省级湿地公园，建成省级森林康养基地1个、省级生态文化基地6个，修复霞客森林古道8千米，基本形成了开发建设有序、基础设施完善、品牌特色明显、综合效益显著的森林旅游新格局，不仅满足了游客对“诗和远方”的憧憬，也打造出增收致富的产业链，将“美丽风景”真正转化为“美丽经济”，助力实现共同富裕。

（5）康养基地。近年来，新昌县自然资源部门依托本地丰富的森林资源，成功打造了15个森林人家、1个康养小镇、1个康养基地，让乡村、小镇实现居住和旅游食宿的双功能（表11-1）。为积极培育、壮大市场，新昌县推进机制体制创新，解决相关配套基础设施，引导金融资本、社会资本进入森林康养产业。

表11-1　2022年新昌县全县“五百”森林康养基地

基地类型	自然保护地	森林氧吧	赏花胜地	森林古道	森林人家
基地名称	新昌天姥山省级森林公园	千丈幽谷森林氧吧	新昌天姥山森林公园	霞客古道	新昌县镜岭镇外婆坑村
	新昌七盘仙谷省级森林公园	小寺岙湿地森林氧吧	新昌小将镇乌泥岗山樱花园	—	—
	浙江新昌黄泽江省级湿地公园	天姥山森林氧吧	—	—	—
	—	罗坑山森林氧吧	—	—	—
	—	钦寸森林氧吧	—	—	—

数据来源：浙江新昌政府门户网站。

2021年，新昌县共有1 523人利用森林景观就业，共接待游客人数47.6万人，实现总产值5 428万元，成功将生态优势转化为经济效益，让群众吃上了“生态饭”，过上了好日子。

（四）农村新型基础设施建设

新基建和传统基建的共同点在于都具有支撑、服务、载体、连接等特点，但相比较而言，农业农村新基建一次性投入大、涉及面广，新型基础设施的功能不仅在于连接，更重要的是赋能。

1. 农村信息化基础设施

以数字新昌为建设目标，重点推进计算机网、通信网和有线电视网三网融合。实施宽带接入和扩容工程，加快发展第五代移动通信系统，实施5G服务平台项目，完善多样化、个性化通信服务；推进数字电视推广与普及，逐步建立包括节目、传输、服务、监管功能在内的统一平台。加快推进数字政府、数字企业和数字社区建设，积极推广物联网技术，构建开放、高效、便捷、安全的公共信息平台。

2021 年，由新昌县城市建设投资集团有限公司新建的 5 个公交站点的 10 块公交智能电子站牌在人民中路投入使用，通过智能站牌，乘车居民可以实时掌握车辆到站离站、线路首末班和站点监控信息，比在手机上查找便捷了许多。

2. 农村融合基础设施

（1）农村电网。新昌县开展乡村电动汽车充电基础设施建设，推动乡村从“用上电”向“用好电”转变，为乡村振兴注入新动能。2021 年清明小长假前夕，浙江省新昌县后溪充电站投入运行。这座拥有 18 台充电桩的充电站的投运，为来新昌旅游的新能源汽车提供充电服务，助力当地“绿色旅游”发展。国网新昌县供电公司加大充电基础设施建设，投资约 2 600 万元在十九峰景区附近建设充电站，持续为景区及城乡居民提供可靠的清洁能源供给，助力地方景区早日实现碳达峰。

（2）智慧水利。水利工作如何运用科技手段达到护水治水效果，是新昌县一直探索的课题。近年来，该县积极探索数字化治水，实现河湖、水保工作精细化管理。新昌山区的特殊地理环境导致溪流短小湍急，特别是汛期，遇到短时强降雨，极短时间内极易引发山洪、泥石流等灾害。2022 年 7 月，新昌县水利水电局迭代升级山洪“御”应用平台，实现县域内所有水库水文监测覆盖率 100%，集成水雨情数据信息日均超 10 万条，发布水情雨情预警短信 1 092 次，发送35 089 人次，查实率 100%，乡镇（街道）根据分析预测结果共转移 1 160 人。

以水土保持守护绿水青山，新昌县开发建设“新昌县水土保持监管平台”，实现了水土保持信息采集自动化，通过水土流失源头严防、过程严管、事后追责等全过程管控的数字化场景应用，监管时效提升 200%，核查效率提升 11 倍。该平台被成功列入省水利厅数字化改革试点项目。近三年来，新昌县累计治理水土流失面积 54.8 平方千米，完成率 125%，坡耕地治理度达 75% 以上。多年来水土流失治理投资总额居全省第一，水土流失面积消减率列全省前茅。

（3）网信基础设施。自 2020 年 5 月起，新昌县优选商业运营管理有限公司与北京京东科技有限公司经新昌县人民政府驻京招商组牵线，建立专项工作小组。经双方讨论，明确“新昌优选”电商上行、运营计划方案、建立特产馆运营指标体系等目标。“新昌优选”依托京东在数字贸易、数字营销、数字化运营等方面的优势，带动“中心＋龙头企业＋站点＋基地＋农户”的全链条数字化运营发展，帮扶当地重点规模企业实现共同富裕平台建设、电商生态培育，助力产业提升。2022年8月初，市民已经可通过京东手机客户端“新昌优选”自营店购买新昌县的农特产品。

（4）农村物流建设。新昌县加快推进快递“进村”工程，通过城乡公交等公共交通加速农村快递物流辐射网高效运转，实现城乡快递服务均等化。优化全县快递服务网络布局，建立健全安全管理保障和安全风险防控机制，加强服务监督和质量检测，显著提升快递行业信用水平。

“客货邮”融合是新昌县农村物流建设的重要成果。该项目依托现有城乡公交资源，在客流低谷时段，利用车辆富余装载空间，将快递交由城乡公交车辆代运代投。让快递搭上顺风车，不仅提高了城乡公交空间利用率，也提高了时效性，让村民能更快地收寄快递。截至2023年6月初，通过“快快合作＋邮快合作＋交邮合作”三级物流体系，已整合九大快递品牌，所有快递进入新昌后统一进行城乡快递初分拣，农村快递完成分类打包后，由邮政公司进行精确分拣，送往客运东站、西站和南站，再由公交车带货到村级物流服务点。

“客货邮”专线的开通，不仅能让快递“搭车”进村，还实现了农货特产跟着公交车“走出去”。当地的农特产和纪念品都可以通过“客货邮”专线，由专线司机带到服务站，交给快递公司邮寄。2022年，新昌县各品牌快递公司月均进村投送快递及货物达16.25万件，其中每月通过“客货邮”专线由城乡公交“带货”进村的快件及货物约3万件。截至2023年6月，新昌累计开通“客货邮”合作线路8条，专门开通沙溪水蜜桃、东茗小番薯、回山西瓜等季节性特色农产品运输共富班线3条，带动村民就业增收，促进乡村振兴，推动共同富裕。

二、农村农业基础设施建设

农业基础设施建设一般包括农田水利建设，农产品流通重点设施建设，商品粮棉生产基地、用材林生产基础和防护林建设，农业教育、科研、技术推广和气象基础设施等。

（一）农田水利建设

新昌县建有长诏水库、巧英水库、前丁水库、门溪水库等骨干水利工程，各地电站星罗棋布，沿溪而下。新昌县是全省第一个农村初级电气化县，也是全国著名的小水电县。水利水电的建设为新昌县工农业发展提供了良好的基础。

新昌县 2020 年统筹安排资金 3.3 亿元，提升耕地质量，重点支持土地开发、高标准基本农田建设、农村土地综合整治、“旱改水”项目，以及耕地非农化、粮食生产功能区非粮化整治优化，全面保障粮食生产能力。

在农业灌溉设施建设上，根据各地特点和作物特性，采取固定式、移动式、智能化喷灌、微喷、滴灌等多种建设形式，建设高效节水灌溉工程，加强灌排工程建设，以及对水库（山塘）和河道堤防的管理，增强抵御自然灾害能力。

（二）粮食生产储存基地建设

作为新昌县积极响应国家“粮安工程”规划建设的全省重点粮食储备库点之一，粮食储备中心于 2018 年 8 月投入使用，项目占地面积 69 194 平方米，建有粮仓 8 幢，总建筑面积 15 808 平方米，总仓容 4.4 万吨，另设应急加工中心、机械库、信息控制室、中心化验室等，总投资 1.25 亿元。

按照智慧粮库的要求，粮仓内配备了温湿度检测系统、仓外虫害检测系统、仓房智能控温系统、智能通风系统、充氮气调熏蒸系统、智慧粮库综合管理控制系统、网络视频监控系统、综合布线系统、粮食业务管理系统、中心机房设备系统、智能出入库系统、综合管路系统等智能化系统。通过智慧粮库综合管理控制系统，可以对粮仓实现恒温恒湿自动控制，保证了粮食在低温状态下的稳定状态；采用氮气气调储粮技术，实现绿色防治虫害。县粮食储备中心建成后，有效解决了新昌县仓储设施布局不合理、仓容不足、储备粮周转困难等难题。

（三）智慧农业新基建

新昌县重视推进智慧农业新基建。以茶产业为例，由政府牵头，对茶叶生产的全产业链的每个环节都进行现代信息技术的接入，形成了严密的智能化、网络化管理系统。

1. 服务于茶农的模块——新昌茶卫士

为有效解决新昌县茶农在茶树种植与茶园管理中的“虫害如何防”“药用多少量”等难题，县农业农村局率先采用智能化识别方式，推动茶园绿色防控与专业化统防统治融合发展，进一步加快生态低碳茶园建设工作。

“新昌茶卫士”便是在此基础上建设的一款服务茶农进行茶叶病虫害识别和防治的服务小程序。依托云计算、大数据等信息技术，该模块建立茶树病虫识别防治数据库，绘制多维数据分析模型，实现病虫害数据归集、处理、分析、预警和防治的智能化闭环管理，可识别茶树病虫害 85 种，识别准确率高达 90.36%。该模块还能给出具体、精准、科学的防治方案，同时茶农也可以在线选择社会化防治服务单位提供的精准虫害防治服务。

总而言之，“新昌茶卫士”为新昌县茶叶质量安全提供了强有力的保障，也为农业主管部门开展技术指导和统防统治提供了数据支撑。该应用上线后，截至 2022 年 9 月，累计注册用户 3 396 名，识别数据 10 973 条，解决茶叶病虫害问题 10 000 余个，入户服务 200 多次，已入选省级数字经济系统地方特色应用目录。

2. 面向茶农、茶商、茶企的集成“服务管家”

创新茶业服务“集成网办”。集成新昌茶产业服务应用“新昌茶业一件事”，可以实现我要茶苗、我要防治（无人机喷淋等）、我要农资、技术视频在线学习、我要采茶工、在线申请大佛龙井品牌授权、在线审批贷款额度、在线申请保险、在线开票、指数发布等功能，打造了面对茶农、茶商、茶企等的全天候、全过程、点对点的数字服务新场景，实现了新昌茶产业的公共服务线上化。2022 年，“新昌茶业一件事”作为绍兴市第一批对接应用在“浙农码”成功上线。“茶业一件事”相关服务功能点击率达 10 万余人次，其中通过“入会申请”加入新昌名茶协会的企业有 28 家，通过“商标授权”办理大佛龙井品牌授权的企业有 57 家。

3. 面向供需双方的供给茶事“一体化”服务

推广茶叶交易“指上办理”。在大力推行“浙农码”的基础上，“新昌茶业一件事”推出集卖鲜叶、收干茶、码上记录等功能于一体的“线上账本”，通过扫码交易，实现了线上支付功能，推动茶叶交易从“纸上办”到“指上办”的转变。同时，交易流水打通了市场监督和信用管理体系数据，构建茶叶主体红、黄、绿三色码，实现无抵押贷款、在线保险等服务，构建了中国茶市扫码交易的全新规范体系。自 2022 年 5 月推广使用以来，半年内就完成店铺赋码 506 家，完成茶农赋码 1.5 万余人，实现扫码交易 1.6 万余次，茶叶交易量超 5.5 万千克。

（四）林业基础设施建设

近几年，新昌县深入贯彻落实“绿水青山就是金山银山”理念，充分利用

10 万亩低产低效林地，加快香榧、薄壳山核桃等名优干果及黄精、三叶青等林下药材产业集约化、规模化、标准化发展，逐步形成名优干果一二三产业融合发展的产业体系，努力实现国企做大做强、村级集体经济增收、农户共同致富的目标。

新昌县以打造一批高质量的现代林业经济示范区为抓手，推进林业一二三产的全面融合和联动，推动林农收入持续增长，在推进共同富裕中厚植绿色底色。积极践行“绿水青山就是金山银山”的发展理念，提升林业富民能力，推行“生态林业、民生林业”，实现林业资源提增、林业产值提升、林农收入提高的目标，取得了显著成效。

香榧是一种多年生常绿木本植物，有着较强的二氧化碳吸附消化能力，能转换制造大量氧气，被列入碳汇储备物种之一。发展香榧产业，可以为新昌县储备更多的碳汇，还能带来可观的经济效益。在实施兴林富民过程中，巧英乡积极引导工业反哺林业，依托恒泰机械有限公司，成立康益祺农业发展有限公司，建立康益祺千亩香榧基地，发挥示范带动作用，引导五星、中溪、大雷等村种植香榧 300 多亩，并吸纳 100 多名村民成为公司的长期员工，促进农村劳动力转移，带动周围广大林民增收致富。康益祺香榧专业合作社成立后，以“龙头企业＋生产基地＋农户”的现代林业模式，把产品与市场、生产与流通有机结合起来，探索出一条切实可行的效益林业之路。

（五）农业教育基础设施

新昌农广校是新昌县的主要农民教育基地。自 1992 年成立以来，省农广校新昌分校以服务“三农”为己任，以提高农民整体素质为目标，积极开展农民中等职业教育、高素质农民培训、农村实用人才培训、农技知识培训、农业职业技能开发等相关工作，致力于促进现代农业健康快速发展，助力乡村全面振兴。

2010 年以来，新昌农广校招生工作连年超额完成，招生人数一直居全市首位。截至 2021 年 8 月，新昌农广校农民中等职业教育累计招生 1 387 人，开展技能鉴定 1 109 人；每年实施高素质农民、农村实用人才等各类项目培训 3 000 人次，普及性培训 5 000 人次，各项工作走在全省前列。累计开展职业农民（高素质农民）培训 36 期 2 500 人次，开展农村实用人才培训 120 期 6 000 人次。新昌农广校已成为新昌县农民素质提升和乡村人才培育的主要平台。

（六）农产品流通设施

典型案例：中国茶市

中国茶市是全国最大的龙井茶交易市场，也是国家3A级旅游景区和全国首个绿茶价格指数信息采集定点市场。茶市占地面积230亩，入驻省内外茶商1 000多户，连接全国30多个省市的150多个茶叶销售市场，年茶叶交易额超61亿元。

除重点建设茶叶交易市场外，中国茶市统筹“三茶”融合助力茶产业高质量发展，建成中国大佛龙井研究院、寻茶记生活馆、精品馆、标识馆、茶文化长廊、茶叶公共服务中心、茶叶电子商务中心，逐步打造全国首个集茶交易、茶科技、茶文化、茶服务、茶旅游、茶休闲等为一体的茶产业综合体，为实现乡村振兴和共同富裕赋能、添彩。

三、农村人居环境整治

党的二十大报告强调，“要提升环境基础设施建设水平，推进城乡人居环境整治”，并把“城乡人居环境明显改善，美丽中国建设成效显著”作为未来五年的主要任务目标之一。农村人居环境整治是实施乡村振兴战略的第一场硬仗，是深化“千万工程”、建设新时代美丽乡村的基础工作，是关系农民群众获得感、幸福感的民生工程。近年来，新昌县以习近平生态文明思想为指导，以省级新时代美丽乡村示范县创建为抓手，坚持规划、建设、管理、经营、服务“五位一体”，深入践行“绿水青山就是金山银山”发展理念，扎实推进“千村示范、万村整治”工程，健全工作机制，坚持创新突破，加速推进全县农村人居环境建设，实现更加整洁、更加靓丽、更加文明的新面貌，为高水平推进新时代美丽乡村建设夯实基础。

（一）新昌农村人居环境整治情况

新昌县，在2012年开展了“清洁家园”活动，2015年又开展了“三治一提升”活动，2018年起实施“农村人居环境整治”三年行动，连续多年的坚持不懈使新昌县的农村人居环境得到了显著改善。

1. 美丽乡村建设

新昌县深入推进风情小镇、历史文化村、特色精品村建设，不断深化美丽乡村建设内涵。依托独特的资源和文化优势，新昌县把生态环境治理与特色产业发展、美丽城镇建设、美丽乡村建设紧密结合，大力推进生态农业、生态旅游，打造精品美丽乡村线路，推进全域美丽建设，实现“美丽生态”与“美丽经济”的双赢。近年来，新昌县强化顶层设计，编制并出台了《东南眉目·非常新昌——美丽乡村建设总体规划》《关于建设新时代美丽乡村的实施意见》等一系列政策文件，重点推进美丽乡村丹霞风情、湖畔茶香、天姥古驿、七彩烟山、竹海水韵“五区五线”建设，突出打造“云上茗香”风景线，形成了“景在村中、村在景中”的美丽画卷。同时，新昌县坚持“突出重点、集中财力办大事”的原则，整合政策、资金、项目等资源向3A景区村和美丽乡村先行村集聚，为美丽乡村建设提供资金支持。仅2021年，新昌县就整合资金10.97亿元，开展县级精品节点村提升项目28个，创建五星3A村26个、美丽庭院示范景观带项目村9个。在一系列政策措施的落实下，新昌县内各乡村的村容村貌持续改善，在全域范围内涌现出镜岭镇外婆坑村、儒岙镇横板桥村、东茗乡下岩贝村和后岱山村等一批明星美丽乡村。其中，镜岭镇作为“千万工程”5个代表之一荣获联合国最高环境荣誉“地球卫士奖”。

“美丽庭院”建设是美丽乡村建设的细胞工程，也是提升家庭成员幸福感，激发群众主动参与农村人居环境整治、促进乡村全面振兴的重要途径。新昌县妇联充分发挥“联”优势，一方面争取资金，启动美丽庭院示范景观带建设项目；另一方面开展美丽庭院创评大赛，发动各乡镇（街道）、村开展创评活动和美丽乡村助力行动。同时，围绕全国文明城市创建、美丽乡村建设、垃圾分类等重点工作，组织“天姥女儿”志愿队开展环境整治、绿化美化、垃圾分类等志愿活动。以“美丽庭院”为抓手，推进新昌县的美丽乡村行动。

截至2021年7月，新昌县已成功创建风情小镇2个、省级示范乡镇7个、省级特色精品村22个、3A级景区村庄26个，累计创建新时代美丽乡村达标村145个、新时代精品村59个，美丽乡村建设取得显著成效。

2.“三改一拆”行动

自2013年浙江省启动“三改一拆”行动以来，新昌县政府多措并举，合力攻坚，以违法建筑的“减法”换取人居环境优化的“加法”，生动实践“三改一拆”工作精神。一是全面治违控违。结合全国文明县城创建、“六乱”整治，充分利用防违控违平台、无人机等高科技手段，“上天入地”全域排查，并通过工作例会制度、党员干部源头管控、创新监督举措等方式治违控违。二是创新“无违建”治理。2021年，新昌县重点结合全国文明县城创建、城市管理“六乱”整治行动，通过建立工作例会制度、住宅小区违建管控等方式，严控新增违建。在此基础上，新昌县还建立了“分类处置、整村推进、即查即拆、细胞创建”机制，努力做到“存量清零、新增归零”；加强“无违建村（社区）”“无违建道路”“无违建学校”示范创建，真正推进“无违建”创建取得实效。如昆仑府小区通过违建分类处置，共拆除违建 17 户 28 处，累计 500 余平方米，并对 10 处存量违建依法进行没收处罚，共计 130 余万元，使该小区基本实现违建清零。沙溪镇董村本是一个偏远山村，通过“无违建”乡村建设，多元拆后利用，合理布局村庄，统一清理村内违法建筑，加强拆后利用等工作，实现了整体环境从“盆景”到“风景”的转变，先后被评为全国科技示范村、省休闲旅游示范村。三是启动亮点工程。2017 年，新昌县对老城区部分区域采用 PPP（公私合作）模式实施旧城改造工程，通过对县政府周边危旧小区的拆违和规划改造，做好做活拆后利用工作。康乐广场便是该项目中的一大民生亮点工程。其历时 3 年半建成，总投资约 7.67 亿元，涉及拆迁 699 户，共计 8.4 万平方米，总用地面积约 4.75 万平方米，总建筑面积约 9.3 万平方米，于 2021 年 7 月正式启用。此外，结合“五星三 A”争创、美丽乡村建设、“四边三化”、整合宅基地等项目，多元化拆后利用，助力美丽大花园建设。截至 2021 年，新昌县累计拆除违法建筑面积 992.55 万平方米，完成拆后利用面积 798 万平方米，拆后土地利用率达 80%以上，不仅改善了生态环境，释放了经济红利，还提升了百姓的幸福感和满意度。

3. “五水共治”行动

20 世纪 80 年代到 90 年代初，由于经济社会的快速发展，大量生活污水、化工污水排入新昌江，江水遭受了严重污染。2002 年 10 月，新昌江流域新昌嵊州段被列为 11 个省级环境保护重点监管区之一。在这一严峻背景下，新昌县关停搬迁了新昌江两岸 40 多家重污染的医化企业，倒逼经济转型升级，于 2007 年 11 月成功摘掉了“省级环境保护重点监管区”的标签。近年来，新昌县以水环境提升、水生态修复为导向，在浙江省“五水共治”行动思想的指导下，不断创新“五水共治”体制机制，由治标转向治本，由治乱转向治理。2013 年和 2017 年，分别推出“河长制”和“湖长制”，成立县河湖长制办公室工作专班，推行河长通 App 巡河管理，以“河（湖）长制”推动河（湖）长治。开展“清三河”和“剿灭劣Ⅴ类水”行动，实施控源截污、内源治理、生态修复、活水保质四大工程，不断巩固城市黑臭水体治理成果，加快提高城市水环境质量。自 2018 年起，新昌县坚持“水岸同治”，实施生态治理、生态修复、生态管理三步走模式。一方面，从严整治工业污染，完成沿线重点企业排放口规范化整治，每年在澄潭江设置点位进行增殖放流，构建完善的水生态系统。遏制“两高”项目盲目发展，对高耗能项目严格实行限批、缓批；同时，坚持提升涉水重点行业水污染治理能力，以实施排污许可证管理为核心，深化医化、织造、印染等重点行业企业污水排放管理，进一步提高工艺水平、装备水平和末端治理水平。另一方面，新昌县以景点项目为切入点，充分利用小溪河流的自然禀赋及山水风光的优美形态，以一河一策、一河一品的打造力度，在水岸治理过程中根据河段地形地貌，创造多样灵活的水岸空间，还原河道自然之美；同时挖掘河道沿线村落的人文、历史、传说，提升各村庄的文化内涵。此外，新昌县也注重发挥社会力量，推进全民治水。成立党员护河队、代表委员护河队、企业护河队、村嫂护河队、河小二等各式各样的治水组织，开展多种形式的护河活动，营造全社会共同参与“爱河、管河、护河”的新风尚。

在多管齐下的治水措施下，新昌县的“五水共治”行动取得显著成效：五度获得全省“五水共治”大禹鼎，地表水各断面水质达标率一直保持在100%，新昌江、澄潭江、黄泽江“三江”出境断面水质年均值达到Ⅱ类水标准；纳入绍兴市水环境质量考核的14个地表水断面水质达到Ⅲ类以上比例为100%；县级集中式饮用水源地水质达标率一直保持在100%。

4.“三治一提升”活动

2015年，新昌县全面启动“治脏、治乱、治臭，提升美丽乡村建设水平”的“三治一提升”专项行动；2018年，全面打响农村人居环境整治提升攻坚战，全县农村环境面貌得到了全面改善。

在闲置农房激活方面，2018年，新昌县出台了《新昌县闲置农房激活工作三年行动计划（2018—2020年）》，以政府投资和引入工商资本相结合的方式，唤醒“沉睡的农房”，吸引社会资本投资改造，将其开发成乡村民宿、农产品加工小作坊、乡村美食街、电商直播间等，带动农民增收致富，助力乡村振兴。截至2020年底，累计激活闲置农房40万平方米，实施改造项目300个，创成省级美丽乡村达标村145个，农村面貌焕然一新。

在农业面源污染治理方面，2018年，新昌县推广测土配方施肥面积30万亩，减少化肥用量91.6吨，农药减量7吨。公开招投标落实收储单位和无害化处置单位各1家，共回收农药废弃包装物30吨，回收率90%；处置农药废弃包装物30吨，处置率100%。全年农作物秸秆综合利用7.50万吨，秸秆综合利用率95.06%。推广沼液在农作物基地的利用，建成全年沼液贮存池11座，总容积530立方米。落实县、乡、村三级网格化巡查制度，累计巡查3 612场次。省级农业“两区”土壤污染防治试点工作通过省级验收。2021年5月1日，《浙江省生活垃圾管理条例》正式实施，新昌县在条例内容的指导下，坚守执法主阵地，紧盯生活垃圾分类投放、分类收集、分类运输、分类处置4个环节，采取重点督查、动态巡查、随机抽查、群众举报等多种方式不断强化分类执法。同时，深化落实“边执法边普法”工作责任制，在城区划分30个网格，开展“敲门行动”，进行垃圾分类普法宣传，不断加强群众垃圾分类意识，倡导全民学法、守法、用法。

农村生活污水治理是实现“青山绿水”美丽新昌的一项重要举措。自2014年以来，新昌县全面推进农村生活污水治理项目，在全县16个乡镇（街道）设置4个运维站，即城区中心站、澄潭站、大市聚站、儒岙站，全县农村生活污水统一收集已基本实现行政村全覆盖。2022年1月，新昌县水务集团正式接管县城镇污水治理有限公司，负责全县范围内农村生活污水处理设施运维管理。截至2022年，新昌县农村生活污水处理设施涉及12个乡镇（街道）253个行政村，接户数113 238户，生活污水处理终端总数1 030个，全县10吨以上污水处理终端由县城镇污水治理有限公司运维管理，10吨以下污水处理终端和管网由各乡镇（街道）通过第三方运维管理。

2015年4月，习近平总书记就“厕所革命”做出重要指示。同年，新昌县启动实施“厕所革命”，完成城区部分公厕旱改水后，又在2016年对县城所有公厕进行改造提升。2018年，出台《新昌县农村公厕改造提升实施方案》《新昌县农村公厕改造提升实施细则》，提升改造公厕1 007座，超额完成省市下达任务数，全面消灭露天粪坑、旱厕。总体来看，新昌县“厕所革命”呈现出3个特点。一是突出“一元素”。围绕突出“绿色”元素，根据地理位置、景区环境、村庄特色，设计独特的旅游厕所建筑风格。并采用节能环保材料，通过增设绿植、天井等手段，有效降低日常能耗。二是建设“第三间”。即根据特殊游客需求建设“第三卫生间”，设置残疾人无障碍设施、婴儿台、儿童坐便器等人性化设施，并提供自助饮水、售卖、寄存、充电等服务设施，充分满足不同群体的需求。三是管理“五星级”。新昌县以五星级酒店标准制定《旅游厕所保洁标准》，建立“一小时自检，两次复检，不定期抽检”常态化管理机制。实行清洁责任承包制，对厕所保洁人员实行统一培训，保证厕所改革的质量。

（二）新昌农村人居环境整治策略

1. 党政主导部门推进，树立整治风向标

各级政府在农村人居环境整治中承担着做好顶层设计、政策支撑、资金分配等工作的主导责任。新昌县紧抓组织领导，结合省、市农村人居环境整治提升标准，先后出台了《新昌县高水平推进农村人居环境提升三年行动方案（2018—2020年）》《关于建设新时代美丽乡村的实施意见》《关于开展农村人居环境“三个更加”行动的实施意见》等政策文件，制定农村人居环境整治重点任务6项，下达基础性指标22项、提升性指标4项。新昌县成立了由县委书记、县长担任“双组长”，县委副书记和县政府分管领导任副组长的农村人居环境整治提升工作领导小组，由县级主要领导亲自谋划部署，从整体上统一思想认识、提高思想站位。同时，县委县政府“一把手”深入一线抓整治、督进度、查效果，带动形成一级抓一级、层层抓落实、整体促推动的高效工作格局。此外，新昌县先后召开县委农村工作会议暨省级新时代美丽乡村示范县创建动员会、新昌县第三批“五星3A”创建暨农村人居环境整治提升推进会、人居环境整治提升部署会等专题性会议，由县主要领导和分管领导对全县农村人居环境整治提升工作进行专题部署与专项布置，推进领导挂帅与部门推进相结合，有力地保障了农村人居环境整治工作的科学有序开展。

2. 完善监督考核机制，打好整治组合拳

健全有力的监督机制是提升农村人居环境整治效能的关键。新昌县在全县面上农村人居环境得到较大改善的基础上，将人居环境整治纳入常规基本工作中，常态化开展“村庄清洁行动”“人居环境整治月”等活动，进一步加大环境整治力度、巩固环境整治成果，构建全县农村人居环境治理长效机制。同时，充实监督主体，结合行动实践，提高环境整治水平。以上级政府监督为引领，设立自查自纠、交叉检查、创建办督查、媒体曝光、月度评估、联动推进、领导督导等7项机制，多维度督促各乡镇（街道）加强对农村人居环境提升工作的重视，高标准、全覆盖地促进农村人居环境优化。同时，强化外部监督力量。引入第三方评测机构对农村人居环境整治提升工作进行月度实地测评等，并在县级成立联合督查组开展定期、不定期的抽查和指导，对工作成果进行客观全面的监督与考核。对于人居环境考评结果，将其与县财政对农村的转移支付比例及美丽乡村项目建设直接挂钩，规范基层权力使用，杜绝乱作为现象。对实地测评中排名末两位的乡镇（街道），县委组织部对其一把手进行约谈，以此形成长效激励机制，提升整治主体的自主性与整治机制的灵活性。

3. 利用数字信息技术，探索整治新路径

新昌县在传统治理办法的基础上，还进行了县域整体数字化治理的探索。以“最多跑一次”改革为牵引，以数字化变革为动力，综合运用云计算、大数据、移动新媒介、人工智能等新兴信息技术，构建农村人居环境整治信息服务平台，对全域12个乡镇（街道）开展农村生活垃圾分类、清理乱堆乱放、清理空倒房、公厕洁化、“三线”序化、美丽庭院、其他等7大类的数字化管控。并建立人居环境村级电子档案，每月定期检查、反馈和整改，实现整治的全程监督、动态预警与在线跟踪督导，有效推动治理能力向治理效能的转化，实现县域智治。此外，针对各村不同的情况，新昌县各乡镇（街道）不断探索创新工作机制，多渠道发现问题，寻找整治工作新路径、新模式。例如，在“我爱新昌”App创设专门通道，开展“美丽乡村大家来找茬”活动，号召广大群众积极参与农村人居环境监督工作；通过实地督查、找“茬”奖“豆”等方式，建立农村人居环境问题清单；强抓三级联动，建立健全县、乡镇（街道）、村三级工作机构、工作制度和责任体系等。

第十二章

新昌农村公共服务建设

当前，我国“三农”工作重心已经历史性地转向了全面推进乡村振兴，因此，逐步补上农村公共服务短板成为农村工作的重要任务。浙江省在推动乡村全面振兴的进程中始终处于全国前列，2022 年，《中共浙江省委浙江省人民政府关于 2022 年高质量推进乡村全面振兴的实施意见》（以下简称《意见》）正式发布，《意见》提出浙江将实施城乡基础设施一体化提升计划、新一轮城乡基本公共服务均等化计划，推动公路、农村供水管网、冷链、教育、医疗等“硬”“软”基础设施、公共服务资源向乡村流动。而新昌县作为浙江省乡村振兴的前沿阵地，同样为包括教育、医疗、养老、就业等领域在内的农村公共服务均等化付出了很大努力。

一、农村教育服务

（一）大力实施“优教”工程，全面推进教育改革步伐

教育在经济和社会发展中起着基础性、先导性、全局性作用。浙江省坚持把教育摆在优先发展的战略地位，全面实施教育现代化战略和高等教育强省战略，统筹推进教育改革发展各项工作，完成了既定的各项主要目标任务，教育现代化程度大幅提升，已经具备了总体实现教育现代化的现实基础，全省各级各类教育主要发展指标达到了高收入国家平均水平。

新昌县为推进教育现代化，努力建设成为现代教育强县和人力资源强县，根据《新昌县教育事业发展“十三五”规划》，实施“优教”工程，以创建全国义务教育优质均衡发展县为目标，坚持教育优先发展战略、突出短板提升战略、实施全面提质战略、强化统筹协调战略，全面加快教育改革和发展步伐，顺利完成教育事业发展的总体目标，成功创建全国义务教育发展基本均衡县，高分通过浙江省教育基本现代化县评估，教育工作满意度排名在全省位居前列，为新昌县经济社会发展和民生幸福做出了积极贡献。一是加强硬件设施建

设，办学条件明显改善。优化教育资源配置，新建、改建、扩建学校 20 所，其中幼儿园 6 所，义务教育学校 12 所，高中 2 所，总投资 14 亿元以上。实现新昌技工学校与大市聚镇职业学校的整合，顺利完成新昌技师学院的创建工作。二是深化教育教学改革，学校步入内涵式发展轨道。在学前教育阶段开展幼儿园课程改革；在义务教育阶段深入贯彻选择性教育理论，深入推进由学生自主选择的分层走班教学制度；在高中教育阶段实施人文素质教育；在职业教育阶段深化校企合作模式。三是落实教育惠民政策，教育服务能力全面提升。学前三年毛入园率 99.5%，公办学前教育资源大幅提升。对学历证明、学籍变更等有关事项，深化“最多跑一次”改革，多个事项实现“零跑次”。推进特殊教育向学前教育和高中教育两头延伸，3～5 岁持证残疾儿童入学率 91.6%，15～18 岁持证残疾少年入学率 85.5%。加强心理教师培养，开设心理辅导站，中小学校心理健康教育教师配备率 100%，心理健康教育课程开设率 100%。

（二）县教体局牵头，推动全县教育事业高质量发展

新昌县深化教育体育改革发展，以县教体局为牵头部门，深入贯彻执行国家、省、市、县四级教育体育方针政策，研究制定教体事业发展规划，推动全县教体事业高质量发展。2022 年，全县共有各级各类学校 88 个，教职工 5 287人，在校学生 57 695 人。2022 年，县教体局聚焦县委“14361”战略，坚持民生为本，创新发展，从优化学校布局、提升教育质量、中高职一体化发展、体教融合等方面，重点攻坚，扛牢教育和体育两项责任，向党和人民提交一份满意的答卷。

1. 坚持建管并进，办学条件实现新改善

新昌县投资 13 亿元保障教育发展。新办优质城区学校 2 所，科学整合乡村小规模学校 8 所，关停“低小散”民办幼儿园 9 所，打造 4 所宿舍环境优良、交通安全有保障的升级版寄宿制学校。投资 1 亿元，实施食宿薄弱学校提升等 18 项校园环境提升工程，办学条件进一步改善。

2. 坚持内涵发展，优质均衡取得新成果

深化集团化办学和教共体建设。实施“阳光工程”，推行阳光分班，保障教育公平。严格落实教育“减负”，2022 年，在“1＋1＋X”课后服务模式基础上，暑期托管服务提质扩面实现全覆盖，学科类校外培训机构实现清零。高中坚持分类办学、特色发展的办学路径，成功引进浙江工业职业技术学院，共

建新昌校区，其作为新昌唯一的高等学府，未来将激活新昌教育基因。

3. 坚持精准施策，校园安全筑牢新防线

为加强风险排除，2022 年，新昌县出动 720 余人次开展校园安全风险隐患排查 113 次，排查隐患 81 项并全部整改完成。

4. 坚持立德树人，教师队伍呈现新风貌

新昌县健全人才引进机制，组织公开招聘会 8 场，引进优秀毕业生 76 人，其中硕士研究生 12 人，进一步优化教师学历结构。完善教师培养机制，实施省、市、县名师名校长培养工程，2022 年，新昌县被列入浙派名师名校长培养对象的有 6 人，获评“省特级教师”1 人，首次开展县级名师、名校长、名班主任评选和表彰活动。

5. 坚持融合发展，体育事业达到新高度

新昌县有力推进古树体育公园、小球中心、国家登山步道 3 个政府投资项目建设，完成体育公园等基层公共体育设施建设 19 个，民生实事建设位居全省前列。数字赋能体育设施管理，全面提升体育公共服务体系，体育场地智慧管理应用获批省级试点。群众体育丰富多彩，2022 年，新昌县成功举办群体赛事活动 80 余场次。竞技体育实现新突破，率先完成金牌任务数，新昌优秀运动员夺得世界冠军 1 个、全国冠军 8 个、省冠军 12 个。

新昌县教体局着眼全省“两个先行”的奋斗目标，坚决扛起责任担当，谋划开创高质量发展新格局，聚力推进高质量教育现代化建设，提速打造全生命周期高品质教育服务体系。

（三）聚焦“十四五”规划，力争达到省教育现代化县创建标准

迈入“十四五”时期，新昌县教育发展面临新形势：世界百年未有之大变局加速演变，新发展格局的加速调整与重构，对教育发展提出了新要求。据此，新昌县根据《浙江省教育事业发展“十四五”规划》《浙江教育现代化 2035 行动纲要》《加快推进浙江教育现代化实施方案》《绍兴市教育发展“十四五”规划》《新昌县国民经济和社会发展第十四个五年规划和二〇三五年远景目标纲要》《新昌奋力打造浙江高质量发展建设共同富裕示范区县域标杆行动方案（2021—2025 年）》，出台了《新昌县教育事业发展“十四五”规划》，力争到 2025 年，达到全国义务教育优质均衡发展县创建标准，省现代化学校创建率达到全省平均水平，市教育优质均衡示范乡镇达到 100%，市现代化学校达到 100%，为基本达到省教育现代化县创建标准奠定坚实基础。

二、农村医疗服务

（一）响应省医改号召，文件引领县域医共体建设

“双下沉，两提升”一直是浙江省医疗改革的名片，此举让浙江省在下沉优质医疗资源、提升医疗服务质量同质化工作方面卓有成效。在县域医共体建设这项久久为功的事业上，浙江省同样拿出了魄力。2018 年 9 月 26 日，《中共浙江省委办公厅和浙江省人民政府办公厅印发〈关于全面推进县域医疗卫生服务共同体建设的意见〉的通知》发布。此后，包括新昌县在内的浙江省各县县域医共体建设方案陆续出台。2018 年 12 月，《新昌县人民政府关于印发新昌县医疗卫生服务共同体建设实施方案的通知》发布，按照该通知要求，成立县人民医院医共体和县中医院医共体 2 个医共体。其中县人民医院与县妇幼保健院等 11 家医疗机构组成医共体，县人民医院为牵头医院；县中医院与 6 家医疗机构组成医共体，县中医院为牵头医院。值得注意的是，文件中明确，县疾控中心、县卫生监督所、县妇计中心等专业公共卫生机构将预防保健资源下沉到医共体，但不纳入医共体。此外，在资源共享方面，新昌县将进一步深化开放共享的影像、医学检验、心电、消毒供应和病理诊断等中心建设，促进县域内检查检验结果互认。医共体内、医共体之间优化配置所有床位、设备、号源等资源，实现统筹使用。在适应健康老龄化和医养结合需要方面，新昌县将聚力推进康复医疗、老年护理和安宁疗护等服务体系建设。

（二）县域医共体建设全面推进，基本公共卫生服务项目实现提质增效

2021 年，新昌县共建立电子健康档案 36 万余份，规范化建档率达 93.58%；老年人健康管理 5.6 万人，管理率 73.05%；管理高血压患者近 5 万人，规范管理率 75.55%；管理糖尿病患者 1.26 万人，规范管理率 75.41%。12 家基层医疗卫生机构按“优质服务基层行活动”标准通过省或市级评审，实现“满堂红”。同时，新昌县还受邀在全省学术大会上作医共体下基本公共卫生服务同质化管理经验交流。具体做法和成果如下。

1. 建体系，发挥总院牵头作用

（1）完善体制机制。医共体总院设立基本公共卫生管理中心，负责统筹协调医共体内资源，对总院和分院实行同质化管理；出台医共体内部基本公卫服

务项目实施方案，制定下发基本公共卫生服务质控考核、绩效考评和奖惩制度；建立健全医共体建设运行绩效考核指标体系。医共体总院全面参与卫健局组织的全县基本公共卫生服务项目半年度和年度绩效考核。

（2）严格质控管理。成立医共体基本公卫质控小组，由各分院选派1名公卫科成员担任质控小组成员，小组成员依据管理中心制定的工作计划与任务表，及时监测记录各分院基本公共卫生目标任务的完成进度、质量，并及时将质控情况真实、规范地汇总至医共体慢性病质量控制反馈列表。

（3）加强闭环管理。坚持“月督导、季考核、年总评”制度。总院组织专家组每周选取一家分院开展督查，每月对所有分院抽取档案开展慢性病检查；每季度对所有分院开展健康教育、老年人健康管理、慢性病健康管理、中医药服务等相关项目工作的检查。对检查中发现的问题予以通报并要求各分院制定整改计划，限时落实。

2. 强改革，强化基层信息化建设

（1）强化系统考核。医共体总院结合数字化智能化医共体项目，建成全民健康信息平台，全民平台应用、医共体应用、基层医疗应用、区域医疗协同应用七大应用系统基本建成并完成数据对接。迭代升级基层医疗卫生机构补偿机制信息系统、电子健康档案、HIS系统、签约服务、绩效考核等系统，实现基层医疗机构与医共体总院数据的互联互用，提高项目考核工作的规范性与效率。

（2）优化数字家医。家医健康服务系统已迭代升级到2.0版本。家庭医生可在线监测居民健康，从居民端、医生端、管理端3个维度对辖区居民家医签约、家医服务、医患互动、档案管理、慢病管理、健康评估等方面进行闭环管理。居民可通过微信小程序、浙里办App、我爱新昌App、华数TV多种途径调阅体检报告、检验检查报告、基本档案、随访信息等相关内容。

（3）深化一体服务。强化医共体总院对基层成员单位资源与技术的支持，建立“医共体连续医疗服务中心”，实现预约挂号、预约诊疗、预约检验检查等功能，为病人提供上转、下转及出院后随访服务。加强院前、院中、院后闭环服务，实现基层群众就医全流程业务优化再造。惠民住院服务一体办集成应用被列入县第二批数字化改革重点需求事项初筛库。

3. 重能力，创新服务内容方式

（1）加强培训指导。充分发挥医共体牵头医院临床专科规范诊疗、疾病诊断等技术优势，为区域内公共卫生服务提供技术支撑。组织技术力量借力县疾控中心、妇计中心、卫生监督所开展“两员一中心一团队”下沉指导的契机，指导基层慢病管理。

（2）精准下沉帮扶。设立全专科联合门诊和慢病联合病房，总院下派心脑血管病、糖尿病、呼吸系统疾病和肿瘤防治等专家到分院开展常态化医疗服务，并鼓励专科医生加入家庭医生签约服务团队，定期开展培训、小讲课和教学查房。

（3）设立健康E站。在充分摸底调研基层医疗卫生服务覆盖情况的基础上，分别在七星街道锦绣华庭、澄潭街道东西城村设立健康E站。健康E站通过配备自动血压测量仪、血糖仪、健康一体机等基本医疗仪器及自助药房，使村民自主完成血糖、血脂、血压等常规项目的体检；并能远程连接到基层分院，使家庭医生可以向村民提供远程咨询和远程问诊并开具处方，对于疑难问题可以借助多学科会诊系统邀请上级专家进行会诊，进一步夯实基层卫生服务网络。

（三）深化医养结合试点，提高基层医疗服务水平

县域医共体成立以来，新昌县医养结合试点不断深化，新昌县荣获首批“健康浙江建设工作考核优秀县”称号，县人民医院连续入围全国县级医院竞争力50强，县人均期望寿命达80.7岁。与此同时，新昌县强化大健康理念，优化调整医疗布局，全力通过等级医院复审，做实做细家庭医生签约服务，不断提高基层医疗服务水平，让群众在家门口放心看病。此外，新昌县还将县人民医院迁建作为主抓手，按照三甲综合性医院标准，建成新昌县医疗与健康中心，加快推进数字化、智能化医共体建设，提高医疗信息化水平。

后续，新昌县将深化医共体管理模式，结合数字化智能化医共体项目，与全民健康信息平台、医共体平台、公共卫生管理系统等紧密融合，进一步推进医防融合，以高血压、糖尿病等慢病患者全周期健康管理为突破口，发挥医共体资源统筹优势，优化服务流程，利用诊前、诊中、诊后时间，为慢病患者提供预约、筛查、建档、随访、健康教育等服务。

三、农村养老服务

根据第七次人口普查结果，截至2020年，我国60岁以上人口占比18.7%，其中65岁以上占总人口的13.5%，老龄化速度加快。其中农村人口老龄化由于

城乡基础设施与社会保障等的差距，更为突出。因此在新形势下，积极应对农村人口老龄化，加快建立农村养老服务体系，显得更加重要和必要。

新昌县积极建立健全农村养老服务体制机制，不断提高城乡居民参保覆盖率，积极将被征地农民纳入养老保险体系中。同时不断完善基本养老金的正常调整机制，稳步提升退休人员基本养老金。在大力支持民办养老机构的同时，加强审查和监管，不断提高农村养老服务水平，推进城乡统筹发展。大力发展老年文化教育体育事业，丰富老年文化生活。加快老年法律维护体系建设，切实维护老年人合法权益。

（一）完善城乡养老保险制度

1. 城乡统筹的养老保险制度

2009 年，国务院正式颁布《关于开展新型农村社会养老保险试点的指导意见》，我国开始建立新型农村养老保险制度，并在 2014 年将其与城镇居民社会养老保险整合为城镇居民基本养老保险制度。

（1）扩大参保覆盖面。为保证城乡居民养老保险全覆盖，充分发挥社会保险作用，新昌县在 2016—2022 年，不断扩大养老保险覆盖面，参保企业、参保人数不断增加（表 12 - 1）。截至 2022 年，新昌县全县基本养老保险参保率高达 99.3%，企业职工人均退休养老待遇年均增长 2.5%。

表 12 - 1　2016—2021 年新昌县养老金相关数据

年份	参保企业（家）	职工参保人数（万人）	城乡居民参保人数（万人）	共办理被征地农民参保（人）	累计办理征地农民养老保障并轨人数（人）	已领取养老待遇人数（人）
2016	5 078	16.29	10.86	5 288	21 313	17 432
2017	5 373	17.79	10.11	5 288	21 313	25 794
2018	5 810	18.77	10.43	2 816	24 129	27 891
2019	6 312	20.67	10.02	2 747	26 876	30 320
2020	7 180	21.73	9.45	—	—	—
2021	7 388	21.22	—	—	—	—

数据来源：新昌县人民政府公开信息；中国文史出版社，《新昌年鉴》（2017—2022 年）。

（2）持续关注农民社会保障权益。新昌县政府在扩大养老保险覆盖面时，持续关注农民尤其是被征地农民的社会保障权益。将被征地农民纳入社会养老保险范畴不仅对保障农民权益、稳定农民收入有重要意义，还是促进广大农民共享改革开放成果、实现共同富裕的重要措施。新参保的被征地农民参加养老保险需缴纳一定费用，该费用由个人缴费与政府补贴构成。2022年，新昌县缴费标准为74 460元，如按高档缴费有困难，可按照原来的9 000元的低档缴费标准缴费，政府补贴仍为2021年的18 144元。

2. 稳步提升养老金，加大财政补贴力度

截至2021年末，全国城乡居民养老保险人均月养老金179元，较上年增长5.3%，但农村居民社会养老保险保障效果较差，难以维持农村居民的基本养老生活。这一点在劳动能力较弱、收入来源单一的农村老年人身上更为明显，因为这些基础养老金几乎是他们的全部收入，这微乎其微的收入对当前消费水平与物价水平而言是不相匹配的。在经济发展的过程中稳步提升养老金、加大财政补贴力度是十分必要且重要的。

（1）调整基本养老金。对城乡居民养老保险金的调整，是适应经济社会发展、完善新型农村社会养老保险激励机制的需要。2016—2022年新昌县不断提高企业职工养老金和机关事业单位退休人员养老金，2020年底，企业职工养老金和机关事业单位退休人员养老金分别达到人均每月2 516元和6 430元。2022年，新昌县重新调整城乡居民养老保险的同时，精简退职人员等群体的养老保险待遇，确保参保人员“老有所养”。

（2）提高参保缴费财政补贴标准。养老金调整必须充分发挥基础养老金和个人账户养老金的结构效应，明确政府在财政资金方面的责任，合理确定比例关系，使其可持续发展，如此才能完全发挥养老保险的保障功能。2011年，新昌财政按调整参保缴费的财政补贴力度，对城乡居民按照参保缴费时缴费基数的5%给予补贴，其中4%可用于建立参保人员补贴账户，其余部分用于建立城乡居民社会养老保险统筹资金。

（3）调整基本养老缴费基数。养老金缴费基数是应当缴纳养老保险费比例的基数，主要与个人工资基数有关。由于社会经济不断发展，个人实际收入与社会平均工资也在不断变化，新昌县养老金缴费基数也应随之调整。

2016—2020年，新昌县企业参保人员和个体劳动者养老保险最低缴费标准不断上升。企业参保人员养老保险最低缴费标准由2 586元上升至3 322元，个体劳动者由原来的776～2 521元的四档缴费标准上升至643.68～3 218.4元的五档缴费标准，缴费标准在上升的同时不断细化，不断完善，为未来老年人口养老问题提供了资金支持（表12-2）。

表 12-2　2016—2020 年新昌县企业与个人养老金缴费数据

单位：元

年份	企业参保人员养老保险最低缴费基数	个体劳动者养老保险缴费标准				
		第一档	第二档	第三档	第四档	第五档
2016	2 586	776	969	1 745	2 521	—
2017	2 820	834	1 056	1 902	2 748	—
2018	3 055	914	1 146	2 062	2 979	—
2019	3 322	643.68	858.24	1 072.8	2 145.6	3 218.4
2020	3 322	643.68	858.24	1 072.8	2 145.6	3 218.4

数据来源：浙江新昌政府门户官网；中国文史出版社，《新昌年鉴》(2017—2021 年)。

（二）鼓励多主体供给，提高养老服务质量

我国农村老年人口基数过大、老龄化程度高，完全照搬国际经验会导致各级政府补贴养老保险压力过于集中。因此，构建我国农村多层次养老保险制度，必须将其放在整个社会体系中，形成具有中国特色的农村多层次养老保障体系。我国农村养老保险的未来发展趋势应该是社会化的、以政府为主导的。新昌县在发展老龄工作的过程中，鼓励社会主体参与养老事业，积极支持民办养老机构加快发展，为各类社会组织开展老龄服务提供必要支出，鼓励社会组织开展老龄服务，构建起以政府为主导、多方共同参与的养老体系。

1. 鼓励社会组织开展老龄服务

新昌县采取政府购买、给予资金补助、提供服务场所等优惠扶持政策，为各类社会组织开展老龄服务提供必要的支持。

一是鼓励支持基层老年人协会开展“银龄互助”和“空巢老人关爱”活动。其中，县老龄办 2018 年组织京剧联谊会等 10 家社会各界文艺组织在江滨公园举行为期 6 天的群众文艺周演出，通过文艺演出等个性化方式，丰富老年生活，着力解决老年人的精神慰藉等问题。

二是大力发展志愿服务者组织，全面推进志愿者注册制度，规范和促进敬老志愿服务队伍建设，广泛开展敬老志愿服务活动。新昌县老龄办连续多年联合县老干部在阳光福利院举办“孝老爱亲向上向善”敬老志愿服务活动，而且持续开展义诊活动，关爱老年人身体健康。同时新昌县也持续关注老年人心理

健康问题，2019年，实施澄潭西街全国老年人心理关爱项目试点，守护老龄群众心理健康。

2. 加强农村地区各类社会养老机构建设与管理

新昌县大力发展民办养老机构，加大对民办养老机构的补助力度与税费优惠政策，保障养老机构建设用地，持续增加老年医疗、康复、护理等服务的供给，不断提升养老机构服务能力。2016—2021年，新昌县各类社会养老机构总数不断减少，由2016年的22个减少至2019年的11个，但其人均供养经费及拥有床位数量有所上升，反映出农村养老质量与效益的提升。集中供养人数及年末在院人数不断减少，反映出新昌县医养结合、居家养老新型养老方式的发展，以及养老服务机制的进一步优化（表12-3）。

表12-3 2016—2021年新昌县农村社会养老相关统计

年份	乡镇敬老院总数（个）	集中供养人数（人）	集中供养率（%）	人均供养经费（元）	各类社会养老机构总数（个）	拥有床位（张）	年末在院人数（人）
2016	8	248	100	986	22	4 010	2 602
2017	8	239	100	1 346	22	4 010	2 602
2018	8	235	100	1 440	19	4 699	1 933
2019	—	197	—	1 248	11	4 999	2 323
2020	10	190	—	1 347	10	4 999	1 893
2021	—	—	—	—	10	4 999	1 659

数据来源：浙江新昌政府门户官网；中国文史出版社，《新昌年鉴》（2017—2022年）。

新昌县建立了养老服务行业协会，对养老机构进行行业自律管理，进一步加强对农村养老院和敬老院的建设和管理工作。不断对农村敬老院进行整改升级，其中2016年对部分养老机构安装实时视频系统，改进养老机构现代化设备，加强养老机构安全管理，提升服务能力。引进现代化管理运营模式，实现县社会养老服务中心的公建民营。2019年，新昌县引进宁波茗山家护信息技术有限公司为43个村级居家养老服务照料中心和10个城市社区居家养老服务中心公建民营运营商，提高管理水平和村级养老服务供给能力。

3. 持续推进家庭医生签约服务

家庭医生签约服务是强化基层医疗卫生服务网络功能、深化医疗卫生体制改革的重要任务，也是新形势下更好地维护人民群众健康的重要途径。在确保服务质量和签约居民获得感及满意度的前提下，新昌县循序渐进，积极提高签约服务覆盖率，逐步完善家庭医生签约服务。2019 年将医共体牵头医院内科等专科医生加入家庭医生服务团队，提升了家庭医生服务团队的专业性。在宣传手段方面，通过微信公众号、报纸、电视、宣传手册等多种形式，多层次、多形式地开展宣传活动，宣传签约内容，提高签约服务知晓率（表 12－4）。

表 12－4　2016—2020 年新昌县家庭医生签约服务统计

年份	签约服务团队（个）	政府购买签约服务（万元）	规范签约人数（万人）	规范签约率（%）	重点人群签约率（%）
2016	114	116.80	10.64	24.34	59.72
2017	152	133.35	13.85	31.77	76.04
2018	126	174.22	16.11	36.97	82.70
2019	86	385.98	17.46	40.15	84.53
2020	—	350.68	—	51.76	89.32

数据来源：浙江新昌政府门户官网；中国文史出版社，《新昌年鉴》（2017—2021 年）。

（三）发展新型养老模式，提高养老服务水平

随着老年人口数量逐年增加，比例逐年升高，我国正在加速进入老龄化社会。这一变化给传统养老模式带来了极大的挑战，传统的单一层次的养老模式已经无法满足老年人对美好生活的向往。新昌县发展较好的新型养老模式主要有医养结合、智慧养老和居家养老 3 种。这 3 种模式相辅相成，为新昌县老年群体提供了舒适便捷的养老服务。

1. 医养结合

医养结合服务简单来说就是将医疗和养老服务资源有机结合，实现生活照料、医疗、康复、临终关怀等服务提供，核心是通过整合方式来动态满足老年人的养老和健康服务需求。自 2016 年被列为省级医养结合试点单位起，新昌县便开始积极探索医养融合发展，开展医养结合数据检测，推进老年人签约服务，形成养中设医、医中有养、医养结合、居家医养 4 种模式，促进“医”“养”对接。

经过 2017—2019 年的发展，新昌县规范签约 65 岁以上的老人人数由

5.3 万人上升至 6.3 万人，签约覆盖率上升至 90.90%，健康档案份数也由 6 万份上升至 6.7 万份，老年人健康率也逐年上升（表 12-5）。

表 12-5 2017—2019 年新昌县医养结合服务统计

年份	规范签约 65 岁以上老人数（万人）	签约覆盖率（%）	建立健康档案（万份）	老年人健康管理率（%）
2017	5.3	83.62	6.0	68.75
2018	5.7	87.60	6.5	69.88
2019	6.3	90.90	6.7	71.45

数据来源：浙江新昌政府门户官网；中国文史出版社，《新昌年鉴》（2018—2020 年）。

2. 智慧养老

作为信息化时代居家养老的创新发展，居家智慧养老运用现代技术手段，通过供需资源的互联互通为老人提供线上线下一体的居家养老服务，将居家养老与智慧养老有机结合，引领了居家养老新方向。与传统养老模式相比，居家智慧养老优势独特，有效缓解了供需矛盾，提高了服务质量和水准。

自 2020 年起，新昌县政府开始积极探索具有地区特色的智慧养老新模式，并于 2020 年 10 月启动智慧养老综合服务平台。主要运用“一床一码”总体框架，让数据说话，利用物联网技术将政府端、机构端和家属端链接在一起，建立起床位、人员和二维码的捆绑链接，实时获取床位入住信息，为财政由“补供给”向“补需求”转变提供技术支撑。对于新昌居民而言，“码”是一种方式和桥梁，打通了供给方和需求方之间的壁垒，用物联网的方式联通供需，捆绑建模，让新昌老人实实在在获益的同时也减轻了财政的负担和机构的资金压力，让养老变得更加轻松和便捷。

3. 居家养老

居家养老是我国老年福利发展模式的基础。这一养老模式既符合老年群体的传统养老观念和习俗，满足老年人在家安度晚年的情感需求，也能弥补养老机构亲情缺乏安全感的缺陷，同时还能降低老年群体的养老成本，有效节约社会资源，提高我国养老保障体系的整体水平。

新昌县农村居家养老主要以乡镇或村为依托，以公建民营为主要形式，并鼓励医疗机构、家护企业参与其中，提供技术帮扶或运营管理等专业化服务。2016 年，新昌县实现城乡居家养老服务照料中心全覆盖，其中示范型运行 27 家。在之后的发展过程中，新昌县先后在 2018 年和 2019 年分别与医疗机构、宁波茗山家护信息技术有限公司签订协议，提高居家养老专业化程度，实现多主体参与。其中，宁波茗山家护信息技术有限公司还建立了 17 个村级自助点，完善服务网络，提高农村居家养老服务覆盖密度。新昌县在推动养老中心建设的同时，也重视对家庭照护者护理员的培训与再教育，仅 2020 年便完成对 899 名家庭照护者护理员的培训，提高了人员的专业化程度和老年人服务满意度。

（四）大力发展老年文化教育体育事业

老年文化教育体育事业的发展有利于提高老年人身体素质，促进老年人精神文明建设，服务老人，创造有利于老有所学、老有所为和老有所乐的社会环境，对提高老年人生活质量、推动文化建设、促进共同富裕具有重大意义。

1. 加快老年文化体系建设

新昌县老年文化体系由新昌县老龄办组织，协同各政府涉老部门及社会各涉老组织共同建设，主体多样，内容丰富，为当地老年生活增添了独特趣味。2016—2021 年，新昌县共建成农村文化礼堂 229 家。2018 年 10 月，组织京剧联谊会等 10 家社会各界文艺组织在江滨公园举办为期 6 天的新昌县“重阳节”群众文艺周演出活动。2019 年，邀请市戏剧协会在阳光福利中心老年电大教学点为老年人表演绍剧《美猴王》。通过组织多样的老年文化活动，新昌县老年文化需求逐步被纳入公共文化服务范围，老年人文化活动形成了经常性活动与大型活动相结合的活动制度，老年人的精神文化生活总体上得到了提升。

2. 加快构建老年教育网络

新昌县积极探索老年教育新模式，在原有老年大学的基础上，进一步扩大办学规模，改善办学条件，提高办学质量。2020 年，新昌县在浙江广播电视大学新昌学院的基础上改建了天姥老年大学，该学院在对老年群体需求进行调查和研究的基础上，开办满足老年人学习需求的培训班，包括戏曲、钢琴、书画等，极大地提升了老年人生活品质。新昌县还在 2016 年印制了老年学会学术论文 20 篇，汇编本 200 本，为老年人提供学习资料及较为便捷的学习服务，让教育走出校园，让知识走向社会，促进老年教育事业发展。新昌县也积极引导社会力量广泛开展老年教育，增加教育供给，形成覆盖城乡、多层次、多形式的老年教育网络。

新昌县教育事业发展“十四五”规划提出，要创新老年教育体制机制，加强老年大学和老年教育专业建设，丰富老年教育资源、教育内容和形式，推动

“互联网＋老年教育”，实现老年教育机构乡镇覆盖率达到100%。

3. 促进老年体育事业发展

发展老年体育事业可以在提升老年身体素质的同时丰富老年文化娱乐活动，促进老年人身心健康发展。2016—2023年，新昌县在江滨公园连续开展多次中老年健身操等大型展示活动，激发了老年人参与体育事业的积极性，使老年人享受到体育文化生活中人际交往带来的情感滋润。新昌县还通过组建新昌县老年体育协会来提升老年体育事业发展的组织性、规范性，促进老年体育事业可持续发展。同时鼓励有能力有兴趣的退休老干部到各级老年体协组织中去，加强老年人体育骨干队伍的建设。2018年，新昌县投入福彩资金200万元，用于资助农村偏远山区老年活动室、购置活动器材和场所建设，加强贫困山区老年公共文化设施建设，丰富面向贫困群体的公共文化服务和产品供给，扎实推进社会养老服务体系建设，切实保障老年群体的文化需求，满足其日益增长的美好生活需要。

四、社会基本救助

2014年国家颁布的《社会救助暂行办法》规范了各项社会救助制度，我国逐渐形成了以最低生活保障和特困人员供养为核心，以医疗救助、住房救助、教育救助、残疾人救助等专项救助为辅助，以临时救助、社会帮扶为补充，现金救助与服务救助相结合的新型社会救助体系。最低生活保障和特困人员供养制度也经常被统称为基本救助。

（一）新昌最低生活保障

1. 发展情况

我国经济虽在不断发展，但仍有一部分贫困人民的基本生活得不到保障。2007年，国务院下发《关于在全国建立农村最低生活保障制度的通知》，我国正式建立农村最低生活保障制度（以下简称“农村低保”）。新昌县在2006年便已开始实施农村低保，经过近20年的发展，低保已经成为新昌县的基础性保障制度之一，在保障困难家庭基本生活方面发挥了无可替代的作用。2022年，新昌县实施“万名干部联万户”举措，低收入农户结对帮扶覆盖率达100%。开展城乡低保户万人就业行动，构建“乡镇（街道）＋村（社区）就业基地＋家庭工坊”灵活就业新模式，引导低收入群体就业。现已建立共富基地 39 个，实现城乡低保户灵活就业超 2000 人。

2. 低保现状

（1）低保标准。新昌县低保标准已实现连续多年上涨，由 2006 年的城镇 225 元、农村 135 元上涨至 2022 年城乡 1 015 元。低保标准的不断提升直接提高了低保户的生活水平，意味着困难群众拿到手里的钱更多了，也意味着低保户的生活质量将随着经济发展和社会福利体系的完善越来越好，有利于共享改革发展成果、提升人民生活幸福感。低保标准的不断提升也是新昌社会经济快速发展的成果，是社会发展的必然趋势，安顿好困难群众的基本生活，有利于促进新昌社会和谐，人民幸福。

由图 12－1 可以看出，2017 年，新昌低保标准实行城乡统筹，城镇和农村低保标准均为 673 元/月，在此之前，农村低保标准一直低于城镇，这不仅体现了城乡生活水平不一，也体现了城乡公共服务的差距。低保政策的变革缩小了城乡公共服务的鸿沟，让农村居民和城市居民享受同样的公共服务，推动实现城乡统筹和共同富裕。

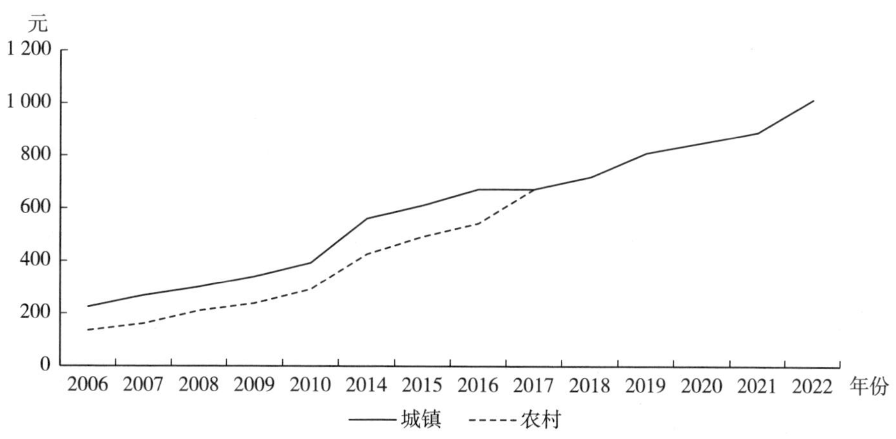

图 12－1　2006—2022 年新昌县城乡最低生活保障标准

数据来源：中国文史出版社，《新昌年鉴》（2007—2022 年）。

（2）低保数量。表 12－6 主要描述了 2016—2021 年新昌县城镇低保户数变化与全年低保补助金发放情况。从整体来看，城镇和农村低保户都在逐渐减少，但减少的户数和人数较少；全年新审批低保户数有所波动，但户数及人数较为稳定；注销低保户数在 2018 年达到高峰，同年，低保户人数和户数达到 5 年中的最小值，但低保补助金并没有因此减少，依旧呈现增长态势。近年来的补助金都呈增长态势，人均补助金也在逐渐增长，从这一角度也可以看出新昌政府在脱贫攻坚战中的努力。

表 12－6　2016—2021 年新昌县低保户相关统计

年份	城镇低保户		农村低保户		全年新审批低保户		注销低保户		全年低保补助金发放（万元）
	户数（户）	人数（人）	户数（户）	人数（人）	户数（户）	人数（人）	户数（户）	人数（人）	
2016	174	282	4 305	6 361	401	533	298	456	2 301.53
2017	164	250	4 303	6 178	430	580	345	666	2 856.54
2018	140	207	3 683	5 152	318	510	975	1 578	3 072.40
2019	147	214	3 752	5 148	339	485	227	482	3 443.82
2020	144	188	3 805	5 131	343	543	308	518	3 744.36
2021	—	190	3 976	5 031	—	—	—	—	4 656.30

数据来源：浙江新昌政府门户官网；中国文史出版社，《新昌年鉴》（2017—2022 年）。

（二）新昌特困人员供养制度

我国农村地区的特困人员供养制度主要由新中国成立时期的农村“五保”供养制度发展而来，是实现农村集体供养到财政供养的重大转变。党的十八大以来，我国更加重视特困人员的救助供养工作，2014 年，国务院颁布施行《社会救助暂行办法》，将农村“五保”供养和城市“三无”人员救助制度统一为特困人员供养制度。

新昌县特困人员包括农村“五保”对象、城镇“三无”人员及其他符合救助供养条件的困难人员。供养内容主要包括提供基本生活条件、疾病治疗、丧葬事宜及住房救助和教育救助。2016—2022 年，新昌县集中供养人数不断减少，人均供养经费不断上升（表 12－7）。数据的变化体现出新昌县对困难群众的救助能力、救助水平和救助质量不断提升，也体现出了新昌县经济发展成果由人民共享的奋斗目标。

表 12－7　2016—2022 年新昌县集中供养人数与人均经费

年份	集中供养人数（人）	人均供养经费（元）
2016	248	986
2017	239	1 346

（续）

年份	集中供养人数（人）	人均供养经费（元）
2018	235	1 440
2019	197	1 248
2020	190	1 347
2021	192	1 358
2022	184	1 592

数据来源：浙江新昌政府门户官网；中国文史出版社，《新昌年鉴》（2017—2022 年）。

五、农村其他社会福利政策

（一）特殊群体专项救助

专项救助主要包括医疗救助、教育救助、住房救助等面向老年人、残疾人、儿童等弱势群体的福利政策，这些农村社会福利政策在党的十八大以来迅速发展。

1. 孤儿基本生活保障

孤儿的现实生存和未来发展状况，在很大程度上取决于各级政府和社会是否能够为他们提供满足其健康成长需要的养育条件（表 12－8）。孤儿基本生活保障金的发放是完善孤儿基本生活保障制度的有力措施，也是逐步建立适度普惠性社会福利制度的重要内容，有利于维护孤儿的合法权益，实现全体人民共享改革发展成果。

表 12－8　2015—2020 年新昌县福利机构集中收纳和社会散居孤儿数

单位：人

年份	福利机构集中收纳儿童数	社会散居孤儿数
2015	1 493	896
2016	1 522	913
2017	1 604	963
2018	1 604	1 284
2019	1 746	1 397
2020	1 886	1 509

数据来源：浙江新昌政府门户官网；中国文史出版社，《新昌年鉴》（2016—2021 年）。

新昌县在发展过程中不断提高孤儿基本生活保障金，尤其是社会散养孤儿的生活保障金连续多年持续提升，与福利机构集中供养的差距逐渐缩小，更加公平公正。2022 年，新昌县福利机构养育的孤儿基本生活标准为每人每月2 229 元，社会散居孤儿、困境儿童的基本生活费标准为每人每月1 784元。

2. 残障群体救助和福利政策

新昌县关于残障群体的社会救助和福利政策主要包括补贴救助、康复补贴、教育就业补贴和无障碍设施改造。

（1）残障群体补贴救助。新昌县残障群体的补贴救助从 2018 年开始分为困难残疾人生活补贴和重度残疾人护理补贴救助，补贴人数及发放金额上都在不断上涨，但重度残疾人护理补贴的受惠人数与发放金额的增长速度要高于困难残疾人，体现了新昌政府以人为本的政治理念。

困难残疾人人均生活补贴从 2018 年的 213.6 元上升至 2020 年的252.6 元，上升 40 元左右；重度残疾人护理人均补贴从 2018 年的 334.1 元下降至 326.3 元（表 12 - 9）。从人均数据可以看出，困难残疾人的补贴虽然有上升，但是和同期的社会经济发展程度相比，仍然较少，并不能满足其基本生活需要；重度残疾人护理补贴人数上升速度高于补贴金上涨速度，导致人均补贴降低，这种情况如果长期持续，可能会导致提供护理的人数减少，降低重度残疾人的生活水平和生活质量。

表 12 - 9　2018—2020 年新昌县困难残疾人生活补贴与重度残疾人护理补贴情况

年份	困难残疾人生活补贴人数（人）	发放补贴金（万元）	重度残疾人护理补贴人数（人）	发放补贴金（万元）
2018	30 245	646.06	48 968	1 636.05
2019	29 500	708	54 700	1 838
2020	29 569	746.85	65 543	2 138.90

数据来源：浙江新昌政府门户官网；中国文史出版社，《新昌年鉴》（2019—2021 年）。

（2）教育就业。对残疾人进行教育补助和就业支持，有利于增强残疾人就业能力，增加其就业机会，帮残障人士融入社会、实现人生价值。增加残障人士就业机会对防范返贫风险、保障民生及促进社会和谐发挥着积极作用。

新昌县在就业保险方面的主要作为是增加劳动就业认证企业数量和人

数，依法足额征收残疾人就业保障金，定期举办残障人士劳动力专场交流会，邀请企业和残障人士报名参加，经过多年发展，招聘会愈加成熟和完善。新昌县对残疾人就业还有专项补助，2020 年发放专项创业补贴 5.98 万元。

在教育保障方面，新昌县主要通过送教上门、资助在校残障学生、发放专项补助金和奖学金来实现教育保障目的。2016 年，新昌县资助育才特教学校在校残疾学生 57 人，送教上门帮助残疾学生就学 50 人，资助聋哑学校学生就学 15 人（表 12－10）。

表 12－10　2016—2020 年新昌县残疾人教育与就业部分数据

年份	劳动就业认证企业数量（个）	劳动就业认证人数（人）	征收残疾人就业保障金（万元）	招收企业数量（个）	岗位数量（个）	送教上门（人）	助学补助（万元）
2016	574	1 587	1 350	18	—	50	—
2017	554	1 567	1 500	21	233	58	25.00
2018	572	1 691	3 000	23	344	50	—
2019	586	1 735	3 300	57	222	—	54.55
2020	505	1 552	2 052	18	86	—	37.67

数据来源：浙江新昌政府门户官网；中国文史出版社，《新昌年鉴》（2017—2021 年）。

3. 慈善救助

新昌县慈善金用来助力医疗事业、教育事业及困难群众和司法救助。其中，2020 年助医 15.75 万元，助学 79.68 万元，助困 374.72 万元，司法救助 9 万元。资助各阶段教育事业，为有需要的同学发放助学金，其中“2019 年福彩暖万家·助圆大学梦”项目资助学生 13 人，助学款 10.4 万元。

社会组织也积极参与福利事业，万向集团“四个一万工程”在 2019 年结对新昌籍学生 61 人，发放助学金 14 万元。2020 年牵线俞少怀、蒋先生结对资助 8 名困难家庭学生，发放助学金 1.1 万元。同年 3 月，牵线爱心人士曹连荣结对 3 名学生，发放助学金 6 000 元。

其他福利领域也有社会组织的身影。新昌慈善总会与邮政局合作，建设城南、拔茅 2 家邮善邮乐网点。新昌县慈善救助不仅包括资金捐助，还有物资捐助，其中衣循环、爱循环等项目为社区捐助物资（表 12－11）。

表 12-11 2016—2020 年新昌县慈善救助金部分数据

年份	慈善捐赠收入（万元）	发放救助金（万元）	救助群众（人）
2016	356.51	573.95	1 744
2017	1 200.00	1 360.00	1 780
2018	1 072.89	1 051.84	1 224
2019	767.78	664.53	882
2020	416.94	479.45	—

数据来源：中国文史出版社，《新昌年鉴》（2017—2021 年）。

（二）农村生活补贴政策

1. 住房补贴

农村困难群众危房改造是“两不愁三保障”的重要内容，新昌县认真贯彻落实上级有关决策部署，结合偏远山区乡镇的实际，因地制宜，扎实推进困难群众危房改造和安置工作。2018 年改造 15 户，2021 年农村困难家庭危房改造通过验收总计 63 户，改造补助资金共计 855 137 元。

2. 农村独生子女相关补贴

新昌县为统筹解决人口问题，促进人口长期均衡发展，根据上级有关文件精神，结合本县实际情况，建立起了现行的独生子女特殊家庭关爱制度，主要方式是发放关爱扶助金，补助标准根据其参加的基本养老保险类型而定。建立和实施独生子女特殊家庭关爱制度，是完善人口和计划生育政策、促进社会和谐稳定的实践，是促进人口和计划生育工作向依法管理和利益导向转变的探索，是党和政府关怀独生子女家庭的表现，有利于增强计划生育政策的感召力，增强群众实行计划生育的自觉性。

实行农村部分计划生育家庭奖励扶助政策，包括农村独生子女和双女家庭，对其 1933 年 1 月 1 日之后出生的父母，每人每年奖励 960 元，以上 2 种补助金都在一定程度上缓解了子女赡养老人的资金压力，在养老金之外增加了部分老年人的收入来源，对保障老年人基本生活有一定帮助。

3. 城乡公交一体化

新昌县城乡公交一体化改革已持续多年，主要改革对象是全县农村客运班车、车辆及专线车。2017 年改革完成后，由新昌县汽车运输公司成立城乡公交和城市公交 2 家独立核算公司，分别负责全县城乡公交和城市公交的运营和管理。截至2022年，城乡公交一体化覆盖率达94.86%。

2017年的城乡公交一体化改革主要是设计运营体制改革、城市公交票价改革及财政性补贴机制的完善。同时新昌县还进行了城乡公交服务网站和城乡公交基础设施的完善与建设、站立式公交投放等工作，加快推进了城乡公交一体化改革，进一步完善了新昌县城乡公共交通运行机制，更好地满足了广大人民群众出行的需要和对于美好生活的需要，扎实推进了新昌县共同富裕。

第十三章

财政支持乡村振兴的经验总结与政策优化

自 2017 年起，新昌县坚持把解决好“三农”问题作为全县工作的重中之重，深入学习贯彻习近平新时代中国特色社会主义思想，特别是习近平总书记关于“三农”工作的重要论述，大力实施乡村振兴战略。截至 2022 年，累计投入资金近 100 亿元（其中产业振兴 16.06 亿元、人才振兴 3.12 亿元、文化振兴 10.76 亿元、生态振兴 58.14 亿元、组织振兴 11.22 亿元），“三农”工作呈现“稳步向前、持续向好”态势，筑牢了高水平全面建成小康社会的“压舱石”，打开了农业农村高质量发展的新局面。

2022 年，新昌县以党的二十大精神和习近平总书记关于“三农”工作重要论述为指导，深入贯彻落实“五级书记抓乡村振兴”和 2022 年度中央 1 号文件、省委 1 号文件精神，围绕县委“14361”发展战略，遵循农业农村优先发展方针，加强“三农”谋划，创新工作举措。新昌县大力推进消薄提低、强村富民工作助力乡村振兴、共同富裕，创造出多项工作亮点，群众的获得感、幸福感、安全感进一步提升。

新昌县先后获得了全国茶乡旅游特色区（2017 年）、中国茶业品牌影响力全国十强县（市）（2018 年）、中国茶旅融合十强示范县（2019 年）、浙江省农业绿色发展先行县（2020 年）、茶叶百强县和三茶统筹先行县域称号（2021 年）；县农业农村局先后获评全省农业农村系统突出贡献集体和消除集体经济薄弱村工作成绩突出集体；成功入选首批全省农业农村领域高质量发展推进共同富裕实践试点名单（2021 年）；新昌县澄潭街道梅渚村入选“乡村全面振兴、促进共同富裕”先行示范区（2022 年）；新昌县低效林改造项目入选市共同富裕首批试点名单（2022 年）。2022 年，新昌县共同富裕示范区建设点（缩小收入差距领域）被列入省首批共同富裕试点名单，获科技部、省政府联合发文支持开展科技支撑共同富裕试点。

一、以服务农业经营主体为主的农业产业支持政策

2022 年，我国重点强农惠农政策发布，表示国家将继续实施玉米和大豆生产者补贴、稻谷补贴、耕地地力补贴等。国家扶持的农业项目包括粮食生产支持、耕地保护与质量提升、种业创新发展、畜牧业健康发展、农业全产业链提升、新型农业经营主体培育、农业资源保护利用、农业防灾减灾、农村人居环境整治。新昌县人民政府结合自身发展深入实施、大力贯彻国家强农惠农政策，主要实施以下措施：县农业农村局牵头与其他部门携手实施新昌县 2022 年高质量农业发展若干政策实施细则，其中涵盖了国家政策中的农业产业融合发展，统筹布局建设一批现代农业产业园，重点围绕粮食生产安全和重点农产品的供给、蔬菜产业发展、畜牧产业发展、渔业产业发展。同时适当兼顾了小京生花生产业提升、中药材产业振兴发展等特色农产品产业的发展。该细则还包括积极推进新昌生态山地农业大走廊和特色农业强镇、农业绿色发展、扶持农创客创业创新、产业转型和品牌建设、农产品质量安全与标准化生产。

（一）农业全产业链提升

县财政局安排农业产业资金（含省资金），重点支持新昌县粮食生产功能区、现代农业（水产）园区、“茶果药菜渔”产业发展、生态山地农业大走廊和特色农业强镇发展，同时支持粮食生产安全、小京生花生产业提升、中药材产业振兴、农业绿色发展。对产业转型和品牌建设、农产品质量安全与标准化生产、土地流转、农事节会、设施栽培、新型农业经营主体培育、各类农业项目及区域公用品牌建设工作经费等予以支持。重点支持国家全域旅游示范区高质量发展、省旅游风情小镇创建、城镇景区化建设、精品村打造等。

在共同富裕目标下，乡村产业振兴必须促进农业全产业链发展，拓宽富民空间，提升富民效应。针对新昌县极具特色的智慧茶业建设领域，重点支持标准化茶园建设、茶叶品牌维护、茶叶企业成长、茶叶市场拓展，以及促进茶叶科技进步和茶文化繁荣等。作为省级示范性农业全产业链，新昌县已形成了集茶苗繁育、茶树种植、茶叶加工、茶叶交易、茶机制造、包装印刷及茶保鲜、茶文化、茶旅游于一体的完整的茶产业链，2022 年，茶产业全产业链总产值超 96 亿元。

（二）新型农业经营主体培育

2022 年，新昌县统筹推进新型农业经营主体能力提升、种养加能手技能培训及农村创新创业者培养。县财政局安排 310 万元（含省资金），重点支持各类农民培训补助、农民培训基地建设和乡村振兴人才培育管理、师资队伍及教材建设等，提升高素质农民和农村实用人才的比例，促进传统农民向现代农民转变。

针对乡村人才引育，县政府安排资金 70 万元，深入实施农村归雁青春领航行动、诗画浙江青春创客行动等，引导大学毕业生从事现代农业和农产品电商活动、扶持农创客创业创新、招引“乡村振兴”经营大师等，大力发展农村新业态。县财政局安排 500 万元，支持供销社用于优选产品的展示展销（含品牌营销、包装设计、包装制作、宣传推介等）、建设“新昌优选”旗舰店和“优选小屋”及其运行。

（三）涉农资金统筹机制

新昌县财政局将县域发展与乡村振兴有机结合，探索建立涉农资金统筹整合长效机制，形成了“几个渠道进水，一个池子蓄水，一个龙头放水”工作机制，以资金统筹“加速度”全力助推乡村振兴全面开花。

新昌县农业农村社会发展情况总体向好。2021 年，新昌县农林牧渔业总产值增长率 3.4%，位列全市第三。

新昌县一般公共预算支出执行情况中的农林水支出项目中的执行金额由 2017 年的 38 255 万元逐步增长至 2021 年的 62 861 万元（图 13－1）。这得益

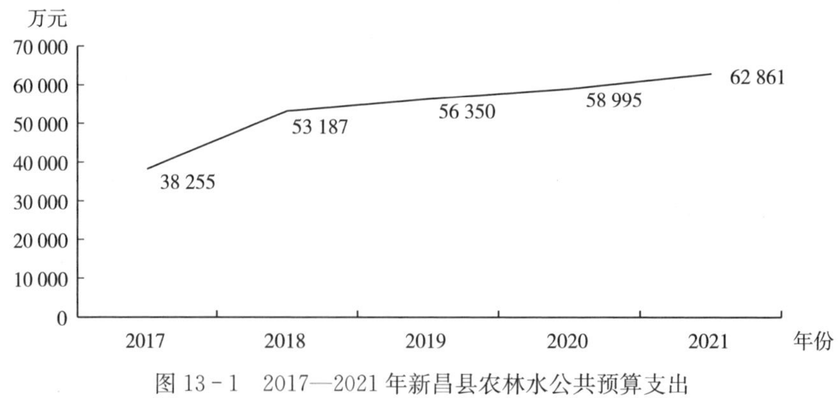

图 13－1　2017—2021 年新昌县农林水公共预算支出

数据来源：中国文史出版社，《新昌年鉴》（2018—2022 年）。

于该县在县域发展与乡村振兴有机结合背景下建立的涉农资金统筹整合长效机制，形成全局统筹、内外统筹、分类统筹和绩效统筹的有效机制。

二、以人为核心的农村公共服务与福利政策

乡村振兴战略实施的程度与效果会直接体现为乡镇公共服务的质量与效果。《乡村振兴战略规划（2018—2022 年）》指出，要增加农村公共服务供给，“逐步建立健全全民覆盖、普惠共享、城乡一体的基本公共服务体系，推进城乡基本公共服务均等化”。

（一）农村公共服务

基于贯彻实施以人为核心的农村公共服务与福利政策，新昌县财政局大力支持城乡居民交通服务工作。一方面，统筹安排资金（交通投资集团），支持城乡公交（村村通公交）补助快递业“两进一出”工程；另一方面，加大“村务卡”“一卡通”的推广使用，全面落实和推进财政性补助资金“乡镇公共服务平台＋一卡通”管理，并开展“四好农村路”项目建设、日常养护和应急维修工作。根据《浙江省乡村振兴促进条例》要求，对乡镇、村养老服务体系星级奖补和乡村、社区助餐服务补助予以重点支持。同时对乡镇环境进行综合整治，开展小城镇环境综合整治 PPP 项目。

新昌县聚焦公共服务均等化，以农村客运为切入口，着力破解山区县农村群众公交出行不便的难题，全力打造群众出行方便、企业运营高效、行业监管精准的农村客运数智服务与监管应用。服务端“新畅行”自 2021 年 11 月全面推广应用以来，已服务群众 200 多万人次。此次改革有 4 个方面突破：推动农村客运服务标准化、促进基本公共服务均等化、提升智慧出行服务适老化、推动行业管理高效精准化。

新昌政府针对城乡居民的教育、医疗、社保服务，以“优享工程”为载体，着力推进县域治理现代化。民生需求，有中求优。大力实施六大“优享工程”，努力让群众有更多更实在的获得感、幸福感、安全感。六大“优享工程”包括：教育教学的“优教”工程、医疗卫生的“优医”工程、基层治理的“优治”工程、社会保障的“优养工程”、民生财政的“优办”工程和公共文化的“优雅”工程。

（二）乡村风貌改善

生态宜居是实施乡村振兴战略的关键环节，是提升广大农村居民生态福祉的重要基础和保障。实现生态宜居，就要从生态环境入手，遵循自然发展规律，以优美环境带动乡村经济发展，实现农业农村现代化的同时兼顾自然环境。在推动生态宜居乡村建设时，充分发挥良好生态环境的最大优势，将经济发展与生态文明建设有机融合，为农村居民提供尽可能多的生态产品，满足农村居民对美好生活的向往，留住最后一片“乡愁”。在此基础上，新昌县大力创建美丽乡村，积极改善乡村风貌。

新昌从全县面上建设美丽乡村和创建标杆县，重点支持省美丽乡村“一事一议”及全县面上农村基础设施建设、历史文化村落保护利用、农村公厕改造提升、标杆县问题清单销号、美丽乡村精品线路打造等项目。支持美丽乡村规划体系建设和技术指导、第三方绩效评价、示范县宣传推介等工作。统筹安排资金（高新园区、经济开发区），对园区中村基础公益设施建设和园区沿线环境整治等进行配套补助，重点用于乡镇旅游特色村庄建设。持续推进农村污水、垃圾、公厕“三大革命”，实现全县建制村改水、改厕、“三线”整治、农村生活垃圾治理全覆盖。整治工作分为三步：健全长效机制、强化督查考核、实行销号管理。

美丽乡村建设工作部分成果：一是历史文化村项目有序推进。2021 年，完成上下宅、董村、唐家坪3 个村的省第七批历史文化村落保护利用项目。五年来，累计打造省级重点历史文化村 5 个、一般村 27 个，其中澄潭街道梅渚村、南明街道班竹村被评为省级历史文化村落保护利用示范村。二是“公厕革命”稳步进行。持续推进公厕革命，改善农村人居环境，2022 年下达两批公厕提升改造计划，完成改造提升公厕 289 座，累计完成问题公厕整改 788 座。三是农村漏电保护安装项目全面完成。出台《新昌县农村漏电保护器安装实施方案》，完成全县 12 个乡镇（街道）253 个村农户漏电保护器应装尽装，达到安装全覆盖。

三、以集体经济为关键的共同富裕总体思路

2021 年，新昌县实现了共同富裕建设良好开篇。制定出台实施方案，编制形成 66 项目标指标、6 项重大改革、8 项突破性抓手、50 项年度工作清单，

有效构建共同富裕示范区建设“四梁八柱”，新昌县入选全省缩小收入差距领域共同富裕示范区建设首批试点。聚焦“扩中”“提低”“消薄”三大重点领域，实施薪酬制度、股权激励、晋升体系等改革。

在实现乡村振兴的过程中，新昌县始终将壮大村级集体经济摆在关键位置上，通过整合各项资源、拉高标杆、升级管理措施等，打造独特的“新昌模式”，有效破解了山区贫困难题，推进实现共同富裕。截至 2021 年，全县 253 个行政村集体经济总收入约 23 054 万元，增长 16.87%，全面消除总收入 30 万元、经营性收入 15 万元以下经济薄弱村。同年，新昌县农业农村局被省委省政府评为“消除集体经济薄弱村成绩突出集体”。

（一）整合资源实现共建共享

针对经济薄弱村区位优势较差、地理位置偏僻且较为分散、就地壮大集体经济较为困难等实际问题，通过多方调研，新昌县实施以乡镇引导、村级自愿为原则的“抱团取暖”“抱团发展”模式，打破地域界限，实施“提低”“消薄”战略。已有联建物业项目 4 个，联购项目 7 个，联筹基金项目 3 个，光伏发电项目2 个，形成了壮大村级集体经济“一盘棋”的工作格局，较好解决了单村发展“难成气候”的问题。

2021 年，规模型扶贫项目税后收益达到 2 074.08 万元，入股村平均分红 10 余万元。同时，改变过去帮扶资金的使用方法，将各级财政、各个部门的扶持（帮扶）资金及企业资金统筹整合，集中投放，建设统一厂房，将村级资金化零为整，发挥乘数效应，着重解决村级发展筹资融资难题。截至 2021 年 7 月，已统筹投入资金 3 亿元，其中财政补助 2 亿元，建设标准厂房 10 万平方米，购置商铺 4 000 平方米，联筹基金二期 6 840 万元，工业地产项目 3 600 万元，联办光伏发电项目 2 万平方米。

（二）拉高标杆实现良性循环

在面对经济薄弱村缺人、缺钱、缺项目的难题时，新昌县采用“金融贷款贴息＋投资项目分红”的方式，积极开发“强村贷”专项消薄贷款产品。该产品最多可为每个村发放年利率 4.15%的低息贷款 300 万元。截至 2021 年，全县已为 205 个村发放“强村贷”专项资金 6.15 亿元。同时，积极实施高标准消薄项目——“梅渚邻里中心·人才公寓”，鼓励参与“强村贷”的村投资项目享受分红，该项目每年可为入股村带来 10 万～22.5 万元的经营性收益。截至 2021 年 5 月，全县已有 206 个村参与该项目。

新昌县成立了共同富裕与山区跨越式发展工作专班，深入践行“两山”理论，促进脱贫攻坚成果与乡村振兴有效衔接。结合县域经济林发展特点，2021 年新昌县出台《香榧产业扶持政策》，对新发展香榧、薄壳山核桃等经济作物和毛竹低产低效林改造实施补助。同时，制定《新昌县绿色共富产业发展计划》，计划采用土地流转、入股分红等多种形式相结合的方式，实现强村富民。预计 4 年内，全县将发展香榧 10 万亩。根据测算，该项目建成后可带动就业 1 万人，可增加村集体经济收入 5 000 万元，若农户入股按 15%比例分成，可增加农民收入 7 500 万元。

（三）管理升级实现持续发力

一是设立小康物业公司，由其负责联合全县经济薄弱村在产业、区位有优势的地方联建物业，联购产业，统筹谋划和部署物业经济项目。各项目设立分公司，按照一个项目设立一家分公司的原则，由分公司具体负责项目建设和管理收益等，实行专业化运作，强化集体资产管理，确保联建项目操作规范、收益高效，切实解决集体发展无能力问题。

二是实行契约化、合同制管理，按照自愿委托的原则，各村与村委托公司代管，产权不变，收益权不变。产权按各参与村投入资金比例折股，收益除去运行成本外，按项目核算后以分红形式全部归村级所有，以法制化管理，切实保障村级组织收益。2021 年，全县共 16 个规模型扶贫项目，每年可增加 2 000多万元的村级集体经济收入，参与村每年增收 10 万元以上。

三是加强村级财务监督管理，积极推进农村集体“三资”数字化改革，依托农村集体“三资”管理数字化平台，在资金网上审批、银联支付，公务卡、收款码阳光结算的基础上，将农户人口、土地、账户等信息和村集体基本情况及相关制度全部纳入系统，打破信息孤岛，提高村级权力能见度和监管效率。2022 年，新昌县农村集体经济数字化管理系统已在 12 个乡镇（街道）、253 个行政村、34 个股份经济合作社全面上线，数字化管理改革系统覆盖率达到 100%。

四、共同富裕目标下的政策调整与优化

共同富裕是一个长远目标，需坚持在高质量发展中促进共同富裕，关键是不断夯实共同富裕的物质基础，进一步把“蛋糕”做大做好。尤其要重视各项

政策对促进经济高质量发展、夯实共同富裕的物质基础的重要作用。新昌县在以共同富裕为目标导向的前提下，不断优化与升级其金融政策、科技政策、土地政策。在政策的调整与优化过程中，进一步完善了新昌在共同富裕进程中积累的自身经验与启示。

（一）金融政策

近年来，新昌县联合当地金融机构实施多项金融政策，推进企业在乡村振兴中高质量发展，促进共同富裕。人民银行新昌县支行作为当地涉农金融机构的主力军，始终把支持服务美丽乡村建设、助力新昌共同富裕放在重要位置，充分发挥扎根基层、网点多、人员多的优势，主动实施各项积极金融政策，助力各类企业发展，积极对接当地乡村振兴下共同富裕目标需求。其中工作的核心是将金融服务、金融政策导向型对接企业助力其发展，因地制宜发挥自身资源优势。

1. 金融驱动科技创新

新昌县数字经济发展势头良好，“企业数字化制造、行业平台化服务”的“新昌模式”在全省得到推广。截至2022年末，新昌县已形成以高端装备和生命健康为主导的优势产业，拥有国家高新技术企业257家、科技型中小企业683家，其中上市企业14家，培育出多个全国乃至全球的“单打冠军”，其中四通换向阀、车用电子膨胀阀、微通道换热器、维生素E等15个产品的全球市场占有率排名第一。2021年，人民银行新昌县支行聚焦金融驱动科技创新发展，推进支持科技型企业创新发展升级。

一是设立政府产业基金，为种子期企业提供资金支持。由于种子期的科技型企业资金需求相对较少，以自筹资金和政府资金为主要来源，所以为鼓励和推动更多传统企业向科创型企业转型升级，人民银行新昌县支行主动与相关部门对接，推动县政府出台《关于进一步扶持科技型中小微企业发展的若干意见》等政策文件，设立3亿元的科技型中小微企业引导基金，重点投向县内战略新兴产业，突出信息、环保、医疗健康、高端装备制造等重点产业的前沿领域。县产业基金曾出资5 000万元，投资国内医疗创业方向公司，通过财政资金引导效应，推进重点领域产业转型升级。

二是建设科技创新创业平台，给予初创期企业政策支持。初创期的科技型企业需要购买研发设备、原材料，科研人员开支、环境及政策需求较大。人民银行新昌县支行支持设立中小微企业园，推进建设科技创新创业平台——科技孵化器，对重点成长型和创新型苗子企业给予优先支持政策。新昌经济开发区孵化器一期于 2019 年 6 月建成并投入运营，2021 年签约入驻企业 9 家。如浙江天雄工业技术有限公司入驻小微企业园后，在园区的支持下斥资1 500 万元购买 3 台德国 EOS 顶尖设备，于 2020 年 3 月底成功孵化。

三是人民银行新昌县支行探索“科技＋金融”新模式，更好地服务成长期企业。成长期的科技型企业生产稳定，销售额增长，资金需求量快速增加。新模式着力解决科技型中小微企业融资难、融资贵问题。指导新昌农商银行投资建设县内首家高新园科技支行，主动与高新技术产业园区、科技局对接，创新科技金融服务，推出“科技助力贷”系列产品。针对科创企业融资需求“短小频急”、抵押物缺乏的特点，科技支行先后开发了知识产权质押贷、科技企业随心贷等信贷产品，进一步放宽科技企业信贷准入标准，将金融“活水”精准滴灌到科创企业。

四是加大科技金融支持。人民银行新昌县支行设立了专项风险补偿金，完善风险补偿办法，支持银行创新科技金融产品，开展知识产权质押贷款、高新技术企业和科技型中小企业信用贷款与投贷联动业务。企业发生知识产权质押评估费，按实际支出额 50%给予补助。支持开展专利保险和科技部认定的科技保险，对企业投保发生的保险费，按实际支付保险费的 30%给予补贴 3 年，总额不超过 30 万元。加强科技金融，对入驻政府举办的科创平台的科技创业投融资机构，入驻当年给予一次性 10 万元补助。

2. 金融助推“茶经济”

新昌县茶叶资源丰富，茶产业发展迅速，已成为惠及全县 2/5 老百姓的第一大富民产业。2022 年，新昌县茶叶一产产量 5 835.22 吨，一产产值为 13.6 亿元，茶产业链总产值超 96 亿元，交易总额达 62.96 亿元。截至 2023 年 5 月，新昌县有茶园面积 15.3 万亩，从业人员 18 万人。人民银行新昌县支行持续推进金融支持乡村振兴，引导金融机构主动参与共同富裕示范区建设，强化要素保障，大力推动“茶经济”发展，让茶叶真正成为群众致富奔富的“金叶子”。

针对茶季茶农“起早贪黑”的时间特点，人民银行新昌县支行引导金融机构主动靠前服务，灵活提供金融保障。例如，新昌农商银行回山支行在茶叶交易旺季灵活调整营业时间，为茶农开辟绿色通道，推出春茶期间提早开门、延迟关门的延时服务。同时，利用早、晚休息时间，组建农村金融服务队伍，到茶园、茶市宣讲金融知识，提供现场基础金融服务，精准满足茶农金融需求。

同时将零散的农事服务事项整合到数字服务平台，开发包括金融服务、买卖交易、茶机购买、采茶工招聘等的一站式服务模式，这也是新昌茶产业正在走的新业态融合之路。

针对传统产业的数字化改造，人民银行新昌县支行指导新昌农商银行积极与县政府合作，打破“数据孤岛”，探索推动“浙农码”金融服务的应用与场景建设，将金融服务与农业信息相结合，茶农、茶企、茶商、消费者等只需通过“浙农码”扫码，即可实现农产品信息获取、商品收付款、茶农茶商融资申请。综合运用央行再贷款再贴现等政策支持工具，人民银行新昌支行引导金融机构针对茶产业链不同主体，打造专属特色金融产品。如新昌农商银行向从事茶苗和茶叶培育的茶农开发了“茶乡乐”贷款，最高额度可达100万元；向茶商提供了“茶商乐”贷款，最高额度可达200万元；向茶机生产销售企业开发了“茶香融”贷款，最高额度可达500万元。2022年，累计为茶产业链客户发放贷款共8 920.97万元。

除上述举措外，人民银行新昌县支行积极参与绍兴市文化金融改革试验区创建，积极推进县政府办公室印发出台《新昌县文化金融改革样板区创建方案》，将茶文化作为新昌县四大文化特色产业之一进行发展推广。新昌县支行还深入各银行、旅游集团等部门调研，制定出台了《金融支持新昌县文化旅游产业发展的指导意见》，提出了7个方面的工作要求，调查摸排文化企业和文化项目资金需求情况，建立项目库，将文化旅游收益权质押贷款和“茶乡乐”系列产品作为文化金融改革样本点。

（二）科技政策

实现共同富裕是中国式现代化的本质要求和重要目标。科技创新是第一生产力，是谋富、创富、共富的内在动力和关键支撑。新昌县聚焦“小县大创新”不断探索出科技创新的“新昌模式”，其科技创新的立足点是产业提升、实业振兴。新昌县将产业升级作为科技创新的主战场，并十分注重发挥企业创新主体作用，将做优主体与强链补链相结合，同时加强产业链与创新链的融合，形成产业集群促进知识流通。但形成产业链与创新链的深度融合需要政府的大力支持与配合，新昌县围绕此目标，进行了多项工作。

1. 科技创新的经验

第一，构建创新服务平台。新昌县从整合高新区与经开区入手，将90%以上的高新技术企业进行统筹管理。围绕主导产业建设新昌轴承产业创新服务综合体、科创服务中心、科技大市场、科技孵化器、中小微企业产业园等平台。为引进高端创新资源，新昌县正在创建高端科创园、海创广场等项目，并斥资1.37亿元在浙大网新双城国际新建“科创飞地”。

第二，强化企业研发机构建设。新昌县尤其重视鼓励企业研发机构建设，引导企业“盯着市场搞研发、盯着明天搞研发”，加大研发投入。坚持把研究院所建在企业，把人才留在企业，完善省市县三级企业研发机构培育机制。截至2022年，全县建成省级以上研发机构139家，其中国家级企业技术中心6家、省级重点企业研究院10家，数量居全省各县市前列。

第三，强化科技创新投入。新昌县明确科技投入的财政支出占比不低于10%，年均增幅不低于10%，2020年财政科技投入6.96亿元，占一般公共预算支出的比重达10.78%。每年安排4亿元用于科技创新、人才引进和战略性产业发展，达到“四两拨千斤”的效果，结合一系列扶持政策，已撬动40亿元社会资本。2021年，新昌县的科技创新主要指标已经走在前列，研发经费占国内生产总值比重4.77%（全省2.95%），连续6年保持在4%以上；每万人发明专利拥有量74.7件（全省34.1件），新产品产值率51.9%（全省39%）。新昌企业每年开发省级新产品超过100项。

2. 科技创新的启示

一方面，要进一步强化高水平县域科技创新能力。目前，国家高新区等科技创新资源布局从大城市角度考虑得较多，对县级科技创新发展考虑较少。从新昌县装备制造、生物医药等相关企业的规模化聚集程度，以及研发强度、技术水平等角度看，新昌县的高新技术产业已经形成创新型产业集群。新昌县的省级高新区经济总量已经超过大多数国家高新区，即使与全国173个国家高新区相比，其排名也在第50位左右。所以，需要进一步考虑如何通过高新区在县域的布局，引导国家科技资源向有条件的县域集中，推动县域产业更快更好地融入全国产业网络和创新网络中，聚集科技创新资源，引领县域高新技术产业发展。

另一方面，要加强县域科技创新对共同富裕的支撑作用。县域是城市与乡村的连接点，探索县域科技创新支撑共同富裕，对于缩小城乡差距、夯实脱贫攻坚成果、推动乡村振兴具有重要意义。在县域应当推动科技创新融入经济社会发展的方方面面，尤其要加大农业新技术、新成果的研发和推广，强化乡村振兴产业支撑，同时积极推动物联网、大数据、人工智能等先进技术的跨界融合再创新，大力发展智慧交通、智慧健康、智慧金融、智慧教育和智慧养老，打造一批“未来社区”“未来乡村”，加快实现城乡公共服务一体化，着力打造科技创新支撑共同富裕示范区。同时新昌县作为国家创新型县开展科技创新支撑共同富裕试点，探索依靠创新缩小城乡区域差距新机制，推动区域整体创新能力提升。

就新昌县而言，其在资源优势有限的前提下，取得了经济社会发展的巨大成就，“科技创新”是毫无疑问的第一推动力，是内源性动力。县域创新发展的“新昌模式”也得到了省委省政府高度重视并在全省广泛推广。在新昌县成功从“全国次贫县”向“全国百强县”跨越的过程中，我们看到新昌虽是山区小县，但更是创新强县，工业经济、实体经济和科技创新一直名声在外，这得益于县委县政府一任接着一任干、久久为功抓发展的良好的营商环境，得益于有一支始终坚守实业、注重创新的企业家队伍，得益于新昌县在追求实现共同富裕目标中发展的“新昌模式”。

经验总结与展望篇

第十四章

发达国家乡村振兴与共同富裕的市场力量与政府作为

一、美国

（一）国家基本介绍

美国全名为美利坚合众国，国土面积937万平方千米，居世界第四。位于北美洲中部，北邻加拿大，南与墨西哥接壤，西临太平洋，东濒大西洋，海岸线长达22 680千米。大部分地区属大陆性气候，南部属亚热带气候。

据美国2020年人口普查数据，美国总人口为3.32亿左右，由多族裔构成。美国总人口中非拉美裔白人占57.8%，拉美裔占18.7%，非洲裔占12.4%，亚裔占6.0%，印第安人和阿拉斯加原住民占1.1%，夏威夷原住民等占0.2%（各族裔比例存在部分重叠）。美国也是一个宗教信仰非常普遍的国家，其中基督教和天主教信徒占全国人口的近70%，只有22.8%无宗教信仰。

美国由50个州和1个直辖特区（哥伦比亚特区，即首都华盛顿市）组成，有3 144个县（截至2021年），还有许多海外领地。美国的行政区划由州级行政区、县级行政区、市级行政区、镇级行政区组成。县级行政区隶属于州级行政区，是州级行政区的基本组成单位；市级行政区一般隶属于县级行政区；镇级行政区一般隶属于市级行政区，可以理解为中国较小的市级行政区。

美国水资源整体呈现东多西少、人均丰富的特点。水资源分布以西经95°为界分成东、西2个区域：西部17个州为干旱和半干旱区，年均降水量在500毫米以下，其中西部内陆地区年均降水量仅有250毫米左右；东部是湿润与半湿润区，年均降水量为800～1 000毫米。总体而言，美国水资源总量超过29 000亿立方米，人均水资源量接近12 000立方米。

美国人均农业土地资源丰富。2020年，美国农业用地面积约为405.8万平方千米，居世界第二，其中耕地面积近200万平方千米，占世界耕地总面积的13%，是世界耕地面积最大的国家。中国农业用地面积约为528.5万平方千米，居世界第一。[①] 虽然中国农业用地总面积多于美国，但中国人口众多，是美国人口的3倍有余：2018年中国人口为14.05亿人，美国人口为3.27亿人。因此，美国人均农业用地面积是中国的3倍以上。

美国矿产资源总探明储量居世界首位。美国的煤、石油、天然气、铁矿石、钾盐和磷酸盐等矿物储量均居世界前列，其他矿物如铜、铅、铀、金、镍、银、锌和铝等也有较为丰富的储量。部分战略矿物资源如钛、锰、钴和铬等则主要依靠进口。

美国有着较为丰富的文旅资源。截至2019年，美国共有24项世界遗产被列入《世界遗产名录》，在数量上位居世界第十位，包括12项自然遗产、11项文化遗产和1项文化与自然混合遗产。其中较著名的世界文化遗产有梅萨维德印第安遗址和独立厅等，世界自然遗产有大峡谷国家公园、黄石国家公园等。

（二）美国农业农村发展历程

1. 美国农业政策的历史演变

美国自建国以来就对本国农业进行“政府干预”，即施行农业政策。总的来看，美国农业政策以20世纪30年代的罗斯福新政为界，可以分为两大阶段：第一阶段，美国农业政策以发展农业生产力为最终目标；第二阶段，以调整农业生产关系为引领。大体上，美国农业政策的历史演变可以分为5个小阶段（表14-1）。

表14-1 美国农业政策演变

阶段	年份	代表法案	主要内容或目的
第一阶段（1776—1840年）	1785	《土地条例》	建立了一个有序的西部土地测量、分割和出售制度，创建了有序的“乡镇”网格。定居者可以据此购买未开发的西部农田的所有权

① FAO：https：//www.fao.org/faostat/en/#data/RL.

（续）

阶段	年份	代表法案	主要内容或目的
第二阶段（1841—1914年）	1862	《宅地法》	允许那些在公共土地上居住满5年的移居者免费获得该土地的所有权
	1862	《莫里尔法案》	联邦政府向各州拨给公有土地，用于创办与支持至少一所农工学院来开展农业科学和机械方面的教学工作，从而开启了美国赠地大学教育体系的建设序幕
	1862	《太平洋铁路法案》	建造了横贯大陆的太平洋铁路，连接了东西部，推动了美国的铁路建设
第三阶段（1915—1945年）	1916	《联邦农业信贷法》	成立了联邦土地银行，主要负责发放长期抵押贷款
	1923	《农业信贷法》	成立了联邦中介信贷银行，为商业银行提供短期的农业贷款贴现，以及为生产信贷协会提供农业生产资金
	1933	《农业信贷法》	成立了合作社银行，向供销和服务合作社提供设备和生产贷款
	1933	《农业调整法》	美国农业的基本法。主要内容为制订生产计划，控制农业生产，制订价格支持计划和食物分配计划。主要目的是应对大萧条带来的农业生产过剩危机。此后基本每5年修订一次
第四阶段（1946—1992年）	1948	《农业法》	政府将根据市场供求状况逐步降低价格支持水平
	1954	《农产品贸易发展的援助法》	利用外币销售、美元贷款及以货易货的方式进一步扩大农产品出口
第五阶段（1993年至今）	1996	《联邦农业改进和改革法》	放开对农业生产的控制，彻底取消对农作物播种面积的限制计划；将农业支持与市场价格脱钩。但并未起到实质性作用。截至2012年，美国整体的农业支持政策仍然以“直接干预”和“高补贴”为基本思路
	2014	《食物、农场及就业法案》	实行与农业生产脱钩的农业保险计划，农民可自主选择保险项目以获得不同的补贴；建立永久性的牲畜灾害援助计划；加大农业资源保护；逐渐削减美国农业的补贴规模
	2018	《农业提升法案》	改革收入补贴和价格补贴；强化实施食品和营养计划；推进新从业农民发展计划；加大对农业研发和教育的投资；农村发展投资；强化生态环境保护等

资料来源：詹琳（2015）；王宇（2021）；丁关良（2001）；美国农业部有机认证（USDA）。

第一阶段为1776—1840年。这一阶段为美国建国初期，美国刚刚摆脱英国的殖民统治，因此农业政策以发展农业生产力、巩固新生政权为主要目的。该时期美国农业还停留在使用铁木农具的传统生产阶段。主要农业政策涉及出售公有土地、停征农产品出口关税和征收农产品进口关税等。代表性法案之一是1785年通过的《土地条例》，该法案对美国西部的大片荒地进行了测量和分割，并允许政府出售未开发农田的所有权，加速了美国西部土地的开发。

第二阶段为1841—1914年。该时期的美国农业政策以促进农业生产力发展和农业要素流动为主要目标。这一阶段美国农业已经开始大量使用半机械化农机具，生产力水平大幅提高；且西部铁路网络的高速发展极大地促进了各地区的农业生产要素和农产品的流动。1862年，美国颁布了3个非常重要的法案：《宅地法》，向符合条件的移民赠送土地所有权用于农业耕种，创造了大量的自耕农；《莫里尔法案》，按各州议员人数向各州拨给每人30 000英亩*的联邦土地，各州可以出售这些土地来建立各自的学院，用于促进农业、工业和军事的发展；建立了美国农业部以服务支持美国农业的发展；《太平洋铁路法案》，拉开了美国中西部铁路网络建设的序幕。

第三阶段为1915—1945年。这一时期美国逐渐实现了农业的机械化，且开始逐步发展农业的生物化学技术。生产力的进一步发展推动美国农业开始走向规模化生产的道路，而农机和化肥等农资的采买需要大量资金。因此，美国在1916年、1923年和1933年分别出台了《联邦农业信贷法》《农业信贷法》和《农业信贷法》，分别成立了联邦土地银行、联邦中介信贷银行和合作社银行，这三者构成了美国庞大的农业信贷系统。1929年的世界经济危机使美国农业陷入险境：农产品价格暴跌，但农业产出居高不下，生产大量过剩；1929—1933年全美农业净收入几乎腰斩，1930年有252万个农场负债，占农场总数的38.5%。因此，1933年时美国颁布了《农业调整法》，这也是美国农业的基本法。该法案主要内容为制订生产计划，控制农业生产，制订价格支持计划和食物分配计划等；主要目标是解决农业生产过剩问题，以及拉高农产品价格和增加农民收入。此后，美国农业补贴政策逐渐发展起来。一直到20世纪90年代，美国农业补贴政策主要目标一直是维持农产品价格稳定，主要手段是与市价挂钩的贷款和补贴等。《农业调整法》为罗斯福新政的内容，以此为标志，此后美国农业政策的主要目标基本转向调整农业生产关系。

* 英亩为非法定计量单位，1英亩≈4 046.856平方米。余后同。——编者注

第四阶段为 1946—1992 年。除去世界大战的影响，美国农业政策的基本目标主要是通过控制生产和扩大出口来实现农产品供需平衡。1948 年，美国颁布了《农业法》用以控制生产，但效果不佳，反而加重了政府的负担。1954 年颁布《农产品贸易发展的援助法》，通过向农产品进口国提供贷款等方式扩大美国农产品对外出口，该法经过修改完善沿用至今。

第五阶段为 1993 年至今。美国以“价格和收入支持”为核心的农业政策开始转向，重新开始以市场为导向。较具有代表性的是 1996 年通过的《联邦农业改进和改革法》，该法案完全放开了政府对农业生产的控制，并且首次将政府农业补贴与农产品市价脱钩，但该法案并未取得多少实质性效果。2014 年通过的《食物、农场及就业法案》实行与农业生产脱钩的农业保险计划，且农民可自主选择保险项目以获得不同的补贴，取消了直接支付等补贴。据测算，该法案预计在 2014—2023 年使美国农业补贴规模减小 165 亿美元以上（U. S. Baseline Briefing Book，2014）。截至 2022 年，美国最新的农业法案为 2018 年出台的《农业提升法案》，该法案批准 2019—2023 年美国农业预算总额为 3 870 亿美元，主要内容包括：改革收入补贴和价格补贴，强化实施食品和营养计划，推进新从业农民发展计划，加大对农业研发和教育的投资，农村发展投资，强化生态环境保护等。

2. 美国铁路与农业发展

1850—1913 年是美国建设铁路的主要时期，这一期间铁路里程增加了 40 万千米左右，占 1830—1952 年铁路建设总里程的 91.7%。美国独立战争结束时领土面积仅为 214.4 万平方千米，之后对外不断扩张，1867 年美国领土面积已经扩大到 935 万平方千米。因此当时美国政府掌握着大量土地资源，但苦于东西部交通不畅，西部相对隔绝且有大量荒地，所以当时的美国政府下决心进行中西部的铁路建设。1830—1952 年新建铁路里程总体呈先增后减的趋势，其间出现多次铁路建设的高潮，年新建铁路里程最高峰值超过 2 万千米（图 14－1）。

美国政府在推动铁路建设的过程中发挥了重要作用。首先，美国政府为铁路建设提供了巨量的资金和土地支持。美国于 1862 年通过了《太平洋铁路法案》，为连接东西大陆的铁路建设提供了联邦土地和贷款补贴。该法案还授予铁路两侧每英里* 10 块备用公共土地，并为铺设的每英里轨道提供由政府担

* 英里为非法定计量单位，1 英里≈1 609.344 米。余后同。——编者注

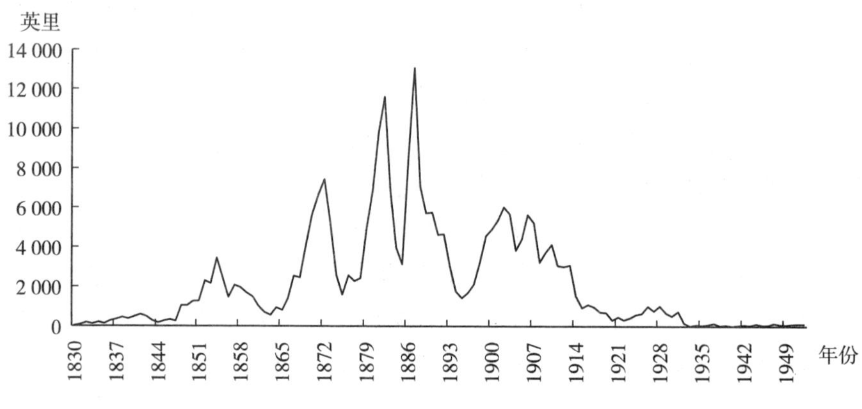

图 14－1　1830—1949 年美国年度新建铁路里程

注：这些数据是指在一个日历年内完成的第一条道路的英里数，并不清楚在哪个阶段报告一英里道路的建设情况。如果一条线路的建设需要数年时间，公司可能每年都会报告，也可能等到整条线路完工后再报告。有时竣工年份与首次通车的年份不同，在这种情况下，里程数可能被分配到任何一年。

资料来源：National Bureau of Economic Research.

保的债券，且允许铁路公司出售债券。据估计，美国政府向铁路公司总计提供了约 1.29 亿英亩的土地用于铁路建设，由此铁路公司获得了巨大的资金和土地支持。此外，美国政府还通过减免铁路建材进口关税为铁路建设提供支持。据统计，1830—1843 年联邦政府减免了进口钢材的关税累计 600 万美元。最后，美国政府还为铁路建设提供了技术支持。例如联邦政府对铁路建设标准进行了统一规定，并且在铁路建设初期指示军方派遣勘测队等为铁路建设提供技术援助等（林晓言等，2015）。

美国兴建铁路时期也是美国农业用地面积增长的重要时期：美国农业用地面积由 1850 年的 2.9 亿英亩增加到了 1900 年的 8.4 亿英亩。美国农业用地起初集中在美国东部的河流两侧，且农产品和建筑材料的运输等非常依赖水路，使得农业发展严重受到水系的束缚而无法扩展到廉价的西部土地。而铁路网络在美国中西部的建设较好地解决了这些问题，进而引领了美国农业向西部的扩展，使农业用地面积在这一时期大幅增长。与此同时，美国农业用地的增长离不开相关法案的制定，如 1785 年的《土地条例》对西部土地进行测量和分割，并允许出售未开发的西部农田；1862 年的《宅地法》允许向符合条件的移民赠送土地所有权，总共有超过 1.6 亿英亩、占美国总面积近 10％的公共土地被赠送给 160 万自耕农民。

美国铁路的高速发展推动了美国农业的发展。美国铁路网络建设的扩张同时带来了农业用地的快速扩张；铁路建设速度放缓时，农业用地面积的增幅也随之下降。不仅如此，铁路的建设还呈现出偏向性：获利越多的农场区，铁路建设密度越大，即二者能够相互促进（刘彦伯，2014）。如 1856 年时，威斯康星州的 7 个小麦生产县面积仅占全州的 10%，但拥有该州铁路总里程的 60%（Jeremy Atack，2000）。

（三）美国农村公共服务

1. 美国社会保障体系

美国是一个崇尚个人主义的国家，因此美国的社会保障制度建立时间也较晚。在大萧条的背景下，1935 年，美国颁布了《社会保障法》，之后美国社会保障体系正式建立起来。1965 年，美国又为 65 岁以上的老年人设立了老人医疗护理计划（Medicare），并且针对贫困民众设立了医疗救助计划（Medicaid）。美国社会保障体系的特点是政府主导、多元参与。其中美国社会保障总署（SSA）与卫生和公众服务部（HHS）是主要负责管理社会保障体系的联邦机构，美国最重要的社会保障项目 OASDI 就是由美国社会保障总署运营的。截至 2022 年 10 月，美国共有 7 052 万人从社会保险（主要是 OASDI）和补充收入保障（SSI）中受益。[①] 截至 2022 年 6 月 30 日，约有 90%的 65 岁及以上的老年人获得社会保障福利，社会保障福利约占老年人收入的 30%。

美国养老金体系由三大支柱组成。第一支柱为养老、遗嘱和残障保险（OASDI），这是美国养老金体系的重要基石，据估计，2022 年有 1.82 亿就业者从事由 OASDI 覆盖的工作，覆盖了美国绝大多数就业人口。2023 年，联邦预算预计将有 1.3 万亿美元用于 OASDI 支出，是联邦预算中最大的支出。第二支柱为公共部门养老金计划（Public Sector Plans）和雇主养老金计划（Employer Based Pension Plans），前者是政府为其雇员提供的养老金计划，后者是企业等组织机构为雇员提供的养老金计划。第三支柱为个人退休账户（Individual Retirement Accounts），是一种延迟纳税的个人收入调节计划。

美国没有全民统一的医疗保险计划，而是针对贫困人口和老年人口专门设立了医疗保险计划。其中，老年医疗护理计划旨在增加 65 岁及以上老年人口获得高质量医疗保健服务的机会。老年医疗保险由联邦政府管理，由 3 个部分

---

① 美国社会保障总署 SSA：https：//www.ssa.gov/policy/docs/quickfacts/stat_snapshot/.

组成：源自工薪税的强制性住院保险（Hospital Insurance）、自愿缴费参加的补充医疗保险（Supplementary Medical Insurance）和处方药保险（Prescription Drug Insurance）。面向贫困人口的医疗救助计划由联邦政府和州政府共同管理，涵盖范围包括低收入双亲家庭儿童和孕妇等，并且各州可自行决定扩大医疗救助计划覆盖面等。

美国的失业保险（Unemployment Insurance）计划是由地方各州负责设立的强制性保险。该失业保险的资金来源是工薪税，且由雇主缴纳。在对贫困人口的救济方面，美国主要通过税收制度实现对低收入者的现金转移支持，并且针对贫困者设立了补充性保障收入（Supplemental Security Income）、补充营养援助计划（Supplemental Nutrition Assistance Program）和住房补贴。美国对贫困人口救济的主要目的在于保障其基本收入和消费，忽视了贫困人口储蓄、投资和积累等。总的来说，美国的再分配体系比较完整，但明显呈现出“小政府”的理念，贫富分化相较于欧洲发达国家也更加严重（周弘等，2021）。

2. 美国农村教育

（1）历史发展。美国乡村学习兴起于 18 世纪末，盛于 19 世纪，19 世纪末开始关停撤并乡村学校、开展城市化改革，20 世纪中后期乡村学校得到重新重视。最初美国乡村学习诞生于农业社会，并植根于乡村。在美国城市化发展到一定程度后，城市教育体系逐步建立且其教学质量显著提高，而乡村学校人数少、成本高和效率低等问题逐渐显现。因此美国乡村学校也开始了城市化改革，即通过撤并小规模乡村学校扩大学校规模并提高教学质量。1917 年，美国乡村学校共有 19.6 万所。20 世纪 60 年代后期，教育城市化的缺点逐渐显现，美国也开始逐渐认识到乡村学校的独特地位和价值，重新关注其乡村学校的保留和扶持（刘丽群等，2018）。到了 20 世纪 90 年代，美国仅有乡村学校 380 所。

（2）概况。美国对学校的区域分类有一套定量标准。该标准不是简单依据人口规模来划分学校区域，还考虑了与城市（或城郊）的距离远近，避免了城乡二分法的弊端。具体来说，美国将学校所属区域划分成 4 类：城市、城郊、镇和乡村，前两类可理解为城市学校，后两类则是乡村学校。在这一基础上，乡村学校根据至城市或城郊的距离远近，分为近郊、远郊和偏僻 3 种类型（刘丽群等，2018）。

2019 年，美国约有 930 万学生在乡村学校就读，约占公立学校学生人数的 15%（Showalter et al.，2019）；农村地区接受高中教育及以上的人口比例约为 86.9%，高于 2000 年的 76.4%；农村地区未接受高中教育的人口比例从

2000 年的 23.6%大幅下降到 2019 年的 13.1%。城乡对比之下，总的来说美国城市地区本科及以上的教育普及率远高于农村地区，而农村地区高中教育程度人口则占据主体（图 14－2）。

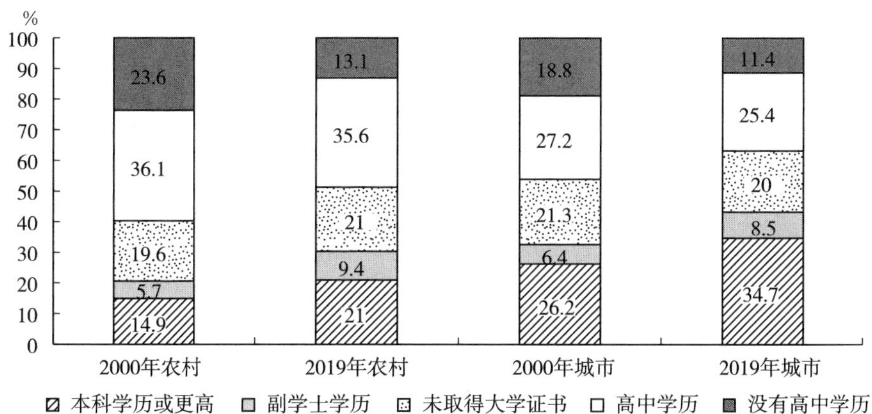

图 14－2　2000 年和 2019 年美国城乡受教育程度变化

图片来源：USDA，Economic Research Service using data from U. S. Department of Commerce，Bureau of Census，Census 2000 and 2019 American Community Survey. https：//www.ers.usda.gov/topics/rural-economy-population/employment-education/rural-education.

(四) 美国农业市场主体

1. 整体概况

美国合作社数量减少，但营收和就业人数呈增加趋势。2021 年，美国共有 1 699个农民专业合作社，较 2019 年减少了 80 个，其中有 870 个合作社以销售商品为主，有 715 个为农场供应合作社（Farm Supply Co-ops)，有 114 个服务合作社（如提供仓储、运输和农技服务等)。全美农民专业合作社 2021 年营收超过 2 300 亿美元，为有记录以来第四高的收入年，且其税前净收入连续4 年增加。

家庭农场为美国农场的主要形式，其中小型农场占大多数，但大型农场产值占比较高。2020 年，美国家庭农场①数量占全美农场的 97.6%，其中小型

① 美国家庭农场类型按照农场现金总收入（GCFI）划分为 3 种：小型家庭农场（GCFI 小于 35 万美元)、中型家庭农场（GCFI 大于等于 35 万美元且小于 100 万美元）和大型家庭农场（GCFI 大于 100 万美元)。其中农场现金总收入（GCFI）指扣除开支前的年收入，包括现金收入、与农场有关的收入和政府农场计划付款：https：//www.nass.usda.gov/Publications/AgCensus/2017/Online_Resources/Typology/typology.pdf.

家庭农场数量占全美农场的 89.1%，中型农场数量占比 5.6%，大型农场数量仅占 2.9%。从农业产值占比看，尽管小型家庭农场数量最多，但其农业产值占比只有 20.4%；大型家庭农场数量占比仅有 2.9%，但其农业产值占比却达到了 46%（图 14－3）。

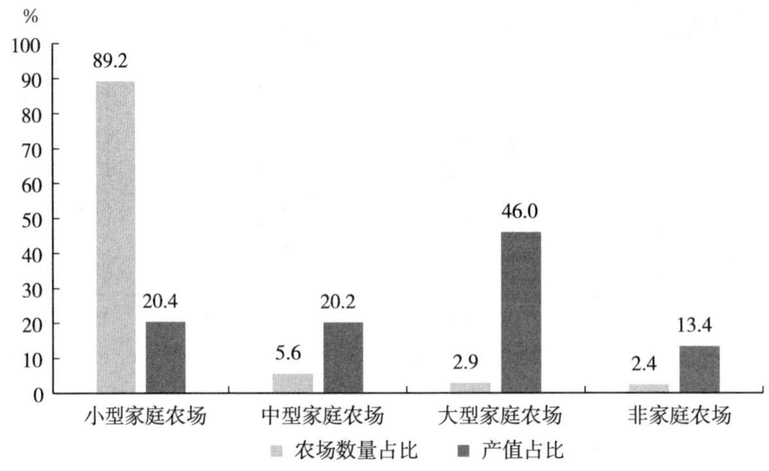

图 14－3　2020 年美国农场数量和产值占比

图片来源：USDA，Economic Research Service and National Agricultural Statistics Service，Agricultural Resource Management Survey. Date as of December 1，2021.

美国农场数量呈下降趋势，但农场规模较稳定。美国农场数量在 1935 年时达到最多，为 680 万个，而后呈现急剧下降的趋势；20 世纪 70 年代后，农场数量下降趋势放缓，2021 年美国有农场 201 万个。美国农场规模在 20 世纪 30 年代之后迅速扩大，70 年代后呈现波动稳定的趋势，2021 年美国农场平均面积约为 2 700 亩，仅略高于 20 世纪 70 年代初的 2 670 亩。①

2. 美国嘉吉集团介绍

（1）公司简介。嘉吉（Cargill）公司成立于 1865 年，是一家集食品、农业、金融和工业产品及服务为一体的跨国集团。嘉吉提供的产品与服务种类繁多，包括谷物、动物营养、药品、工业金属和金融等产品和服务。2021 年时，

① 美国农业部，农业和农业收入：https：//www. ers. usda. gov/data-products/ag-and-food-statistics-charting-the-essentials/farming-and-farm-income/＃：～：text ＝ Gross％ 20cash％ 20farm％ 20income％ 20％28GCFI％29％20is％20annual％20income，across％20time％20primarily％20due％20to％20higher％20cash％20receipts.

嘉吉公司在全球 70 多个国家和地区开展业务，为全球 125 个国家提供产品或服务，共有 15.5 万名员工。2021 年，嘉吉集团总营收达到 1 650 亿美元（按 1：7 汇率约为 11 550 亿元人民币）。

（2）发展历史。嘉吉集团的历史最早可以追溯到 1865 年，创始人通过谷物仓库开展小规模谷物贸易。1870 年，嘉吉创始人利用明尼苏达州南部铁路的扩张，在明尼苏达州建立了总部。1880 年，嘉吉集团开始将业务拓展到煤炭、面粉、饲料和木材等商品，并对铁路、农场和灌溉设施等进行了投资。1930 年后，嘉吉集团开始转向国际市场，在加拿大、荷兰和阿根廷建立了办事处，后因第二次世界大战而关闭。二战后，嘉吉集团开始实施多元化战略，收购了多家公司来发展饲料和豆粕加工业务等。

20 世纪 50 年代，嘉吉集团开始全球扩张。1953 年，嘉吉集团在欧洲设立公司以开展欧洲业务，并且收购了一家位于美国太平洋沿岸的谷物经销商以探索向亚洲市场的扩张。1977 年，嘉吉集团开始将市场初步拓展到发展中国家，此时嘉吉集团已经在全球共 35 个国家开展业务，拥有 2.35 万名员工。至 1988 年，嘉吉集团的产品服务种类显著增加，包括化学品、石油、金融服务、咖啡、棉花、化肥和钢铁等。

20 世纪 90 年代后，嘉吉集团迈入发展新阶段。1999 年，嘉吉集团将传统部门改组为 102 个业务部门，专注于客户、创新和绩效。2003 年，嘉吉集团年收益首次超过 10 亿美元。2011 年，嘉吉集团收购了一家位于荷兰的动物饲料公司，着力发展了其全球动物营养业务。

（3）包容性发展。嘉吉集团多年来积极承担社会责任，促进包容性发展。嘉吉集团在全球设有超过 350 个嘉吉关怀委员会，旨在为当地的慈善组织等提供支持，例如食品救济、学校教育和当地的环境项目等。2021 财年，嘉吉集团累计捐助了超过 1.1 亿美元，其中支出 1 100 万美元用于支持农民生计项目，支出 1 200 万美元用以支持低收入家庭儿童的营养和教育，设立的员工关怀救灾基金支出了1 400 万美元用以帮助集团员工渡过经济困难等。2022 财年，嘉吉集团为非营利组织、非政府组织和所在社区等捐助了超过 1.63 亿美元，旨在为企业所在社区提供公益服务等，相较于 2021 年 1.1 亿美元的慈善捐款上涨了超过 48%。嘉吉集团还积极组织员工承担社会责任，2022 年，嘉吉集团全球员工捐赠了数百万美元，并且提供了超过 10 万小时的志愿服务。

嘉吉集团在 20 世纪 70 年代在中国正式开展业务，1992 年嘉吉动物营养公司开始为中国农民提供农民教育项目，至今已有数以百万计的农民从中受益。2021年时嘉吉集团捐赠了100万美元，与联合国世界粮食计划署合作，在吉林省启动了一个农业风险管理和可持续农业项目。①

（五）经验总结

1. 发挥政府在基础设施建设中的主导作用

交通运输现代化是实现现代化进程的重要组成部分，能够有力促进地区间生产要素和商品的流动，推动经济发展。其中铁路建设具有超越地方主义的性质，并且建设所需的巨量投资等仅靠私人企业难以承担，因此政府必须承担起投资主体的责任。例如，美国PCP公司作为世界上最大的黄桃罐头生产企业，年产黄桃罐头16万吨，联结了150多个农民专业合作社，其工厂建于果园中，美国联邦政府将物流铁路直接修建至厂区内，极大地减少了企业物流成本。在农业基础设施建设，尤其是铁路建设方面，美国联邦政府提供技术支持，包括统一制定铁路建设标准，派遣军方勘测队为铁路建设提供技术援助等。美国联邦政府还为铁路建设提供了经济支持政策，主要包括钢材等的关税减免、贷款援助和土地赠予。美国地方各级政府也通过减免铁路公司税收和购买铁路公司债券等方式为铁路建设提供了大量支持。尽管美国早期铁路建设出现了许多问题，如铁路公司垄断经营、运能过剩等，但美国铁路建设依然极大地推动了美国社会经济的发展。美国铁路建设促进了农业的高速发展，美国全国铁路的贯通促进了农业生产要素、农产品和人口的流动。美国早期兴建铁路时期，美国农业用地和农场数量均大幅增长，铁路建设也为农业机械化提供了良好的条件。

2. 农业企业助力共同富裕

美国农业企业发展全球领先，为推动全美共同富裕奠定了坚实的经济基础。农业企业助力共同富裕的前提是企业自身的发展，推动共同富裕的前提是雄厚的经济基础。美国农业企业整体上在世界范围内处于领先地位，如全球四大粮商中有3家是美国企业，全球营收前十的农业企业中有4家美国企业，且美国的嘉吉集团和ADM公司稳居前两名。农业企业自身的发展天然地比其他企业更能推动共同富裕，因为农业企业发展的同时往往也会带动农业生产者和农村地区的发展，如嘉吉集团在全球70多个国家或地区雇用了超过15万名员

① Cargill 2022 Annual Report：https：//www. cargill. com/doc/1432215917376/2022－cargill-annual-report. pdf.

工，与之合作的农业生产者等则更多。

美国农业企业积极承担社会责任。美国大型农业企业不仅进行公益捐款，还积极为员工、员工家庭及其所在社区提供教育和健康医疗等公共服务，推动了包容性发展。企业从事公益慈善事业并非单方面付出，同时也有利于企业自身发展，例如农业企业开展的农民教育计划有利于提升农民素养，从而推动企业高质量发展。

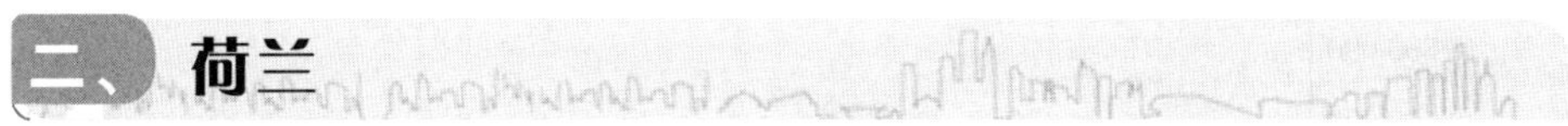

二、荷兰

（一）国家基本介绍

荷兰是世界上人口密度最高的国家之一，其人口密度超过 407.5 人/平方千米。2021 年，荷兰人口为 1 744 万人（图 14－4）。76.8%为荷兰族，土耳其、摩洛哥、德意志、苏里南等为较大的少数族裔。2021 年，荷兰劳动力总数相较 2020 年增加了约 40 万人，增长了 4.28%，达到 989.7 万人（图 14－5）。

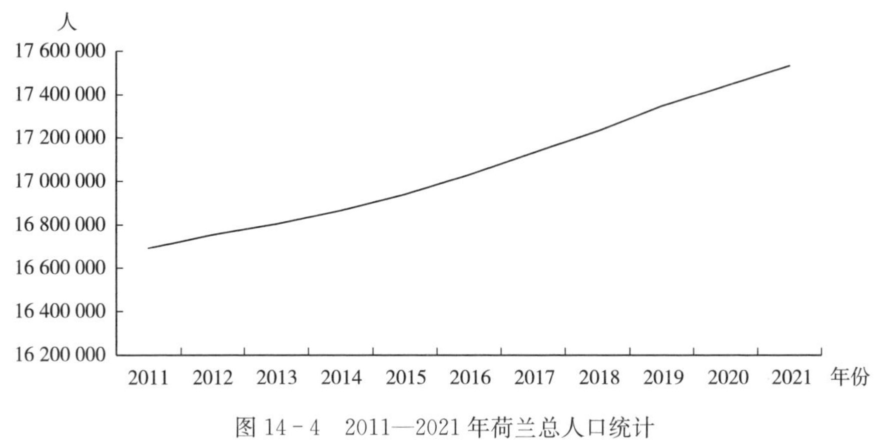

图 14－4　2011—2021 年荷兰总人口统计

数据来源：https：//www.worldbank.org/en/home.

荷兰位于欧洲西北部，东临德国，南和西南临比利时，北临北海，领土面积约为 4.1 万平方千米。除了与北海接壤外，荷兰还有一些重要河流，如莱茵河、鲁尔河和马斯河等流经其境内，这也使荷兰适合发展航运和港口等相关产业。

荷兰是著名的花卉帝国，森林覆盖率较低，但拥有高度发达的农业和畜牧业。荷兰以养殖奶牛和种植花卉著称，是欧洲甚至全球最大的花卉出口国之

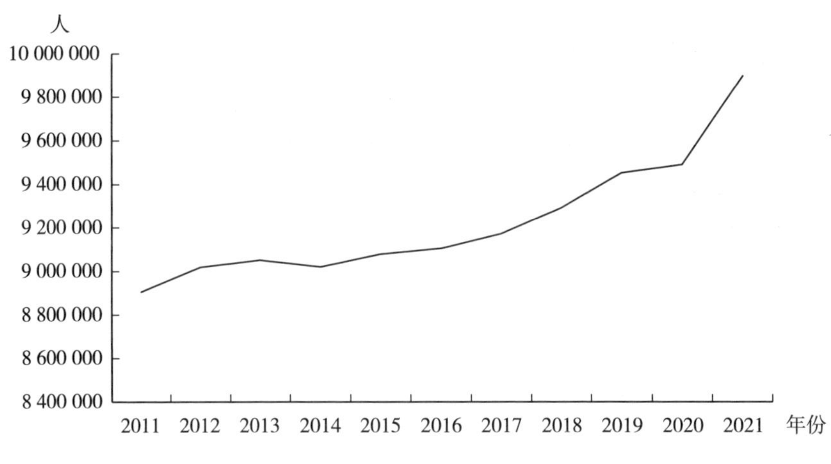

图 14 - 5　2011—2021 年荷兰劳动力总数统计图

注：劳动力总数包括所有年满 15 周岁、符合国际劳工组织对从事经济活动人口所作定义的群体。

数据来源：https：//european-union. europa. eu.

一。值得一提的是，荷兰农业采用了先进的技术手段，如温室种植和水培技术，以提高产量和质量。

荷兰地处欧洲内陆交通要道上，具有重要的交通地位。它是欧洲许多国家之间交通的枢纽，拥有一系列重要港口，如鹿特丹港、阿姆斯特丹港等，以及发达的铁路和公路网络，所以荷兰适合发展物流和相关服务行业。

此外，荷兰拥有较丰富的煤炭和天然气等矿产资源（2012 年探明的天然气总储量约 19 300 亿立方米），但是在工业方面的发展相对有限，主要集中在食品加工、化学、石油、天然气等方面。总之，荷兰的地理位置和资源禀赋使其在农业、物流和港口等领域有着相当的优势，也具有一定的煤炭和天然气等矿产资源。

荷兰王国由荷兰本土、博纳尔、圣尤斯特歇斯和萨巴 3 个海外特别行政区及阿鲁巴、库拉索、圣马丁 3 个海外属地组成。荷兰本土划分为 12 个省，省下设 380 个市镇。

荷兰北部包括格罗宁根省、弗里斯兰省和德伦特省 3 个省份。荷兰西部的北荷兰省和南荷兰省是荷兰人口最稠密省份，也是荷兰经济最发达省份。荷兰中部包括弗莱沃兰省和乌特勒支省，是荷兰最年轻的省份，建于 1986 年 1 月 1 日，弗莱沃兰省人口密度较低，主要是农牧区。荷兰东部位于德国和艾瑟湖之间，包括上艾索尔省和海德兰省。荷兰南部包括泽兰省、北布拉邦省和林堡省。

（二）荷兰农业农村发展历程

1. 荷兰土地治理发展阶段

荷兰的乡村振兴，很大程度上是从土地治理开始的，其在多年的乡村发展实践中，将土地治理与农业发展、景观营造、旅游等结合起来，作为推动荷兰农业发展的重要力量，形成以农业为中心的旅游业。荷兰从20世纪初就开始农村土地整治，其土地整治历史就是荷兰农业发展史，同时也贯穿了荷兰乡村发展史。其发展阶段见表14-2。

表14-2　荷兰土地治理历程

发展阶段	主要内容
20世纪初	荷兰的农村土地整治以提高农业生产力为目标，实行机械化耕种、规模化农业生产。
20世纪60—70年代	荷兰为发展现代化农业，进行全域土地整治，合并农村土地，统一规划建设，调整农业产业结构，建设乡村农业基础设施。
20世纪70年代	由于农业大规模整治破坏了传统乡村景观，荷兰耕地整治从只关注农业发展转向可持续农业、乡村旅游和服务业开发等综合发展。
21世纪初至今	要求乡村土地整治更加全面和综合，兼顾环保、节约、生态保护等政策要求。

可见，针对土地整治这一专业性极强的工作，荷兰的发展路径可谓十分清晰。从最开始的追求效益和生产力的提高，到农村基础设施建设，再到产业结构调整和农村生态环境改善，在土地整治过程中，荷兰将工作做细、细化为管理目标。所以，从这个意义上来定义荷兰的土地治理，其是一种精简集约型的模式。在国土面积不大、农村资源相对匮乏的国家，农村社会的和谐发展要通过对现有农村资源的整合及发挥区域优势来实现。从荷兰农地整理和推广的发展方向来看，政府改变了过去单一的只强调农业发展的单方面路径，转向乡村建设的多目标体制。

2. 荷兰农业农村发展效果

由图14-6可知，荷兰的农村人口在持续下降，据世界银行统计，荷兰农村人口数量从2000年的369万人下降至2021年的130万人，占人口总量的百分比从21世纪初的23.21%下降至2021年的7.43%。图14-7反映了2005—2020年荷兰农村率与农村贫困率的变化，据欧盟统计局统计，荷兰的农村率已由2005

年的20%下降至2020年的12%，但农村贫困率15年来一直稳定在15%～17%。

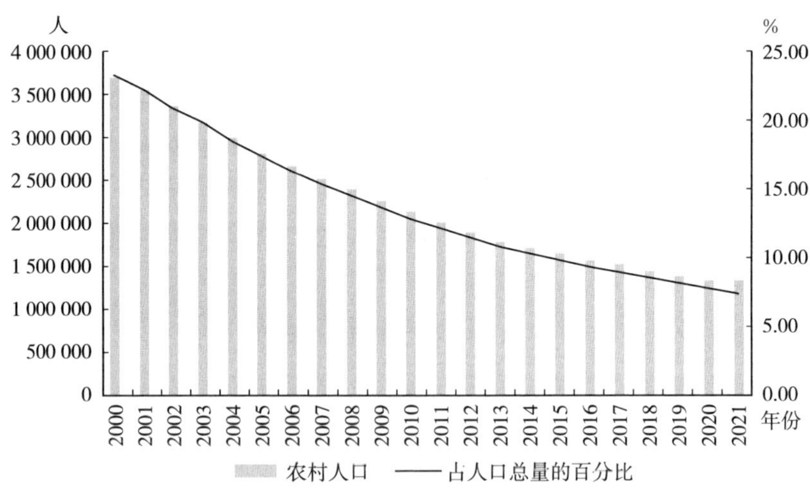

图 14-6　2000—2021年荷兰农村人口及占人口总量百分比

数据来源：https：//european-union. europa. eu.

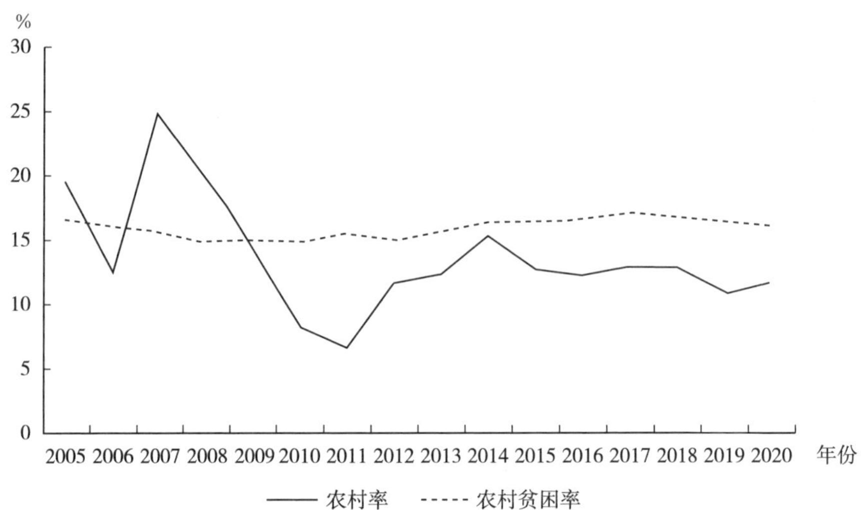

图 14-7　2005—2020年荷兰农村率与农村贫困率

注：欧盟相对贫困线划定是根据贫困风险阈值测算相对贫困风险率，即将平均人口可支配收入中值的60%作为基准线。

数据来源：https：//european-union. europa. eu.

图14-8反映了荷兰2000—2018年农村地区的总增加值和就业率。总增加值（GVA）是生产总值减去中间消费的价值。就业率是指农村地区15～64

岁和20～64岁的就业人员占同年龄段人口的比例。2007—2013年，欧盟计算了15～64岁年龄组的就业率，但是在欧洲2020战略中，实现20～64岁人口就业率的75%是5项需要实现的总体目标之一，而且在农村地区，20岁以下人口的就业率也是一个重要指标。因此，欧盟统计局提议保留这2个年龄组。荷兰的农业总增加值在2017年快速增长，达到137亿欧元，相较于21世纪初的104亿欧元，近些年荷兰的农业总增加值正在逐步增加。与此同时，荷兰农村地区的总增加值也由2000年的23.5亿欧元增加至2018年的38.7亿欧元。荷兰农村地区的就业率在21世纪初期处于波动阶段，2003—2005年突然骤减，2005年后开始逐步上升，2018年已经达到80%。图14-9是2008—2020年荷兰农业、食品部门占总就业人数的比例，荷兰农业部门的就业人数占总就业人数的比例在持续下降，2020年荷兰农业部门就业人数占总就业人数的比例仅为1.81%，食品部门则更低，一直稳定在1.6%左右。

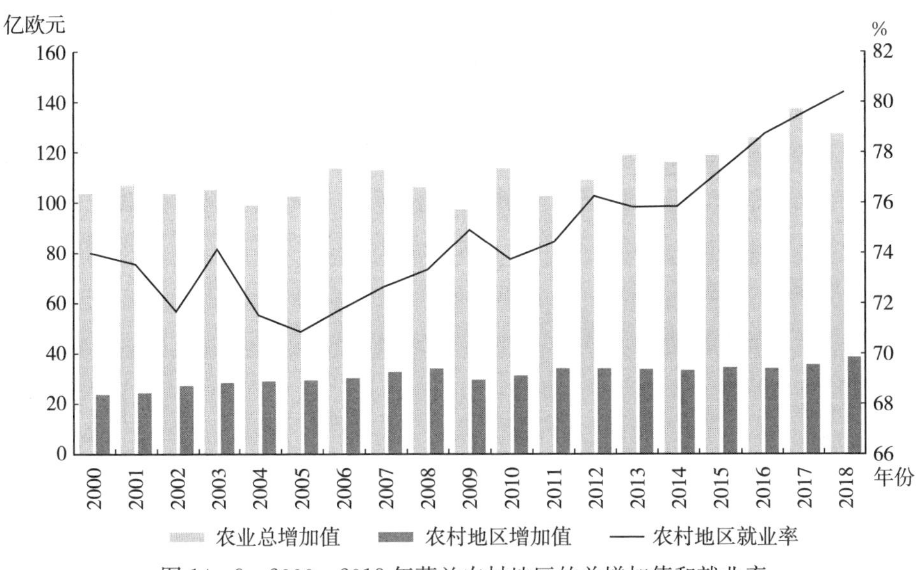

图14-8　2000—2018年荷兰农村地区的总增加值和就业率

农业经营收入是指从农业活动中获得的可用于支付自身生产要素报酬的收入，即家庭劳动力、属于农业控股企业的土地和自有资本。它通过从农业要素收入中扣除工资、租金和利息支付而获得。农业要素收入衡量所有生产要素（土地、资本、劳动力）的报酬，无论这些要素是拥有的还是借来或租用的，它们代表从事农业生产活动的单位所产生的所有价值。据图14-10可知，荷兰家庭单位农业经营收入并不稳定，容易受农产品价格、产量波动、气候等不

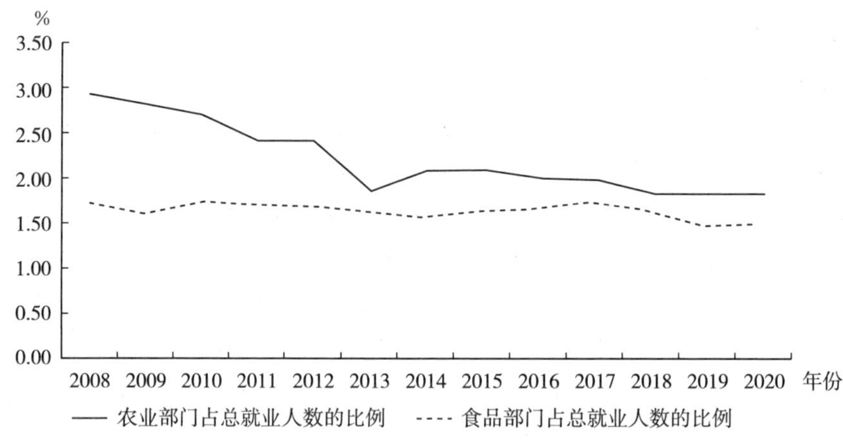

图 14-9　2008—2020 年荷兰农业、食品部门占总就业人数的比例

数据来源：https：//european-union.europa.eu.

可控因素的影响。2009 年，荷兰家庭单位农业经营收入仅为 15 551 欧元，农民平均工资仅为其他非农部门工资的 35.21%；2017 年，家庭单位农业经营收入则达到 45 595 欧元，农民平均工资与其他非农部门工资几乎持平；2006 年的农民平均工资甚至高于其他非农部门工资，农业部门效益优于其他经济部门。由此可见，家庭单位农业经营收入浮动较大，并且规律性和周期性不明显。

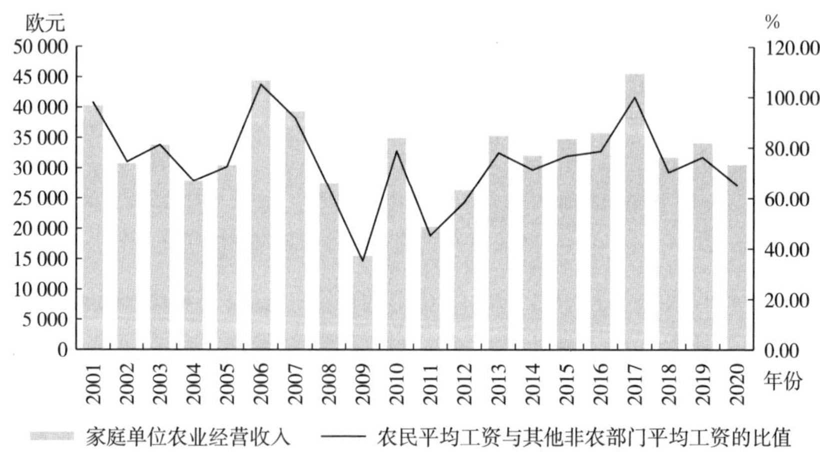

图 14-10　2001—2020 年荷兰农民的收入与其他非农部门工资的比值

数据来源：欧盟农业和农村发展总局。

（三）荷兰农业市场主体

荷兰的家庭农场具备巨大的潜能。农场的平均规模非常庞大，尽管荷兰人均拥有的土地资源非常有限。以欧盟定义的 9 级农场经济规模单位（ESU）为衡量标准，荷兰农场全部位于第 8 级至第 9 级之间，即 100～250 ESU，这些家庭农场仍然能够提供丰富的收入来源。2010 年，荷兰的某个农场的年度营业额达到 5.6 万欧元，其全部财富也达到了 214 万欧元，其中，净投资额达到 10 万欧元。在国际化进程中，农场不断减少，规模越来越大，专业化程度越来越高，这是由“适者生存”机制造成的。这还使荷兰的农业劳动生产率进一步提升，农业生产效率持续提高，国际竞争能力加强。

与此同时，荷兰的农场也纷纷加入合作社，以提高定价权和竞争力。农场多为家庭所有或合伙经营。个人独资企业约占农场的 50%，合伙企业约占农场的 40%。农业生产总体保持平稳态势，尽管 50 多年来农民逐渐减少。2021 年，仅有 53 000 个养殖场，农产品加工、食品加工及流通产生综合增加值依然达到 500 亿欧元，合作社承接了该增加值的大部分份额。

在过去的几十年里，荷兰的合作社之间进行了强有力的整合，导致每个部门只有几个甚至只有一个合作社。一些农民专业合作社在国际上运作。合作社是能够签订协议并拥有资产的法人实体。合作社有成员而不是股东。合作社可以组织起来，以限制或排除成员对解散后剩余损失的责任。

荷兰的合作社是集农工商为一体的综合体，为农户提供全产业链服务的有效服务，减少了农户成本，保障了小农户的利益。1870 年，荷兰第一个农民专业合作社诞生，其独到之处在于利用本身的资金建立起一个独立的金融机构，为社会成员提供金融服务，而不受任何政府的支持。此外，《荷兰民法典》也为联合社的发展提供了更多的支持。联合社作为一种全面的经济体系，以合作者的共同努力及各方的投入，形成了一个完整的经济体系。荷兰的合作社拥有丰富的服务类型，包括但不限于信贷服务、销售服务、中间服务、采摘、销售和加工服务。这些服务涵盖了荷兰各行各业，满足了不同客户的需求。拉博银行（Labbo Bank）和四类合作社是荷兰的重点支持对象，它们的农业贷款覆盖了 90%的农户，帮助农户更好地进行农村生产和投资。这些银行和合作社还致力于支持农村经济。通过合作伙伴关系，农户可以根据自己的需求选择适宜的土地，而合作伙伴的领导者则会协助他们确立最佳的耕地范围，以及最佳的收成方案，在收成完成之前，还会对整个生产流程进行全面的监督。收割时节，合作社配备人才协助农户采摘，并统一采购、处理及出售大部分乳制品类、肉类、果蔬类及其他产品。

（四）荷兰农业发展相关法律法规及社会制度

1. 土地政策

荷兰注重农业法律的规范和引导，有专业的法律法规作支撑，并且与时俱进地进行调整和迭代。对于政府在乡村治理中的各种职责、乡村发展的基本方略等，荷兰政府早在20世纪50年代就颁布实施了《土地整理法》。此后通过的《空间规划法》对农村社会农地整理做了详细规定，落实农村每一块土地的用途。1970年后，荷兰政府重新审视农地整理的目标，使农地经营规模化、整体性得以实现，通过更科学、合理的规划和管理，避免和减少了农地利用的条块分割现象。

2. 欧盟共同农业政策

1952年，荷兰与比利时、法国、意大利、卢森堡和联邦德国一起建立了欧洲煤钢共同体（European Coal and Steel Community，ECSC），这是欧盟的直接前身。从一开始，荷兰就密切参与制定欧洲农业政策。作为欧盟成员国，荷兰参加了欧盟共同农业政策（Common Agriculture Policy，CAP）。2021年12月2日，《联合呼吁程序改革协议》正式通过。

基于9个目标，CAP将继续确保获得高质量的食物，并为独特的欧洲农业模式提供强有力的支持。联合呼吁程序的9个目标是：确保农民获得公平的收入，提高竞争力，重新平衡食物链中的力量，气候变化行动，环境保护，保护景观和生物多样性，支持世代更新，充满活力的乡村地区，保护食品和健康质量。

每个欧盟国家将设计一项国家CAP战略计划，将收入支持、农村发展和市场措施的资金整合起来。在设计战略计划时，欧盟国家将通过欧盟委员会提供的广泛政策措施工具箱为9个具体目标做出贡献，这些措施可以围绕国家需求和能力进行制定。

欧盟为农民提供收入支持或直接付款，以起到安全网的作用，使农业更有利可图；保障欧盟的粮食安全；协助农民生产安全、健康和负担得起的食品；奖励农民提供通常不由市场支付的公共产品，例如照顾农村和环境；农民通常根据其农场的公顷规模获得收入支持。所有欧盟国家都必须提供基本付款、可持续耕作方法（绿化）付款和年轻农民付款，这些付款通常被称为强制性付款。

欧盟将农民的大部分收入支持与以下方面联系起来：耕种的公顷数，而不是生产的数量；农民必须对市场需求做出反应，以增加利润；尊重环境、植物健康、动物健康和福利，为可持续农业做出贡献。这些被称为交叉合规。不遵守欧盟规则的农民可能会看到他们的付款减少或完全停止。根据 2021 年 12 月 2 日通过的新 CAP，欧盟将对现有的收入支持系统进行修改，并采取措施确保更公平地分配对整个欧盟农民和工人的财政支持。对于收入资助的重新分配，欧盟国家必须将其直接付款的至少 10%用于再分配收入支持工具，以更好地满足中小型农场的收入需求。

新立法包含欧盟国家对积极农民的定义，包括所开展的活动水平。只有活跃的农民才能获得欧盟的某些支持。CAP 付款将与尊重某些欧盟劳工标准挂钩，并将激励受益人改善农场的工作条件。在新的 CAP 中，收入支持水平将在个别欧盟国家内部和欧盟国家之间更加趋同。新的共同农业政策要求，欧盟国家必须以收入或投资支持或对年轻农民的启动援助的形式将其直接支付预算的至少 3%分配给年轻农民。

3. 欧洲农村发展农业基金

欧洲农村发展农业基金（European Agricultural Fund for Rural Development，EAFRD）支持欧盟的农村发展政策，为成员国和欧盟地区的农村发展计划提供资金。方案由欧洲委员会与成员国之间合作制定，同时考虑到欧洲理事会通过的农村发展政策战略指导方针和国家战略计划确定的优先事项。2021—2027 年，EAFRD 的预算为 955 亿欧元。

4. 欧洲联盟运作条约

欧盟和各国的竞争规则适用于食品供应链各个层面的所有食品。与其他部门规则一样，这些规则适用于除农产品外的所有食品。《欧洲联盟运作条约》（Treaty on the Functioning of the European Union，TFEU）及其前身给予农产品特殊待遇。农产品的定义见法规（EU）1308/2013 的附件 I，该法规建立了农产品市场的共同组织（Common Market Organization，CMO）。根据《欧洲联盟运作条约》第 42 条，立法者可以在将标准竞争规则应用于农产品时进行修改，同时要考虑到《欧洲联盟运作条约》第 39 条规定的 CAP 目标（即提高农业生产力，确保农业社区的公平生活水平，稳定市场，确保供应，并确保消费者支付的合理价格）。因此，立法者通过了针对农民、农民协会、生产者组织和跨部门组织生产或交易农产品的具体规则。

（五）经验总结

1. 重视科技兴农

荷兰农业最显著的特点就是农业机械化、科技化程度非常高。对农业生产形成严重制约的是荷兰光照不足、土地资源匮乏。在这种情况下，荷兰投入巨资建立起世界一流的设施农业体系，靠的就是全球领先的玻璃温室技术。荷兰农业高度的机械化和科技化体现在无人机、自动拖拉机等先进机械的广泛使用，实现农业过程自动化，从而提高生产效率。同时，运用先进技术克服耕地少、光照不足的弱势，荷兰的温室面积达 9 200 公顷，温室的光照、干湿度等管理全部实现计算机化，提升了农产品品质和科技含量。据统计，荷兰玻璃温室面积达 11 000 公顷，约占全球温室面积的 1/4。集中连片的大棚在荷兰近郊比比皆是，一般大棚面积可达 40 公顷左右。荷兰政府还将农业大数据与贷款业务相联系，通过大数据对花卉企业实行 20 年的无息贷款，为花卉企业提供最直接的资金支持，促进行业发展。

2. 社会农场为农村地区提供社会服务

1998—2006 年，荷兰社会农场的数量从 75 个激增到 720 个。护理农业被视为农村地区的一项创新，它拥抱社会护理模式（而不是机构或医疗模式），为当地提供新的选择。荷兰的大多数社会农场都是以家庭为基础的企业，独立于医疗机构。家庭成员通常具有医疗保健资格。20 世纪 90 年代，护理农场支持的主要目标群体是智障或精神方面有问题的人。最近，护理农场的目标群体已经扩大到包括老年人、长期失业者和儿童。根据一项调查，虽然使用服务的大多数人是男性，但提供服务的农民主要是女性。超过 60%的人与卫生机构签订了合同。几乎 60%的农场与选择使用该服务的人签订了直接合同，他们可以控制自己的个人预算。20%的农场通过一般保险计划获得特殊医疗费用的付款。2005 年的一项调查显示，在大约 50%的护理农场中，与护理活动直接相关的年收入超过了农业收入。值得注意的是，2003 年，近 70%的护理农场还从事其他非农业活动，其中农场娱乐、农产品的加工和销售最为常见。开办护理农场的农民可以从国家资助中心（成立于 1999 年，由农业部、卫生部、体育部和福利部共同资助，2008 年在国家农民组织、荷兰合作银行和其他组织的支持下进行重组）和通常隶属于国家资助中心的区域组织学习和分享信息。他们还组织培训，协助农民通过他们的网站推广其服务。国家资助中心还制定了质量标准，并管理社会农场健康农业自愿质量标志制度。还为护理农场管理质量标志系统。相较其他农业强国，荷兰的农业生产服务业发展水平比较高，社会和个人服务业、批发零售贸易业、商务服务业占农业总投入的比重较高。

3. 企业助力农业农村发展

私营企业和公司参与了农业研发，使荷兰整体农业科技投入得到增加。私营企业成为农业创新的主体，尤其在作物育种、动植物健康和食品加工方面，以及资本和知识密集型的研究领域，如生物技术和生物性农药的研发。在科技创新的同时，也为荷兰农民提供了就业机会。

经济的自由化和公共资金的减少为私营部门在农业研究领域发挥更重要的作用铺平了道路。荷兰的研发促进法案（WBSO）是鼓励非公有部门投资的重要法案，主要通过减免企业人员工资税和提供优惠的企业利润税来促进企业的研发投入和创新发展。每年有约 13 万家企业申请此项税收减免的优惠。企业除了自行研发投入外，还有很大比例的科研以委托开发的方式投入科研机构，这部分投入构成了科研机构资金的重要组成部分。此外，公私合作的科研基金也是政府鼓励研发投入和促进成果转化的重要方式。在某些战略性产业，政府希望支持其研发投入，以提高产业的竞争力、保持市场的稳定发展。一方面，政府直接投入科研会降低企业投资的动力，而且政府或科研机构没有有效的转化途径；另一方面，企业对科技成果有迫切需求。然而基础应用研究具有外部性，单个的企业没有动力去独自投资某个可能使整个行业受益的研究项目，所以在基础应用研究领域，荷兰政府设立了多个公私合作的研发基金，这些研发基金一般是政府投资 50%，其余 50%由企业和研究机构共同承担，企业的参与保证了研究结果的有效利用及相关技术的迅速传播。

三、日本

（一）国家基本介绍

日本国土总面积约为 37.8 万平方千米，世界排名第 62 位。日本主要领土由北海道、本州、四国和九州 4 个大岛组成，此外还有 6 800 余个小岛。日本位于太平洋西岸，是一个东亚岛国，西濒东海、黄海和日本海，东临太平洋。大部分地区属温带海洋性季风气候，终年温和湿润。日本位于环太平洋火山地震带，地震和火山活动频繁。

2021年，日本总人口约为1.26亿，主要民族为大和族，北海道地区还住有少量原住民阿伊努族（人口约为1.6万），冲绳县也有部分少数民族。日本通用语言为日语，主要宗教为神道教和佛教。

日本行政区划一般分为两级，分别是都、道、府、县和市、町、村、特别区。日本全国共有47个一级行政区，分为1都（东京都）、1道（北海道）、2府（大阪府、京都府）和43县。日本的市制度是按人口规模分设的，从小到大分别为普通市、特例市、中核市和政令指定市，市的人口规模一般为5万人以上，町的人口规模一般在5 000人以上。

日本矿产资源十分匮乏，而水力和渔业资源丰富。日本具有储量的矿种仅10余种，且大部分难以开发利用，不具备经济价值。因此，日本的煤炭、石油、天然气和铜、铁矿石等十分依赖进口，主要资源进口依赖程度常年超过90%。日本山地与河流较多，因此水力资源较丰富，蕴藏量约为每年1 353亿千瓦时。日本的专属经济区面积相当于其国土面积的10倍左右，因此渔业资源丰富。

日本地貌以山地丘陵为主，土地资源匮乏。2020年，日本农业用地面积为4.37万平方千米[①]，约占国土面积的11.5%。而日本国土约70%属于山地丘陵地带，平原面积狭小，耕地十分有限。2020年，日本森林面积约为24.94万平方千米，森林覆盖率约为68%，是世界上森林覆盖率最高的国家之一。

日本有着较为丰富的文化旅游资源。截至2019年，日本共有23项世界遗产（包括自然遗产4项、文化遗产19项）被列入《世界遗产名录》，数量居世界第12位。其中比较著名的文化遗产有古京都遗址、广岛和平纪念公园、古奈良的历史遗迹和明治工业革命遗址等，著名的自然遗产有白神山地、小笠原群岛等。

（二）日本农地制度演变

日本战后农地制度发展可以分为5个阶段[②]（表14-3）。

---

① FAOSTAT：https：//www.fao.org/faostat/en/#data/RL.

② 阶段划分和分析主要参考高强、孔祥智（2013），叶兴庆、翁凝（2018）和汪先平（2008）的文章。

表 14-3 战后日本农地制度演变

阶段	年份	法律	主要内容或目的
农地改革下的权利移动规制阶段（1945—1960 年）	1946	《自耕农创设特别措施法》《农地调整法》修订	国家强制购买地主土地，并廉价出售给佃农；集中土地持有，防止土地细碎化；限制地租
	1952	《农地法》	限制农地买卖及租赁；限制农地非农化
流转所有权扩大经营规模阶段（1961—1968 年）	1961	《农业基本法》	鼓励引导农户间的农地转让，以扩大农地经营规模，提高农业收入
	1962	《农地法》修订	促进农户间农地所有权流转，放宽农户耕作土地最高限额
促进农地经营权流转阶段（1969—1992 年）	1969	《农业振兴地域建设法》	划定农业振兴地域，严格控制土地非农化，保护优良农地
	1970	《农地法》修订《农业基本法》修订	废除农户农地面积上限；撤销地租限制；放松对农地租赁合同的限制以促进土地流转
	1970	《农民年金制度基金法案》	建立了农民年金制度（类似于退休金），促进了土地经营权流转
依靠“农业经营体”推进规模经营阶段（1993—2004 年）	1993	《农业经营基础强化促进法》《农地法》修订	设立认定农业者制度；放宽农业生产法人的成员条件
	2001	《农地法》修订	允许农业公司参股农业生产法人
	2003	《构造改革特别区域法》	为应对撂荒地激增和劳动力不足，允许公司参与农地流转
推进农地集约利用和重构农地政策阶段（2005 年至今）	2005	《食品、农业与农村基本计划》	推进骨干农户培育和村落营农组织法人化进程
	2009	《农地法》修订	进一步放宽企业租赁农地、参与农业生产经营的限制
	2013	《推进农地中介管理事业法》《农业经营基础强化促进法》修订	建立农地中介管理机构，促进“不在村地主”转出土地使用权

资料来源：根据高强、孔祥智（2013）和叶兴庆、翁凝（2018）整理。

第一阶段为 1945—1960 年，主要目标是提高农业生产力，维护农村社会稳定。日本战败后，在盟军司令部的主持推动下先后开展了 2 次农地改革：

1946 年，日本通过了《自耕农创设特别措施法》并修订了《农地调整法》，其主要内容是国家强制购买地主多余土地并低价转卖给佃农，并且对土地买卖和耕地细碎化进行限制。1952 年颁布的《农地法》则是巩固了 1946 年的土地改革成果，权利移动规制为其指导思想，内容包括限制地权转移、限制农地非农化、限制租种地的所有面积等。日本土改完成后，全国自耕地和佃耕地比例由 1945 年的 54∶46 上升到 1950 年的 90∶10；而自耕农户数在这 5 年间增加了 120%，达到了 382.2 万户（关谷俊作，2004）；尽管日本此时仍存在佃耕地，但毫无疑问已经建立起了以小规模自耕农为主导的农业经营格局。

第二阶段为 1961—1968 年，主要政策目标是通过促进兼业农户土地转让，扩大农地经营规模。日本土改后，农业实现了快速发展；同时非农产业的发展使农村劳动力大量转移，城乡收入差距扩大。为了提高农业收入水平，日本于 1961 年制定了《农业基本法》，旨在促进兼业农户的土地向专业农户集中，进而扩大农业经营规模并提高农业生产率。1962 年，日本修订了《农地法》，主要内容是：允许耕作农户拥有更多农地，设立农业生产法人制度以配合家庭农业经营。但这一阶段农业机械化的普及使农户兼业更加普遍，且地价飞涨使农民不愿转让土地。因此日本在该阶段希望通过流转土地来扩大农地经营规模的政策目标并没有很好实现。

第三阶段为 1969—1992 年，主要政策目标是保护优良农地和促进农地经营权流转。这一阶段日本经济呈现高速发展的同时，也出现了耕地撂荒和农地非农化并存的现象。为了应对危机，日本于 1969 年制定了《农业振兴地域建设法》，旨在通过划定农业振兴地域来保证农地面积、限制农地非农化。1970 年，日本对《农地法》和《农业基本法》进行修订，主要内容为：放宽对农地租赁合同的限制以促进土地流转，以及撤销农户购买或租用土地面积的上限等。日本还通过了《农民年金制度基金法案》，建立了农民年金制度（类似于退休金），该制度为老年农民生活提供了保障，解决了农民流转土地后对收入的担忧，进而促进了土地经营权流转。通过一系列农地改革，日本全国农地出租面积占比由 1970 年的 7.6%提高到了 1985 年的 20.5%。在这一阶段，日本通过使土地所有权与经营权、耕种权分离来扩大经营规模，日本长期的自耕农制度也逐渐走向瓦解（郭红东，2003）。

第四阶段为 1993—2004 年，主要政策目标依然是推进农业规模经营，但依靠的是培育高效稳定的农业经营体。1993 年，日本颁布了《农业经营基础强化促进法》，修订了《农地法》，主要内容是：实施认定农业者制度，放宽农业生产法人的成员条件，允许农协等组织的加入。2001 年，日本再次修订《农地法》，有条件地允许农业公司参股农业生产法人。2003 年，日本颁布了《构造改革特别区域法》，以应对农业劳动力不足和耕地撂荒，首次允许农业生产法人以外的企业参与农地流转。

第五阶段为 2005 年至今，这一阶段的特征为农地集约利用的推进及农地政策的重构。日本的农业劳动力短缺和撂荒耕地问题并没有得到解决，因此政府不得不调整农地制度。2005 年，日本颁布了《食品、农业与农村基本计划》，旨在推进培育骨干农户和村落营农组织（类似于中国的土地股份合作社）的法人化进程。2009 年修订《农地法》，进一步放宽企业租赁农地、参与农业生产经营的限制，实行“原则自由化”。2013 年，日本颁布了《推进农地中介管理事业法》并对《农业经营基础强化促进法》进行修订，建立了农地中介管理机构，促进“不在村地主”转出土地使用权。

总的来说，日本农地改革先后经历了“分”“合”两个过程：战后至 20 世纪 50 年代初通过农地改革废除了佃耕体制，实现了农地的均匀分配，建立了分散的自耕农体制；1961 年后，日本农地政策始终围绕推动土地集中和扩大农地生产经营规模，从而改变细碎的小农生产格局（马红坤等，2019）。日本的农地改革顺利度过了第一个过程，第二个过程则迟迟没有顺利完成。经过半个多世纪的改革，日本农地规模细碎的问题并没有得到很好的解决，且农地撂荒和村庄衰败问题仍然严重。具体原因有：农地制度改革缺乏长远考虑和顶层设计；农村就地非农就业及高度的农业支持降低了小规模兼业农户转让土地的意愿，以及农地市场失灵等（叶兴庆、翁凝，2018）。

（三）日本农协的发展变迁及经验教训

1. 日本农协简介

一般所称的农协指的是日本综合农协（Japan Agricultural Cooperatives, JA）。其是一个旨在提高农业生产力和保护、改善农民利益的合作组织，兼具群众团体和工商企业双重性质。除综合农协外，还有专业农协，但其不从事信贷业务，只从事特定产品的销售和购买业务。以下所称农协或 JA 均指日本综合农协。2020 年，日本综合农协会员数为 1 042 万人，全农协存款余额为 107 兆日元（按1∶20 汇率，约为 5.3 万亿人民币）；日本专业农协数量为 549 个，会员人数为 13.1 万人（据日本农林水产省数据）。2021 年，日本地域综合农协数量为 585 家。

日本综合农协最早可以追溯到1843年，正式建立于1948年，如今已经发展成为具有完善的“全国-都道府县-市町村”三级组织架构的全国性组织。日本综合农协业务非常全面，整体可分为六大部门，涵盖医疗健康、金融服务、保险、农产品及农资购销、指导教育和文旅等方面（图14－11）。日本综合农协在农户与市场、农户与政府之间起到了中介作用，在保护小农户权利和服务农业生产等方面发挥了积极作用，在一定程度上同时实现了规模效益和弱者联合，促进了日本农业生产的专业化和适度规模化（廖媛红等，2020）。总的来说，日本综合农协是农业经营活动的指导者、组织农民与市场对接的支撑平台、农民培训教育和农村福利的提供者，以及日本农业政策的执行者（周应恒等，2013）。

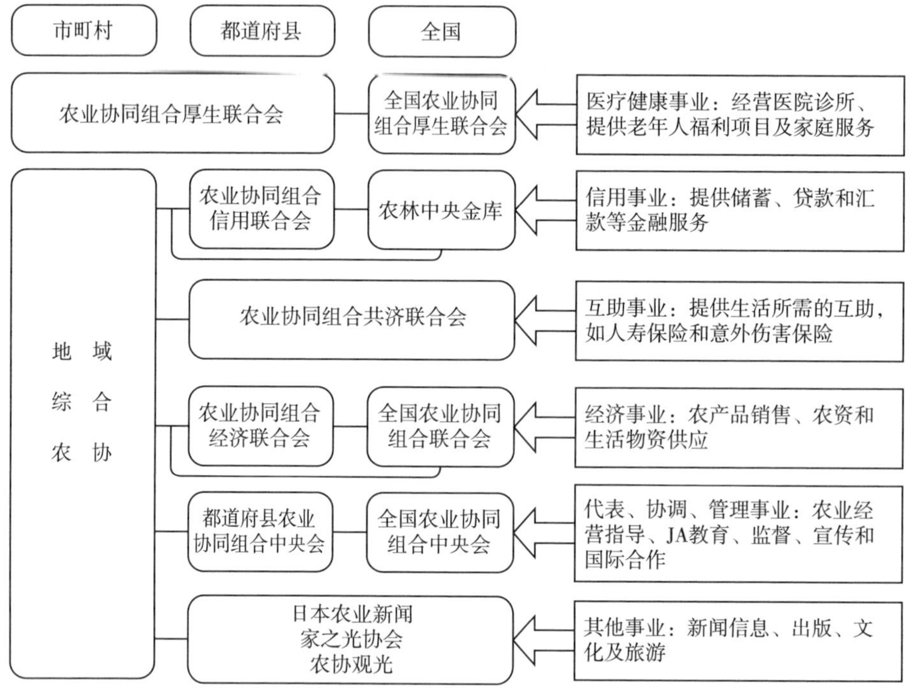

图14－11　日本综合农协组织架构和主要事业

资料来源：JA集团 https://life.ja-group.jp/message/about/；日本农林水产省，www.maff.go.jp/j/keiei/sosiki/kyosoka/k_kenkyu/attach/pdf/index-49.pdf.

日本综合农协分为三级架构，即全国-都道府县-市町村。其中全国农业协同组合中央会（简称“JA全中”）是日本全国农协的最高领导与决策机构。由于综合农协采取的地域垄断策略，即每个村落仅建立一个综合农协，且村民大多数加入其中，因此JA全中基本代表着日本全国农村的利益。总体上，日本综合农协通过金字塔式的三级结构自上而下地对下层组织进行指导监督，进而将日本农民、农村严密地组织起来。此外，农协还通过持有企业股份来开展业务，截至2018年，日本综合农协共持有5 327家企业的股份，其中包括生产生活资料供应企业、农产品加工销售企业和农产品运输企业等。

2. 日本综合农协发展演变

（1）日本综合农协发展历史。日本综合农协的发展大致分为4个阶段（表14-4）。在萌芽时期出现了各类农业合作经济组织，其中主要是以报德社为主的民间金融组织等；在这一时期也成立了日本农会并承认了产业组合的合法地位，为日后综合农协的诞生和发展奠定了基础。在战时管制时期，日本政府强调对农业合作经济组织的统筹指导，使产业组合迅速发展。战后，日本综合农协在法律上正式成立，并且在政府的大力支持下朝综合化方向快速发展，这一阶段日本综合农协在组织结构上通过合并强化了基层组织基础，在经营上开始转向以金融为主导的综合性经营（侯宏伟等，2019）。日本综合农协作为政策执行机构为日本实现粮食自给和摆脱贫困目标做出了重要贡献，但在全新发展时期其暴露出许多问题，如机构臃肿、去农化等。

表14-4　日本综合农协发展历史

发展阶段	年份	标志性事件
萌芽时期	1843	民间金融组织“报德社”兴起，主要业务为资金借贷、救济贫困等
	1881	日本农会成立，旨在为农业发展和乡村振兴提供指导帮助
	1900	颁布《产业组合法》，各种产业组合得到法律承认
战时管制时期	1943	修订《农业团体法》，将原先各产业组合统称为“农业会”
战后发展时期	1947	颁布《农业协同组合法》，宣告日本综合农协在法律上正式成立
	1960	颁布《农业基本法》，推动农田水利建设，优化综合农协功能发挥
	1961	颁布《农业合并助成法》，推动综合农协重组，使地域农协数量大幅减少
全新发展时期	1970	颁布《综合农政的基本方针》，通过综合农协推进农业产业结构调整
	1997	推进综合农协信用事业整合以提高效益
	2003	日本政府要求推动综合农协经济事业改革以应对农协发展困境
	2015	修订《农业协同组合法》，开始了综合农协全面改革

资料来源：根据刘松涛等（2022）整理。

（2）日本综合农协发展原因。日本综合农协在战后的快速发展得益于内在因素和外在环境。第一，日本战后食品匮乏、经济萧条，日本政府为刺激经济发展采取了一系列农业政策（包括粮食统购业务等），并且委托综合农协全权负责实施。因此日本综合农协在生产资料销售和粮食购销等方面获得了垄断地位。第二，日本战后农产品供不应求，农民联合起来能够极大地提高生产力进而获益。并且当时日本农产品市场对外开放程度较低，面临较少的来自国际市场的冲击，所以农民联合起来成立农协并不困难且有相当的发展空间。第三，日本综合农协发展有完备的法律保障和政策支持，使其体系得以自上而下地快速发展。第四，日本综合农协自身业务的综合性使农协能够参与渗透到农民生产生活的方方面面，农协的各项业务也能互相补充，促进了农协的持续发展。第五，战后日本农户尚未分化，同质性很强，基本是年轻劳动力，且劳动力以农业收入为主要收入来源。因此该阶段的日本农户在生产资本和人力资本等方面十分近似，有着强烈的合作需求（周应恒等，2016）。

3. 日本农协发展趋势

（1）农协数量逐步减少。日本农协数量呈下降趋势。战后农协“量大效低”的现象逐渐显现，日本在 1961 年颁布了《农协合并助成法》推动农协整顿合并，自此农协数量开始迅速减少，2021 年，日本农协数量已经减少到 585 个（表 14－5）。

表 14－5　日本综合农协数量变化

年份	农协数量（个）
1960	12 050
1970	6 049
1980	4 528
1990	3 574
2000	1 347
2010	745
2021	585

资料来源：日本农林水产省。

（2）农协会员人数递增，准会员人数反超正式会员。[①] 日本农协会员人数

① 农协正式会员指在农业协会地区内有住所等的农民（自己经营农业或从事农业的个人）或农业法人；农协准正式会员指住所在该农协地区内的个人，且继续从农协获得与其业务有关的物资供应或服务，相当于利用该农协设施的人员等（据日本农林水产省资料）。

呈增加趋势，自 1960 年的 653.6 万人增加到 2020 年的 1 042 万人。与此同时，农协准会员人数也呈现快速增加的趋势，而正式会员人数则缓慢下降：1960 年准会员人数仅为 75.6 万人，占正式会员人数的 13%；2020 年准会员人数上升到 632 万人，是正式会员人数的 154%。据预计，日本农协会员人数在 2030 年将减少至 1 008 万人，其中正式会员人数约占比 33%（据日本农林水产省数据）。

（3）农协职员人数先增后减。日本农协职员人数变化呈现先增后减的趋势。日本农协职员数量在 1993 年达到最多，约 30 万人，而后逐渐减少到 2020 年的 18.6 万人。2020 年，农协各部门中信用事业（提供借贷）职员人数占比最高，为 26.9%，变化较稳定；其次为互助事业（提供保险）部门，占比 18.6%，呈增加趋势；农业指导员占比最低，仅为 6.9%，但该比例非常稳定（据日本农林水产省数据）。

（4）农协各部门盈亏差距大。农协经济事业等多数亏损，信用和互助事业往往盈利，而农协整体则处于盈利状态。从表 14-6 中可以看出，农协信用事业和互助事业的年盈利呈扩大趋势，而经济等其他事业的亏损也呈扩大趋势，最终使农协整体的盈利实现增长（表 14-6）。

表 14-6　日本农协各部门年盈亏情况

单位：百万日元

部门	2008 年	2020 年
信用事业	278	393
互助事业	222	234
经济事业等	−216	−269
农协全体	284	358

资料来源：日本农林水产省。

（5）农协异化。日本综合农协发展呈现出去农化、去合作化的特点。在 1961 年《农业基本法》颁布之后，日本农业开始进入结构调整时期，发展目标转向培养大规模的自立经营农户。在之后长达半个多世纪的改革中，农协逐渐异化为阻碍农业政策目标实现的最大利益集团。首先，农协组织业务呈现出去农化的趋势。日本完成工业化后，农户分化加快，而不同群体对农协的服务需求有很大差异。其中兼业农户逐渐成为农协的主要服务对象，专业农户往往无法得到有效服务。其次，农协被迫改革组织体系，更加远离农民。20 世纪

90年代后日本金融自由化，使得农协直接面对和城市金融资本的竞争，面临亏损危机，从而不得不进一步合并基层农协，且开始从三级架构转向基层-中央的二级架构。其结果是基层农协成员数量迅速增长，并且成员异质性更强、社区纽带进一步断裂，最终使农业生产者从农协获得服务更加困难。因此，农协逐渐成长为阻碍日本农业改革的利益集团，不仅阻碍日本农地改革，还迫使政府实施长期的农业保护政策（苑鹏，2015）。2015年，日本通过《农协法修正案》，开始推动政府主导下的农协市场化改革，主要内容包括：法律上允许都道府县一级的经济联合会等转变为企业组织；设立会计审计制度以监管农协信用事业；过半数农协理事应是农业担当者或农产品销售经营法人等（刘余等，2021）。

（四）日本农村公共服务

1. 社会保障制度

由于日本社会就业稳定，并且主要依靠初次分配来实现社会收入均等化，因此日本社会保障制度的构筑也较晚。直至1995年，日本颁布《社会保障体制再构筑——构筑安度晚年的21世纪社会》，标志着日本满足所有国民最低生活需求的福利国家制度的正式建立。发展到如今，日本已经成为一个典型的综合性福利国家，并且其社会保障制度覆盖全民。公共社保福利和强制性的私人社保项目始终是日本福利体系的绝对核心，但日本福利体系在不同行政区域和不同行业层面依旧存在显著的碎片化特征，统一程度不高。

战后日本社会保障福利制度的发展可以分为4个阶段：奠基时期（1951—1960年）、扩张时期（1961—1975年）、调整时期（1976—1989年）和重构时期（1990年至今）。在奠基时期和扩张时期，日本经济高速增长，日本社保福利制度的规模和覆盖范围也迅速扩张。调整时期日本的经济结束了高速增长，社保福利制度逐渐成为国家财政负担，日本对社保福利进行调整，谋求缩小福利规模。在重构时期，日本成功构筑起了可以满足所有社会成员最低生活需要的福利国家制度，并且对福利国家各部门的保障功能进行调整以增强社保福利效果，通过再分配保障了日本社会的收入均等（周弘等，2021）。

具体到日本农村养老保险体系，该制度实行的是双层结构年金制。该养老保险制度可分为2个层次：第一层次为国民基础养老金，为强制性加入，且面向全体国民；第二层次为农民养老保险，为自愿加入，且政府往往会给予税收优惠及补贴，具体包括农民年金、国民养老金基金和共济年金。具体来说，国民基础养老金为强制性加入且与收入无关，在 1986 年时就实现了国民全覆盖（包括农民），其资金来源主要是国家财政负担和个人缴费，由政府进行管理。农民年金制度始于 1971 年，面向耕种农民，可自愿加入和退出。农民年金不仅保障了老年农民和退出农业农民的生活，同时也促进了小规模兼业农户转让农地，扩大了农业经营规模，也促进了日本农业经营者的年轻化（高强、孔祥智，2013）。国民养老金于 1991 年开始实行，主要针对那些不符合加入农民年金条件的农民，为自愿加入，每月缴纳保险费用即可。共济年金基金则由农业协同组合共济联合会负责，其资金来源由农协成员缴纳的会费和保险费构成，为农民提供人寿保险和意外伤害保险等，政府在其中主要承担监督责任（王翠琴、黄庆堂，2010）。

2. 农业教育制度

日本重视农民素质提升，先后实施了“认定农业者”制度和农业接班人制度等。日本“认定农业者”制度自 1993 年开始，旨在培养现代农业经营者，提高其农业技术水平并鼓励其扩大经营规模、提高生产经营效率。选定的“认定农业者”可以享受税收优惠、资金资助、价格补贴和技术培训等支持。农业接班人制度则是为了鼓励青年人从事农业生产经营，该制度为符合条件的新务农人员提供资金支持补助，并鼓励从业者进行农业方面的研修和实习（廖媛红等，2020）。

日本农业教育发展最早可以追溯到 1899 年。第二次世界大战后，日本农业教育开始重视对农业自营者的教育培训。进入 20 世纪 70 年代，日本农业高中的培养目标转向重视基础技能和基本知识的农业教育。20 世纪 90 年代后，日本将农业自营者培育学校改为农业经营者培育高中。之后，日本农业教育逐渐发展成教育部（文部科学省）、农业部（农林水产省）和农民合作经济组织相互合作的农业教育培训体系（张建等，2015）。其中文部科学省系统的农民教育属于学历教育，农林水产省的则包括了农业技术普及教育等。2022 年，日本全国约有 300 所农业高中，共有约 8 万名学生在其中接受教育以学习动植物、食品和社区环境等相关的基本知识和技能。日本在全国设立了 41 所道府县级农业大学，为高中毕业生和所有希望提高技能和知识水平并希望进入农业的农民提供教育培训。[①]

日本推动义务教育区域间均衡发展。为了振兴偏僻地区教育，日本在

① 日本农林水产省：https：//www. maff. go. jp/j/new _ farmer/index. html.

1954 年出台了《偏僻地区教育振兴法》，并制定了相应的实施细则以增强法律的可操作性。该法律明确规定了各级政府的责任：文部省负责统筹协调；国家财政负责经费补助；都道府县负责设立师资培训中心，研究具体实施方法和教材等；市町村一级负责提供教材、教具和相关基础设施。为了使各校和各地区间教育质量均衡，日本在二战后制定了《教育公务员特例法》，实行中小学教师定期流动制度，该制度在 1960 年以后逐渐完善（李文英等，2010）。

（五）日本农业市场主体

1. 整体概况

日本户均耕地面积与耕地面积比率呈反向变化。日本农户平均耕地面积呈现明显的上升趋势，从 2010 年的户均 1.8 万平方米大幅上升到 2020 年的户均 2.5 万平方米。与之相反，日本的耕地面积比率却呈现出下降趋势，自 2010 年的占国土面积比例 12.3%下降到 2020 年的 11.7%（表 14－7）。与此同时，日本每公顷土地生产率也呈上升趋势，自 2010 年的每公顷 179.7 万日元上升到 2019 年的每公顷 203.3 万日元。总的来说，日本耕地面积呈减少趋势，但农户土地规模不断扩大，土地生产率也随之提高。

表 14－7　日本户均耕地面积和耕地面积比率变化

	2010 年	2015 年	2020 年
户均耕地面积（平方米）	18 168.9	20 862.3	25 024.6
耕地面积比率（%）	12.3	12.1	11.7

资料来源：e-Stat，https：//www.e-stat.go.jp/en/stat-search/files? page＝1&layout＝datalist&toukei＝00200502&tstat＝000001162807&cycle＝0&year＝20220&month＝0&tclass1＝000001162808&tclass2val＝0.

日本农户数量[①]呈持续的下降趋势。1976 年，日本农户数量约为 490 万户，此后几乎连年下降，2020 年约为 174 万户，仅是 1976 年水平的 35%左右。日本农户中主要从事农业的农民数量[②]也在减少，自 2015 年的 175.6 万人下降至 2020 年的 136.3 万人。

日本农业生产经营实体数量总体呈快速减少的趋势。2015 年，日本农业生产经营实体数量为 25.1 万家，2020 年则锐减到 8.8 万家。具体而言，几乎

① 农户数量：耕地管理面积在 1 000 平方米以上，或农产品年销售额在 15 万日元以上的农户数量。

② 主要从事农业耕作的人口：15 岁以上的家庭成员，主要从事自营农业。

所有类型的农业经营实体数量都有所下降，尤其是亲身体验农场数量在2015—2020年下降了约一半：自2015年的3 723家下降到2020年的1 533家。而农产品加工实体的数量则逆势上涨，自2015年的2.5万家上涨到2020年的2.9万家（表14-8）。

表14-8　日本农业生产经营实体数量分布

单位：家

年份	从事农业生产相关业务的经营实体实际数量	农产品加工	旅游农场	租用农场/亲身体验农场	农场旅馆	农场餐馆	海外出口
2015	251 073	25 068	6 597	3 723	1 750	1 304	576
2020	88 700	29 950	5 275	1 533	1 215	1 244	412

资料来源：e-Stat，https://www.e-stat.go.jp/en/stat-search/files?page=1&toukei=00500209&tstat=000001032920&result_page=1&metadata=1&data=1.

2. 日本农业公司

（1）明治集团。

①公司简介。明治集团的成立历史最早可追溯到1916年，如今其已经成长为一家以食品和制药为主营业务的跨国集团，主要产品包括乳制品、糖果、疫苗和非专利药品等。2021年，明治集团净销售额为10 130亿日元（按1∶20汇率约为500亿人民币），营业利润为929亿日元，研发费用为334亿日元。食品业务为集团主要业务，其净销售额和利润占比都达到80%。2022年，明治集团共有员工17 336人，在全球设有122个子公司、研究所和工厂等。

②发展历史。明治集团的食品业务最早可追溯到1916年的东京糖果株式会社，当时日本国内盛行西式糖果，但本国厂商少有生产，东京糖果株式会社（即公司）抓住机遇并使西式糖果更加普及。20世纪20年代，巧克力在日本十分受欢迎，但日本国内的巧克力公司并不拥有先进的制造设备。东京糖果公司从德国进口相关制造机械并引进相关巧克力生产技术，在1926年推出了明治牛奶巧克力，大获成功。20世纪40年代以来，日本对于牛奶的需求持续增长，牛奶生产商数量也不断增加，尤其是在20世纪90年代，明治集团乳业面临着更加激烈的竞争。明治集团针对消费者对牛奶风味的偏好进行了分析，并且通过升级牛奶加工方法，在2002年推出了新的牛奶品牌，在第一个财年就实现了220亿日元的销售额。20世纪50—70年代，明治集团多措并举适应不

断变化的消费者偏好。在糖果业务上，明治集团通过增加口味种类、设计有趣的包装等来满足消费者多样化的偏好。在牛奶业务上，明治集团在 1971 年发布了日本第一款原味酸奶以满足消费者对健康和产品质量的需求。20 世纪 70 年代，明治集团开始出口以糖果和饼干为主的食品。近年来，明治集团食品出口业务的重心转向中国市场。从 2012 年开始在中国生产和销售牛奶和酸奶等乳制品。

明治集团的制药业务自 1946 年生产青霉素开始，之后致力于抗生素等的研发。20 世纪 50 年代，明治集团开发了农用化学品及兽药等，并在海外市场取得了良好的声誉。1958 年，明治集团研发了日本第一个国产抗生素 KANAMYCIN，并很快在全球 20 多个国家获得了专利，开始大量出口。1966 年，明治集团生产的该抗生素成为日本出口最多的药物之一。明治集团自 1998 年开始生产仿制药，加强了其在生物医药领域的开发能力。明治集团生产的抗抑郁药和治疗心血管系统疾病的药物等获得了良好的声誉。此外，明治集团于 2018 年收购了凯爱姆生物医药股份公司作为子公司以开发疫苗业务，截至 2022 年，凯爱姆生物医药股份公司已经建成了能为 5 700 万人生产流感疫苗的生产系统。

③包容性发展。第一，明治集团成立基金以承担企业的社会责任。2020 年成立了明治幸福基金（Meiji Happiness Fund），基金来源为明治集团员工的志愿捐款。2022 年，明治集团共有约 2 000 名员工参与了捐款，并且向一个为日本儿童和家庭提供食品的项目捐赠了约 5.4 万件明治食品。

第二，明治集团为中小学生提供营养教育。明治集团组织员工并邀请相关专业教授，为日本中小学生传授奶制品及其他营养方面的知识，帮助其培养健康的饮食习惯。2021 年，明治集团为日本 1 253 所中小学的约 12.3 万名学生提供了营养教育。截至 2021 年年末，明治集团累计为约 1 万所中小学的超过 100 万人次学生提供了营养教育。①

（2）可果美株式会社。

①公司简介。可果美株式会社最早起源于 1899 年，如今已有 120 多年历史。可果美株式会社主要产品有调味品、食品和饮料等，也有种苗等销售业务。2021 年，可果美共有员工 2 822 名，总营业收入约为 1 897 亿日元（按照 1∶20 汇率约为 95 亿元人民币）。

---

① Meiji Group：https：//www.meiji.com/global/wellness-stories/.

可果美株式会社以日本国内的加工食品业务为主，2021年，该业务板块盈利约为1 367亿日元，占全公司盈利比重的72.1%。可果美有多个产品在日本国内市场份额占据第一。例如，番茄酱、番茄汁和混合果蔬汁均占日本国内市场份额的60%以上，混合蔬菜汁则占日本市场份额的45%。可果美第二大业务板块是国际业务，包括种子开发和产品加工销售等，2021年，该板块盈利约为424亿日元，占全公司盈利比重的22.4%。可果美在日本国内的农业业务主要包括新鲜番茄和绿色蔬菜的生产和销售，2021年，该业务板块盈利约为95亿日元，占全公司盈利比重的5.0%①。

②发展历史。可果美历史最早可追溯至1899年，创始人作为普通农户在日本种植西红柿及其他蔬菜。1903年，可果美公司开始在日本生产番茄酱。20世纪60年代后，可果美开始建立自己的品牌，从一个当地的制造商走向日本全国，在日本国内各地开设了销售基地等。20世纪90年代，可果美公司开始走向国际化。1988年，可果美在美国加州设立公司。1993年，可果美美国公司设立研发中心，为2016年在加州开设全球餐饮服务销售与创新中心奠定了基础。2010—2016年，可果美又在澳大利亚、葡萄牙、泰国和印度开设了公司。2016年，可果美收购了一家位于美国加州的蔬菜种子公司。

③包容性发展。可果美公司致力于农业发展与区域振兴。公司将“更长、更健康的生命”“农业发展与区域振兴”和“可持续的全球环境”作为公司应对解决的社会问题。在成立之初，可果美公司与农户建立了稳定的种植和采购关系。公司积极发展蔬菜种植和加工业务，发展技术以提升农业生产力，为农业发展和区域振兴做出了贡献。近年来，可果美公司加大了与日本国内农业公司的合作，旨在发展新的蔬菜种植和采购基地，振兴当地社区和农业产业。

（六）经验总结

1. 发挥政府在提供公共服务中的主体作用

日本政府在公共服务提供中发挥了主体作用，推动了共同富裕。首先，日本通过建成覆盖所有国民、涵盖所有社保福利部门的福利国家制度，有力推动了日本共同富裕的实现。其次，日本政府通过多种方式推动了基础教育均等化和农民教育培训的发展。通过建立教师流动制度弥补了地区间和学校间的教师

① KAGOME Integrated Report 2022：https：//www.kagome.co.jp/library/company/ir/data/integratedreport/2022/pdf/report_2.pdf.

资源差距，并且针对偏远地区出台了相应的教育振兴法，从财政支持、制度设计和基础设施建设等方面促进了教育公平。日本同时也通过多样的农民教育制度提升了小农户的发展能力，提升了农民总体素质。最后，日本政府通过政策支持综合农协为农业生产经营者等提供产销服务、医疗健康服务和金融服务等，涵盖了其生产经营及生活的方方面面。

2. 立足小农户推动适度规模经营

日本农业生产经营特点和中国类似，都是以农户小规模经营为主。小农户生产经营面临着效率低、风险大和竞争能力弱等特点，而日本针对本国小农户生产经营的特点出台政策，并根据不同阶段发展需求修正和完善。为了解决小农户生产经营面临的问题，日本在20世纪60年代后通过立法等各种方式促进农业适度规模经营。就日本相关政策对我国的启示而言，我们应当加强顶层设计，建立起全面完善的农地制度，推动土地流转与适度规模经营。

3. 日本农业企业助力共同富裕

日本企业通过其独特的就业系统促进了收入均等化。日本就业系统以终身雇用、工龄工资制和基于企业的工会联合为核心，在日本经济高速增长时期仅通过初次分配就能够实现相当程度的收入均等化。其中日本农业企业还通过与农户建立稳定的种植和采购关系，立足本国农业生产，带动区域振兴与农业发展。

日本农业龙头企业承担着一定的社会责任。许多日本农业企业为日本农协控股，为农户生产生活提供服务，在农协体系下为日本共同富裕做出了贡献。日本农协控股企业包括生产生活资料供应企业、农产品加工销售企业和农产品运输企业等。而日本农业龙头企业如明治集团通过与食品银行合作、成立慈善基金和提供营养教育承担社会责任，实现包容性发展。

第十五章

现代农业发展的组织制度与政策支持

一、国内外农业全产业链现状

（一）国内农业全产业链现状

1. 有为政府

我国政府通过多项政策支持农业产业链发展，财政部、农业农村部发布的2022年重点强农惠农政策中明确提到要推动农业全产业链提升。

（1）推动农业产业融合发展。随着时代的进步和科技水平的提高，我国对农业发展的质量有了更高的要求，农业产业融合发展成为新时代国家关注的重点，而一二三产业的融合发展能够进一步推动农业的高质量发展。据此，我国相继统筹布局建立了一大批国家现代农业产业园，这些农业产业园大多以当地特色产业为基础，加大科技投入与创新，并且在政府的政策扶持和财政资金的援助下茁壮成长。此外，我国还积极引导地方农业龙头企业、农民专业合作社、家庭农场和众多个体农民共同合作，加强对其科研、金融、互联网科技及品牌等方面的支持，促进各农业主体共赢。

（2）完善与农业产业链相关的标准和技术规范。我国积极采取措施完善与农业产业链相关的标准和技术规范，并且结合我国农业文明，挖掘地方农业农耕文化，加强宣传创新，对产业链上的农产品进行更加严格的质量安全监管，并且结合挖掘的农耕文化打造产品的品牌效应，推动国家地理标志农产品产业的发展。此外，我国还在与农业相关的农产品安全方面设定了一些标准，并相继建立了一批现代化农业产业链标准化基地、水果蔬菜标准园区、牲畜养殖等标准化示范园，努力打造标准化、专业化的农业全产业链。

（3）推进“社会化全程服务＋绿色化发展模式”。我国在农业产业发展过程中尤为重视社会化服务，支持建设农业全产业链的社会化服务中心，为农业

发展提供全程专业化服务，从而帮助提高农业产业的集约化、专业化和标准化水平。此外，在农业发展过程中，我国也特别注重生态文明，强调人与自然要和谐相处，故而提出绿色化发展模式，要求企业多研发具有适用性和实用性的绿色农业技术，实现农业产业链全程绿色化发展。

2. 有效市场

随着社会的进步和科技的发展，各省市农业全产业链相关企业相继研发新功能，做出新举措来推进产业链发展，带动省市居民经济发展。

江苏省的葡萄产业发展较好，自 20 世纪 80 年代从国外引进巨峰开始，江苏省便开启了葡萄的规模化种植。进入 21 世纪，葡萄种植面积迅速扩大，目前达到 60 万亩。其中，南京市溧水区台宁生态农业园的葡萄产业发展尤为突出，该农业园位于溧水区洪蓝街道上港社区上庄村，这里紧临 341 省道，交通区位尤其便捷。台宁生态农业园从 2019 年 7 月启动建设，经过 2 年的建设已是硕果累累，园区内培植的“台宁新农”牌阳光玫瑰葡萄在 2021 年江苏省葡萄产业发展大会暨江苏省优质葡萄品鉴推介活动中荣获金奖。

近年来，江西省赣州市崇义县农业产业链企业推动农业全产业链发展，受惠农民达 6 万余人，人均年增收近 2 000 元。河南省实施延链增值行动，小麦产业链聚焦提高主食产业化水平，玉米产业链聚焦提高玉米精深加工水平，这些产业链产值均有很大提升。

农业全产业链的有效发展不仅推动了我国农业高质量发展，而且在很大程度上促进了农民增收。目前我国农业全产业链发展虽然还处于探索阶段，但稳中有增，未来发展潜力巨大。

（二）国外农业发展的组织制度与政策支持

1. 美国

（1）有为政府。

①保障农业运输。美国的农业生产者分散在全国各地，与大多数其他行业不同，他们无法移动，土地将他们与特定的气候联系在一起，但是其中许多市场距离这些农场很远，因此高效可靠的铁路或公路运输服务对美国农业尤为重要。对于远离水运和终端市场的农村地区来说，铁路运输几乎是低价值大宗商品唯一具有成本效益的运输选择。为此，美国政府将公路直接修到农场门口，解决了农民的运输问题，更好地将这些农产品推向市场。

②注重农业教育。美国政府一直把农业的教育、研究和技术推广作为重要

职责，形成了“三位一体”的体系。农业技术推广工作主要由州立大学农学院承担，大学与地方县政府联合组建农业技术推广中心，人员包括大学教授和地方招聘的科技人员，经费由联邦政府、州政府和地方政府分别承担。这种体系真正做到了科研、教育、推广和生产相结合，有效地提高了农业技术在促进农业发展中的作用。

③提供农业补贴。美国的农业容易受干旱、龙卷风和飓风等极端天气的影响，为此美国农业部必须确保其农业产业链的稳定。政府需要确保在战争、经济衰退和其他经济危机期间的粮食生产和供应的稳定，因此，美国农业部最广泛的职能是管理农业补贴。美国农业部农业服务局通过贷款、财政援助和技术援助帮助农民，还在整个美国农村地区提供紧急援助，甚至协助对抗蜂群崩溃障碍。美国农业部还负责几个非农业食品计划，具体包括：补充营养援助计划，为低收入家庭购买食品提供补贴；妇女、婴儿和儿童补充营养计划，为超过一半的美国婴幼儿提供食物；以及全国学校午餐计划和夏季食品服务计划等。

④建立农业数据库。随着互联网与物联网技术的发展，美国农业产业链各个环节都已经实现了智能数据化与服务精准化，美国政府大力推进农业信息化建设。随着互联网技术的应用，美国不仅实现了数据资源的共享，而且从技术开发等多个方面推进农业信息化建设，使农场主与市场之间得以紧密联系，有效避免了信息壁垒，使美国“智慧农业”及其产业链的发展得到了优越的科研资源和技术支持。

(2) 有效市场——以都乐（Dole）和德尔蒙公司为例。

①都乐食品公司已经有 170 多年的历史，是美国新鲜农产品中最知名的品牌。2020 年，益普索集团（IPSOS）对美国 15 个水果和蔬菜品牌进行了一项调查，调查结果显示，都乐食品公司比其最大的竞争对手在知名度上高出 42 个百分点（样本量为 1 000 名年龄在 18～75 岁的成年人）。值得注意的是，在这一调查中，55%的受访者提名都乐为他们最喜欢的水果品牌。由此可见，主要市场的消费者和零售商认可并将都乐品牌与健康、高品质和优质食品联系起来，认为该品牌非常符合健康和保健趋势。

截至 2021 年 12 月 31 日，都乐的总资产约为 47 亿美元，在全球拥有约 460 平方千米的农场和其他土地，其中包括在夏威夷瓦胡岛的 18 平方千米待售剩余土地。都乐在全球拥有约 250 家工厂，包括 5 家沙拉制造厂、12 家冷藏厂、75 家包装厂和 162 家分销和制造工厂，并且在 29 个国家和地区拥有约

38 500 名员工。都乐还与全球的独立种植者建立了长期合作关系，包括国际合作伙伴关系和合资企业，为其提供了额外的运营灵活性及扩展的范围和可用性。

都乐运往北美和西欧市场的新鲜菠萝由都乐拉丁美洲公司在哥斯达黎加、厄瓜多尔和洪都拉斯的都乐种植园种植。这些产品主要销售给零售连锁店和批发商，而零售连锁店和批发商又将其转售或分销给零售食品商店。

都乐能够取得如此的成就可归因于以下几点。

第一，高质量的有机农产品。在市场竞争极其激烈的美国，各大农产品公司都致力于最高的质量标准，为人们提供营养、新鲜的农产品。都乐公司作为美国农业龙头企业，将最安全的农业种植方法、全面的食品安全项目、承诺的透明度和先进的生产结合起来，旨在为消费者提供健康安全的产品。都乐从事有机农业 20 多年，对当地社区、生物多样性、土壤保护和减少温室气体排放产生了积极影响。采用有机农业这种做法也使都乐的传统农业在许多方面受益，通过引导自然的力量和恢复力，可以生产高质量和有营养的作物，改善人类的生活环境，并尽可能为消费者提供好的食品。都乐的有机项目通过农业创新和行业领先的研发支持公司完成使命，该项目还确保员工、社区和环境得到最大程度的尊重。都乐还通过汇集集体优势和影响力及当地的实地资源和专业知识，充分利用农产品新鲜的特点，设计垂直整合的供应链，以进一步优化从农场到餐桌的供应链，打造最直接的上市途径。

第二，先进的农业生产方式与运输链。在全球范围内，都乐公司拥有严格的全球环境标准。都乐的环保项目通过公司内外的各种方式进行监控，包括正式和非正式的审计、收获前的残留分析，以及发货给客户前的残留监测。都乐还与独立的菠萝和香蕉种植者分享了一个多世纪的农业知识，提供安全和环境保护方面的技术指导和培训。所有这些都有助于农民以可持续的方式种植高质量的农产品。与此同时，都乐还拥有一支由 7 艘冷藏集装箱运输船和 6 艘传统冷藏船组成的船队，其通过自己的冷藏供应链，为商业客户提供可靠的服务。都乐拥有和租用的船队数量不断增长，最大限度地提高了海上运输的效率，并解决了在美国、拉丁美洲和欧洲之间对运输时间敏感的易腐产品的关键保鲜问题。

第三，企业责任与可持续发展。从公司建立之初，都乐就将企业责任和可持续发展（CR&S）的概念融入所有农业实践和管理策略中。公司的第一个 CR&S 项目可以追溯到 1924 年，当时公司在洪都拉斯大西洋海岸建造了

Vicente D'Antoni医院，该医院一直是该地区和中美洲水平领先的医疗机构。都乐公司对所有产品都采取可持续发展的方法，不断改进种植技术，生产出绿色安全的食品。都乐公司减少了农场和包装加工设施用水量，通过滴灌，非常精确、均匀和高效地灌溉植物，这比其他方法多节约25%的水。都乐公司还有水回收系统，一个有水循环系统的香蕉包装工厂可以比没有这种系统的工厂节约80%的水。

第四，员工福利与社会基金。都乐公司致力于不断改善其公司农民和工人的生活条件，提供有竞争力的工资、丰厚的福利和安全的工作环境。都乐公司拥有自己的员工社区，设有配套的卫生、教育设施。都乐还设有自己的基金会，用以支持许多食品和营养特定项目。2018年，都乐总共向世界各地的食品银行、学校和慈善组织运送了5 200万份水果和蔬菜。

第五，与旅游结合的都乐种植园。都乐种植园最初于1950年开始作为水果摊运营，于1989年作为夏威夷的“菠萝体验”向公众开放。如今都乐种植园是欧胡岛最受欢迎的旅游景点之一，每年接待超过100万游客。都乐种植园可以为整个家庭提供愉快的亲子活动。另外，都乐公司还开发了都乐种植园应用程序，游客可以在手机上通过App聆听旧夏威夷的民间传说、查看自己在菠萝花园迷宫中的位置等，提升游客的旅游体验。同样受欢迎的还有种植园的信息展示和演示，以及种植园乡村商店，在离开之前，游客可以购买新鲜的菠萝带回家。

②德尔蒙食品公司。德尔蒙食品公司是德尔蒙特太平洋有限公司（德尔蒙特太平洋公司）的子公司，总部位于加利福尼亚州，创立于1886年，其产品包罗万象，核心品类涵盖番茄系列、田园蔬菜系列、热带水果系列、时令佳果系列、干果与糖果系列、果汁系列、沙丁鱼系列以及意大利面酱与汤系列。作为最初的植物性食品公司，德尔蒙食品始终在创新，使消费者更容易获得营养和美味的食物。德尔蒙食品公司包涵多个子品牌，主要有德尔蒙特（Del Monte）、康塔迪纳（Contadina）等。德尔蒙特提供各种成熟高峰采摘的水果和蔬菜罐头，以及素食和水果杯小吃等创新小吃。康塔迪纳主要提供罗马西红柿。Take Root Organics（有机扎根）提供由高品质的罗马西红柿制成的番茄罐头，拥有美国农业部认证的有机、非转基因项目验证，所有产品均在加州中部种植。

新鲜德尔蒙农产品公司是德尔蒙特太平洋有限公司（前身为德尔蒙特公司）的子公司。在2017年之前新鲜德尔蒙农产品公司和德尔蒙食品两者没有关联。德尔蒙食品专注于销售腌制农产品，而新鲜德尔蒙销售新鲜水果产品。根据两家公司之间的两项许可协议条款，新鲜德尔蒙农产品公司有权以德尔蒙的名义销售新鲜水果、新鲜蔬菜和新鲜农产品，而德尔蒙食品有权销售罐装和腌制水果、蔬菜和农产品。2017 年后，德尔蒙食品和新鲜德尔蒙农产品公司宣布将两者的部分资源结合起来，组成一系列合资企业，这也大大增加德尔蒙品牌的规模，为消费者提供更多优质、健康、便捷的产品选择。

截至 2021 财年，德尔蒙食品净销售额为 14.83 亿美元，拥有 7 242 名团队成员。新鲜德尔蒙农产品公司 2022 年第四季度财报实现营收 10.4 亿美元，拥有 98 000 英亩土地，在全球有 6 700 家农场，全球团队成员达 4 万多人，在 21 个国家和地区经营，产品供应至 80 个国家和地区。

德尔蒙作为一家垂直整合的公司，拥有自己的农场并与合作种植者签订合同，为合作伙伴提供技术指导和支持，使种植者能够使用与自然和谐相处的尖端生产技术生产出高品质的产品。为了快速有效运输产品以确保新鲜度，德尔蒙建有船舶和卡车组成的物流网络，可将产品运往世界各地并在 3 天内将其运输到当地的配送中心。

德尔蒙的发展策略主要包括以下几点。

第一，优质农场种植。德尔蒙提供近 200 种不同类型的水果、蔬菜，其中西红柿约有 40 种产品，这些蔬菜、水果种在美国最适宜的种植地区，以保证产品质量。在圣华金河谷，桃子和西红柿肥美多汁，并且农场距离罐头加工工厂不到 50 英里。平均而言，从德尔蒙的农场到加工部门的运输距离不到 100 英里，大大减少了运输成本和产品在运输过程中的损失，充分保证产品的新鲜度。在威斯康星州的普洛弗周围，德尔蒙拥有大片的豆田。在明尼苏达州的蓝土县，德尔蒙种植的玉米糖分充足。

德尔蒙还与种植者合作开展各种计划，以生产健康、高产的作物，同时最大限度地减少对地球资源的影响。例如，自 1923 年以来，德尔蒙的种子计划开发出了需要更少水和更少农药的品种。其蓝湖绿豆品种及创新的种植方法，使产量提高了近 200%。有了这样的支持计划，许多农场与德尔蒙保持了长达 40 年的合作，四五代人一直坚持生产德尔蒙的水果和蔬菜。

第二，先进的罐装工艺。其水果、蔬菜在成熟的高峰期采摘，大部分产品在一天内完成包装，其中 95% 不含防腐剂。其罐装工艺将美味与维生素、抗氧化剂和其他必需营养素一起封存，以保证罐装水果、蔬菜在食用时含有与新鲜水果、蔬菜相似的营养成分。此外，德尔蒙提供更多的无糖水果产品及无盐添加或低钠蔬菜产品。

第三，可持续发展战略。德尔蒙通过升级再造过程减少其产品的食物浪费。2021—2022 年，德尔蒙食品公司帮助领导了升级再造食品运动。2021 年，公司宣布了业内首批获得升级再造认证的罐装蔬菜产品。德尔蒙食品公司积极寻求重新定向处理剩余产品的方法，帮助提供健康和负担得起的食品，同时减少温室气体排放。通过升级再造工作，该公司已经通过 Feeding America 合作伙伴关系从垃圾填埋场转移了 10 万磅*桃子，升级再造了约 2 022 吨剩余的青豆、菠萝汁。该公司目前正在测试将桃条和小葡萄重新用于新产品的方法。

第四，非营利合作伙伴。德尔蒙食品公司致力于通过与非营利组织合作来促进社区的公平，这些组织在他们寻求服务的社区中有着深厚的关系。通过其员工资源小组（ERG）的指导，该公司正在齐心协力支持非营利组织，这些非营利组织通过教育、劳动力发展、社会情感健康资源和营养获取等方式来满足不同社区的关键需求。仅 2022 年，德尔蒙食品公司就向非营利组织捐赠了超过 30 万美元，这些组织致力于提高团队成员生活和工作所在社区的公平性。该公司的支持还包括有关获得健康食品、信用修复、贷款申请、止赎、获得资本、继任计划及如何处理因市场或企业强制关闭等造成的作物损失的教育。从 2022 年开始，德尔蒙食品公司与非营利组织“健康一代联盟”合作，通过一项标志性的“滋养学校滋养家庭”计划，覆盖 750 万名学生及其家庭，与全国 1 万所学校合作，该计划旨在通过营养教育、资源和内容帮助幼儿园至 12 年级的学生及其家庭改善他们的身体、心理和社会情感健康状况。

第五，坚持生产非转基因食品。德尔蒙在产品中使用的水果、蔬菜一直是非转基因的。2016 年，德尔蒙开始将所有蔬菜、水果杯标记为非转基因产品。它也是第一家与美国农业部合作进行玉米产品非转基因认证的面向消费者的制造商，是营养标签领域的领导者之一。

2. 日本

（1）有为政府。

①健全农协制度。日本农协是一个完善的农业合作组织，帮助农民提高农业经营能力和生活水平，其职责涉及政治、经济、文化等各个领域，负责农产品指导、销售、采购等方面的工作。日本《农业协同组织法（2015 年修订版）》对职责划分明确的农协组织提出了完善的组织架构，要求其不仅要在运

* 磅为非法定计量单位，1 磅≈0.453 6 千克。余后同。——编者注

营上给予指导，更要在运营上专心致志，使专业与综合完美结合，使农民生产生活更有条理、更有效率。

②法律体系完善。1961 年，日本政府制定《农业基本法》，旨在通过改革来提高日本的农作物供应，以满足日益增长的市场需求。该法还明确提到，应当通过调整供应结构来适应日益激烈的市场竞争，以保证日本农作物能够得到充分的利用。此后，日本政府部门不断完善《促进特定农产村地区农林业发展基础整备法》《过疏地区自立促进法》等法律，以更好地支持日本农业的可持续发展，同时也推动了日本国内的农业发展。日本作为一个资源匮乏的国家，充分利用其最新的农业科学，以及扩大经营规模的指导方针，促进农村劳动力的持续增长，以实现耕作方式的转变和经营规模的扩大，引进更多的创新和专业人才，从整体上实现社会经济的可持续发展。

③发展农业职业教育。日本的农业职业教学可以追溯到第二次世界大战结束以前，当日本的经济恢复正常运行后，村民们不得不离乡务工，从而推进了现代化的农业技术的普及，并且形成一套完整的现代化的农产品职业培训体系。日本农协会致力于提升村民的农业操作技能，通过举办农产品技术培训课程，让村民掌握现代农业的核心理念。此外，日本政府也采取措施，如建立农业专家学习室，提供农学院和其他专业学习机构的支持，以帮助农民提高农业生产能力。如今，日本的农产品正朝着更绿色、生态、可持续的农业生产方向发展，目的是让农村农民成为共同体的市场主体，同时建立起一整套负责管理农业生产的农业生产共同体。为确保 5 年内的可持续发展，日本将对核心乡村农户实施高效的管理和支持，同时给予他们更多的培训工作机遇。

（2）有效市场。

①生产管理细致。由于日本资源稀缺，地少人多，日本农业企业为提升自身的竞争优势，打出了“精致农业”的招牌。其农产品质量过硬的重要因素是日本农业生产方式先进，管理精细。日本农业在构建农业经济基础框架方面，专业分工十分明确，互为补充，互为依托。开展“一村一品”活动，通过种植特色农产品，提高经济效益，使各地区在农业产业链上都能充分发挥各自的作用。日本农业不仅生产细致入微，对农产品的包装也很讲究，直销店里的蔬菜水果样貌都很漂亮精致。有的地区温室大棚种植的草莓、西红柿作物比苗圃、花圃的栽培管理更为精细，看起来就像一个摆花、摆盆景的园子。日本农民在生产管理上的细致，无不体现在细微之处。

②实现产销共赢。20 世纪 80 年代，日本首次采用“当地生产的农产品就

在当地消费”政策，目的是促进农业的可持续发展，激发农户的活力，并且“直销店”“农超对接”“农餐对接”“本地产品本地销售”等都可以为这一过程带来巨大的促进作用。“本地产品本地销售”政策的出台，使农业的可持续发展得到了显著的促进，并且使各方的收入得到了充分的保障，也为消费者提供了便捷的购物体验，可以让他们在最近的地点购买最优质的农产品，同时也可以更加全面地获取相关资讯，这不仅可以增强双方的互动，也为农业发展提供了强大的支撑，以维护市场的稳定。

3. 荷兰

西欧农业科技的进步和现代化水平的提升使农业发展取得了长足的进步，其中荷兰的发展模式尤其突出。

（1）有为政府。荷兰政府一直致力于推动农业的可持续发展，并且把其打造成一种全球性的经济模式。他们严格执行各项政府规章，以确保农民的收入和利润，并且确保农民的利益得到充分保障。荷兰通过构筑完善的农业采购和贸易网络，以及由多家具有较高专业水平的生产材料提供者和采购者组成的联盟，实现从小规模到全球性的跨越式发展。

20 世纪 90 年代以来，荷兰政府发布“链战略行动计划”，旨在构建一条具有创新性的和具备高度可持续性的农业产业链，以及一个由各方参与的、具备相互信任的和可持续发展的利益共赢体系，以期达到把农业、工业、商业融为一体、分散风险、促进经济发展的目的。荷兰通过将农村一二三产业和先进的科学技术相结合，建立起一个具备高效率的农业产业链，从而实现了一个又一个的辉煌成就。尤其是荷兰园艺业，从研发、制作、运输、物流等环节构建起一个全面的、具备较强的市场竞争力的产业体系，使荷兰的鲜花出口量占比达到全球的 70%。荷兰采用先进的技术和管理方法，以集中的方式生产高品质的农作物。

荷兰建立了以农民为核心，企业家、研究人员、农机农技推广人员、政府和农业生产以及供应和市场链中的合作伙伴密切联系的全国性农业公共服务支持体系。荷兰政府给予大学等农业科研机构大量补贴，加大对农业知识和创新体系的支持力度，鼓励开展农业科技及服务的创新研发。荷兰瓦赫宁根大学是世界上最好的农业教育机构之一。荷兰依托这些本地农业大学致力于农业科研，开发新技术，寻找更好、更高效和更可持续的日常耕作方式。荷兰非常强调教育在农业发展方面的重要性，荷兰的大部分农业劳动力受过高等教育并且为职业农民。荷兰有完善的农业科技推广体系，向农民提供更新的相关技术、更有效的耕作技能和更好的管理信息，提高了农业产出和农民综合生产能力，全面提升了农业竞争力。

（2）有效市场。荷兰有高质量的农产品物流管理系统。荷兰的航空货运十分繁忙，阿姆斯特丹斯希波尔飞机场作为一个重要的农牧交易枢纽，运输了65%的荷兰特色花卉至欧洲及全球。此外，荷兰政府也采取措施，以满足欧洲消费者的需求，比如，不仅保证商品的新鲜度，还更加注重快捷的提取、及时的配送，以及丰富的商品选择，因此，荷兰政府特别设置了一个农牧交易中心和一个专门的商品及服务仓库。荷兰推出了一系列创新的物流与商业模式，例如通过设置电子化的农产品交易市场和协同的物流中心，将大量货物从各地的中转站聚集起来，并以此为基础，实现了高效、安全、便捷的配送，从而确保了足够的货源、快速的食材运输及稳定、可靠、高效的供给。荷兰的农业产品物流公司一直在努力，为全球客户提供持久的、高效的物流解决方案。

荷兰有先进的农业关联企业的产业链管理。荷兰的农业发展具有独特的优势，其中最显著的是其先进的产业链管理。荷兰花卉产业以其高效的发展而闻名，其中的每个步骤，如种植、检验、保鲜、打包、出售和运送，均紧密结合，构建出一个完善的产业体系，而且每个步骤都必须严格按照规定的流程来操作，以确保最终的收益。一位致力于探索荷兰国际竞争优势的哈佛商学院教授对荷兰“全世界最创新的产业群聚”的评价极为肯定。他指出，荷兰的阿斯米尔拍卖市场以其完备的产销体系使当地的花农能够以更加优良的品质来满足消费者的需求，而花商也能够以更加有效的方式来实现对货物的快速收集、分发、保存。

二、花卉产业链

（一）全球花卉产业现状

根据市场研究（Market Research）最近的市场报告，2017年全球花卉市场价值约为673亿美元，预计2026年将达到1 039亿美元，在预测期内以5%的复合年增长率增长。生活方式的改变和人口的快速现代化是有望推动全球花卉种植市场发展的其他因素。此外，制造商正在开发和培育切花新品种，这有望在预测期内创造对花卉产品的需求。

在区域市场中，欧洲是花卉生产和贸易方面最大的花卉市场，欧洲花卉产业收入约占全球花卉产业收入的40%。荷兰是全球领先的花卉生产（如图15－1

所示）和贸易大国，主要花卉品种包括郁金香和菊花。此外，英国和德国在不断增长的切花和观赏植物市场支持下，引领了区域市场。北美则反映了机会主义增长潜力，因为花卉栽培产品的进口与当地切花产业相结合，美国花卉市场是目前较为赚钱的市场，到 2026 年将产生超过 100 亿美元的收入。非洲的花卉生产在过去几十年里迅速增长，肯尼亚、坦桑尼亚、南非和乌干达是切花生产国，主要生产玫瑰花，由于廉价的劳动力和有利的气候，这些国家花卉生产呈现出快速的增长。亚太地区是世界上快速增长的花卉市场之一，目前占全球花卉市场收入的 20％以上。

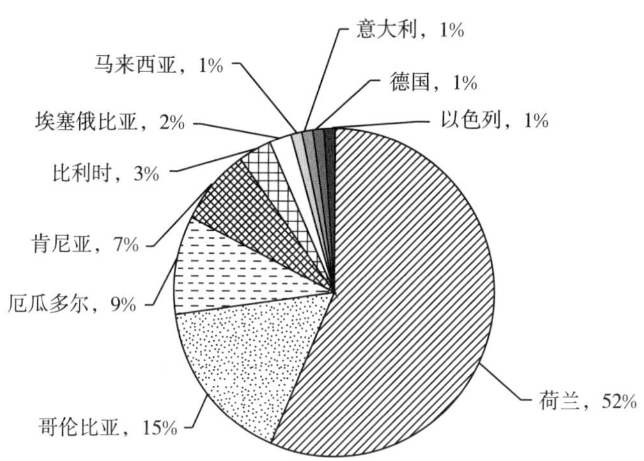

图 15－1　2018 年不同国家花卉产量占全球花卉产量比例

数据来源：https：//www.statista.com/。

花卉进出口是全球花卉产业的重要组成部分，每年贡献大量的营业额。几十年来，荷兰一直是全球花卉贸易活动的中心，是世界上最大的花卉出口国和进口国之一，荷兰种植者繁殖和栽培了 1 200～1 500 种花卉和植物，同时荷兰也是世界上最大的花卉拍卖会优荷花品（Royal Flora Holland）的所在地。这家荷兰花卉公司控制着荷兰 90％的切花市场，营业额每年约 40 亿美元。花卉交换广场的面积接近 100 个足球场（近 75 公顷）。在花卉拍卖会上，鲜花不仅从荷兰出售，还会在肯尼亚、埃塞俄比亚、厄瓜多尔、德国、西班牙、意大利、比利时和其他几个国家出售。

（二）全球花卉产业链：产出国肯尼亚，分销国荷兰

随着经济全球化的发展，全球各区域花卉市场联系得更加紧密。图 15－2

和 15 - 3 为 2017 年不同国家花卉出口交易额。肯尼亚位于非洲东部，因拥有适宜玫瑰生长的气候条件和廉价的劳动力，是玫瑰的主要生产国，其玫瑰产量居世界首位，但是其国内市场的需求量低，因此其玫瑰主要以出口的形式运往荷兰。荷兰是世界上最大的花卉分销国，拥有全球最大的鲜花拍卖市场，除了邻近的欧洲各国，肯尼亚、厄瓜多尔等发展中国家也将花卉运往荷兰进行拍卖分销，荷兰为全球的花卉种植者提供了更大的销售平台。

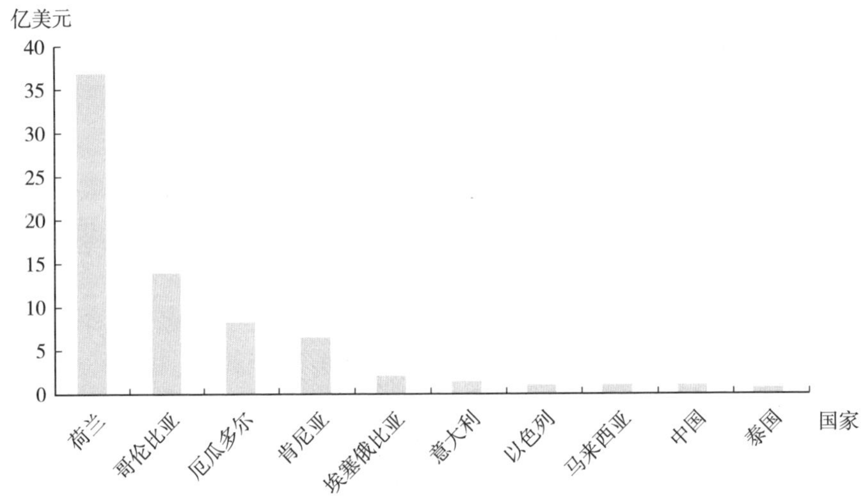

图 15 - 2　2017 年不同国家花卉出口交易额

数据来源：https：//www. statista. com/。

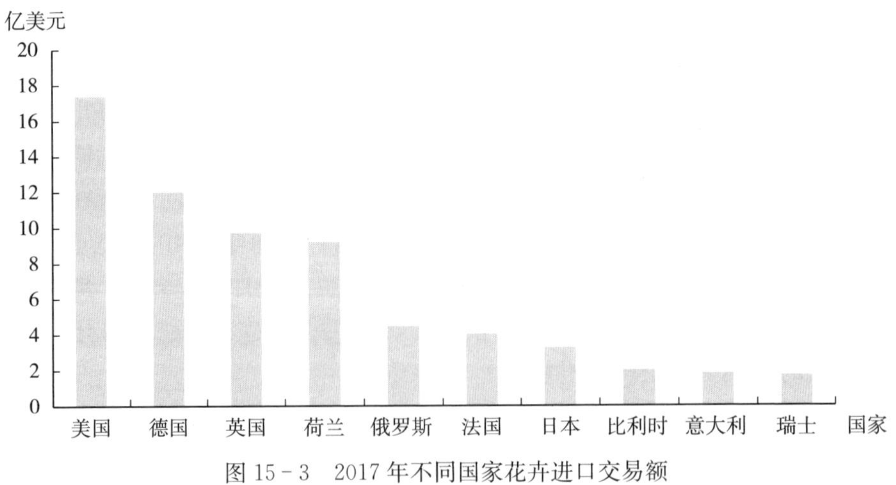

图 15 - 3　2017 年不同国家花卉进口交易额

数据来源：https：//www. statista. com/。

1. 产出国：肯尼亚

（1）肯尼亚花卉产业现状。肯尼亚切花行业的历史可以追溯到20世纪60年代，但直到30年后，这个行业才开始蓬勃发展。从那时起，肯尼亚的切花产量以平均每年20%的速度稳步增长，2017年，肯尼亚花卉出口交易额居全球第四位，控制着非洲花卉贸易的60%。肯尼亚的经济在很大程度上依赖于农业，农业被列为其最主要的外汇收入来源之一，而花卉种植则是其最发达的农业部门之一，估计占所有园艺出口的40%左右。根据肯尼亚花卉委员会2015年的统计报告，花卉行业有80个花卉农场的生产者成员，分布在全国各地，由2 500多个小规模种植者支持，这些种植者总共占肯尼亚出口花卉的55%。肯尼亚园艺产品的出口已经从仅次于旅游业的第二外汇收入来源变成了第一外汇收入来源。肯尼亚的主要花卉市场是荷兰，其中2/3的产品通过拍卖出售。肯尼亚花卉产业70%的产值来自玫瑰，其玫瑰产量比荷兰的高70%。然而，肯尼亚的花卉行业在生产材料和产品市场方面完全依赖外国，这对该行业的未来可持续性构成了巨大的挑战。Fair Trade数据显示，超过9万人直接受雇于该行业，估计有200万人依靠该行业谋生。

（2）以欧塞利安花卉有限公司为例。欧塞利安花卉有限公司成立于1969年，位于肯尼亚的奈瓦沙和内罗毕，在奈瓦沙湖附近拥有5 000英亩土地，是肯尼亚最大的花卉公司，有近4 600名员工。该花卉公司的特色在于采用了绿色农业的做法，如：节约用水，回收所有的径流，阻止任何水流入湖中；拥有世界上最大的地热加热温室，从而节省电力，使生产过程非常有效；回收废物，将塑料用于制作栅栏杆，其他则用于有机肥料。欧塞利安公司因其企业社会责任、对环境的关注和稳定的生产增长而成为世界上最受尊敬的花卉农场之一。

欧塞利安公司拥有独特的“自然冠军”花卉种植方法，使用综合害虫管理（IPM）系统取代传统农药，用水培法减少水和肥料的消耗，还有世界上最大的地热温室加热项目来控制气候并提供植物生长所需的二氧化碳。在成本、生产和耕作过程中，欧塞利安公司采用“少即是多”的理念，重视生产技术，以使5 000英亩的种植足迹中的每一厘米都有价值，并最终提高产量。增加地热资源用于加热和生产二氧化碳，提高了产品的整体质量。充分利用欧塞利安公司自身拥有的独特自然资源，使用昆虫和真菌，以及来自地下的天然地热资源或太阳能。

该公司种植各种各样的花卉，包括玫瑰、康乃馨和吉卜草，并出口到英国、美国、日本和澳大利亚。其中主要产业是玫瑰出口，主要出口国家则是荷兰。员工将玫瑰捆绑好后垂直运到冷藏中心，玫瑰被保存在低温下，然后被运往内罗毕的乔莫·肯雅塔国际机场。边检人员会检查玫瑰的植物检疫条件，以确保没有植物病菌、昆虫或其他动物与玫瑰一起被运往目的地国家。这些玫瑰主要被运往荷兰的阿姆斯特丹史基浦国际机场。到达后机场员工卸下货物，边检人员检查玫瑰的植物检疫条件和运输文件。最终这些玫瑰到达批发商手中，他们将肯尼亚玫瑰与在荷兰花卉拍卖会上购买的其他花卉组合成花束并在网上销售。为了提高公司的物流能力，欧塞利安公司目前正在与发展合作伙伴一起测试一种轻便但坚固的箱子作为解决方案，该解决方案可提高承载能力，减轻箱子本身的重量，并于堆叠在飞机托盘上时表现出卓越的完整性。欧塞利安公司已经从荷兰购买了 7 辆电动汽车，将鲜花从温室运送到新的包装车间进行分级和包装。其冷藏能力增加了 25%，以加强冷却，并严格遵守低于 5℃的最佳温度，以确保质量。凭借内部的这些设备、空间、设施和行业知识，欧塞利安公司可以坚持真正的垂直整合商业模式；与物流、冷链管理和供应链管理领域的外部专家共同补充其内部能力，以提高业务经验水平，以及公司享有的整体规模经济水平。此外，公司还建立了新的办事处，加强了仓储、存储和包装设施，并完善了公司的分销渠道。

欧塞利安公司将超过 30%的保费投资于为工人及其家属提供助学金，已有3 786 名申请人获得了总额超过 6 800 万科威特先令的奖学金。该项目提高了员工和周边社区的文化水平。2013 年，欧塞利安公司与其他 6 家公平贸易花卉农场为奈瓦沙妇产医院的建设贡献了 43%的资金。从那时起，已有超过 1.4 万名婴儿在医院出生。医院发挥着至关重要的作用，因为农场 60%以上的工人是妇女。欧塞利安公司为医院的运营和发展不断捐款，并提供丧亲支助。此外，公司的公平贸易津贴委员会（Fairtrade Premium Committee，FPC）负责工人及其家人在当地保健中心的医疗费用，还提供 24 小时救护车服务。

2. 分销国：荷兰

（1）荷兰花卉产业现状。荷兰花卉产量占世界花卉产量的一半以上（52%），2021 年花卉出口交易额高达 36.8 亿美元，位列世界第一。同时，它也是最大的花卉进口国之一。然而，就生产面积而言，荷兰花卉种植面积只有 24 300 公顷，图 15－4 为 2021 年荷兰不同花卉种植面积，其中郁金香种植面积达 14 400 公顷，远不是最大的花卉种植国家，但它却在花卉产值方面具有无可争议的领先地位，由此可见荷兰花卉业的效率和竞争力。

荷兰是连接花卉行业参与者的主要行业市场，世界上大多数花卉和植物的贸易都在荷兰拍卖会上进行，荷兰切花拍卖月收入达 1.65 亿欧元。图 15－5

为2018年5月至2021年8月荷兰鲜切花拍卖销量。2020年，荷兰皇家花卉的总收入约为46.5亿欧元。

这些因素结合在一起，使荷兰花卉业成为全球花卉产业的独特“中心”。花卉业已经成为荷兰经济的关键产业之一，这不仅是由于花卉和植物的出口和生产活动，还有育种公司、贸易商等的活动，这些活动估计可以增加超过25亿欧元的价值，并且荷兰在温室建设和温室物流的高科技产业中具有强大的地位，营业额超过10亿欧元。

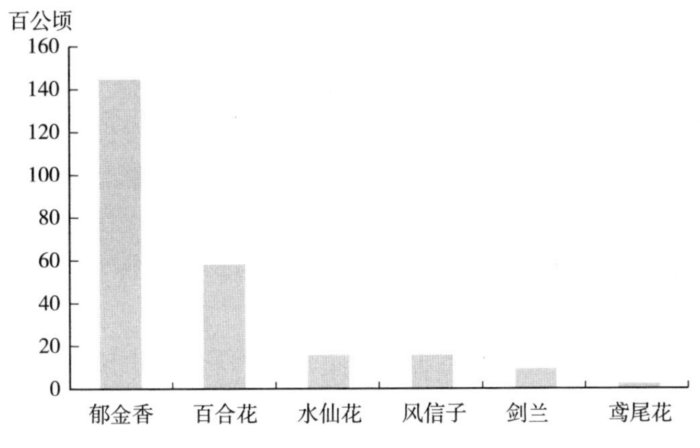

图15-4　2021年荷兰不同花卉种植面积

数据来源：https：//www.statista.com/。

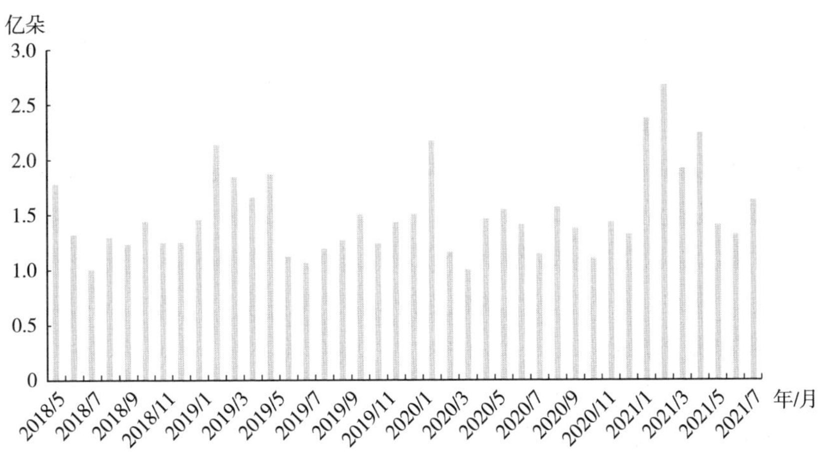

图15-5　2018年5月至2021年7月荷兰切花拍卖销量

数据来源：https：//www.statista.com/。

（2）荷兰“郁金香狂热”。荷兰的花卉产业中极具代表性的花卉莫过于郁金香，其郁金香球茎产量占世界产量的70%以上。荷兰与郁金香的历史渊源可追溯至1637年的“郁金香狂热”事件。1637年2月，在当时的“宇宙中心”阿姆斯特丹爆发了人类史上第一次经济泡沫事件，主角就是郁金香。郁金香被炒到了一个极高的价格，上至富商官僚，下至普通手工业者，全部陷入了这场疯狂的交易。

郁金香的原产地其实并不是荷兰，它最初生长在帕米尔高原的山坡上，1593年由一位名叫克劳修斯的植物学家从君士坦丁堡引入荷兰，并迅速在荷兰得到推广且受到人们的追捧，由此开始了荷兰郁金香贸易。在接下来的几十年里，郁金香在荷兰富人中成为一种时尚，价格开始上涨。很快，即使是普通的郁金香球茎也以非凡的价格出售，稀有的球茎更是天文数字。一个紫色系郁金香球茎可以卖到大致相当于现在的1 250美元，而更稀有的球茎价格更是普通者的2倍。然而，突然有一天，没有一个买家出现并支付他的郁金香球茎购买费用，随之而来的恐慌蔓延到整个荷兰，几天之内，郁金香球茎的价值仅为其以前价格的1%，至此郁金香泡沫破裂了。

正是由于过去荷兰人对郁金香的追捧，荷兰才发展了培育郁金香球茎的先进技术。荷兰还拥有全球最大的球茎展览中心——库肯霍夫公园，其中的明星自然是郁金香。每年，库肯霍夫公园超过28公顷的土地上种植了超过600万～700万株不同种类的球茎植物。随着时间的推移，库肯霍夫公园已成为一个真正的旅游胜地，每年接待超过100万游客。

（3）以荷兰皇家弗洛拉公司（RFH）公司为例。荷兰花卉和植物拍卖值得特别深刻地分析，因为它是一个有效且独特的经济机制，荷兰的花卉拍卖市场为种植者提供了一个可以实现众多买家的持续高需求的地方。历史上，它是汇集种植者和批发商的主要市场，是由种植者拥有的合作组织，以保证种植者的良好价格和稳定的营业额，因为该行业一直由众多中小型种植者和批发商组成。荷兰最大的两个拍卖会荷兰皇家弗洛拉公司拍卖会和阿斯米尔联合花卉拍卖行（VBA）已经合并了。现在，世界上最大的花卉拍卖会是荷兰皇家弗洛拉公司拍卖会。

荷兰皇家弗洛拉公司是一个由种植者和买家聚集在一起的合作社，在全球范围内拥有3 500多名会员、5 000家供应商和2 300名买家。每天处理大约10万笔交易，交易超过2.3万种花卉和植物。它拥有世界最大的花卉拍卖市场——阿斯米尔花卉拍卖市场。阿斯米尔离阿姆斯特丹只有17千米，是花卉王国的首都。阿斯米尔花卉拍卖市场总修建面积100万平方米，是世界上最大的花卉买卖市场，在这里平均每天出售的花卉数量是 2 000 万朵，遇到特殊节日时会增加 10%左右。

每年荷兰皇家弗洛拉公司销售 1 200 万株花卉和植物，价值超过 410 万欧元，雇用了大约 4 200 名员工。每天的花卉交易从清晨开始，新鲜的产品从专门配备的冷库中出来，排放在拍卖会场的运行带上。花卉的图片和信息（产地、质量、经营者/拍卖者根据市场和实际供应情况确定的起始价格）出现在拍卖屏幕上，开始拍卖后，直到买方停止叫价，然后确定该花卉的实际价格，最后以该价格出售花卉。这一过程对同一种植者的剩余花卉或同一批次的另一种植者生产的花卉再次运行。与传统拍卖不同，荷兰皇家弗洛拉公司拍卖的独特之处在于，随着时钟趋于零，出价从高到低，而不是从低到高。买家通过选择电子键盘上的数字来购买产品，买方按下的数字表示他们想要购买的数量，以时钟停止的价格为最终交易价格。这是一个持续的过程，一直持续到所有的花都卖完为止。买入的产品在运行带上继续前进，进入专门的仓库，然后被打上单独的条形码，包装并准备装运，所有这些过程几乎都是在短时间内完成的，目的是保证花卉的新鲜程度。当然，产品有一定的利润率，低于这个利润率就不能出售，如果植物没有被售出，它们将被“销毁”。每年在未售出的植物材料方面的损失为 3%～6%，这是产品特性造成的，通常由种植者计入生产价格。

荷兰皇家弗洛拉公司正努力在全国范围内进行拍卖，随着全国拍卖的发展，各地的分支机构都可以通过荷兰皇家弗洛拉总公司的平台在荷兰各地供应。然后，荷兰皇家弗洛拉公司可以为所有交易组织物流运输，以满足客户的愿望。从分支机构之间的运输开始，并在此基础上逐步建立全国网络。为了顺应数字化时代的发展，荷兰皇家弗洛拉公司与大众健康技术公司（BinX）合作，BinX 是亚马逊云服务（Amazon Web Services，AWS）机器学习能力合作伙伴，也是领英集团（Xebia Group）的组成部分，BinX 帮助荷兰皇家弗洛拉公司在内部构建数据科学计划，并开始开发机器学习（ML）工具和应用程序。荷兰皇家弗洛拉公司正在使用 ML 来改进其对运送鲜花手推车的预测并提高运营效率。该公司还使用深度学习模型来检查图像质量，并为种植者通过花卉照片接触买家提供反馈，为使用公司应用程序的买家创建推荐引擎。在 BinX 的帮助下，通过其在 AWS 上开展的每个项目，正在使用数据来改善业务成果并使公司保持在花卉行业的前沿的梦想得以实现。BinX 与 Xebia 集团合作，为荷兰皇家弗洛拉公司创建了多种解决方案，包括提高花车效率以及使用机器学习来提高用于拍卖的照片质量。

3. 荷兰的农业政策

首先，荷兰政府为农业部门制定了一项总体政策，旨在促进可持续、可行、创新和具有国际竞争力的农业企业发展。新的产业政策非常具体，为企业家留下了做生意和发展的空间。政府已经选择了 9 个“顶级部门”作为重点发展对象。每个顶级部门都被要求组成一个“顶级团队”（由公司、科学家和政府代表组成），他们就该部门的愿景和优先事项向部长提出建议。“园艺和原材料”被选为荷兰经济的 9 个顶级部门之一。园艺业高层团队向部长提出了政策建议，并阐明了 7 个关键要素：附加值翻倍增长，成为国际企业的世界领导者，成为知识交流、研究和教育的国际中心，可持续性，优化整个产业链的空间和基础设施，强大的形象和国际领先的品牌，果断和负责的部门组织。

其次，荷兰外交部和发展合作部还提出了一项补贴计划——PSI 计划（Partners for International Business Program），用以支持新兴市场的创新投资项目。PSI 项目是一个投资项目，由一家荷兰（或外国）公司与一家当地公司一起在符合条件的发展中国家之一实施。这项投资如果符合标准，就有资格获得 PSI 的资助。这笔赠款包括对投资成本的财政贡献。在某些条件下，该投资最多可得到 50%的补偿。PSI 是一个招标项目。公司被邀请每年提交 2 次申请。对提交的项目进行评判。PSI 的有益副作用之一是，它向发展中国家介绍了新的知识。此外，合作双方必须有良好的财务状况，而且计划支出的规模是在未来能够实现的。

除此之外，荷兰致力于农业知识体系的教育、研究和推广。荷兰政府一直大力支持农业知识体系。从一开始，该系统就包括农业教育系统、研究和推广系统之间的密切互动。在强大的科研和教育基础设施的基础上，信息的交流和知识的转移使荷兰的知识基础得到了巨大的改善，并使创新的水平相应提高。农业部负责荷兰的整个农业教育系统。但现在，知识体系正处于向共同创新的新概念过渡的过程中，其中产业和研究中心以新的和更开放的合作形式共同运作。

（三）国内典型花卉产业链

近年来，国民经济的不断发展和消费水平的不断提升带动了花卉产业的蜕变升级，花卉产业的迅速发展也使其在我国民生经济发展中的重要性比重增加。同时国家相关部门也相继出台了一系列政策支持行业的发展，为我国花卉行业提供了良好的政策环境。本部分选取地理位置优越、气候条件独特的云南、辽宁两地的花卉产业链和南京农业大学的菊花全产业链进行分析。

1. 云南省花卉产业链

(1) 云南花卉现状。云南省因为其独特的自然资源和气候条件，已经成为我国最大的鲜花供应市场，更是全球优质的花卉产区。近年来，在国际危机形势的影响下，其销售受到一定的冲击，但其花卉种植面积、产量及全产业链产值仍然有较大增长。云南省鲜切花产销量常年位居全国第一，云南省花卉产业为带动农民增收起到了很大的作用。

昆明斗南的花卉公司为云南省的花卉产业发展发挥了重要作用。昆明斗南濒临滇池东岸，享有“金斗南”之称。斗南花卉市场作为中国较大的鲜切花交易市场，十多年来，共获得上百项荣誉称号。此外，云南省 80%以上的鲜切花，周边省份的花卉、亚洲及南太平洋等地 10 余个国家花卉都进入斗南花卉市场交易，在全国 80 多个大中城市中占据 70%的市场份额，出口 46 个国家和地区。2021 年，斗南花卉市场交易量、交易额“双破百”，鲜切花交易量达 102.6 亿枝，超过了荷兰花荷集团 101.9 亿枝的交易量，交易额达 112.44 亿元，创历史新高，斗南鲜花交易量已超过荷兰花卉市场，鲜花交易量居世界第一。

在云南当地，云南丰岛花卉有限公司也为当地花卉全产业链发展作出了较大贡献。云南丰岛花卉有限公司前身为云南德丽花卉有限公司，由云南省农业科学院于 2004 年 10 月成立，2007 年 11 月经股份制改革，成为由浙江丰岛控股集团和云南省农业科学院共同控股的一家股份制企业，公司注册资本 2 915 万元，是国内最大的菊花种植、出口型企业。公司地处云南省昆明市富民县永定镇西邑村，占地面积 17.3 万平方米，温室面积 14.5 万平方米。科研设施用房面积 2 500 平方米，花卉保鲜、加工、仓储面积 1 000 平方米，并有办公、生活用房相应配套，已成为具有一定规模、有现代农业设施的花卉产业基地。公司通过与全球知名的菊花育种商荷兰黛丽芙（DELIFLOR）、德克（DEKKER）、菲德斯（FIDES），以及南京农业大学、云南省农业科学院花卉研究所合作，在品种培育、引种技术、种苗扩繁和栽培技术上进行合作研究开发，为进一步促进菊花产业升级，提高经济效益打下了坚实可靠的技术基础。公司近年先后获得云南省省级农业产业化龙头企业、云南省农业科技示范园、云南省优质种业基地、云南省省级成长型中小企业、云南省专家基层科研工作站、昆明市工程技术研究中心、昆明市创新创业孵化基地等荣誉称号。云南丰岛花卉有限公司立足农业，凭云南独特的环境优势，以及丰岛花卉积累的人才和技术力量，努力打造世界一流的现代花卉公司。发展至今，丰岛花卉已在云南建设了 6 个花卉生产基地，花卉设施种植面积超过 3 000 亩，基地共有近 800 名生产工人，这些工人均来自基地周边农户。企业还通过向周边 200 多户花农收购鲜切花原料，带动周边经济发展。花集网网上年交易量超过 1 亿枝（束）。昆明美天娇（含昆明、易门）生产菊花种苗 4 000 万株以上、菊花鲜切花 220 万枝，切花康乃馨 1 400 万枝。

（2）云南省花卉产业的政策措施。自 20 世纪 90 年代以来，云南省委逐步支持和协助云南省花卉产业的发展。“一带一路”倡议的提出给云南花卉产业带来了前所未有的机遇，跨国花卉贸易在一定程度上促进了云南省花卉产业的发展。同时，云南省政府积极响应农业农村部的重要指示精神，对云南花卉产业发展作出了科学规划。

2. 辽宁——凌源市花卉产业

（1）凌源花卉现状。凌源市的花卉生产始于 20 世纪 80 年代，花农在繁育唐菖蒲种球过程中发现鲜花生产的效益显著、有发展前景，进而发展此类鲜花，并推销到北京、上海等大城市，开创了凌源球根类鲜花生产新模式（海玥，2022）。经过 30 多年的发展壮大，目前，凌源市花卉产业已成为我国北方地区独具特色的优势产业，也是北方地区最大的球根类鲜切花生产基地和亚洲百合、唐菖蒲种球繁育基地，被誉为“北方花都”。

2020 年 3 月，凌源启动以花卉产业为核心的国家现代农业产业园创造工作。2021 年 4 月，凌源现代农业花卉产业园列入农业农村部、财政部“2021 年国家现代农业产业园创建名单”。农业花卉产业园区位于凌源西北部的小城子镇，总占地面积 116 平方千米。产业园立足凌源花卉产地，依托现有产业基础，按照“一核、一带、七园、N 基地”的总体规划和布局，坚持创新驱动、数字赋能的多元化发展模式，旨在打造面向东北亚地区的国际花卉交易中心、国家球根花卉种球研发基地、国家花卉产业融合发展示范区和北方鲜切花生产示范基地。目前园区建成了以花卉纵向全产业链为核心，横向融合旅游、文化、会展等关联产业的花卉全产业园区。现代农业花卉产业园正全力打造以花卉为主题，集花卉种球研发、交易流通、示范性生产、文化旅游与花卉深加工于一体的产城融合、文旅融合发展的国家级现代花卉产业园。

花卉产业是凌源等地的主导产业，也是一项重要的发展战略。产业园是促进花卉产业高质量发展的重要支撑，是促进农村发展、加快农业村庄现代化的有力手段。目前，凌源市已经建立了国家级现代农业产业园和促进农村发展项目，重点是实现花卉产业的高效率、农民富裕、农村发展和企业提升的发展目标，结合产业发展规划的优势和高端的生产设施进一步提升花卉产业。通过智能大数据平台，推动制度化、绿色化、数字化发展，打破小散乱，走产业融合高质量发展之路，支持传统花卉产业模式化变革升级。

（2）凌源市实施花卉产业融合发展的政策措施。凌源市地方政府强调花卉产业的生产，这是国家的特色主导产业，凌源市地方政府通过“书记工程”和“市长工程”等加强政府对具体执行工作情况的评估审查，促进相关政府官员集中精力促进花卉产业的发展。同时，在地方财政资源紧张的情况下，为新品种的推广、营销和分销提供资金方面的支持。为了规范花卉产业发展，提高花卉产品质量，凌源市大力推进标准化生产，制定了多个品种标准化和技术标准化操作规程，实现了花卉的标准化和规范化生产，建立了 6 个标准化生产示范园，并带动了花卉生产水平的全面提高。

为了支持凌源市花卉产业销售路线的发展，凌源市政府与国家旅游公司签订了鲜花航空运输协议，并在花卉市场设立了办事处，6 辆专业运输车开通了北京机场的运输路线，鲜花资源能够在 24 小时内到达各个地方。凌源市的花卉销售遍布全国，并出口到俄罗斯等国家以及中国香港、澳门和台湾等地区。在时代进步、科技发展的共同影响下，花卉电子商务开始发展和传播线上线下连接（O2O）模式，在国家相关政策的支持下，扩大了花卉的销售路线，凌源花卉开始向全国、全世界推广。总而言之，凌源市以花卉产业为基础，建设花卉生产基地 1 000 余亩，促进了花卉、加工、观光、电子商务等多产业融合发展，促进了花卉产业与旅游业、区域特色文化、城市建设、美丽乡村建设的融合，推动了凌源花卉的高质量发展。

3. 南京农业大学——菊花产业链

（1）南京农业大学菊花发展现状。菊花是南京农业大学的校花，同时南京农业大学的菊花种子资源是全国最多的。学校在打造菊花产业链一体化示范方面积极创新，主要从以下 3 方面实施举措：

第一，打造菊花基因库。菊花的花形花色丰富且极具研究价值，南京农业大学致力于菊花种质及品种的研究与创新。学校建立的湖熟菊花基地是中国菊花种质资源保存中心，也是目前世界最大的菊花基因库。除了培育观赏类菊花品种外，南京农业大学还致力于开发以菊花为主的茶饮型、食用型、药用型等功能性系列产品。通过实施各种科研方法培育出系列切花大菊新品种，并进一步精深加工生产了不同菊花及近缘种精油、纯露提纯，以及一系列菊花酒、菊花果汁饮品、南农唇膏和护手霜等深加工衍生品。

第二，带领团队“嫁接”菊花落地贫困县。南京农业大学就菊花产业研究建立了专门的菊花团队，同时为了积极响应国家脱贫帮扶与乡村振兴的政策支持，带领菊花团队将先进的农业技术、科研成果和管理经验“嫁接”到其定点扶贫对象贵州省麻江县的宣威镇卡乌药谷江村，通过因地制宜不断加强菊花品种的创新改良，促进菊花产业有效落地该村，通过发展菊花产业促进该村经济收入的提高。此外，南京农业大学的菊花团队在全国的菊花版图上也贡献出了众多科技力量，促使以“南农”品牌为主题的菊花园相继建立，带动地区产业兴旺和乡村振兴。“菊花扶贫”不仅帮助农户增收，还激活了农家庭院经济和传统农业消费的“提档升级”。

第三，以菊花为主题的三产融合，促进产学研一体化发展。作为国家重点研发计划课题，南京农业大学的菊花产业链一体化示范基于其现有的丰富的种质资源情况，由团队在菊花产业链条上通过实施创新各类科学方法培育出观赏型、茶饮型、食用型、药用型等菊花品种。同时南京农业大学湖熟菊花基地将传统的菊展与乡村休闲旅游结合，打造特有的“菊花经济”模式，每年湖熟菊花基地对外开放时都吸引了很多人前来观赏菊花，帮助当地旅游业发展，促进其经济收入增加。南京农业大学打造的“菊花主题休闲旅游模式”辐射全国，通过菊花品种和技术带动旅游产业发展；一二三产业有机融合，实现了菊花等农产品的高附加值。同时，南京农业大学的菊花产业发展也真正做到了产学研一体化，每年学校都会组织学生来菊花基地参观学习，也定期有种植专业相关的学生来到基地调研，开展动手培植和学习创新的训练。

(2) 南京农业大学积极响应国家政策。南京农业大学积极响应国家脱贫攻坚帮扶政策，带领菊花团队前往定点扶贫县开展菊花产业。团队根据当地自然地理条件帮助贫困山区选育菊花品种，同时利用山区特殊的生态条件，加大食用菊、药用菊等功能性菊花的开发力度，带动当地菊花产业发展，加快对接贫困地区的需求，进一步推动当地产业结构的调整升级，把南京农业大学菊花的创新优势转换成为地方经济的发展优势，帮助农民增收。

此外，在国家乡村振兴战略背景下，南京农业大学推进农业产业融合发展。学校聚集科技、人才等资源对接国家重大战略需求，助力菊花等产业更具特色化，提升其农产品品牌竞争力。同时通过提供菊花展览等平台拉动周边旅游、餐饮、零售、农副产品等行业，为周边地区增加了几千万元的旅游收入。南京农业大学的菊花团队在国家大力推进美丽乡村建设、生态文明建设和休闲旅游农业发展中发挥了重要作用，实现了菊花等农业产业链的贯通。

三、水果产业链

（一）美国——柑橘产业链

1. 全球柑橘产业现状

柑橘是世界第一大水果，面积和产量均居全球第一。全世界有 138 个国家生产柑橘。柑橘产量排名全球前五位的有中国、巴西、印度、墨西哥和美国。据联合国商品贸易数据库统计，2021 年共有 123 个国家出口新鲜或加工过的柑橘产品（果干、罐头、果汁等），共计 1 587.7 万吨，全球柑橘总出口额达 165.93 亿美元，主要出口国家为西班牙、南非、中国、美国、荷兰。

全球柑橘消费量随产量的增加而增加，2017 年世界人均柑橘占有量 20.9 千克，人均消费量也有增加。但不同国家消费鲜柑橘、柑橘加工制品及消费量有所差别：美、欧等发达国家（地区）以消费加工制品，尤其是橙汁为主，消费量也大；中国等发展中国家以消费柑橘鲜果为主，且消费量不如发达国家。

2. 美国柑橘产业现状

美国是世界上柑橘的主要生产国之一，是北美国家中柑橘出口最多的国家，同时也是世界上最大的加工橙子消费国。2020 年后，美国橙子产量在佛罗里达州、加利福尼亚州、得克萨斯州和亚利桑那州这 4 个主要生产州出现下降，主要是由于气候危害和疾病的暴发。美国在 2021 年生产了 440 万吨橙子（粮农组织），低于前一年的 525 万吨（图 15-6）。主要出口国是加拿大、韩国、日本、中国、墨西哥和澳大利亚等国家。

3. 新奇士公司

“新奇士”是一个由全美新鲜士橘农合作社推出的柑橘知名品牌，已有 100 多年的历史，其无形财富已超 10 亿美元，位居全美十大非营利性购销联合社之首，为联合社的会员带来了可观的回报。“新奇士”也因其出色的表现荣登全美商标排名第 47 位。

（1）合作社发展历史。19 世纪 80 年代，美国加州的柑橘收购和销售都是

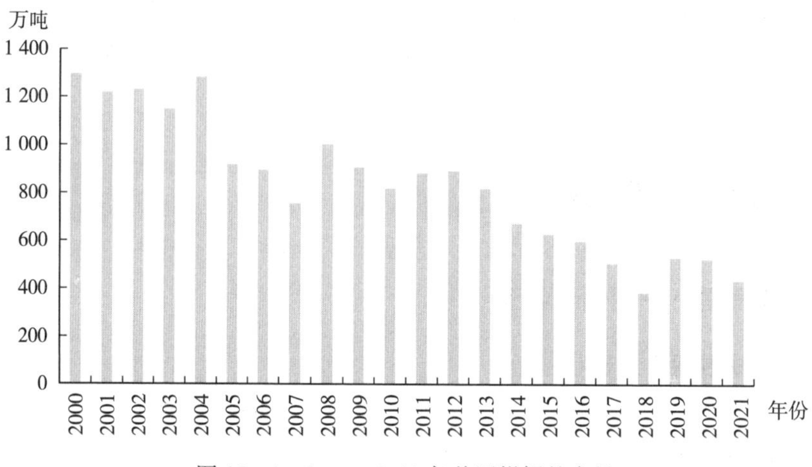

图 15-6　2000—2021 年美国柑橘的产量

数据来源：https：//www.statista.com/。

由代理商进行，代理商为了获得更多的利润，往往以寄售的方式压低收购价格或将市场风险转嫁给只能被动接受、种植效益极低的橘农，于是很多农民自发成立自产自销的小型购销合作社。但规模较小的合作社无法掌握话语权，于是1893 年 100 多位农民代表决定，为当地柑橘生产者提供运输和销售服务，成立区域性柑橘销售合作社，此举使农民收益大增，自此农民纷纷要求入社。

（2）合作社运作模式。新奇士公司可以将设备和居间服务提供给农户，并将经营利润的一部分返还给合作社的社员或其他种植户。合作社每年卖出 8 000 万箱左右的水果，美国、加拿大占 70%，其他国家和地区出口占 30%。合作社在 53 个国家设有 45 个总代理，这些总代理机构根据各地的需求，负责市场考察和推广，并将订单下达到美国本土。国内合作社组织生产，协助果农按照订单数量、品种等要求进行出口。在扣除相关费用、合作社销售管理费和广告费等成本后，其剩余的销售收入将全部返还给果农。管理费用于该社全体管理人员的薪酬及工作运行的维护。为提高产品知名度，树立良好的品牌形象，合作社还积极投放广告，参加各种社会活动。

4. 美国政府对柑橘产业的政策支持

首先，美国政府长期不断地予以大量的经费支持，组成了一支十分稳定的育种队伍，使柑橘品种的改良工作得以长期坚持下来，培育出了大量优质新品种。不仅满足了自身柑橘发展的需要，同时也通过资源的交流和互换，不断增加美国柑橘种质资源的数量。

其次，在美国，所有引进的种质资源都得到了充分的保护和利用。柑橘种质资源的保护和利用是美国农业部的主要工作之一，为此，美国政府特意建立了美国国家柑橘种质资源库。

除此之外，美国还制定了一个柑橘品种保护计划（CCPP），该计划主要项目是根据病毒的监测和对应品种的生物学特性开展研究，美国政府每年都会派人对花圃进行病毒检测，可见美国政府对柑橘产业的重视。

（二）西班牙——桃产业链

1. 全球桃产业现状

桃子是一种落叶树，原产于中国西北地区，在昆仑山北坡和塔里木盆地之间。世界上最大的桃子生产国是中国，其次是西班牙、意大利、希腊和美国。2017 年，中国产出了 447 万吨桃子（表 15－1）；西班牙排在第二位，产量为 152 万吨；其次是意大利，为 142 万吨。

表 15－1　2017 年全球各国桃子产量

国家	产量（吨）	人均产量（千克）	种植面积（公顷）	产量（千克/公顷）
中国	4 469 004	10 381	838 768	17 250
西班牙	1 529 919	32 789	86 896	17 606
意大利	1 427 573	23 621	69 005	20 688
美国	927 178	2 829	46 992	19 730
伊朗	863 922	10 567	67 201	12 855
希腊	847 990	7 875	44 271	19 154
土耳其	674 136	8 342	45 237	14 902
智利	337 402	19 199	16 835	20 041
印度	287 778	215	40 762	7 060
埃及	266 628	2 735	20 574	12 959
阿根廷	248 090	5 576	22 179	11 185
韩国	230 334	4 461	16 116	14 292

数据来源：https：//www. tridge. com/market-reports/canned-peach-market-report.

受饮食习惯的影响，在欧美国家，大部分的桃子消费以加工产品的形式出现（55%），其余则作为新鲜产品食用（45%），但新鲜产品中又包括罐装桃子（75%）。2019 年，全球桃罐头出口额达到 7. 398 亿美元，常见的加工桃产品包括果汁、酒精制品和干桃。希腊是世界上最大的桃罐头出口国，2020 年出口额为3.14亿美元；中国是世界上第二大桃罐头出口国，2019年出口价值1.501亿美元，主要市场是日本、美国、俄罗斯、加拿大和也门。

2. 西班牙桃产业链

西班牙位于地中海地区，地理位置便利，每年生产上百万吨桃子，大约5%～10%的桃子被加工，主要作为蜜饯。西班牙是欧盟桃子罐头的主要生产国和出口国之一。桃子罐头的生产主要发生在穆尔西亚地区，西班牙和希腊是欧盟最大的桃子罐头生产国，这两个国家的桃子罐头产量占欧洲总产量的90%以上。西班牙是全球第三大罐头出口国，2020年出口价值6 950万美元，主要市场是法国、德国、葡萄牙、美国和英国。

西班牙桃产业的最大竞争优势在于其气候条件，由于西班牙不同产区气候条件差别很大，有些地区如安达卢西亚的年均低温时数为200～400小时，而另外一些地区如阿拉贡或加泰罗尼亚的年均低温时数则为700～1 100小时。因此桃的采收期可以从4月份一直延续至11月份，这使西班牙成为世界上鲜桃供应期最长的国家之一。全国不同类型桃占比为：不溶质桃41%，油桃33%，溶质桃24%，蟠桃2%，在不同产区，不同类型的桃占比又因为当地的气候特点（主要是需冷量）和管理模式而有所不同。

3. ALCURNIA公司

ALCURNIA公司是一家位于莫利纳德塞古拉的家族企业，现在由加工公司和农业企业组成，主要从事优质水果蜜饯的制造，特别是桃子和杏子，如果酱和无菌包装水果。该公司有2.2万平方米的设施，在公司总部2 000米外还有72 500平方米的仓库和工厂，其农场位于切萨和卡拉斯帕拉市，每年生产约1.5万吨水果，其中主要是桃子，其次是杏子。

ALCURNIA将质量保证作为其核心目标。出于这个原因，他们只出售在自己的工厂生产的商品，对桃子从采摘到出口的全过程进行监管，从而保证标准化生产。此外，ALCURNIA还通过了多项国际质量标准认证。在环境方面，ALCURNIA还通过了ISO14001：2015法规认证，ALCURNIA拥有的污水站工厂，具有足够的水净化处理能力。

除此之外，该公司与高速公路市场、马德里、西班牙南部、法国和欧盟其他地区都有便利的运输渠道。交通的便捷性使该公司能够快速为客户提供服务，目前该公司一半以上的营业额产生于国外市场，主要但不限于欧盟。许多客户和供应商都与他们有几十年的业务往来，因为ALCURNIA能够供应长期稳定和优质的产品。

4. 西班牙政府及欧盟对桃产业的政策支持

西班牙农业和渔业、食品和环境部提出了“改善水果部门措施计划”，以重组桃子和油桃部门。其该部门的重组计划包括 3 个方面的措施：一是立即采取的举措侧重于改善融资和调整该部门缺乏流动性的税收；二是实施援助，并于 2018 年第一季度发布命令，为国家农业担保公司的担保提供 8 000 万欧元；三是下调 2017 财年桃子产业净收益率指数，改善其流动性。

农业部还启动了一个工作组，该农业工作组将通过调整法规（RD533/2017）来改变国家水果和蔬菜战略。文件中特别强调：在 2019 年和 2020 年期间，增加桃子和油桃产量的行动将受到限制，并增加了新的种植园。

为了调节西班牙桃子和油桃的供需之间存在的结构性失衡，农业部提出了 14 项措施，分为 4 个部分：一是短期措施（2017 财年收取财政担保）；二是旨在重新平衡供需的措施（监管变化、控制新种植园、促进有机生产和寻找新市场等）；三是调整该部门的措施（促进更大的保护区、保护区协会和专业间组织发展，并加强对《食物链法》的控制）；四是提高部门信息水平，以便利规划和监测运动。

除此之外，欧盟历来支持或补贴其成员国农业商品的生产，对于水果和蔬菜，欧盟建立了一个旨在支持其生产和商业化的法规体系，称为共同市场组织（Common Market Organization，CMO）。西班牙作为欧盟桃子的主要产出国，水果 CMO 向西班牙的桃子种植者和加工商提供补贴，极大地改变了桃罐头的全球竞争环境。水果 CMO 建立了“社区退货补偿”（CWC）计划，在生产过剩的时候维持市场价格。桃子种植者（以及许多其他水果和蔬菜种植者）可以决定不交付，或从市场上“撤回”其产品。在一定的质量、条件和期限条件下，桃子种植者将从委员会获得提交退出产品补偿。

（三）国内典型水果产业链

水果作为我国的一种经济作物，是我国农业的重要组成部分，对于农业发展和居民收入提升具有重要作用。随着人民生活水平的提高，近年来水果产能稳步提升，2021 年全国水果产量为 3 亿吨，同比增长 4.5%，2022 年全国水果产量 2.99 亿吨，较上年增长 2%，水果种植面积和产量稳定增加。本部分选取湖北宜昌柑橘和安徽砀山黄桃产业进行分析。

1. 湖北宜昌柑橘全产业链

（1）湖北宜昌柑橘产业现状。柑橘是湖北省的第一大水果，截至 2022 年

4 月，全省种植柑橘共 340 多万亩，年产量 510 万吨。湖北省宜昌市是我国的柑橘之乡，在这里，柑橘种植面积和产量在全国范围内虽然没有名列前茅，但该市却打造出了全国最完备的柑橘全产业链，宜昌蜜柑跻身中国地理标志产品，其品牌价值达 36.84 亿元。近年来，宜昌市抓住全省加快农业产业化的发展机遇，积极争取国家现代化农业产业园、产业强镇、三峡蜜橘产业集群、省柑橘产业链等项目资金，打造宜昌蜜橘特色优势区。在政策支持、项目建设、资本投入的带动下，宜昌柑橘加工基地转型升级，成为全国最大的柑橘罐头加工基地，年罐头加工能力 20 万吨以上，柑橘产业配套建设不断夯实。一枚小小的柑橘撬动了整个宜昌经济的发展，不仅串联起了种植、加工到文旅融合开发的完整产业链，还实现了三产融合发展，成为农民增收、乡村振兴的“发动机”和“助推器”。

宜昌柑橘产业的发展离不开当地农业龙头企业的带动。位于红花套镇的湖北丰岛食品有限公司是宜昌柑橘产业链上的核心企业，也是全国经济林产业化龙头企业、湖北省农业产业化重点龙头企业和湖北省林业产业化重点龙头企业。该公司是一家以柑橘罐头生产为主的果蔬罐头生产企业，有果蔬罐头生产线 10 条，2022 年橘子罐头总产量达 2.54 万吨，销售额达 2.63 亿元，出口创汇 2 222 万元，创历史新高，预计 2023 年产量将达到 3.2 万吨，销售额 2.7 亿元。丰岛作为全国产量最大的橘子罐头生产企业，60%的产品出口海外，产品主要出口美国、日本、欧盟、东南亚等国家和地区。HACCP 和 ISO9001 质量管理体系已通过国家质量评审中心认证，同时还通过了英国零售商协会认证（BRC）、犹太食品认证（KOSHER）、清真（HALAL）等国际认证，通过了美国食品药品监督管理局（FDA）的现场审核。丰岛食品不仅积极评审认证，还利用宜昌柑橘高品质的优势，不断强化本地果园标准化建设与管理，从源头把控产品质量，稳步提升果农收入。为保障罐头质量，丰岛食品高价购入农药检测仪器，专门用于柑橘农药多菌灵的检测。

（2）湖北宜昌市政府及相关机构推出政策支持柑橘产业发展。湖北省宜昌市积极响应国家延长特色产业链推动乡村振兴的号召，围绕当地特色柑橘产业，整合各种要素资源创建了农业产业示范园区。这推动了湖北宜昌的柑橘产业种植、加工、销售等各个环节的均衡发展，推动了当地产业链融合发展，有利于促进农村发展、农业增效、农民收入增长。

此外，湖北政府在推动发展柑橘产业的措施中开展了农业企业相互合作投入股份融资的创新举措，一些地区的农业集团通过与柑橘产业专业合作社联合共同组织生产合作社、服务合作社、旅游合作社，形成特色鲜明的经营模式，并通过政府引导、企业和农民合作社合作参股，促使社会多主体形成紧密的利益共同体，达到多方共赢的效果。

政府还引导农业龙头企业和农户签订订单农业，促使橘农提升柑橘品质和柑橘品牌效益，从而提高柑橘售卖价格，促使农户增收，对参与订单农业的企业金融服务方面也给予了很多优惠和援助。随着互联网时代的发展，政府积极采取措施帮助农户参与电商发展，邀请一些电商方面的专家对农民进行相关知识培训，并且通过与央视的新闻栏目连线向全国各地的观众展示当地的柑橘产业，帮助柑橘鲜果向外售出，扩展柑橘销售渠道，促进农户增收。为提升柑橘品质，促进柑橘罐头出口，湖北政府专门出台相关政策文件引导农户规范种植，减少柑橘农药多菌灵的使用，与丰岛企业食品的检测设备共同作用，保障农户利益和企业的产品质量。

2. 安徽省砀山县黄桃全产业链

（1）砀山黄桃产业发展现状。砀山县种植黄桃已经有 40 多年的历史，该地独特的沙质土壤和适宜的气候条件为砀山黄桃种植提供了得天独厚的条件。该县也被誉为“中国黄桃第一县”，是我国最大的连片黄桃生产基地、全国优质黄桃生产基地、全球四大黄桃种植基地之一。砀山黄桃品质优良，果肉金黄，无红色素，做出的罐头不浑汤，酸甜适中，被誉为砀山果农的“黄金果”。

2018 年，“砀山黄桃”获得国家农产品地理标志认证，成为继“砀山酥梨”后获得的第二个国家农产品地理标志产品。2019 年，建设国家级黄桃标准化示范区项目通过验收。2023 年 4 月，安徽砀山黄桃种植基地被列入“特色农产品原料基地”专栏，砀山黄桃成为国家重点培育发展的地方传统优势食品和特色食品。截至 2023 年 4 月，砀山有水果农民专业合作社逾 2 000 家，年产值近 6.7 亿元，种植黄桃 10 万亩，直接带动 10 万户果农增收。黄桃种植成为砀山县支柱产业。近年来，砀山紧抓乡村振兴的大好机遇，以黄桃种植为依托，不断延长产业链，在带动村民增产增收的同时，走出了一条独具特色的产业兴、百姓富的乡村振兴路。

（2）安徽省政府及相关机构对砀山黄桃的政策支持。安徽省政府积极推进农业生产和特色农产品发展，从而达到振兴乡村产业、促进农民增收的效果。通过加强砀山区域特色黄桃品种的调查和收集，促进黄桃产业的繁育选种，保护其核心种质资源，促进其建立健全地理标志农产品，助力农业高质量发展。

安徽省政府还在砀山黄桃地理标志农产品保护区域范围内建设核心生产基

地，支持多家新型生产经营主体开展砀山黄桃核心生产基地建设，并同意这些新型生产经营主体建立固定面积的砀山黄桃标准化核心生产基地，给予每家一定的补助资金用来改善其基础设施和生产条件等，促进其绿色良性发展，提高地理标志农产品综合生产能力。此外，政府还支持砀山黄桃加工企业的建设，对其给予补助资金，支持企业加工工艺和设备的改造升级，从而促进黄桃产业的高质量发展。

四、田园综合体

（一）田园综合体发展历程

国外已成立多个休闲农业行业协会，在规范休闲农业经营秩序、提供专业培训、推广市场、拓展融资渠道等方面发挥了十分重要的作用，为休闲农业持续稳定发展保驾护航。这些行业协会都是在政府指导下开展业务的非营利性组织，政府也在税收优惠、信息数据等方面积极向行业协会提供扶持政策。如美国全国乡村旅游基金会在规划设计都市休闲农业主题的同时，为休闲农业经营者提供资金融通和营销推广服务，有利于凸显本土特色，避免无序竞争。

（二）日本——Mokumoku 农场

1. Mokumoku 农场概况

Mokumoku 农场位于日本三重县伊贺市青山镇，由农户养猪的经营联合体发展而成，是以“自然、农业、猪”为主题的田园综合体。它不仅提供便捷的购物服务，还能让消费者目睹农场最新的农业生产技术。Mokumoku 农场生产多种农产品，由农场的员工自己管理现场和互联网上的餐馆和商店。它正在挑战一种新的农业方式，旨在将当前的农业推向工业和食品教育，不仅通过种植产品，还对产品的生产工艺和销售模式进行改造和升级。

青山镇曾被认为是拥有 8 000 名居民的贫困山区，但如今，Mokumoku 农场的每年 54 亿日元的营业额让这个山区变得更加繁荣昌盛，50 万观光客也纷纷涌向这里。1988 年，一名叫木村修的农夫和三位合伙人共同在山顶搭建了一座木屋，以便他们的“火腿生产厂 Mokumoku”的顺利运营。青山镇的特色之一就是伊贺猪，它们被当地的农夫们以木醋酸和饲料的方式喂养，这种植物的叶绿素能够使猪的肉质更加柔嫩，深得日本消费者的青睐。他们试图利用猪肉的精细化处理技术提升伊贺猪的市场份额，然而，尽管火腿的口感极佳，但是火腿生产地点极度偏僻，使伊贺猪的市场份额一度低迷，从第一年的夏季起，伊贺猪的市场份额便一度急剧下降。1989 年，Mokumoku 应当地居民的强烈需求，推出《手工制作香肠教室》杂志，把伊贺猪的独特的烹饪技艺和精湛的制作流程展示给大众，令众多消费者惊叹。伊贺猪的香肠没有任何添加剂，口感极佳，令许多消费者特地赶赴伊贺，以便获得更好的烹饪体验。1995 年，Mokumoku 推出了一个以传授经验为基础的手工农场，并且提供 Mokumoku 的精致美食。Mokumoku 实行会员制，入会门槛每人 2 000 日元，有效期 2 年，入会同时返还给会员 500 日元购物券。随着会员人数的增加，产品销售量持续增长，经过 30 年的不断改进，Mokumoku 终于成为日本最有名的农场。

如今的 Mokumoku 农场由农业生产区、休闲娱乐区、餐饮住宿区、购物区 4 大区域组成。农业生产区生产大米、水果、大豆、蘑菇等，餐饮住宿区设有香肠（火腿）工厂、面包店、日本糖果店、啤酒厂、豆腐厂、泽西牛奶店、烤猪肉店和香肠专卖店等生鲜产品店。火腿和香肠用三重县产出的安全猪肉制成，在德国的肉制品比赛中赢得了许多金牌，它以高质量受到客户的好评。啤酒厂的啤酒由当地种植的大麦制成，也在世界啤酒杯大赛上赢得了许多奖项。泽西农场的新鲜牛奶被制成布丁、蛋糕、冰淇淋和酸奶，这些安全优质的产品都非常受游客欢迎。Mokumoku 农场里还有一个市场，出售农场种植的蔬菜、水果和水稻及当地出产的蔬菜和花卉。

2. 农场特色

经营蘑菇农园和牧场，提供有机蔬菜、新鲜肉类和奶制品的当地养猪农户共同发起成立了 Mokumoku 农场。农场的建立使农民有效把控对农产品的定价权，从而保持农业生产的功能。农场种植蔬菜、花卉，养殖牲畜，既能美化乡村环境，又能保持原有的农产品供应功能，而且农场外部依然保持着乡村原始的生态感，农场设计与周边生态环境相匹配，营造出轻松、舒适、和谐、自然的乡村氛围，是休闲、旅游、度假的好地方，实现了“从农田到餐桌”的供应，对餐厅、商铺、菜场、主题餐厅等实行直供。

Mokumoku 农场致力于将农业与食物加工技术结合起来，以提升其农产品的价值。该农场拥有多种不同的制作技术，如麦芽制作、啤酒酿造、饼干制作、猪肉制作、叉烧肉制作和香肠制作，并且为游客提供多种休闲活动。该农场将产业扩张至食品加工领域，不仅可以极大地提升农作物的商业价值，为农民创造更多的机会以实现财富转移，还可以确保食物的质量、营养、卫生，从而为本土劳动者带来更多的经济回报。

农业及农产品加工业向商贸旅游等服务业延伸，带动了价值链的提升。农业及农产品加工业向服务业延伸，则衍生出多样的农业观光及消费类产品，增加了农民在当地就业的机会，形成立体发展的农业价值空间，让农场成为直接转换生态经济化的平台。农场生产的果蔬、乳畜产品及其加工产品，既可在蔬菜交易市场销售，也可作为纯天然餐厅、乡村菜馆的食材，产地直接与市场对接，促进农产品经济价值的提升。

（三）法国——格拉斯香水小镇

1. 格拉斯香水小镇概况

位于法国南部普罗旺斯区域内的格拉斯小镇，坐拥地中海美景，靠近阿尔卑斯山。作为法国香水产业的发源地和第一产地，格拉斯小镇创造了许多世界知名香水，如香奈儿 5 号等。因此，它被誉为全球最香的小镇和“香水之都”，香水产业每年为当地创造超过 5 亿欧元的财富。

格拉斯小镇曾是一个著名的皮革制造地，但随着环保意识的提高，小镇开始投资花卉行业。后来，格拉斯凭借其独特的鲜花文化成为全球闻名的香水城市。如今，旅游观光已成为格拉斯小城镇的重要产业。格拉斯小城镇在几次产业调整后，已形成一个多元化的经济结构，包括鲜花、香水和现代化的服务。

格拉斯公司的第一次变革在 16 世纪中期就已经开始，它改变了传统的制造模式，将原本的制造过程中的污染物排出，改造为一种新的制造技术，以满足消费者的需求。格拉斯公司的变革带来了 2 个显著的好处。首先，它改变了传统的制造模式，让消费者可以选择更具环境友好性的制品，比如香料等。其次，它鼓励手艺师们改变传统的制作模式，以满足消费者的需求，并为消费者带来更多的美好体验。重点投资于拥有较强竞争力的新型行业，如香精、香料、化妆品等，渴望从中获得较为丰厚的回报。

经过半个多世纪的发展，小镇已经实现了第二次变革，并且已经完美融合进了全球的经济体系中。如今，小镇的生产方式已经从以往的蒸馏技术发展为现在的用更加环保的方式生产出优质的精油，而且，即便费用昂贵，也会坚持人力和技术的双重支持，以确保每种植物的新品种得以持续发展。格拉斯如今已经成为许多向往香水之路的游客心中的朝圣之地。

2. 小镇特色

第一，因地制宜培育特色产业。格拉斯小镇以其独有的地中海气候为基础，1614 年以来，一直致力于种植多样的香料花卉，以满足消费者不同的需求。随着时间的推移，格拉斯小镇利用自身独有的气候条件，将其作为一个重要的资源，积极投入到绿色、可持续的香精及香水制造中，以提升其经济价值。格拉斯小镇是法国第一家香精香料公司所在地，它的出现标志着法国王室对香水的广泛需求。如今，小城格拉斯的香水产业发展迅速，年采收鲜花达 700 万千克，拥有 50 多家香水专业加工企业，200 多名专业调香师，是法国最主要的香水产地，在法国占有 80%的份额。

第二，立足本土化促进品牌效应。格拉斯小镇一直致力于打造本土化香水品牌，成功的实践证明，在拥有香奈儿、莫利纳、卡利马等众多世界知名品牌的同时，其更能将本土特色元素融入产品中，打造出独一无二、极具国际竞争力的本土化香水。16 世纪以来，欧洲人对格拉斯小镇的香水品质极为欣赏，许多王公贵族都曾到这里购买香水。

第三，发展当地旅游业。格拉斯小镇积极推动旅游业发展，旅游项目丰富多样，包括花园景点、手工艺品、当地特色商品和各种娱乐活动。花园景点种类繁多，从 5—6 月的玫瑰花到 8—9 月的茉莉花，每个季节都有令人惊叹的花海景色可观赏。格拉斯小镇拥有多个令人惊叹的景点，包括历史悠久的花宫娜香水工厂、国际香水博物馆、普罗旺斯艺术历史文化博物院和弗拉戈纳尔绘画馆，让游客深入探索香水的发展史和文化，感受香水的独特魅力。格拉斯小镇因其迷人的风景和丰富的人文景点而闻名遐迩，每年吸引了超过 200 万游客前来旅游。

第四，配套先进的基础设施。格拉斯小镇的基础设施十分先进，具备人性化特征，基于居民日益增长的需要而精心打造，包括但不限于：教育、医疗、社会福祉、文艺表演、休闲游玩、餐饮、购物。格拉斯小镇拥有各种各样的住所，为各种外国人提供了舒适的居停体验。

（四）国内典型田园综合体

田园综合体是我国 2017 年于中央 1 号文件中明确提出的优化农村产业结构，促进三产深度融合，促进现代农业发展的三大主要抓手之一。在当今经济新常态下，农业发展需要承担多元化功能，传统农业园区发展模式相对老旧固化，转型升级面临着较大的压力，在此背景下，农业的综合发展成为趋势。本部分选取我国第一个田园综合体项目江苏无锡田园东方综合体，以及山东临沂朱家林田园综合体进行分析。

1. 江苏无锡田园东方综合体

（1）东方田园综合体概况。田园东方位于无锡市阳山镇，是国内首个田园综合体、中国首个田园主题旅游度假区，集合生态、休闲旅游和田园风光于一体，是我国田园综合体的先行者。

整个农业产业以水蜜桃展开，打造文化旅游相结合的田园度假区。其产业体系主要通过公司化、规范化和科技化结合运作，田园东方综合体项目将老房子变为特色民居，对村庄内的古井、池塘和古树进行保护开发，配套建设田园风光，打造了一个世外桃源般的休闲体验地（卢贵敏，2017）。此外，田园东方综合体倡导人与自然的和谐共融和可持续发展，成为新时代城乡一体化建设的重要力量。

不过，在探索城乡发展实践的过程中，田园东方也开始认识到一些待解决的城乡问题：农村经济落后、生态环境恶化，部分大城市的城市规划存在规划粗糙的问题，导致资源不堪重负；在快速城镇化的过程中，不同人口结构从事的行业社会地位等级差距明显；大城市产业和劳动力外溢的时候，中小城市和乡镇尚不具备可以承接的能力。随着乡村振兴成为国家战略，田园综合体受到前所未有的关注。田园东方还与其他公司合作建设田园综合体项目，又在全国多个区域大力发展田园项目，开展田园综合体实践，开发运营了 10 余个田园文旅开发项目。

“农业现代化涉及了农业、农村、农民的系统现代化，需要政府、企业、金融机构以及其他社会力量多方参与，形成一个长期的解决方案。这涵盖了很多方面的业务领域。”基于此，田园东方主张以田园综合体方法论开展跨产业规划、多业态运营，以“文旅运营＋产业促进＋社区营造”，引导城乡之间要素的双向流动，推动区域经济社会发展。田园东方的多年实践，也折射出国家从城乡统筹到城乡一体化再到城乡融合发展的发展思路。

（2）江苏省政府对田园综合体的相关支持举措。江苏省政府响应国家田园综合体建设号召，强调自上而下的政策设计，创新设计促进了田园综合体试验项目的有序发展。2017 年，田园综合体首次写入了中央 1 号文件。在此基础上，中央政府通过相关政策措施和财政援助，推动了无锡市农村政策建设的试点工作，并支持了无锡市的农村政策建设。

此外，江苏省还对田园综合体建设试点给予了一定的资金支持，积极促进了社会多元化力量的合作，增加了财政和社会资本，促进了社会资本的合作，调动多元化主体共同推动田园综合体建设的积极性，促进了合作及对农村社区的建设。要求建设好田园综合体，必须整合政府、市场和农民的力量，为其发展开辟更大的空间，激发农村发展的活力，提高整体效益。

2. 山东临沂朱家林田园综合体

（1）朱家林田园综合体概况。朱家林田园综合体项目主要位于沂南县西北部的岸堤镇，地理位置优越，项目建设主要由 2 个经济产业区（油杏和小米）、2 个农业园区（创意农业园和农事体验园）和 3 个特色社区（农村田园社区、创意孵化培训区、农村电商和加工仓储物流区）组成。该项目的实施构建了一个全面的互联网生态共享模式，并以农村人口组织和农民合作协会为基础，引导青年志愿者加入。山东沂蒙山区开建了“田园客厅”。项目区内有农民专业合作社 31 家。具有较好的水土资源、产业基础、相关设施等区位条件，建设规模达 4.3 万亩，并将创意农业、农事体验、田园社区融为一体，提高农业用地开发、农业供应的质量和效率，发展了农业产业链和价值链，提升了现代农业发展的新动力，同时促进了一二三产业的融合发展。在管理机制方面，在政府主导下，以农村团体组织和农民合作协会为建设主体，加上青年、归国人员和相关企业等的广泛参与，促进了社会多元化主体合作参与建设。

（2）山东省制定优惠政策支持田园综合体建设。2017 年，山东省积极响应国家农村综合建设政策，并相继颁布了多项田园综合体的农村地方建设标准，成为我国首个发布田园综合体建设标准的省份，为后来我国地方建设田园综合体提供了建设经验与帮助。在财政资助方面，山东省为该省农村政府项目提供了大量财政援助。2017 年 7 月，朱家林田园综合体建设项目成为国家级试点，获得中央和省级财政近 2.04 亿元的支持。

朱家林田园综合体项目树立了“创新、三美、共享”的发展理念和整体定位，这是一个支持创新发展的平台。首先，高标准组织了“朱家林田园综合体集体建设项目”，开发了米粮产业区、高效经济林带区和创意农业区，建设了农村社区、电子商务物流区、滨水度假区和山地运动区，形成了“一核双带五区”的空间布局和功能布局。其次，确保生态优先，坚持绿色可持续发展。践行“绿水青山就是金山银山”的理念，邀请山东省环境规划研究院等高级科研机构，以卓越标准完成建设规划标准的制定，做到了对环境无害且一切行为与合理利用大自然资源相关联，保护和提升了生态环境。最后，该项目科学制定“产业发展规划”，并成功实现了产业发展规划的创新性、方向性、先导性和统一性，将产业发展方向的成功性和方向性作为产业发展目标，先后成功招商引进文旅类项目，并成功落地众多农业示范园等“新六产”项目，总投资额达 16.9 亿元。秉持融入田园理念、按照 200 人教育培训规模进行规划的省委党校岸堤校区于 2018 年 5 月开工建设，主要用于主体班次学员党性教育和作为“三同”教学基地，同时承担外培任务。校区与朱家林田园综合体有效融合，成为适应新时代要求的党员干部培训教育基地和乡村振兴人才培育基地。

五、茶叶产业链

（一）全球茶叶产业现状

2020 年，全球茶叶市场价值约为 2 071 亿美元，预计 2025 年将增至 2 667 亿美元。图 15－7 为 2012—2025 年全球茶叶市场价值。目前，中国仍然是茶叶生产的领导者，我国在 2021 年出口了价值约 21 亿美元的茶叶（占全球茶叶总出口额的 28.6%），中国、斯里兰卡、肯尼亚和印度的茶业生产量共占世界茶叶产量的一半，由此可见茶叶的生产集中在少数几个国家。图 15－8 为 2021 年各大茶叶出口国的茶叶出口额统计图。巴基斯坦是全球最大的茶叶进口国，2021 年购买了价值超过 5.5 亿美元的茶叶。

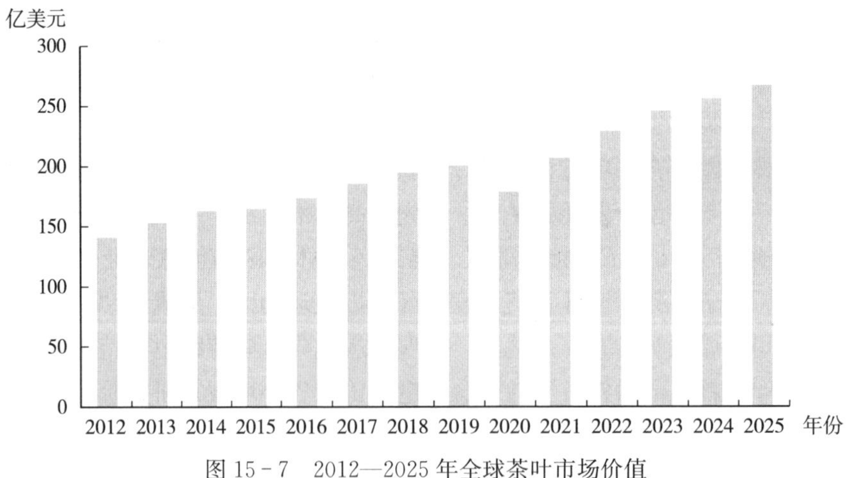

图 15－7　2012—2025 年全球茶叶市场价值

数据来源：https://www.statista.com/。

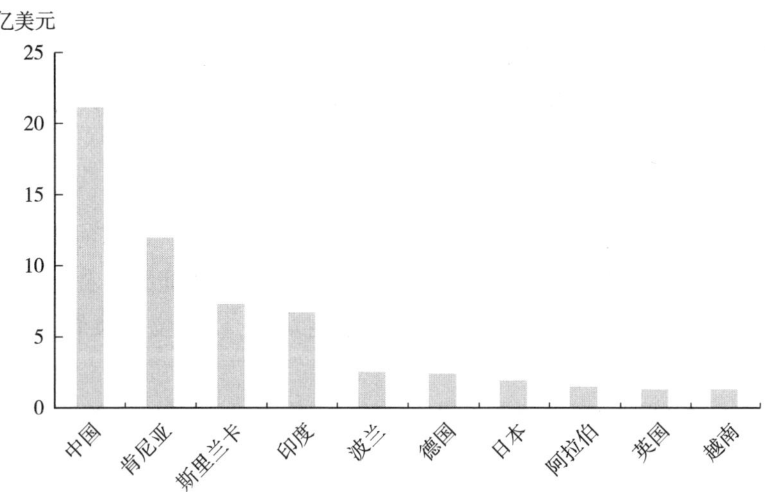

图 15-8　2021 年各大茶叶出口国的茶叶出口额统计

数据来源：https：//www. statista. com/。

亚太地区是全球最大的茶叶消费市场，这些国家强劲的经济增长，以及偏爱优质茶叶混合物的中产阶级群体，创造了庞大的消费基础。此外，人们对喝茶的健康益处更加感兴趣，新产品和调味品的创新（如即饮茶、优质茶、奶茶和水果茶）是茶叶行业的新趋势，这进一步推动了茶叶市场的增长，预计茶叶的需求将持续增长。

（二）日本——绿茶产业链

1. 日本绿茶产业现状

日本绿茶有着悠久的历史，并形成了自己的特色。19 世纪 70 年代，日本的茶产业步入工业化时代，之后，日本绿茶产业的发展划分为 4 个时期：第一阶段是茶叶出口时期（1870—1940 年），赚取外汇；第二阶段是战争期间的衰落期（1941—1945 年）；第三阶段是国内消费增长的发展时期（1946—1975 年）；第四阶段（1976 年至今）由于产品开发多元化，产品的种类也变得多样化。

根据日本茶叶出口委员会的数据，2019—2020 年，日本茶叶出口额增长了 111%。由于传感技术的发展，带动日本高品质茶叶生产和工厂自动化控制管理方法的实施，茶叶生产加工厂不断发展壮大，以及消费者的消费偏好和意识变得更加多样化，他们对无糖、低热量、户外形式为主的灌装和瓶装饮料产品的需求呈现爆炸性增长，促进了以廉价茶叶为原材料的即饮产品（RTD）需求的增加。但是由于日本的资源禀赋条件差，其绿茶产量并不能满足国内的茶叶市场需求，日本需从国外进口大量绿茶原料，进行再加工，最后以即饮产品或其他茶饮产品的形式出售。

2. 原田制茶公司

原田制茶株式会社是拥有百年历史的日本茶叶公司，原田的绿茶100%是国产，除了以自家农场为主外，该公司还与日本全国各地的茶农合作，为了追求更好的茶叶，他们为茶农提供最新的栽培技术，以该技术为茶农提供支持，帮助茶农种植优质的茶叶。

原田制茶自创业以来便不仅着眼于对茶味道的追求，还开始研究安全问题。例如在业界尚未普及时，设置了质量管理室，开始检查农药的残留（现在是在外部检验机构检测），使客户看得见自家产品的安全性。之后引进辐射能检测，工厂设备彻底执行卫生管理，并引进最新的检测设备等，从各方面加强质量管理。原田制茶还提出了“追溯性管理”，全部茶叶都可以从包装上所写的茶叶生产者和生产履历追踪调查，包括哪些茶农何时采收、检查使用何种农药及何时使用、使用程度如何，只收购通过原田标准的优良产品并完整记录作业程序及何时完工的茶叶，每个商品都保有一定的设计流程。

除了追求产品质量，该公司还具有很强的社会责任感。由于近年来生产者的高龄化和农产品价格下跌，放弃耕地已经成为区域问题。原田制茶公司致力于茶园复苏，目标是维护和发展贡献区域的农业，自2013年开始努力振兴茶园。

（三）国内典型茶叶产业链

我国是茶文化底蕴最深厚的国家，茶叶的功能众多，并渗透到人们的食用、药用、美容、日用、旅游休闲、保健康复、养生等诸多新领域，满足了新时代人们对高品质和健康生活的追求。世界有饮茶习惯的国家和地区达160多个。在全球范围内看，三大饮品中茶叶相比可可、咖啡的消费量，还有很大的增长潜力。本部分选取我国2021年国家重点茶叶产业链名录中的云南省茶叶产业链和福建省安溪县茶叶产业链进行分析。

1. 云南省茶叶全产业链

（1）云南茶叶产业现状。茶叶是云南省绿色食品的优势产业，2015—2021年，种植面积不断扩大，2015年种植面积为602万亩，2021年种植面积高达

740 万亩，比 2015 年增长 22.92%；茶叶总产量达 49 万吨，比 2015 年增长 36.1%。种植规模不断扩大，带动了当地茶产业发展，2021 年茶叶综合产值已突破 1 000 亿元，达1 071.1 亿元，其中农业产值为 209.9 亿元，较 2020 年增长 13.3%；加工产值 714.9 亿元，较 2020 年增长 92.3%；批发零售环节增加值 146.2 亿元，加工产值与农业产值比为 3.4∶1。截至 2021 年，云南省拥有生态茶园 382 万亩，占全省茶园面积的 51.6%。云南省积极建设绿色有机茶园，目前已认证有机茶园 105.7 万亩，绿色有机产品 1 014 个，自 2015 年以来，云南省有机茶园种植面积和有机产品认证均为全国第一。

云南省凤庆茶厂（云南滇红集团老厂区）是我国驰名中外的名茶“滇红”的诞生地。1938 年，冯绍裘作为中茶公司技师到顺宁考察，成功试制出红茶、绿茶 2 种样茶，从此开创了顺宁茶叶精制的历史。1939 年 3 月，冯绍裘主持建立了云南中国茶叶贸易股份有限公司顺宁实验茶厂。1954 年改为云南凤庆茶厂，1996 年整体改制为云南滇红集团股份有限公司（以下简称“滇红集团”）。云南省凤庆茶厂既是“滇红”的诞生地，又是“滇红”工夫毛茶、红碎茶 2 个毛茶收购标准样和滇红工夫茶、红碎茶 2 个加工验收统一标准样的国家一套样制样单位，滇红集团保存有始于 1953 年的历史实物样茶 4 967 件（筒）。

目前，滇红集团拥有 10 万亩茶园基地，其中 2 万亩通过了欧盟及美国有机茶认证、1 050 亩通过了中国有机茶认证等，拥有初制加工厂 85 个（三位一体改革为 21 个茶场），精制加工厂占地 340 亩，年生产能力 1.5 万吨。近年来，为扭转市场颓势，振兴滇红产业，重塑“凤庆滇红茶”品牌，当地做出诸多探索，努力让凤庆滇红茶重新“红”起来。但由于行业指导弱化，产品研发能力不足、产业转型升级困难、品牌“小、散、弱、乱”，产业链各环节质量标准失控等原因，“滇红”市场影响力、知名度、美誉度逐年下降，市场核心竞争力减弱，产业发展形势严峻。

凤庆县政协会同云南省、临沧市政协通过大量走访调研，提出了组建“凤庆滇红茶产业联盟”具体协商意见。经过一番筹备，2021 年 10 月，凤庆滇红茶产业联盟正式成立。联盟发布了由专家委员会起草、相关政府部门参与制定、联盟理事会上表决通过的《凤庆滇红茶技术标准》等 8 个标准，涵盖茶园管理、鲜叶分级、初制加工等方面。这套标准针对凤庆县茶叶产区和凤庆滇红茶品牌品质实际，高于现行的红茶“国标”。同时，政府还把“凤庆滇红茶”地理证明商标授权联盟管理使用，使标准的执行有了约束力。此外，凤庆还建立起“产业联盟＋精制龙头＋初制所＋合作社＋基地＋农户”全链条组织化利益连接机制，借此稳定链条各环节之间的关系，统一思想，建立凤庆茶产业命运共同体意识。

（2）云南省政府利好政策助力茶叶产业发展。茶叶产业一直属于云南省传统的优势产业，也是其“绿色食品牌”重点产业之一，近年来，国家和各地方政府各项政策的支持推动了云南绿色有机发展成为新方向。2018 年，省政府加大政策支持力度，坚持推进茶叶产业绿色化，支持有机绿色茶园发展，省财政分别按照茶叶种植土地面积标准给予茶园经营主体一次性补助，并且按照一些相关政策投资办法对相关企业的资产性投资给予奖励。

2019 年，云南省获得有机和绿色认证的茶园面积大幅增加，全省绿色有机茶园认证总面积也在持续增长，在 2020 年奖补政策范围调整后，茶园总面积更是快速增长。同时政府还支持打造茶叶绿色品牌，对获得名茶称号的茶叶品牌，按照有关规定给予奖励。政府通过大量走访调研，提出了众多组建茶产业联盟的具体协商意见，并进行筹备，在筹备组建中也同时设立相关产业产品标准，标准针对茶叶产业品牌品质实际情况进行评估，同时，政府还把相关茶叶的地理证明商标授权给联盟管理使用，使标准的执行有了约束力。结合生态环保理念，云南省相关部门和云南茶叶主产区围绕推进云茶产业绿色发展的总体要求，积极协调合作，落实相关责任，推动加快云茶产业绿色发展的步伐。

2. 福建省安溪县茶叶全产业链典型县

（1）福建安溪茶叶现状。2019 年，福建省种茶面积 329.7 万亩，茶叶总产量 47.01 万吨，全产业链产值近 1 200 亿元。福建省安溪县更是我国茶叶产业链典型县示范区，其作为中国“茶叶原乡”，位居中国重点产茶县第一位。明清时期，安溪茶产业开始有所发展，晚清、民国时期更是获得了前所未有的迅猛发展。安溪铁观音茶文化充分挖掘茶文化特色，建设茶文化载体，持续提升了安溪铁观音的知名度。

通过打造具有特色文化的茶叶产业庄园，促进茶叶产业发展。茶庄园是以茶叶种植、经营为主，以茶文化和茶特色为主题，以茶产业为基础发展三产融合，满足消费者娱乐休闲、科研教育、观光体验等的一体化庄园经济体。通过茶文化研学课程设计，融入主题研学教育，让茶产区成为弘扬茶文化、提升文化认同、增强文化自信的载体，从而带动区域休闲旅游发展（洪文生，2021）。

（2）福建政府利用好政策提升茶产业竞争力。福建省的自然地理条件优越，气候温度适宜，其茶叶产业发展历史悠久。为了进一步加强茶叶产业的发展，政府相关部门出台了多项政策促进福建省政府委托政策委员会推动茶业发展转型，提高福建现代茶业水平。2011 年开始，福建省相继颁布了多条促进现代茶叶产业发展、稳定茶叶种植面积、提升茶叶产品质量和增加利润的建设意见，从而帮助福建省现代茶叶发展并促进农民增收。此外，还相继出台与绿色发展相关的推进福建茶叶产业发展的措施，其中一些文件提到了完善茶叶产业的发展规划、促进绿色布局，并强调要以生态保护为优先项，优化茶叶育种、种植等高新技术，推动福建省茶叶产业绿色发展。同时一些地方政府及相关机构也积极运用财政资金对茶叶企业项目进行投资支持，利用财政资金建设标准化生态茶园，对相关现代茶叶产业园的重点项目实施给予大力支持，这些措施都显著提升了福建省茶叶产业的生产能力和市场竞争力（冯廷佺、唐辉，2020）。

第十六章

新昌农民农村共同富裕经验与展望

一、新昌农民农村共同富裕经验

（一）有为政府：新昌促进农民农村共同富裕的经验

1. 加快农村现代化建设，大力发展美丽经济

“地瓜经济”是习近平总书记在浙江工作时提出的，要义是“跳出浙江发展浙江”。“地瓜经济”理论生动阐明了浙江省经济发展“站稳脚跟”和“扩大开放”之间的辩证关系，理清了“浙江经济”和“浙江人经济”的关系，为创新浙江省市场和资源“两头在外”的高增长模式提供了理论指导。2023 年，浙江省进一步系统部署了三个“一号工程”，其中就有“地瓜经济”提能升级“一号开放工程”。

新昌县深入践行“八八战略”的发展理念，持续深化“千万工程”，进一步发挥自身的生态优势，因地制宜探索“新昌模式”，创建生态县，打造绿色新昌，实现了“三农”工作“稳步向前、持续向好”态势。新昌县成功创建多个美丽示范乡村和旅游景区，并在 2022 年成功入选首批浙江省农业农村领域高质量发展推进共同富裕实践试点名单。新昌县以村庄设施现代化建设、村庄环境现代化建设和村庄治理现代化建设为载体，实现农村美、经济美和农民美的共美发展格局。新昌县农村现代化建设的经验主要有：一是强化乡村顶层设计，积极抓住浙江省“千村示范、万村整治”工程的政策机遇，不断美化农村发展环境，大力发展美丽经济，构建新昌“共美共富”的发展新格局。二是创新农村运营发展模式，积极引入市场主体，实现乡村市场化运营和景区化发展，不断培育新业态，拓宽农村经济发展边界，充分挖掘农村发展潜力，激发农村发展活力，壮大农村集体经济，带领农民增收致富。三是始终坚持乡风文明建设，提升农民的整体素质，促进乡村和谐发展，不仅实现了生态宜居的“外在美”，还拥有文明和谐的“内在美”。

2. 推进城乡融合，促进城乡一体化发展

城乡关系的改变必然会对城乡经济社会发展产生实质性和结构性的影响。城乡融合发展是解决城乡发展矛盾、实现农民农村共同富裕的必由之路。新昌县从统筹城乡空间布局、开展全域土地综合整治、推动城乡经济融合发展、一体化城乡基础设施与公共服务、推进城乡生态环境建设5个方面开展实践，构建了以城带镇、以镇带村的城乡一体化发展格局和新型城镇体系，有效实现了城乡双向互动。以城、镇、村的全面融合，构建县域的空间形态、制度形态和文化形态，促进城乡共同发展。大力推动农村产业结构调整升级，发挥农村资源优势，不断提高农业生产效率。在“以城带乡、以工补农”理念下，增强城乡产业关联度，积极发挥城市产业对农村产业的带动作用，发挥城乡各自资源优势，推动实现城乡产业发展互补互促，实现城乡协调发展、统筹发展。积极促进城乡基础设施与公共服务均等化，政府不断加大对农村医疗、教育、养老、失业保障等方面的投入，并构建与之配套的体制机制，加强完善农村居民养老保险政策与失业保障安排，以完善的社会保障体系建设推进城乡统筹发展。

3. 持续改善农村民生福利，增加农民收入

高质量共同富裕以农民增收为重要基础，还体现为较高消费水平和公共服务供给水平。共同富裕不仅要实现居民收入增长，更要让居民能花钱、敢花钱，推进消费结构提档升级，缩小消费差距，实现消费共富。积极促进居民消费结构持续优化升级，既有新昌居民收入增长的驱动，也有新昌当地企业不断调整生产结构、紧跟消费热点的功劳。新昌企业以品牌打造为核心，以数字化平台建设为引擎，强化业务创新、产业协同，推动形成全产业链生态，充分发挥龙头企业“示范一个、带动一批”的乘数效应，积极探索消费共富新模式。共同富裕的实现不仅体现在收入水平和消费水平的提升，还体现为基本公共服务的均等化。新昌县在发展过程中将基本教育与医疗服务作为主抓手，确保实现教育和医疗服务的均等化。同时，新昌县在百姓“急难愁盼”的养老、住房、就业等领域积极作为：一是扩大养老保险覆盖面，加强养老机构建设，确保县域老年人老有所养。二是稳定改善人居环境，扩大县域人均住房面积，解决群众的住房之忧。三是为企业纾困解难，解决企业用工难、劳动力工作难的问题，不断降低失业率，优化就业结构，促使劳动力向二三产业转移。

（二）新昌新型农业经营主体助力共同富裕的经验

1. 充分发挥农民专业合作社和家庭农场作用

新昌县大力发展家庭农场和农民专业合作社等农业新型经营主体，充分带动农民增收、促进农业提效、助力实现共同富裕。农民专业合作社作为一类兼具社会功能和经济功能的组织，较之于其他部门或组织，在发挥经济功能的同时，能最大限度地发挥社会功能，不仅能促进农民增收，还能让农民留在农村，在促进共同富裕方面具有不可替代的优势。发展新型农业经营主体可以克服小农自身发展的局限，破解小农户对接大市场的难题，创新发展模式，带动农民增收，促进农业现代化。新昌县政府积极支持和引导农民专业合作社等农业新型经营主体发展，通过制定一系列优惠政策，加强对新型农业经营主体的引导与培育，营造良好的发展环境，促进其规范运作，实现长远发展。鼓励和支持农民专业合作社等农业新型经营主体加大科技投入，通过品牌化建设提高市场占有率。同时，新昌县政府也注重农村金融，着力解决农民融资难问题，为农户提供“一户一策”定制金融服务，促进新昌新型农业经营主体发展。新昌县通过不断提高农业产业化水平、促进先进农业科技推广、提高农民组织化水平和增加农民收入，形成了以市场为导向、主导产业为依托、专业大户为核心、农业科技为支撑、合作组织为载体、农民为基础的产销一条龙和工贸农一体化发展的农业产业化经营新格局。

2. 充分发挥农业龙头企业的作用，促进共同富裕

新昌县积极培育和扶持农业龙头企业，打造农产品品牌。促进农民增收不仅要依靠政府的扶持，还要靠农业龙头企业的带动。因此，扶持农业龙头企业，鼓励其发展农产品品牌，带动农民就业，对实现共同富裕至关重要。新昌县有 100 多家农业龙头企业，超过 120 个农业企业品牌。在此基础上，新昌县的绿色食品认证、有机食品认证、农产品地理标志超过 85 个。这些农产品认证和标志也会反过来帮助新昌打造优质特色农产品品牌，帮助农民获得更大的市场份额，进而实现农民增收，形成良性循环。新昌农业企业取得如此大的成功，主要得益于以下几方面：一是政府在资金、政策等方面为企业和农民牵线搭桥，促进农业龙头企业带动农民增收。二是农业龙头企业充分发挥社会功能，承担社会责任，带动农民增收致富。一方面，以丰岛集团为代表的龙头企业积极通过“统租返包”等模式与农民建立合作关系。丰岛集团通过“统租返包”建立生产基地，与农民签订合同，为农户提供种苗和生产管理服务，并在农产品采收后统一收购。这在确保农产品产量的同时，也确保了农户的销售价格，进而帮助农民增收。另一方面，以丰岛集团为代表的农业龙头企业积极响应政府政策号召，助力新昌未来乡村建设，丰岛集团积极响应新昌县政府在“十四五”规划中提出的农业农村发展布局——“两廊五区七带”，在澄潭街道棠村打造以花卉为主题的融生产、生活、生态于一体的“三生花汇同富农创园（筹）”项目，开辟花匠人才创业路、花企数字科技路、花农乡村共富路。该项目保留了棠村种植菊花这一特色产业，采用高科技农业生产技术，发展智慧农业，从而进一步带动农民增收、农村发展。此外，丰岛集团还利用自身的品牌和资源优势，将农业与旅游、商贸相结合，引进技术人才，促进农业发展。

3. 鼓励农业龙头企业高质量发展，促进共同富裕

科技创新是农业企业高质量发展的关键支撑，而新昌农业发展囿于山区贫乏的资源禀赋，更加重视创新。新昌农业企业不局限于初级农产品的生产，而是以农业为基础积极推动三产融合，拓展农产品价值链，为推动新昌共同富裕奠定了良好基础。农业企业天生具有带动农民共同富裕的属性，并且企业自身经济发展良好是企业承担社会责任、推动共同富裕的基础；而企业积极承担社会责任又能够推动企业可持续发展。新昌县以农业龙头企业带动农业农村发展，构建起了企业的高质量发展和共同富裕相互促进的正向循环。不仅如此，新昌农业龙头企业还助力乡村教育培训，加强乡村振兴人才支撑，积极投入社会慈善，不仅对外塑造了良好的企业形象，对内也形成了优良的企业文化，增强了农业企业的内生发展动力。新昌县不断加强数字化建设，通过数字赋能农业企业高质量发展，不断强化共同富裕的数字化支撑。一是积极推动数字政府建设，提高政府公共服务水平。新昌县积极响应浙江省“最多跑一次”改革，大力提高“互联网＋政务服务”水平，以数字化服务推动营商环境优化，并通过数字化协同提高政府运行效率。二是积极以数字赋能传统产业。新昌县通过搭建茶产业发展服务平台，实现了人工智能和物联网等新技术与传统茶产业的全面融合，为传统产业赋予了新的增长动能。三是成立兴村富民基金，为国有企业、民营企业和村集体建立起利益联结机制，让多元主体参与到先富带动后富的进程中。在兴村富民基金的基础上，积极改造低效林和发展绿色电力产业等项目，增强村级“造血”能力，通过建立多种机制保证企业助力共同富裕的“造血式”良性循环，包括收益再分配机制和企业保本退出机制等。

4. 创新发展新型农村集体经济，助力共同富裕

新型农村集体经济作为农村改革发展领域的重点，对于促进农村产业发展、带动农民增收致富进而实现共同富裕起到了重要作用。新昌县近年来通过发展壮大新型农村集体经济不断增强村集体的自主造血能力。一是深化产权改革，夯实发展基础。农村集体产权改革通过集体产权改革明晰了资产份额和产权结构，并建立完善了对应的集体经济组织架构，为后续发展壮大新型农村集体经济打下了坚实基础。二是政府统筹兼顾，谋划发展方向。在集体产权股份制改革基本完成的基础上，新昌县积极探索发展集体经济的有效模式，通过采取“联建物业”的发展方式，增强经济薄弱村的造血能力。从整体上讲，由于新昌县的经济薄弱村大多地处穷乡僻壤，人口规模较小，村庄分布散乱，发展潜力较弱，难以就地实现壮大集体经济。于是新昌县通过打破地域界限、乡镇引导、村级自愿、跨乡镇（村）组合成团的方式，实施“抱团发展”。三是村庄自主创新，扩宽发展模式。在新昌县积极发展壮大新型农村集体经济的过程中，涌现出一批特色村庄。例如莒根村通过“旅游＋”的形式依托休闲旅游产业发展新型农村集体经济，形成了“品传统美食、住民宿寨屋、游天然氧吧、享竹乡风情”的生态休闲之旅，打造出一个集旅游、休闲、养生、观光为一体的农家特色村。棠村通过“党建引领”发展新型农村集体经济，以“五星达标、3A 争创”为抓手，坚持抓项目、抓产业、抓投入，依托十九峰景区和杭绍台高速，推动全域旅游发展，实现了村集体经济发展从“单纯性输血”到“多元化造血”的可持续发展。

二、新昌农民农村共同富裕发展趋势与展望

（一）农民农村共同富裕发展趋势

1. 加快乡村产业高质量发展

在乡村产业的高质量发展中拓宽农民增收致富渠道、提升乡村产业对农村农民的带动作用是新昌县实现乡村振兴促进共同富裕的思路之一。产业振兴是乡村振兴的重中之重，对促进农民收入增长、助力经济高质量增长具有重要意义。《新昌县 2022 年高质量农业发展若干政策实施细则》中强调，各级部门重点关注粮食生产安全和重点农产品的供给、蔬菜产业发展、畜牧产业发展、渔业产业发展，同时适当兼顾了小京生花生产业提升、中药产业振兴发展等特色

农产品产业的发展。作为新昌农业产业的支柱性产业、特色产业和富民产业的茶产业，在带动乡村农民农村发展与促进乡村振兴发展过程中发挥着领先作用。

为探索乡村产业高质量发展带动农民增收的实现路径，新昌县将坚持“科技强农、机械强农”，依托乡村产业发展创新服务综合体，聚力数字赋能、质量提升、品牌建设、农旅融合。推动乡村产业向二三产业延伸，走出一条“政府为主导、市场为龙头、品牌为主线”的发展之路，依托完整的产业体系、技术支撑体系和市场运营体系，打造“品牌撬动产业、产业振兴乡村”的特色发展模式，而乡村产业的高质量发展离不开农业全产业链的拓展和延伸。发展乡村产业的同时，新昌县力争农业全产业链积极延伸和拓展，培育发展农村新产业新业态，不断拓展农民增收致富渠道。

新昌县要以本土的农业资源为依托，通过龙头企业、农民专业合作社等经营主体将农业资源转化为产业发展动力。首先，企业充分挖掘农业自然资源，使当地资源优势变成商品优势，走集约化生产道路，精细操作、科学管理，在实现自身获得收益的同时带动众多农民致富，促进共同富裕的实现。其次，持续推动主导产业茶产业的现代化发展，要根据市场变化不断改良茶叶品种，同时利用科技赋能茶产业链延伸发展，加强名优茶开发，推进茶产业升级，深化品牌优势，提高产品附加值以实现农民致富。最后，充分挖掘新昌县农业生态资源优势，多渠道吸引更多的人旅游休闲、创新创业，增加人流量促进消费，将生态优势转化为发展机遇，协调多元农业新型主体共同参与，推动先富带后富。

2. 推动新型农业经营主体高质量发展

近年来，新昌县农业农村局将新型农业经营主体作为乡村振兴与共同富裕的着力点来抓，多措并举，大力扶持发展新型农业经营主体。进一步推进新昌县农民专业合作社、家庭农场、龙头企业等新型农业经营主体规范提升，实现高质量发展，切实发挥辐射新型农业经营主体的带动作用。

加快实现共同富裕要缩小收入差距，“提低消薄”至关重要，其中乡村是短板。各类新型经营主体要实现高质量发展，乡村是“大后方”和“强支撑”。多年来，新昌新型农业经营主体将发展目光聚焦于相对薄弱的农村，以产业促振兴，实现了企业目标和政府目标的高度一致，企业发展与社会需求的同频共振。推动和完善龙头企业与农民建立紧密的利益联结机制，让农民分享价值链增值的收益，实现“农业增效、农民增收”。丰岛集团作为新昌本土新型农业经营主体中龙头企业的代表，通过创造性运用“订单农业”“统租返包”“公司+合作社+基地+农户”的模式，让农民成为企业的“编外工人”。变短期输血为长期造血，真正实现在家门口就能拓宽薄弱村集体经济及农民的收入来源，带动了村民致富增收。

3. 完善农业农村基础设施建设

基础设施是经济社会发展的重要支撑，其建设所需的巨额投资仅靠企业难以承担，因此政府必须承担起投资主体的责任。尤其在新一轮科技革命的背景下，信息网络基础设施建设的重要性更加凸显。道路等传统基础设施保证了物理连通，而信息网络等基础设施的覆盖则保证了数字连通，良好的连通性是经济发展的基础，因此相关基础设施的覆盖是实现更高水平共同富裕的基本条件。新昌县政府紧跟科技革命潮流，进一步改善融资环境，鼓励创新创业。首先，政府立足本地优势条件，紧跟科技革命潮流，以前沿技术赋能高质量发展，如利用数字技术对传统工农业进行数字化改造等。其次，政府为创业企业提供更多的资金支持，丰富融资渠道，完善融资政策。最后，政府也为本地的创业者提供丰富的教育和培训机会，不仅可以提高创业者的人力资本水平，也可以为他们提供相互交流经验的平台。总体来看，新昌县作为浙江省乡村振兴的前沿阵地，在实现共同富裕的过程中，探索出了一条适合自身特色的“新昌模式”，推动教育、医疗、养老、就业等各民生领域农村公共服务均等化。

（二）农民农村共同富裕发展展望

1. 加大科技和教育投入

未来新昌县的农业发展将采用高度机械化和科技化的方式，充分利用无人机等先进技术，实现农业生产过程的自动化，提高生产效率及农产品质量和科技含量，促进农民增收。新昌政府提供补贴计划用以支持新兴市场的创新投资项目，鼓励企业增加研发投入和提高创新水平，鼓励以丰岛集团为代表的农业龙头企业积极参与促进共同富裕，依靠科技创新为实现共同富裕提供强劲内生动力，发挥科技创新在高质量发展中促进共同富裕的关键支撑引领作用。以丰岛集团为代表的农业龙头企业也应积极参与到农业领域的研发中，涵盖作物育种、动植物健康和食品加工等资本和知识密集型的研究领域，成为农业创新主体。结合产业发展优势，通过科学布局规划、高端生产设施、智能大数据平台等，大力推进农业设施化、绿色化和数字化发展。

新昌县政府还实施了一些与教育相关的措施手段来帮助农民提高知识水平。通过对农民农业科技知识的培训，建立起现代农业职业教育制度；利用公共基础设施对农民进行教育和培训，为农业和农民的现代化和综合素质提升奠定了坚实的基础。不断强化提升农户的专业技能和管理水平，帮助他们更好地开展农业经营，实现经济效益和社会效益共赢。

2. 完善政策体系，给予补贴支持，提高社会化服务水平

一是通过完善政策体系，出台和修订政策文件，使农民和农业企业可以依法依规开展经营活动，提高了生产的有效性和合规性。规范产业生产，政府可以制定一些品种标准化、规范化技术操作规程，实现农业产业标准化、规范化生产，同时还可以建立一些标准化生产示范园，带动其产业生产水平的整体提升。

二是向农民提供农业补贴来保障收入和稳定生产，提供技术援助来提高生产效率和促进农业可持续发展。通过农业数字化和信息化建设，提高农业在生产过程中的效率和质量。农业数据库可以帮助农民实现数据共享，从而实现更精准的农业生产和市场销售，减少不必要的损失。此外，政府对产业新品种、市场营销、配水配电等方面也给予相应补贴与支持，帮助农业发展。

三是要注重发展农村地区的社会化服务，推进建设完善的农业社会化服务体系，高效便捷，促进农村经济和农民生活的有序运行，为共同富裕提供全方位保障。要致力于改善农业交通运输系统，确保高效可靠的铁路、公路和水运服务，使农产品可以最快到达市场。此外，政府应进一步为农村地区修建好公路、桥梁，加强农业物流和产业链管理，全面优化农产品供应链，以更好的服务、更便捷的运输，使更健康的产品及时通达消费者和市场。

3. 加强国内外合作，创新自身特色，推进产业融合发展

以丰岛集团为代表的农业龙头企业积极推进国内外多层次深度合作，学习借鉴国内外先进的技术与管理经验，结合自身资源优势，打造更具特色和风格的产业。抓住发展机遇，不断增强产品的比较优势，建设集科技研发、物流交易、文化旅游、绿色生态等为一体的现代化农业产业园。培育打造产业集聚密、质量标准高、品牌认可佳、出口附加值好、综合服务优的高质量发展骨干力量，助力乡村振兴，为实现农业强国贡献丰岛力量。

通过发展自身特色优势产业，将一些有基础、有影响力和有市场前景的农业品种持续打造为知名品牌，促进传统产业转型升级，加强市场竞争力，提高市场占有率。通过参与国内外高档次展示展销平台、互联网和重大节庆活动等，展览推介产业产品优秀成果，增强企业品牌效益。通过融合三产，积极拉动旅游、餐饮、零售、农副产品等行业发展，以更广的领域、更大的力度实行多产业发展，助力健康、精准、高质量发展，实现共同富裕。

新昌大事记

年份	重要事件
1992	6月，成立县经济贸易开发区； 新昌农广校成立； “新昌县名茶产销服务站”更名为“新昌县名茶公司”
1993	8月，中国唐代文学学会正式行文定名“浙东唐诗之路”； 实施科教兴县战略，出台了一系列推进科技进步的政策； 丰岛集团前身，浙江省粮油进出口公司野生资源分公司成立，开始了杨桐、柃木加工出口； 开展企业股份合作制改革试点，并出台《关于加快个体私营经济发展的若干意见》； 水利部副部长张春园视察新昌长诏水库
1994	6月，成立“新昌县羊毛衫兔毛市场开展总公司”； 10月，成立全国第一个茶产业协会——新昌县名茶协会； 首次将城市发展目标定为“以大佛寺等风景名胜区为特色的浙东风景旅游城市，绍兴市域南部的重要工商业城市”
1995	3月，被农业部授予“中国名茶之乡”称号； 4月，开办浙东“名茶市场”； 5月，在全国“深化国有中小企业改革与发展研讨会”和“全国小型企业改革座谈会”上，新昌国有资产承包经营的做法与经验被专题介绍和推广； 12月，成立中外合资浙江新昌丰岛物产有限公司； 筹备建设新昌县工业区； 启用“大佛龙井”为新昌县龙井茶的区域公用品牌； 第一批全国科技进步示范县； 全省科技进步先进县； 长诏水库引水供水第三期工程通水

（续）

年份	重要事件
1996	4月，举办首届新昌茶文化节； 6月，浙江丰岛实业集团有限公司成立； 8月，入选“绍兴市首批小康乡镇”； 农民丁水芳发明了第三代炒茶锅——扁形茶炒制机； 时任国务院副总理姜春云视察新昌县茶叶良种场
1997	竹业生产跃居全国前茅； 浙江省农业厅经作局牵头在新昌县开始起草第一个龙井茶标准《“大佛龙井”浙江省地方标准》； 中央二台“金土地”专栏报道新昌县兔业合作社事迹； 新昌兔毛、种兔注册“白雪公主”商标； 新昌县粮食自给工程项目——巧英水库干渠维修加固工程开标
1998	8月，成立新昌小京生花生行业协会； 被国家质量监督检疫局列为“一优二高”标准化示范县； 新昌县成为全国山区综合开发示范县，全县山区开发和林业产业化步伐更加快捷； 新昌县捷马机械有限公司的王伯才设计生产了第一台茶园中耕机
1999	5月，举办第一届新昌旅游节； 8月，时任浙江省委书记张德江视察丰岛集团和新昌县兔业合作社； 9月，京牌小京生在中国国际农业博览会上被评为中国名牌产品 10月，浙江医药在上海证券交易所挂牌上市，这是新昌第一家上市公司，拉开了新昌企业在资本市场“逐浪”的帷幕； 12月，新昌县被全国家兔育种委员会授予“国内有影响力的长毛兔之乡”； 丰岛收购捷昌罐头厂的有效资产，开始了食品产业的经营； 丰岛食品通过ISO国际质量体系认证、美国国际技术公司HACCP的审核、认证，低酸罐头食品在美国FDA注册登记； 丰岛集团在澄潭镇棠村租用281.4亩土地，建立丰岛棠村花卉生产示范基地
2000	丰岛集团被农业部等8个部委联合认定为首批农业产业化国家重点龙头企业； 被农业部列为首批全国农产品（茶叶）标准化生产综合示范区之一，是其中唯一的茶叶示范区

（续）

年份	重要事件
2001	丰岛集团董事长徐孝方获全国绿化奖章； 丰岛集团总部从新昌迁至杭州； 丰岛与北京林业大学签订技术转让协议，就杨桐和柃木保鲜、保绿、转基因技术进行研究合作； 经国家外经贸部批准，丰岛集团杭州国贸部成立； 新昌县工业区经省政府批准为省级高新园区； “大佛龙井”列为国家龙井茶原产地域保护产品； 新昌县被农业部列为六个首批全国农产品（茶叶）标准化生产综合示范区之一； 新昌县进入全国“百强”县
2002	6月，新昌县梅渚“丰岛集团农产品加工园”建成投产； 国家火炬计划新昌医药产业基地通过专家评审； 大佛寺景区被评为国家4A级旅游区； 新昌丰岛房地产开发有限公司成立，“以非农产业扶持农业产业”得到落实，开始多元化经营； 新昌县被浙江省农业厅授予茶树良种化先进县
2003	3月，中共中央政治局原常委、中纪委原书记尉健行视察浙江省茶树良种繁育示范场，给予高度评价； 4月，丰岛与南非最大的果汁生产厂商西瑞斯公司合资合作的浙江丰岛好望角果汁有限公司成立； 4月和10月时任中共中央政治局委员、湖北省委书记俞正声两次亲临丰岛宜昌公司视察调研； 8月，“大佛龙井”经国家商标局获准注册，“大佛龙井”完成了从一个农产品到市场商品的蜕变； 12月，浙江丰岛股份有限公司上海分公司成立； 丰岛集团宜昌食品有限公司成立； 丰岛集团百思得公司从棣山顺利搬迁至丰岛农产品加工园区； 股份制改造，成立浙江丰岛股份有限公司； 浙江丰岛好望角果汁有限公司营销中心在杭州成立，“香如”果汁区域营销启动； 新昌钦寸水库被列入浙东引水工程重要水源点工程
2004	9月，“大佛龙井”获得首届“浙江省十大名茶”； 10月，云南丰岛花卉有限公司成立； 新昌县入选国家科技部第二批全国科技进步示范县名单； 新昌县名列全国百强县（市）第82位； 丰岛集团被省科技厅评为省首批农业科技企业； 新昌中法供水有限公司龙山水厂正式向城市管网供水

（续）

年份	重要事件
2005	9月，北海丰岛现代农业有限公司成立； 新昌县农产品安全检测中心正式启用； 9月，丰岛被浙江省工商行政管理局认定为2005年度“浙江省知名商号”； 12月，丰岛集团被评为绍兴市“慈善之星”； 实现了从“省级环境污染重点监管区”到“国家级生态县”的飞跃； 县政府出台关于加快茶叶产业发展的若干意见，首次启动标准化名茶加工厂和大佛龙井专卖店建设，是浙江省最先启动这二项工作的县（市）
2006	5月，新昌县水务集团有限公司成立，为县人民政府直属国有独资企业，负责长诏水库和城市供水、排水等运行管理； 7月，浙江省山地蔬菜生产工作会议在新昌县召开； 11月，新昌钦寸水库建设工程列入“浙江省水资源保障百亿工程”； 李白唐诗之路研讨会在新昌宾馆举行； 11月，时任中共中央政治局委员、湖北省委书记俞正声第三次亲临丰岛宜昌公司视察调研； 新昌县有16个项目分别列入国家星火项目计划、国家火炬项目计划和国家重点新产品计划； 丰岛集团开始选育研究“新甜糯88”； “大佛”证明商标获“浙江省著名商标”； 中央电视台新闻联播播出题为“小柑橘形成大产业”的新闻，就湖北丰岛食品打造柑橘产业链，带动当地果农脱贫致富的经验与做法作深度报道
2007	1月，浙江花集网科技有限公司成立； 11月，农业厅组织专家组就《“浙八味”良种选育及规范化基地建设与示范》项目（新昌白术规范化基地白术产量）进行实地验收。经对3户农户3.7亩白术的测产验收，平均亩产达300公斤以上，在全省处于领先水平。 浙江丰岛实业集团有限公司更名为“丰岛控股集团有限公司” 尚侃丰岛菊花（专业）合作社成立； 云南丰岛花卉有限公司成立； 浙江省农业厅厅长程渭山一行到新昌县调研指导，视察江南名茶城建设现场及丰岛农产品加工园区
2008	3月，丰岛股份宜昌食品有限公司变更为湖北丰岛食品有限公司； 3月，中国茶市在新昌开业； 12月，新昌纪念改革开放30周年座谈会举行，并正式发行《新昌创业创新30年》一书； 丰岛食品公司荣获浙江省农业科技企业荣誉称号； 中国茶市在新昌建成开业，当年荣获“省级骨干农业龙头企业”和“农业部定点市场”

（续）

年份	重要事件
2009	1月，钦寸水库工程建设指挥部、中共钦寸水库工程建设指挥部委员会、纪律检查委员会成立； 11月，沙溪镇董村丰岛杨桐专业合作社成立； 大佛龙井获得“中国农产品区域公用品牌百强”； 浙江丰岛食品科研中心被认定为“浙江省农业企业科技研发中心”； 中国茶市晋升为四星级文明规范市场，列入2010年世博会休闲旅游观光线路
2010	2月，新昌获评浙江省省级生态县； 4月，新昌被中国国际茶文化研究会授予“中国茶文化之乡”，被中国茶叶流通协会授予“全国重点产茶县”； 8月，钦寸水库工程移民安置工作动员大会召开； “丰岛1号”芦笋种子研发成功
2011	1月，新和成公司“脂溶性维生素及类胡萝卜素的绿色合成新工艺及产业化”项目获得国家技术发明二等奖； 7月，“大佛”龙井荣膺中国驰名商标； 10月，被评为“全国十大重点产茶县”
2012	11月，全国小型农田水利重点县建设动员大会在新昌召开； 大佛龙井品牌荣获“2012最具影响力中国农产品区域公用品牌”； 研制出红茶生产技术，茶产业进入“绿加红”时代； 全国科技进步示范县； “一乡一品、一片一品”格局初步形成； 新昌茶人梁宏亮生产了第一代“名茶采摘机”； 被农业部列为水稻高产创建示范县； 云南丰岛花卉有限公司温室自动控制大棚建成并投入试运行； 新昌县荣越蓝莓、回山茭白、兔业、贡品小京生、玉溪茶业、白湖芦笋、西山碧芽茶叶、华叶杨桐柃木等八家专业合作社被农业部等12个部委授予全国首批农民专业合作社示范社
2013	5月，中国首家鲜花网络拍卖平台花集网旗下的“好香美”鲜花网络交易平台进行首场公开试拍； 8月，新昌工业园区被评为全国十佳最具投资竞争力园区；同月，新昌清源茶楼获2011—2012年度“全国百佳茶馆”称号，为浙江省唯一获此殊荣的茶楼； 9月，新昌县澄潭镇东瓦村、大市聚镇水帘村、王桥村和东茗乡后岱山村四个行政村网站被授予2013年度浙江省“万村联网工程新农村示范网站”荣誉称号； 11月，获得“中国茶叶产业发展示范县”； 高新园区列入省级高新区转型升级试点； 荣获国家科技进步考核先进县、省创新型试点县、省科普示范县； 丰岛集团投资建成莒根村休闲旅游集散中心

（续）

年份	重要事件
2014	1月，成功创建全国休闲农业与乡村旅游示范县； 8月，成功创建省级知识产权示范县； 9月，全省首批“清三河”达标县； 12月，被评为全国新型职业农民培育试点县和示范县； 12月，成为全省唯一的综合性科技体制改革试点县； 蝉联中国重点产茶县； 荣获全国十大生态产茶县
2015	3月，新昌成为全国十大重点产茶县； 8月，新昌成为国家科技兴贸基地； 9月，新昌清源茶楼荣获2013—2014年度“全国十佳特色茶楼”称号； 11月，新昌被评为“国家科技进步先进县”； 12月，新昌首个家庭林场“榧语家庭林场”成立； 12月，新昌成为“国家知识产权强县工程试点县”； 新昌被中国茶叶流通协会授予“2015年度中国茶业十大转型升级示范县”和“2015年度全国重点产茶县”两项称号； 新昌被评为“省科普示范县”； 丰岛集团与荷兰皇家花荷拍卖市场在上海签订长期合作关系； 浙江花集网科技股份有限公司新三板挂牌，证券简称花集网，证券代码833996
2016	4月，浙江花集网科技股份有限公司高端花店与花集荷兰皇家花荷花品旗舰店上线； 丰岛鲜果捞正式入驻1号店； 10月，镜岭镇外婆坑村被农业部命名为“中国美丽休闲乡村”； 11月，成立开远丰岛花卉有限公司； 11月，被列为第二批“国家级全域旅游示范区”创建单位； 12月，在中国罐头工业协会2016年会员大会暨第五届理事会上荣获中国罐头十强企业荣誉称号
2017	4月，新昌县农产品电子商务协会成立； 7月，“新甜糯88”通过浙江省主要农作物品种审定委员会审定； 8月，新昌荣获“国家卫生县城”称号； 9月，新昌县成为首批“国家生态文明建设示范县”； 11月，新昌达利丝绸世界景区被评为浙江省首批工业4A级景区，并入选全国十大工业遗产旅游基地； 11月，“新昌炒年糕”跻身“2017浙江十大农家特色小吃”并名列榜首； 大型咏诵交响套曲《唐诗之路》列入国家艺术基金年度传播交流推广资助项目

（续）

年份	重要事件
2018	1月，丰岛食品成功研发橘子自动剥皮机； 4月，“丰岛2号”芦笋种子通过浙江省农作物品种认定委员会认定； 9月，东茗乡下岩贝村千亩茶园、世豪中医药旅游基地获评2018年浙江省100个“最美田园”称号； 9月，镜岭镇更是作为浙江省“千万工程”五个代表之一领取了联合国最高环境荣誉“地球卫士奖”，镜岭镇成为省级旅游风情小镇、省4A级景区镇； 10月，丰岛鲜切菊种植新昌基地被认定为省级出口农产品生产示范基地； 11月，新昌县首次入选中国工业百强县（市），排名91位； 11月，新昌县入选全国首批创新型县（市）建设名单
2019	2月，新昌被列入全省首批大花园典型示范培育单位； 10月，新昌县茶鲜叶质量检测中心在丰岛揭牌； 11月，“新昌芋饺”获评“2019浙江十大农家特色小吃”； 11月，新昌县成为浙江省第三批“绿水青山就是金山银山”实践创新基地； 12月，举办第六届“丰岛杯”中国传统食品创新大赛； 12月，浙江花集网科技股份有限公司终止新三板挂牌； 丰岛自有品牌鲜果捞197克果杯首次出口非洲国家
2020	1月，新昌成功创建浙江省首批4A级景区城； 10月，新昌被列入全省第二批大花园典型示范建设单位； 12月，新昌“三百工程”荣获“2020年度中国十大社会治理创新典范”奖； 12月，新昌县成功入选第二批“国家全域旅游示范区”； 12月，丰岛控股集团有限公司持续确定为“浙江省省级骨干农业龙头企业”； 新昌县成为浙江省第一个实现无线WiFi覆盖到所有乡镇（街道）和重点行政村的县，以及5G应用先行县； 丰岛集团研制出符合预期的橘子智能分瓣机； 浙江丰岛食品股份有限公司、浙江丰岛股份有限公司同时认定为“浙江省省级骨干农业龙头企业”
2021	4月，云南开远丰岛认定为“农业产业化省级重点龙头企业”； 5月，新昌县获得浙江省“五水共治”“优秀市县”“大禹鼎”银鼎； 7月，新昌县成功入选首批浙江省农业农村领域高质量发展推进共同富裕实践试点名单； 10月，荣获第七届中国国际“互联网+”大学生创新创业大赛全国金奖； 10月，“中国茶旅融合十强示范县”； 12月，获得“2021年度中国高质量发展示范县市”； 12月，“2021年度中国高质量发展示范县市”； 12月，丰岛集团成为“浙江民建助力共同富裕实践基地”

（续）

年份	重要事件
2022	4月，创新举办2022中国茶叶大会暨第十六届新昌大佛龙井茶文化节； 4月，丰岛食品成为2022年杭州第19届亚运会、第4届亚残运会官方水果制品供应商； 5月，“游诗路精华，品千年茶乡”入围“春季踏青到茶园”全国茶乡旅游精品路线； 5月，澄潭街道梅渚村入列全省首批公布的36个未来乡村名单； 6月，“澄潭田园亲子休闲游精品线”和“丝茶古道星空夜游带精品线”入选“浙里田园”休闲农业与乡村旅游精品线路； 7月，成功入选省农业农村系统重大应用场景（“浙茶香”和“村级财务收支预算”场景）第一批“先行先试”单位； 7月，丰岛花卉被认定为全省第一批“数字农业工厂”； 12月，新昌县为2022年度全省深化“千万工程”建设新时代美丽乡村（农村人居环境提升）工作优胜县； 出台《丰岛控股集团助力高质量发展建设共同富裕示范企业行动方案（2021—2025年）》
2023	1月，丰岛集团获得2022年度新昌县高质量发展示范优秀奖； 2月，浙江丰岛股份有限公司被认定为“第五批国家林业重点龙头企业”； 3月，县农业农村局被省委农办、省农业农村厅评为全省推动农民农村共同富裕成绩突出集体； 3月，浙江丰岛股份有限公司获得国际园艺生产者协会颁发的全球3月，花木行业最具影响力的“2023国际种植者”——鲜切花和种球银奖； 6月，丰岛控股集团被持续授予“农业产业化国家重点龙头企业”荣誉； 7月，浙江丰岛食品股份有限公司被农业农村部认定为“2023年农业国际贸易高质量发展基地”； 8月，镜岭镇雅庄村入列农业农村部公布的2023年中国美丽休闲乡村名单； 9月，新昌县工商联合会副会长、民企浙江丰岛食品董事长徐月萍作为第141棒火炬手参与杭州第19届亚运会火炬传递； 10月，新昌炒年糕、新昌小京生获评浙江省第二批名优“土特产”百品榜； 10月，儒岙镇南山村获评2023年度第一批浙江省美丽宜居示范村

参 考 文 献

阿塔克，帕塞尔，2000. 新美国经济史：下册［M］. 罗涛，等译. 北京：中国社会科学出版社.

财政部，2021. 农业农村部发布2021年重点强农惠农政策［J］. 农业工程，11（8）：2-4.

蔡幼华，2002. 世界花卉产业现状及发展趋势［J］. 福建热作科技（3）：47-48，30.

陈光军，2019. 乡村振兴战略的历史渊源、理论脉络与实施路径［J］. 黄河科技学院学报，21（6）：86-93.

陈丽娜，司海平，方沩，等，2017. 贵州作物种质资源调查数据可视化研究［J］. 作物学报，43（9）：1300-1307.

崔海云，施建军，2013. 开放式创新、政府扶持与农业龙头企业绩效的关系研究［J］. 农业经济问题，34（9）：84-91.

戴孝悌，陈红英，2010. 美国农业产业发展经验及其启示：基于产业链视角［J］. 生产力研究（12）：208-210，259.

丁关良，2001. 美国的农业立法［J］. 世界农业（6）：19-20，24.

段金萍，2018. 法国特色小镇建设的经验与借鉴［J］. 世界农业（8）：172-175.

丰岛集团总裁办，2004. “走出去”是农业企业可持续发展的良策［N］. 绿色丰岛，2004-11-25（2）.

丰岛集团总裁办，2007. 服务新农村建设实践丰岛采取多种形式服务新农村建设［N］. 绿色丰岛，2007-1-25（3）.

高强，孔祥智，2013. 日本农地制度改革背景、进程及手段的述评［J］. 现代日本经济（2）：81-93.

关谷俊作，2004. 日本的农地制度［M］. 金洪云，译. 北京：生活·读书·新知三联书店.

贵港市港北区人民政府，2019. 抢抓乡村振兴战略机遇谱写新时代“三农”工作新篇章［J］. 广西经济（11）：22-23.

郭红东，2003. 日本扩大农地经营规模政策的演变及对我国的启示［J］. 中国农村经济（8）：73-78，80.

郭晓丹，何文韬，2011. 战略性新兴产业政府R&D补贴信号效应的动态分析［J］. 经济学动态（9）：88-93.

何德旭，2022. 发挥金融促进共同富裕的重要作用［J］. 上海企业（2）：73-74.
何小伟，何朝洪，2001. 浙江新昌加快发展乡镇特色工业园区［J］. 中国乡镇企业（1）：20-21.
何盈，2020. 基于国际比较的乡村生态养老田园综合体模式发展研究［J］. 法制与社会（12）：131-133.
侯宏伟，温铁军，2019. 日本农协理性：合作属性与垄断属性的相辅相成［J］. 世界农业（7）：15-24.
胡皓然，韦洪发，2022. 乡村振兴助力共同富裕的现实审视与政策创新［J］. 农村经济（8）：21-31.
黄凯南，2021. 当前城乡融合发展动力机制分析［J］. 国家治理（38）：28-31.
黄胜利，郑金土，温尚民，等，2011. 美国和加拿大水果产业发展的经验与启示［J］. 中国园艺文摘，27（11）：45-47.
黄延廷，2010. 论农村土地流转形式中的反租倒包［J］. 特区经济（4）：174-175.
黄祖辉，顾益康，郭红东，2012. 整合农户经营、合作经营和公司经营三大制度优势创新我国农业产业化经营机制：丰岛控股集团的实践探索［N］. 绿色丰岛，2012-5-25（1）.
纪春艳，2022. 居家智慧养老的实践困境与优化路径［J］. 东岳论丛，43（7）：182-190.
贾蕾，彭元，2009. 美国新奇士橘农合作社的品牌发展之路［J］. 中国农民专业合作社（4）：61-62.
贾妍，蓝志勇，刘润泽，2020. 精准养老：大数据驱动的新型养老模式［J］. 公共管理学报，17（2）：95-103.
姜长云，2017. 农业产业化龙头企业在促进农村产业融合中的作用［J］. 农业经济与管理（2）：5-10.
姜长云，2018. 推进产业兴旺是实施乡村振兴战略的首要任务［J］. 学术界（7）：5-14.
蒋军成，高电玻，吴丽丽，2017. 农村社会养老保险制度保障效果及其城乡统筹［J］. 现代经济探讨（4）：26-31.
金丹丹，2012. 加强种植技能培训 提升菊花品质质量［N］. 绿色丰岛，2012-5-25（1）.
居祥，肖智，2020. 近 70 年来全球茶叶贸易空间格局演变及其趋势［J］. 经济地理，40（8）：123-130.
蓝海涛，2005. 改革开放以来我国城乡二元结构的演变路径［J］. 经济研究参考（17）：10-16，20.
郎立新，蒋兰玲，2007. 全球花卉产业现状调查及发展前景分析［J］. 农业经济（3）：73.
李海舰，杜爽，2022. 共同富裕问题：政策、实践、难题、对策［J］. 经济与管理，36（3）：1-10.
李俊青，2012. "反租倒包"流转模式可行性研究［J］. 农村经济（8）：31-34.

李立国，2016. 健全特困人员救助供养制度 加强特困人员供养服务工作［J］. 中国民政（8）：10－12，33.

李清波，2020. 新型农村社会养老保险制度待遇调整原则及推进策略［J］. 农业经济（7）：72－74.

李文英，史景轩，2010. 日本义务教育均衡发展的实现途径［J］. 比较教育研究，32（9）：38－42.

李学武，2020. 金融支持科创产业的模式、问题及突破点［J］. 银行家（12）：59－63.

廉军伟，2017. 县域科技创新的“新昌路径”［J］. 决策（7）：3.

廖媛红，宋默西，2020. 小农户生产与农业现代化发展：日本现代农业政策的演变与启示［J］. 经济社会体制比较（1）：84－92.

林晓言，匡贞胜，2015. 土地与私人双导向下美国早期铁路投资体制再剖析：弊端与警示［J］. 宏观经济研究（3）：3－12.

刘建芳，王伟新，肖建中，等，2018. 田园综合体商业模式创新的国际经验及启示［J］. 世界农业（9）：34－38.

刘莉君，2010. 农村土地流转模式的绩效比较研究［D］. 长沙：中南大学.

刘丽群，任卓，2018. 美国乡村学校的历史跌宕与现实审视［J］. 教育研究，39（12）：133－141.

刘明国，顾益康，邵峰，2004. 农业产业化新飞跃：浙江新昌“丰岛现象”透视［J］. 农村工作通讯（1）：3，44－46.

刘松涛，梁颖欣，罗炜琳，2022. 日本综合农协的发展变迁、经验教训及对中国农民专业合作社的镜鉴［J］. 世界农业（2）：28－41.

刘亭，2020. 新基建中工业互联网的“新昌模式”［J］. 浙江经济（4）：2.

刘卫东，李爱，2022. 我国居家养老服务发展面临的现实困境及应对策略［J］. 东岳论丛，43（9）：96－103.

刘旭，李立会，黎裕，等，2018. 作物种质资源研究回顾与发展趋势［J］. 农学学报，8（1）：1－6.

刘彦伯，2014. 19 世纪美国的铁路与农业现代化［J］. 学术探索（1）：116－119.

刘余，沈金虎，周应恒，2021. 农协改革下日本集落营农组合的发展与组织化功能定位［J］. 农村经济，461（3）：135－144.

刘源，王斌，朱炜，2019. 纵向一体化模式与农业龙头企业价值实现：基于圣农和温氏的双案例研究［J］. 农业技术经济（10）：114－128.

吕旦霖，2003. 新昌县镜岭镇小茶苗形成大产业：“浙东茶树良种繁育基地”发展初探［J］. 茶叶通讯（4）：45.

绿色丰岛编辑部，2003. “丰岛现象”的启示［N］. 绿色丰岛，2003－11－28（2）.

绿色丰岛编辑部，2006. 增加支农投入做好“农”字文章推进新农村建设［N］. 绿色丰岛，

2006-4-28 (1).
马红坤，毛世平，李燕妮，2019. 日本农地改革的“两个飞跃”：比较分析与经验启示 [J]. 经济体制改革 (5)：158-164.
马嘉楠，翟海燕，董静，2018. 财政科技补贴及其类别对企业研发投入影响的实证研究 [J]. 财政研究 (2)：77-87.
马可远，曹陆英，孙艺秋，2017. 新昌：县域经济的科技创新模板 [J]. 领导之友 (22)：60-62.
毛光烈，2017. 科技创新驱动实体经济振兴的“新昌实践”[J]. 浙江经济 (17)：6-11.
莫鸣，曾福生，2004. 农业科技创新政策的基本内涵 [J]. 湖南农业大学学报（社会科学版）(4)：19-22.
牛良，田莉莉，2010. 西班牙的桃产业 [J]. 果农之友 (3)：41-42.
诺瓦克，皮斯，桑德斯，等，2019. 美国农业政策的历史与演进 [J]. 金融发展研究 (3)：34-37.
潘佳妮，2017. 强化生产培训提高员工素质 [N]. 绿色丰岛，2017-6-30 (2).
潘晓林，2021. 新昌：数字经济赋能茶产业发展 [J]. 信息化建设 (5)：36.
彭仕兰，李玉娟，2022. 乡村振兴战略下西部脱贫乡村产业振兴困境与对策：以贵州省 G 村为例 [J]. 新疆农垦经济 (3)：40-49.
齐乐，祁春节，2016. 世界柑橘产业现状及发展趋势 [J]. 农业展望，12 (12)：46-52.
乔瑞庆，任大廷，2012. “反租倒包”中的交易类型及其契约治理 [J]. 经济与管理，26 (1)：33-38.
荣朝和，2006. 19 世纪美国政府的铁路土地转让政策 [J]. 铁道经济研究 (3)：32-36.
单玉丽，2004. 农业科技创新体系及运行机制的探索 [J]. 福建农业科技 (3)：45-48.
沈素素，2021. 农地“反租倒包”流转模式的风险防范机制研究：以湖南省 Z 县 S 村集体为例 [J]. 湖湘论坛，34 (1)：107-114.
沈志军，马瑞娟，俞明亮，2010. 西班牙桃产业与研究现状 [J]. 江苏农业科学 (6)：19-21.
石海永，2004. 万亩黄桃基地：丰岛订单农业的成功实践 [N]. 绿色丰岛，2004-6-25 (2).
孙蔡江，徐国绍，2004. 新昌“佛花”出口日本 [J]. 浙江林业 (6)：23.
孙永朋，王美青，徐萍，等，2018. 浙江省农业种质资源利用成效与对策 [J]. 中国种业 (8)：20-23.
陶金，2012. 花集网 2012 年会员年会暨日本花卉推介会成功举办 [N]. 绿色丰岛，2012-5-25 (1).
田嘉，2015. 基于国际经验的中国都市休闲农业全产业链经营机制的构建 [J]. 世界农业 (8)：210-213.

汪先平，2008. 当代日本农村土地制度变迁及其启示［J］. 中国农村经济（10）：74－80.
王翠琴，黄庆堂，2010. 日本农村养老保险制度及对我国新农保的借鉴［J］. 当代经济管理，32（10）：91－96.
王爽，2019. 浅议以公共服务促乡村振兴［J］. 现代交际（2）：222－223.
王松，朱晨斓，陈海盛，2017. 特色小镇：从法国格拉斯小镇到中国美妆小镇［J］. 中国经贸导刊（理论版）（26）：44－45.
王雪珍，孟丽，2021. 新昌县数字经济发展路径研究［J］. 中国科技产业：45－47.
王亚飞，唐爽，2013. 我国农业产业化进程中龙头企业与农户的博弈分析与改进：兼论不同组织模式的制度特性［J］. 农业经济问题，34（11）：50－57，111.
王宇，2021. 美国农业政策：法律基础、政策框架和支持系统［J］. 中国经济报告（6）：140－144.
王祉蕴，于欣波，2018. 国内外田园综合体项目的研究［J］. 建材与装饰（15）：114－115.
魏一南，2014. 反租倒包的合法性分析及替代模式研究［J］. 通化师范学院学报，35（9）：101－103.
吴海峰，2004. 大批鲜切花出口：丰岛成为全国花卉出口龙头企业［N］. 绿色丰岛，2004-6－25（3）.
吴昊，2018. 荷兰阿姆斯特丹花卉产业发展经验及对中国河北省的启示［J］. 世界农业（2）：159－165.
新昌调查队课题组，陈文军，钱越，2021. 高质量发展建设共同富裕示范区背景下乡村旅游与农民增收问题研究：以绍兴市新昌县为例［J］. 统计科学与实践（11）：26－29.
新昌县科技局，2021. 小县大创新高质量发展的“新昌模式”［J］. 中国农村科技（6）：38－43.
邢萍，2011. 农业龙头企业在现代农业发展中的作用及与科技产业化的关系［N］. 绿色丰岛，2011－8－28（3）.
胥爱贵，2019. 生态宜居应在“宜”上下功夫［J］. 群众（4）：23－25.
徐慧枫，2021. 城乡融合发展的实现机制及其基本逻辑：全面小康进程中的浙江经验［J］. 湖州职业技术学院学报，19（4）：61－66.
荀一潮，2004. 农业产业化的领军人物：记浙江丰岛集团董事长徐孝方［J］. 观察与思考（24）：54－55.
颜小云，2018. 基于国外经验浅谈我国乡村振兴战略的实施［J］. 南方论刊（11）：49－50，57.
杨华，王国军，朱天生，等，2019. 上海农作物种质资源库管理信息系统建设［J］. 植物遗传资源学报，20（2）：459－465.
杨平，2021. 新昌：铁了心抓创新十联动促转型［J］. 中国农村科技（11）：12－15.
杨欣，朱银，狄佳春，等，2021. 江苏农业种质资源平台运行管理信息系统建设［J］. 植物遗传资源学报，22（2）：309-316.
叶兴庆，翁凝，2018. 拖延了半个世纪的农地集中：日本小农生产向规模经营转变的艰难历程及启示［J］. 中国农村经济（1）：124-137.
义鸣放，1994. 荷兰的花卉产业［J］. 世界林业研究（2）：76-80.
于长宏，2021. 科技创新引领县域经济腾飞的浙江新昌模式及启示［J］. 科技中国（10）：4.
俞小辉，2012. 实行职业技能测试提高员工素质［N］. 绿色丰岛，2012-11-8（2）.
俞寅杰，2019. 浙江新昌科技金融新动能培育及增长情况研究［J］. 经济管理文摘（13）：115-117.
袁海艳，吕慧艳，唐海敬，2022. 探索山区集体经济“消薄”路径［J］. 农村财务会计（2）：33-35.
袁红英，2022. 政策集成推动农民农村共同富裕［J］. 理论导报（8）：33-35.
苑鹏，2015. 日本综合农协的发展经验及其对中国农村合作社道路的借鉴［J］. 农村经济（5）：118-122.
苑鹏，刘玉萍，宫哲元，2008. 龙头企业在农业科技创新中的作用及发挥政府的引导功能研究［J］. 农村经济（1）：3-7.
曾艳，2012. 车祸无情人有情　纷纷捐款献爱心［N］. 绿色丰岛，2012-11-8（2）.
詹琳，2015. 美国农业政策的历史演变及启示［J］. 世界农业（6）：86-90，169.
张海鹏，郜亮亮，闫坤，2018. 乡村振兴战略思想的理论渊源、主要创新和实现路径［J］. 中国农村经济（11）：2-16.
张红宇，2020. 中国农村改革的未来方向［J］. 农业经济问题（2）：107-114.
张建，陆素菊，2015. 日本农业教育体系研究概况［J］. 中国职业技术教育（10）：70-73.
张虞，2003. 扩大规模拓展领域做强产业［N］. 绿色丰岛，2003-11-18（3）.
章云霞，2011. 集团二项国家星火计划项目通过专家验收［N］. 绿色丰岛，2011-1-5（1）.
赵建华，李弘彬，赵宇恒，等，2012. 美国柑橘产业品牌发展及其对我国三峡库区柑橘产业发展的启迪：基于系统资源约束理论的库区产业发展战略研究［J］. 经济界（2）：66-68.
周弘，等，2021. 促进共同富裕的国际比较［M］. 北京：中国社会科学出版社.
周凯，2012. 中国城乡融合制度研究［D］. 吉林：吉林大学.
周敏，2022. 现代化视域中城乡融合发展路径研究：以株洲市为例［J］. 现代商业（21）：132-134.
周应恒，胡凌啸，2016. 中国农民专业合作社还能否实现“弱者的联合”？基于中日实践的对比分析［J］. 中国农村经济（6）：30-38.
周应恒，李强，耿献辉，2013. 日本农协发展的新动向［J］. 世界农业（9）：27-32，187.

周竹定，2022. 新昌县茶产业“三三战略”的实践与经验［J］. 中国茶叶加工（2）：11-13.

朱浩，王良文，林秀芳，2022. 主动健康视角下城市社区医养结合服务模式创新及其发展路径：以上海、青岛和杭州为例［J］. 社会保障研究.

朱桥明，2020. 欧洲花卉产业的发展模式及其启示［J］. 广东园林，42（3）：59-63.

SHOWALTER，HARTMAN，JOHNSON J，et al，2019. Why rural matters 2018-2019：the time is now［J］. The Rural Educator，40（3）：62-64.

后　记

共同富裕是社会主义的本质要求，中国式现代化是全体人民共同富裕的现代化。当前，城乡差距是阻碍共同富裕的最大障碍，农民农村是实现共同富裕的最大短板。因此，推进农民农村共同富裕至关重要。县域是推进城乡融合发展、实现农民农村共同富裕的基本单元，所以，关注县域层面的农民农村共同富裕对于理解中国式现代化具有重要作用。浙江省是我国共同富裕示范区，新昌县是浙江典型的山区县，研究新昌农民农村共同富裕对于国家推进共同富裕有重要的借鉴意义。民营企业是浙江经济发展的重要力量，这一市场力量加上浙江省各级政府的引导，在促进经济高质量发展、推进共同富裕中扮演着重要角色。基于这种判断，本书从有效市场与有为政府的视角剖析新昌农民农村共同富裕，探寻共同富裕密码。

本书在新昌县委县政府领导的关心支持和丰岛集团有限公司董事长徐孝方的积极推动下，由南京农业大学城乡融合发展研究团队执笔完成。团队成员由农业经济管理、产业经济学、农业管理等专业研究生组成。在孙雪峰研究员、周力教授、严斌剑教授、伽红凯副教授、张凡博士等专家指导下，在新昌县农业农村局领导、丰岛集团主要领导支持下，历时一年多完成。根据书稿内容和专业特长，本书分工如下：孙雪峰、严斌剑负责书稿整体结构和章节的设计，以及前言的撰写；王一如负责第一章一、二节和第三章四、五、六节的撰写；温雨轩负责第一章三、四节与第九章三、四节的撰写；陆逸微负责第二章一、二节和第十一章一、二节的撰写；高帅锋负责第二章三、四节和第十二章一、二节的撰写；谢颖菲负责第三章一、二、三节和第六章一、二节的撰写；安丽红负责第四章，第九章一、二节和第十六章的撰写；戴旻蕾负责第五章和第十一章第三节的撰写；王承鼎负责第六章三节，第十章三、四节与第十四章一、三节的撰写；李庆负责第七章和第八章的撰写；梁鲁岳负责第九章一、二节的撰写；武夏雨负责第十章一、二节和第十二章三、四、五节的撰写；张永琪负责第十三章的撰写；莫逸负责第十四章第二节和第十五章国外现代农业发展组织内容的撰写；龚瑾负责第十五章国内现代农业发展组织内容的撰写；孙雪峰、严斌剑、魏汉军、张德超、武夏雨、王承鼎负责全书统稿校稿工作。

在撰写过程中，为了做到旁征博引、翔实有据、实事求是，撰写人员翻阅了中国知网几乎所有的关于新昌的资料，综合利用了新昌县人民政府公开的新昌各类政策文件和统计数据，在调研中得到了新昌县农业农村局、新昌县统计局、涉农乡镇街道及调研村庄、农民专业合作社和基地农户的积极响应，得到了丰岛集团主要领导、各子公司、部门主管和相关员工的大力配合，得到了南京农业大学金善宝农业现代化发展研究院的支持。在此一并致以衷心感谢。

由于学识有限，在资料整理、实地调研和书稿撰写中难免产生一些疏漏、错谬，欢迎读者批评指正。

孙雪峰

2023年10月

作者简介：孙雪峰，博士，研究员。南京农业大学经济管理学院党委书记。主要研究方向为农业经济及管理，行政管理。

图书在版编目（CIP）数据

有效市场与有为政府：农民农村共同富裕的新昌密码 / 孙雪峰等著. —北京：中国农业出版社，2023.11
ISBN 978-7-109-31411-5

Ⅰ.①有… Ⅱ.①孙… Ⅲ.①农村经济发展—研究—新昌县 Ⅳ.①F327.554

中国国家版本馆 CIP 数据核字（2023）第 202761 号

中国农业出版社出版
地址：北京市朝阳区麦子店街 18 号楼
邮编：100125
责任编辑：张　丽　孙鸣凤　胡晓纯　邓琳琳
版式设计：小荷博睿　　责任校对：张雯婷
内封摄影：魏汉军
印刷：鸿博昊天科技有限公司
版次：2023 年 11 月第 1 版
印次：2023 年 11 月北京第 1 次印刷
发行：新华书店北京发行所
开本：700mm×1000mm　1/16
印张：21.5
字数：375 千字
定价：138.00 元

版权所有・侵权必究
凡购买本社图书，如有印装质量问题，我社负责调换。
服务电话：010 - 59195115　010 - 59194918